组织行为管理

王国元　著

華夏出版社

图书在版编目(CIP)数据

组织行为管理/王国元著．—北京：华夏出版社，2016.1
(2019.5重印)

ISBN 978-7-5080-8606-4

Ⅰ.①组… Ⅱ.①王… Ⅲ.①组织行为学-组织管理学
Ⅳ.①C936

中国版本图书馆CIP数据核字(2015)第237955号

组织行为管理

作　　者 王国元
责任编辑 梅　子

出版发行 华夏出版社
经　　销 新华书店
印　　刷 三河市少明印务有限公司
装　　订 三河市少明印务有限公司
版　　次 2016年1月北京第1版
2019年5月北京第2次印刷
开　　本 880×1230　1/32开
印　　张 15.75
字　　数 406千字
插　　页 1
定　　价 46.00元

华夏出版社　地址：北京市东直门外香河园北里4号　邮编：100028
网址：www.hxph.com.cn　电话：(010)64663331(转)
若发现本版图书有印装质量问题，请与我社营销中心联系调换。

本书的特点与使用方法

（代前言）

放在大家面前的这本《组织行为管理》是专门为正在从事或有志从事各类企事业组织的管理工作，又对组织行为学感兴趣的在职朋友编写的入门级读本。据我的经验，这些朋友在学习中往往具有这样一些特点：一是存在着工作与学习的矛盾，二是有追求实用的倾向，三是个性化的需求突出。

所谓工作与学习的矛盾，说到底就是时间资源的分配问题，而解决这个矛盾既不能是为了学习而丢掉工作，也不能是为了工作而让学习缩水，当然更不能把二十四小时变成二十五小时，唯一可行的办法是提高学习效率，也就是在更短的时间里学习到更多知识。许多人，包括读者、作者和出版商，都把解决这个矛盾简单理解为压缩读本的字数，也就是“简”。可是大家想一想，为什么老子的《道德经》仅有五千字，我们读起来并不觉得轻松，而斯蒂芬·P.罗宾斯的《组织行为学》将近九十万字，我们读起来也不觉得很累？原来老子《道德经》虽然篇幅短小，但语言古奥，哲理深邃，微言大义，非反复切磋琢磨不能有所理解，而罗宾斯的《组织行为学》虽然体量厚重，但语言通俗，道理浅近，案例亲切，所以开卷有益。可见，从读本编写的角度说，化解工作与学习的矛盾，关键不在于字数的“简”，而在于内容的“明”，“简”未必节约时间，“明”必定提高效率。为此，本书特别注意了以下几点：一是文字表达尽可能平实通俗。由于组织行为学是舶来品，所以某些读本中书面语言和欧化语法的现象是比较普遍的，而我们不希望为此浪费学习者的时间。二是层次结构尽可能明确清晰。如我们尽可能多用序号，少用长段，重点内容用黑体字标出等等，力求突显文本的逻辑结构。这些工作本来是读者读书时必须做的，但很可能浪费了时间，还不一定准确，于是我们决定代劳。三是知识要点进行强化提示。每章前面提示本章要点，后面归纳本章小结及对管理者的意义，以期帮助读者在读书时迅速准确地抓住重点，分清主次，明确并达到各章具体的学习目的。四是每章后面设计了能够涵盖本章基本知识点的本章主要概念和本章复习题。读者可以据此复习学习内容，检查学习效果。

追求实用也是在职学习的特点之一。全日制学生属于结构性学习，强调知识的系统性和完整性，因为你不知道他将来会从事什么工作，只能通过系统、完整地掌握知识来提高他对社会需要的适应性。而在职学习的朋友大多已经有了具体的工作岗位，他们的学习目的非常具体而明确，就是能用、够用、会用。为此，本书特别注意了以下几点：一是在内容上不仅讲述理论知识的具体内容，而且对该理论的主要贡献与缺陷进行分析，对该理论的适用对象和范围做出提示。二是增加案例分析的数量，基本上在每一个知识群后面都附有案例，并在案例选择与问题设计上紧靠前面的理论内容，力求案例内容相对单纯和有较强的针对性，使读者分析案例时注意力的重心落在理论内容的理解和运用上，而不是落在猜谜和增加负担上。

需求的个性化在在职学习中也很突出。全日制学生的学习往往是教师主导的，教师会自觉不自觉地把自己的研究兴趣作为教学重点。而在职学习是学习者主导的，每个学习者的社会经验与知识结构、学习目的与个人兴趣、学习能力与成绩标准等等都不相同，所以不可能用一把尺子来统一衡量，教学内容必须有足够的弹性。为此，本书设计了三个要求层次：下限是对组织行为学有个初步的了解，即所谓知其然，为此能够掌握正文中黑体字提示的重点内容和章后的本章主要概念及本章复习题就可以了；中限是对组织行为学能有一个比较系统完整的理解，即所谓知其所以然，为此应该在下限基础上再读完全部正文并完成本章思考题；上限是对组织行为学的知识与方法能够融会贯通,灵活运用,拓展知识面,为此就要在中限基础上进一步读完背景链接和本章阅读书目。究竟读到哪一层次,读者可根据自己的情况灵活掌握。

以上只是我个人的一点想法,不一定正确,也不一定都能在本书中体现出来,还请读者多提宝贵意见。

王国元

2012 年 10 月

于北京西郊

目　录

第一章　以人为本的管理科学

本章要点

- 组织行为学的概念、对象与特点
- 组织行为学的发展过程与发展趋势
- 学习、研究组织行为学的目的与意义

引　子

有个民间笑话说，清末慈禧主政时，有一次大内总管李莲英为了哄慈禧高兴，就让一些小太监分作两队为慈禧表演踢足球。没想到球场上小太监们你争我夺的卖力表演反而惹得慈禧一脸的不高兴。她申斥李莲英，“一个皮球是什么好东西，让这么多个孩子争得连跑带喘的！去！多弄几个皮球来，让孩子们一人一个抱着玩去吧！”

虽说这是个荒诞不经的笑话，但却蕴涵着一个道理，当一群人共处时，会出现某些在个人独处时没有的特殊现象，如竞争、合作、冲突、从众等等，而且这些现象是有规律的，可以调控的。组织行为学就是要研究在组织条件下，人们的活动有什么现象？这些现象背后有什么规律？如何遵循和利用这些规律来调控人们的活动，从而减少内耗，提高人们活动的效率？

第一节　组织、组织行为、组织行为学

一、组织与组织的要素

要搞清楚何谓组织行为学，首先要搞清楚何谓组织，构成组织有哪些必要要素。

1. 组织

所谓“组织”就是我们平常所说的“单位”。曾几何时，“以人为本”已经成为众所周知、不证自明的公理。但是，在现实生活中“以人为本”的“人”并不是抽象地、孤立地生存着的，而总是具体地生存于一定的“单位”之中的：出生在医院里，成长在学校里，工作在公司里，终老在敬老院里等等。这里的医院、学校、公司、敬老院以及机关、政党、军队、研究所、社会团体等等中国人所习称的“单位”，在管理科学中被称为“组织”。

究竟什么是组织？这似乎是个是个不言自明的问题。因为每个人都会正确地列举出各种各样的组织，如企业是经济组织、政党是政治组织、学校是文化组织、军队是军事组织等等。但要给组织一个科学而严谨的定义却并不是一件简单的事。因为不同的人怀有不同的目的，站在不同的立场，运用不同的工具与方法，自然会形成不同的观点。从管理科学的角度看，**所谓组织，就是人们为了达到某种共同的特定目标而结成的人际关系系统。**

背景链接　　　　　　　　组织一词的演变

汉字中“组”与“织”都以“丝”为偏旁，可见原本都与纤维有关。“组织”有时是指纤维的编织过程。如成书于两千多年前的《诗经》

中有“素丝组之，良马五之”①的诗句。这里的“组”字就是指把丝编结起来的意思。其后的《庄子》中有“耕而食，织而衣”②的记载。其中“织”也是指制作布帛的过程。“组织”除可以用作动词，指纤维编织的过程外，也可以用作名词，指纤维编织的成品。如古人用作佩玉、佩印的一种宽而薄的丝带就被称为“组”，锦缎中也有被称为“织锦”的品种。由于“组”与“织”意义相近，有时也可以连用。如《辽史》中就有“饬国人树桑麻，习组织”③的句子。如今，“组织”专指纤维的原意在生活中已经不大常用了，它更多是用来指人，可以指人的集合过程，如组织民众、组织晚会，也可以指人的集合体，如党团组织、政治组织等。

英文中“组织”一词 organization 源自生物的“器官”一词 organ，现在常用于指人的集合体，如 political organization（政治组织），也可以用于指某种事物的结构、构造，如 war organization（战时编制）。

总之，“组织”一词无论中外，原本都不是指人的，现在也不是专门指人的，但在其各种意义中，都有指整体中各个部分之间的结构、关系等基本意味。今天我们通常主要是在将一些元素结构为一个整体这个意义上用“组织”的一些引申义，如为召集会议而集合人员可以说“组织会议”，为写文章而综合资料可以说“组织材料”，当然人的集合体也可以称为“经济组织”、“政治组织”等等。包括组织行为学在内的管理科学正是在这个意义上使用“组织”这个概念的。

2. 组织的要素

现实生活中的组织是形形色色、千差万别的。不同的组织相比较，它们之间有什么相同之处吗？

组织必须拥有一定的建筑物吗？似乎是，如企业有车间，医院有诊室，机关有办公楼等等，我们也确实可以凭借拥有车间还是卖

① 《诗经·墉风》。
② 《庄子·盗跖》。
③ 《辽史·食货志》。

场来区别工厂与商场是不同的组织。但谁能说离开营房而正在战场上作战的军队不是组织呢？可见建筑物不是组织的共性。

组织必须使用一定的设备吗？似乎是，如工厂有机床，军队有武器，医院有器械等等，我们也确实可以凭借使用收割机还是采掘机来区别农场与矿山是不同的组织，但谁能说不使用一定设备的政党不是组织呢？可见设备也不是组织的共性。

组织必须统一着装吗？似乎是，如军人穿军装，学生穿校服，医生穿白衣等等，我们也确实可以凭借身着警服还是球衣来区别警察与球队是不同的组织。但谁能说没有要求员工统一着装的公司不是组织呢？可见服装还不是组织的共性。

组织必须营利吗？似乎是，如工厂要营利，商店要营利，公司要营利等等，我们也确实可以凭借不同的营利方式来区分工厂与银行是不同的组织。但谁能说不营利的红十字会不是组织呢？可见营利仍然不是组织的共性。

那么什么才是组织的共性呢？

(1)组织的细胞：一定数量的人。任何组织，最基本、最明显的构成要素就是人，而且是一定数量的人。没有人或只有一个人，我们都不会认为它是一个组织。建筑物不过是人工作的场所，设备不过是人工作的工具，服装不过是人工作的识别标志或保护手段，营利不过是人工作的成果，它们都是为了人的、从属人的。它们对某些组织是必要的，但对另一些组织则是可有可无的。只有“人”，而且是一定数量的人，才是任何组织都必须具备的，是构成组织的“细胞”。现实生活中，我们将组织人数的多少称为组织的“规模”。如划分大、中、小型企业时，员工人数就可以是一个重要依据。

(2)组织的灵魂：一定的目标。就人的本性而言，每个人都有不受他人主宰而独立自主的个人意志，然而加入一定的组织就意味着必须或多或少地放弃一部分个人意志而与其他组织成员保持一致。那么组织何以能使组织成员放弃离心倾向，采取向心行为呢？因为组织拥有一个所有组织成员都希望达到，而以他们个人的力量又无法达到的兼容性的“目标”。目标,而且是兼容所有组织成员利益的共同目标,才是任何组织都必须具备的,是构成组织的“灵魂”。现实生活中,我们常常根据组织的目标来确定组织的“性质”,并根据组织目标的实现水平来判断组织运行的状况。如以利润为目标的组织是经济组织,习称企业,而利润越多说明企业越成功。

(3)组织的躯体:一定的人际关系。没有人,组织目标当然无法实现,但如果人仅仅是一群全无规范的乌合之众、各行其是的一盘散沙,那么组织目标依然无法实现。任何组织要实现它的目标,就必须规范组织中的人际关系,通过一定的分工与合作,使组织成为一个协调统一的有机整体。人际关系,而且是规范化的人际关系,是一切组织行为的物质依托,是任何组织都必须具备的,是构成组织的“躯体”。现实生活中,我们常常根据组织的人际关系来确定组织的“类型”。如建立在工作关系基础上的一般属于正式组织,建立在感情关系基础上的往往属于非正式组织。

一定数量的人、一定的目标、一定的人际关系是任何组织都具有的共性,也是任何组织都具有的必要要素。

二、行为与组织行为

要搞清楚何谓组织行为学,还要搞清楚何谓行为,何谓组织行为。

1.行为

所谓“行为”就是平常我们所说的“活动”。人的行为分为内隐的行为和外显的行为,内隐的行为即人的心理活动,如喜、怒、哀、乐等等,外显的行为即人的举止动作,如表情、姿态、动作等等。广义上,人的行为既指外显的行为,也包括内隐的心理。狭义上,人的行为常与心理相对应,专指外显的行为。**在组织行为学中,行为的概念是广义的,指人的全部活动,既包括人内部的心理活动,也包括人外部的举止动作。**

背景链接　　　　　　　什么是行为

行为这一概念最基本的含义是指动物对刺激所作的反应,既包括动物通过种的遗传得到的先天的本能行为,如蜘蛛生而会结网、蜜蜂生而会采蜜、人生而会出汗等,也包括动物出生后通过学习得到的后天的习得行为,如幼狮从母狮那里学会捕猎、小鸟从老鸟那里学会飞行、人类从交往中学会运用语言等。对于动物而言,这两种行为是并存的。但一般说来,越是高级的动物,本能行为越是少,习得行为越是重要。在最高级的动物即人类那里,由于幼稚期较长,学习就显得极为重要。不仅是人的绝大多数行为,特别是标志人类本质特征的那些行为,如人能进行逻辑思维、能为理想和信念而工作等等,都是习得行为,即使是人的那些本能行为,也都程度不同地渗透着学习的因素和影响。如人类性行为本来属于本能行为,但随着人类社会的发展,人类的性行为中已有了太多的婚姻、家庭、价值观、道德、法律之类习得成分,本能在人类性行为中已不具有决定意义了。

2. 组织行为

组织本来是人造的,是人为了实现自己的目的,满足自己的需要而造出来的一种工具。然而组织一旦出现,它就反过来成为了一种既定的力量,一种生活的前提,制约着人的一切行为,成为人的一种生存方式。在现代社会中,一个人是作为各种各样的组织成员而度过一生中绝大部分时光的:年轻时我们是学校里的学生,成年后我们成了公司里的职员,老年时我们又成了养老院里的病人等等。在现代社会中,一个人的绝大部分需要也都只有通过与组织交往才能实现:我们在商场里购物,在企业里领薪水,在医院里看病等等。所以,真正活生生的人都是组织中的人。人们常说, 人的本质特征在于人是社会动物。其实,这也就具体地表现为人是有组织的动物。

既然人都是组织中的人,这就要求我们必须在组织这个条件下来认识人的各种行为。**所谓组织行为，就是指在组织环境中人的行为**。稍加留心我们就会发现，人的很多行为在组织环境中与个人独处时是不一样的。例如，一个爱睡懒觉的人，星期天可以睡到自然醒，但星期一必须强迫自己在早晨7点钟准时起床，9点钟准时走进办公室，因为他在星期天是可以自由支配时间的个人，在星期一则是不能自由支配时间的组织成员。我们还会发现，人的某些行为是只有在组织环境中才会发生的。例如，激励下属工作积极性、执行上级决策、协调人际关系、调整部门结构、建设组织文化等等，都不可能是个人的行为。

三、组织行为学及其研究对象与学科特点

在初步了解了组织和组织行为的基础上，我们可以进一步界定组织行为学及其对象与特点。

1. 组织行为学

组织之于人类是一种极为常见的社会现象。我们无论是什么人，最终都是某种组织中的人，我们无论做什么事，最终都要与某种组织打交道。也就是说，组织也是人类一种基本的生存方式。仅仅是从组织内部考虑，由于组织的存在，就必然会给我们的带来两方面的问题：一方面，人都是作为组织成员而生活在组织中的，因此组织必然会对组织成员有所影响，如组织的性质、目标、结构、规范、文化等等会影响人的思想感情、价值观念、行为方式、工作效率等等；另一方面，组织都是由作为组织成员的人所构成的，因此组织成员必然会对组织有所影响，如人的兴趣、态度、能力、性格、人际关系等等会影响组织能否正常运作、实现目标、提高效率等等。

由此可见，在早已高度组织化的现代社会中生活的每个人，特别是在一定组织中担当一定管理职责的人，你要面对人，你就必须考虑组织对这个人的影响，你要面对组织，你就必须考虑人对这个组织的影响。组织行为学就是这样一门专门研究组织条件下人类

心理与行为规律的科学。**所谓组织行为学,就是专门研究组织环境中人类行为规律及相应的调控方法的应用性管理科学**。它是行为科学的一个分支,也是管理科学的一个组成部分。

组织行为学在西方主要是作为一门应用性的管理科学而存在的。西方的管理专家们认为,任何管理都是对人的管理,都是人来管理,这就要求管理人员必须懂得人类行为的规律,特别是在组织环境中人类行为的规律,因此所有的管理人员都应接受组织行为学的训练。从20世纪60年代起,美国人便在培训管理人员时加入组织行为学课程。例如,在美国哈佛商学院的MBA(工商管理硕士)课程中,组织行为学就是其中的主修课程之一,学习时间长达18周,并要接触大量的案例。在我国的工商企业管理、公共事务管理、人力资源管理等管理类专业中,组织行为学也都是作为专业课或专业基础课而开设的。

2. 组织行为学的对象

组织行为学是研究人类行为,揭示人类行为规律性的科学。然而人类行为是一种非常复杂的过程,其中有很多问题并不是组织行为学这一门学科所能够解决的。例如,人的性别会影响人的行为,一般来说,女性长于形象思维,相信直觉,男性长于抽象思维,相信理性,思维方式的差异必然会表现为行为方式的差异,而组织行为学当然解决不了人类性别问题,那通常是医学、生理学等学科关心的问题。即使是对那些组织行为学能够解决的问题而言,组织行为学也并不是唯一的手段和途径。例如,不仅可以从组织行为学的角度去研究人际沟通对提高工作绩效有何影响,也可以从信息论的角度去研究人际沟通的机制。这就是说,人类行为并不是组织行为学专有的研究对象,而是诸多学科共有的研究对象。这就有必要为组织行为学确定一个基本的研究范围。

那么影响人类行为的究竟有哪些主要因素呢?大致上,决定人类行为的有两个方面的因素:一是个人的、内在的因素,二是环境的、外部的因素(参见图1-1)。

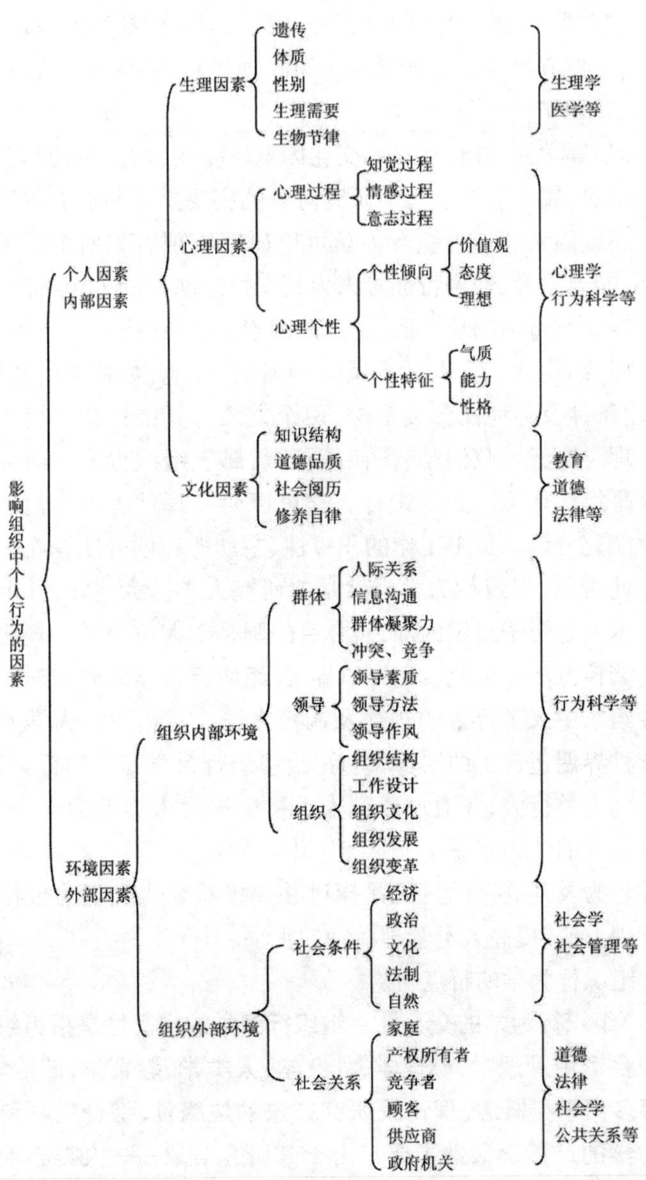
影响组织中个人行为的因素
个人因素
内部因素
生理因素
遗传
体质
性别
生理需要
生物节律
生理学
医学等
心理因素
心理过程
知觉过程
情感过程
意志过程
心理个性
个性倾向
价值观
态度
理想
个性特征
气质
能力
性格
心理学
行为科学等
文化因素
知识结构
道德品质
社会阅历
修养自律
教育
道德
法律等
环境因素
外部因素
组织内部环境
群体
人际关系
信息沟通
群体凝聚力
冲突、竞争
领导
领导素质
领导方法
领导作风
组织
组织结构
工作设计
组织文化
组织发展
组织变革
行为科学等
组织外部环境
社会条件
经济
政治
文化
法制
自然
社会学
社会管理等
社会关系
家庭
产权所有者
竞争者
顾客
供应商
政府机关
道德
法律
社会学
公共关系等

图 1－1

决定人类行为的个人的、内在的因素，主要包括生理因素（如生理需要、生物节律等）、心理因素（如心理过程、心理个性等）、文化因素（如知识结构、修养自律等）三个方面。其中生理因素主要是医学、生理学等学科的研究领域，文化因素主要由教育、道德、艺术、宗教等来解决，属于组织行为学研究对象的主要是那些能够决定人类行为的心理因素。如组织行为学可以研究管理者如何根据人的气质类型、能力差异、性格特征等来为其安排最匹配的工作岗位等等。

决定人类行为的环境的、外部的因素，主要包括组织环境（如组织的目标、结构、沟通、人际关系等）和社会环境（如社会的政治、经济、文化条件及各种社会关系等）两个方面。其中社会环境主要归社会管理、社会学、政治学、法律等负责，属于组织行为学研究对象的主要是组织环境。如组织行为学可以研究管理者采取何种激励措施才能充分调动员工工作的积极性、主动性和创造性等等。

如此看来，组织行为学当然是要研究人类行为规律的，但研究范围基本上是限于组织内部，研究目的则是掌握符合科学规律的人类行为调控方法。据此我们可以界定，**组织行为学的研究对象是各种社会组织中人类行为的规律及调控方法**。对组织行为学研究对象的这种界定包含了两层含义：首先，组织行为学是一门行为科学，它要研究人类行为，并通过研究人类行为揭示人类行为规律，提高人类对自身的认识水平。其次，组织行为学是一门管理科学，它研究人类行为及其规律的目的是探讨并提供符合人类行为规律的科学的管理方法，提高人类管理活动的水平。

3. 组织行为学的特点

（1）组织行为学的交叉性。**组织行为学的交叉性是指组织行为学是综合运用管理学、心理学、社会学、人类学、教育学、政治学、系统论等多门学科概念、理论及研究方法的边缘性、综合性学科**。组织行为学的这种交叉性主要是由于其研究对象——人类心理与行为的复杂性所决定的。以人为研究对象的学科有很多。这些学科从某一特定的角度和方面切入，具体地研究并揭示了许多关于人的规律性的认识。这对于我们正确、全面认识人有极为重要的意义。但将人划分为若干侧面，并相应地建立反映人类某一侧面特征的某个学科，这只是人们认识的角度和方法而已。人本身其实是一个有机统一的整体，并非几个方面的机械的组合。因此从某一角度和方面去认识人是绝对必要的，但也肯定是不够的。我们还需要在以往对人不同角度和方面认识的基础上建立一些能够综合地、整体地揭示人类本质与规律的学科，从而形成对人的整体的、立体的、可能真实的、正确的认识。组织行为学就是这样的学科之一。对某一事物的认识从片面走向全面，从分析走向综合，这是人类认识深化和发展的必经途径和基本规律。不仅组织行为学本身的建立和发展是这样，这也是很长一个时期以来人类科学研究发展的一个总的趋势。组织行为学的这种交叉性，要求学习和研究组织行为学的人应该具备比较广博的知识基础与比较丰富的社会经验，以利相互借鉴、融会贯通，否则是难以取得好成绩的。

(2)组织行为学的两重性。**组织行为学的两重性是指组织行为学是自然科学与社会科学的统一、科学与艺术的统一**。西谚云，人一半是天使，一半是野兽。此言虽有些简单、机械，但也多少反映了人区别于动物的特点：人是生理与心理的统一、生物人与社会人的统一，人性是本能属性与习得属性的统一、自然属性与社会属性的统一。当然这种统一绝非 1 + 1 = 2 的机械相加，而是你中有我、我中有你、相互渗透、有机统一的整体。研究对象的这种两重性决定了组织行为学的研究必须打破自然科学与社会科学的界限。它既需要从社会的角度去理解人的某些自然属性、生理活动的社会意义，如人的神经活动类型、血型等在选聘员工时有什么参考价值，也需要从自然的角度去研究人的某些社会属性、心理活动的自然基础，如为什么满足人的生存需要可以激励人的工作积极性等等。因此组织行为学既不是传统意义上的自然科学，也不是传统意义上的社会科学，而是自然科学与社会科学相融合、相统一的新型学科。这点突出表现在研究方法上，它既关心人的理智，也关心人的情感，既有数学、系统论、统计学，甚至力学等实证研究、定量分析的理性工具，是一门是非分明、答案精确的严谨的科学，也有内心体验、情感宣泄、思想工作等诉诸感性经验、情感世界的感性方法，是一门体贴入微、善解人意、温情脉脉的可人的艺术。

(3)组织行为学的实用性。**组织行为学的实用性是指组织行为学性质上属于应用科学。**人类的科学知识，根据其目的及形态，大体可以分为理论科学和应用科学两大类。理论科学亦称基础科学，指那些为人类认识世界提供概念基础、基本原理与认识工具的科学，如基础数学、一般系统论、理论物理学、理论社会学等。应用科学则是指将理论科学应用于具体认识与实践过程，从而提高认识与实践自觉性及效率的科学，如各种技术科学、工程科学等。理论科学与应用科学有着密切的关系。比如，所谓科学技术是生产力就包含着理论形态的科学首先要转化为应用形态的技术，然后技术才能物化为现实生产力的过程。组织行为学就是这样一门将社会学、心理学、教育学、政治学等社会科学、人文科学中的基础理论应用于组织管理实践的应用科学。组织行为学这种应用科学的性质决定了组织行为学本身的价值和我们研究组织行为学的目的不在于提供了多少复杂的公式，记住了多少拗口的人名，而在于转变观念、掌握方法，学会分析和解决实际问题，真正提高管理活动的自觉性与效率。

第二节　组织行为学的产生与发展

一、组织行为学产生的前提和基础

组织行为学的产生是管理学和心理学结缘的结果。

1. 科学管理理论是组织行为学产生的前提

组织行为学本质上是一门管理科学，因而其产生与发展过程必然与管理理论和实践的发展有着极为密切的关系。

管理就是为达到一定的目标,而对一定的群体进行控制、指挥、协调的过程。因此只要有人类活动,就会有管理实践活动的存在。四千七百多年前古代埃及人建造金字塔、两千二百多年前古代中国人建造长城、九百多年前古代欧洲人十字军东征等,都是动用数以十万,甚至百万计的人力,在许多年里为着一个既定目标而步调一致地工作,创造了辉煌的业绩,至今仍为人们所叹为观止的杰出管理范例。但这些古代管理与我们今天所谈论的现代管理有很大的不同。不同之一,古代的杰出管理实践主要是政治、军事领域的管理活动,而很少工商业活动,往往只追求实现君主的意志,而不讲商业的利润和效率。不同之二,古代的杰出管理经验主要是个人的、经验性的管理观念,而很少理论思考,一般都有很强特殊性、非理性的色彩,而不具有普适性。由于这些不同,使得古代管理有很大的局限性,很难再现和服务于现代管理。造成上述局限性,一是经济发展的原因,古代社会生产力水平低下,经济活动规模很小,家庭式、作坊式的经验管理足以满足自然经济的需要,二是政治制度的原因,君主专制使得绝大部分资源为君主个人和少数上层统治者占有,经营者只需服从长官意志而无须探求经济规律,特别是商业规律,三是思想观念的原因,农业社会鄙视商业活动的传统观念阻碍了优质资源,特别是优质的人力资源,进入工商领域,在中国,自春秋时代起,工商业者就是位列“士农工商”四民之末的。

现代意义上的管理是伴随着工业革命而首先出现于欧美的。所谓工业革命是以机器取代人力,以大规模工厂化生产取代个体工场手工生产的一场生产与科技革命。这场革命以18世纪中叶蒸汽机经英国人瓦特(James Watt,1736—1819)改良之后迅速得到普遍应用为标志,首先发端于英国,而后迅速波及整个欧洲,再后传播到北美。从管理的角度看,工业革命的直接后果之一开始出现专门的管理者和管理科学。工业革命前,由于生产规模小,生产过程简单,企业的所有者通常直接的就是企业的管理者。工业革命带来生产规模的迅速扩大和生产技术的复杂化，企业所有者无论从精力上，还是能力上都开始力不从心，于是首先从基层管理开始，出现了专门的管理人员。其中的一些佼佼者还开始总结和传播自己的管理经验，成为现代管理的先驱。科学管理理论的创始人弗里德里克·泰罗（Fredrick Winslow Taylor，1856—1915）就是这一时代的代表者。

19 世纪末至 20 世纪初，有着丰富基层经验的美国的职业经理人、工程师弗里德里克·泰罗在长期研究的基础上，发表了一系列关于“计件工资制”、“车间管理”等方面的论文，并于 1911 年写成《科学管理原理》一书。在这些文章和著作中，泰罗首先提出了必须经过精确的科学实验与研究，而不单凭个人经验与好恶，确立并实现具有科学性的管理原则和方法的观点。在泰罗这一观点以及他的“劳动定额”、“工时定额”、“任务管理”、“职能工长制”、“例外原则”等一系列研究成果的影响下，20 世纪初形成了科学管理学派。管理从此成为一门科学，泰罗本人也因而被称为“科学管理之父”。泰罗不仅建立了科学管理理论，而且也注意到了人在管理中的作用，分析了人的行为与劳动生产率的关系，研究了刺激人的工作积极性的问题。这比传统经验管理中见物不见人，只将人看做供驱使的机器已经是很大的进步了。但他从西方传统的功利主义哲学出发，认为人工作的唯一动机就是追求最大的经济利益，因而金钱是刺激工人工作积极性、提高生产率最有效的手段。与此同时，他又将西方基督教传统文化中“人性本恶”的思想融入自己的管理理论中，认为人不仅一切受利欲支配，而且天性懒惰，总想少干活多拿钱。因此在金钱刺激的同时，还必须辅以严厉的监督与惩罚措施。这一思想被人们形象地称为“胡萝卜加大棒”，亦称“经济人理论”或“X 理论”。

科学管理理论的出现标志着管理可以成为科学，意味着人们已经认识到人的行为及其积极性是提高劳动效率的关键因素，这是组织行为学产生的前提条件。

背景链接　　　　　　泰罗与科学管理理论

科学管理理论的创始人弗雷德里克·温斯洛·泰罗出生于美国宾夕法尼亚州的杰曼顿一个相当富裕的律师家庭。泰罗的父亲出身于贵格派教徒世家,母亲出身于清教徒世家。父母的出身、信仰及对泰罗的家庭教育深刻影响了泰罗,使他毕生怀抱追求真理的坚定意志、观察考核事实的强烈愿望、根除浪费和懒散恶习的高度热情。

泰罗接受了良好的早期教育,大量阅读古典著作,学习了法语和德语,还到欧洲旅行。青年时代的泰罗就已经表现出了很多对于后来他科学创造至关重要的品质,如迷恋各种科学调查、研究和实验,对处理事务时缺乏好的方法总是心怀不满,对改进、改革事物抱有强烈愿望等等。比如据说他曾仔细研究并分析过槌球游戏,发现了越野长跑中最不容易疲劳的跑法,发明过一些精巧的器具等等。

泰罗的父母曾希望泰罗能子承父业做一名律师,为此还把他送进一所名为菲利普斯·埃克塞特学院的名校读书,以便为进入哈佛大学做准备。学校的竞争很激烈,泰罗自己又非常用功,以至于当他以优异成绩如愿考入哈佛大学法学院的时候,却因视力和健康原因不能继续学业了。1874 年起,18 岁的泰罗进入费城的恩特普里斯工厂当了没有工资的模型工和机工学徒。年轻的泰罗在这里熟悉了底层工人的生活和工作,既体会到了优秀工人的职业自豪感,也看到了磨洋工、低劣的管理和紧张的劳资关系。1878 年,22 岁的泰罗结束了四年的学徒生活,进入当时美国最大的钢铁公司之一费城的米德维尔钢铁厂当了一名普通工人。在这里,他只用了短短六年时间,就从一名普通工人升为职员、机工、机工班长、车间工长、负责全厂修理和维修的总技师、总工程师。这期间,他还参加了新泽西州霍博肯的史蒂文斯技术学院的业余学习,只用了两年半时间就在完全自学,只参加考试的情况下于 1883 年顺利毕业并获得了机械工程学位。

在米德维尔钢铁厂工作的十二年里，泰罗逐渐形成了后来被称为“科学管理理论”的管理思想。1890年，34岁的泰罗离开了米德维尔钢铁厂，主要以职业经理人和管理顾问的身份从事科学管理理论的研究和实践。1901年起，45岁的泰罗退休离开企业，靠积蓄和四十多项专利维持着不错的生活，专门从事写作和演讲，宣传自己的管理思想，被称为“到处讲学的哲学家”。1903年，47岁的泰罗出版了系统阐述自己管理思想的《车间管理》一书。1906年，50岁的泰罗担任了声誉很高的美国机械工程师协会主席，由此而获得的社会地位和知名度无疑大大有利于其思想的广泛传播。尽管泰罗认为自己的管理方法只有在工厂的实践中才能学到手，但从1909年起，他还是被说服到刚刚成立的哈佛大学企业管理研究生院讲授科学管理理论，直到1914年。泰罗在哈佛讲课从不要任何报酬，甚至包括车马费。1915年，在一次外出演讲的归途中，泰罗在火车上受凉患上了肺炎。在刚刚度过自己59岁生日的第二天，他病逝在医院里。他被安葬在一座能够俯瞰到费城钢铁厂烟囱的小山上，墓碑上写着“科学管理之父弗雷德里克·温·泰罗”。

尽管泰罗是个优秀的工程师、经理人、发明家，甚至还得过全美网球双打冠军，但正如其墓碑上的铭文，泰罗还是以科学管理理论而为世人所尊重的。泰罗的管理思想被称为“泰罗制”或“泰罗主义”，是建立在自己的基层管理经验和一系列实验基础上的。泰罗认为，工人劳动效率低下主要是由于工人磨洋工造成的。工人磨洋工分为“无意的磨洋工”和“有意的磨洋工”两种情况。“无意的磨洋工”是由人懒惰的天性造成的，只要管理人员鼓励或强迫工人达到生产指标就能消除。“有意的磨洋工”则是工人对加速工作会使大批工人失去工作的担心和不科学的管理制度造成的。因此磨洋工现象不应该由工人负责，而应该由管理部门负责。管理工作就是要设计好工作，并提出适当的激励办法。

基于上述认识，泰罗进行了一系列研究，主要包括：(1)工时研究。泰罗将每一件工作都分解为最简单的基本动作，去掉那些无用的动作,然后通过对最熟练工人每一有用动作的观察,选择出该动作最快最好的方法并将所需时间记录下来,最后加上不可避免的停顿与耽搁、操作不熟练以及休息等时间,就得到了科学的工时。(2)计件工资制。泰罗在工时研究基础上确定科学的工作定额及相应的工资标准,采取管理者规定的工作方法并完成定额的工人可以得到很高报酬,否则只能拿很低的工资。(3)选择头等工人。头等工人并不是超人,而是指在非临时突击的情况下,能够完成而且愿意完成工作而不损害健康的工人。如果因为体力、智力或意愿等原因不能或不愿完成工作则属于非头等工人。管理部门的工作就是通过调动和训练,使员工成为头等工人。(4)任务管理制。在上述基础上,每天分配给每个工人一项具体的工作任务并附有关于如何完成每一步工作具体的书面指示和确切的时限规定。在规定时间内完成任务的工人可以获得特别高的工资,超过规定时间完成任务的工人只能获得一般工资。负责确定任务定额并指导工人完成任务定额的人被委以职能工长。举例来说,伯利恒钢铁公司有一项工作是工人把货场上的铁锭装上车皮运走,当时工人平均每人每天搬12.5长吨(英制单位,约12.7吨),挣1.15美元。泰罗通过研究发现,工人每天劳动中用在搬运上的时间只占42%,其余58%的时间是不负重的。测算表明,如果动作合理,工人每天可以搬运47~48长吨(约47.75~48.77吨),挣1.85美元,并且由于增加了间歇的休息时间,也不会感到更疲劳。泰罗还挑选了一名身强力壮、爱钱如命的德裔工人作示范。由于这名被泰罗称为“施密特”的“头等工人”持续拿到高工资,其他工人很快就从反对转而主动要求按新方法工作了。

泰罗的思想从一开始就是备受争议的。很多人,特别是自认为代表工人利益的议员和工会领袖们批评泰罗,有人诅咒他“像野兽一样残忍”,有人用他成功提高劳动效率的例子反过来指责他“把工资提高了61%,而工作量却增加了362%”,甚至还有人造谣说施密特因为给泰罗工作而累死了。当然,他也拥有越来越多的追随者。

在1910年的一次听证会前，律师刘易斯·布兰代斯与几位支持泰罗的工程师商量给泰罗的理论起个什么名字好。布兰代斯建议，泰罗在自己的著作中经常使用“科学”这个词，不如就称其为“科学管理”，其他人表示赞同。尽管泰罗本人更喜欢“任务管理”，认为“科学管理”学术味太浓，但还是勉强接受了。他1911年还出版了名为《科学管理原理》的著作。事实证明，在崇尚科学的那个时代，“科学管理”这一概念对泰罗思想的传播起了非常重要的推动作用。

2. 实验心理学为组织行为学的产生提供了研究对象与方法论基础

组织行为学是要揭示人类行为规律的，而人类行为又是由人类心理支配的，因而其产生与发展过程必然与心理学的产生与发展有着极为密切的关系。

心理学是一门古老的知识。早在几千年前，古代希腊和罗马以及古代中国的思想家们，就已对人类心理现象进行了大量的研究与探索，从中得到的一些认识至今仍有重要价值。但几千年来，由于心理现象的特殊性，人们一直使用思辨的、内省的方法来研究心理学，这是心理学的一个根本性的缺陷。因为在现代科学中人们已经形成共识，凡不能实际验证的知识就不是科学。这就是说，心理学这门被古人称为“灵学”的知识，因其缺乏实证而不能称其为严格意义上的科学，或者说它只是“学识”之学，而非“科学”之学。直到1879年，德国心理学家威廉·冯特(Wilhelm Wundt，1832—1920)在莱比锡大学建立了世界上第一个心理学实验室，采用自然科学的实验方法，对人的心理现象进行实证研究，并据此创建了“实验心理学”，心理学才真正成为一门现代意义上的科学。实验心理学的诞生不仅标志着心理学最终从哲学中分化出来，真正成为一门独立的科学，也为将心理学的理论与方法应用于对人类各种实践活动的研究创造了条件。所以美国管理思想史学者丹尼尔·A. 雷恩(Daniel A Wren，1932—)指出，冯特“作为实验心理学的创建人，他为应用心理学以及最后为工业心理学开辟了道路”。[1]

实验心理学的出现标志着心理学成为实证科学，这为组织行为学的产生提供了研究对象和科学的方法论基础。

背景链接　　　　　　　冯特与实验心理学

威廉·冯特德国心理学家、哲学家，实验心理学创始人。冯特青年时代学医，1856 年获海德堡大学医学博士。1857—1864 年任海德堡大学生理学讲师，曾任著名物理学家、生理心理学家赫尔姆霍茨（Helmholtz, Hermann Ludwig Ferdinand von，1821—1894）的助手。1874 年赴苏黎世大学任教。1875 年起直至 1920 年逝世一直任莱比锡大学哲学教授。1879 年在莱比锡大学建立了世界上第一个心理学实验室，开创了实验心理学。1883 年创办《哲学研究》，成为冯特本人与学生在实验心理学方面的研究成果的主要阵地。

一般认为，心理学的发展从方法论上先后经历了古代的哲学思辨方法的阶段、近代经验描述即内省方法的阶段和科学实验方法的阶段。思辨方法只能给心理学提供理论体系，内省方法只能给心理学提供主观体验，只有实验方法才能给心理学提供科学的技术和客观的材料。因此，当 1879 年冯特在莱比锡大学建立了世界上第一个心理学实验室，采用自然科学的实验方法，对人的心理现象进行实证研究，创建了实验心理学，心理学才真正成为一门现代意义上的科学。正是由于实验心理学的创建，心理学最近一百多年的发展远远超过了以往许多世纪。今天，心理学的各个对象，包括感觉、知觉、学习、记忆、思维、情绪、人格等都早已成了实验心理学的研究领域，心理学的各个分支，包括普通心理学、儿童心理学、教育心理学、社会心理学、工程心理学、医学心理学等均以实验心理学为基础。实验心理学虽不是心理学唯一的，但却是最有成效、最基本和最普

---

① ［美］丹尼尔·A. 雷恩：《管理思想的演变》第 213 页，中国社会科学出版社，1986 年第 1 版。

遍的方法之一。

二、组织行为学的萌芽与先驱

早期的管理研究是“见物不见人”的。随着认识的深化,人们意识到任何工作总是人来做的,因此要提高工作效率,就必须研究工作中人的问题,于是人们开始将心理学、社会学等这样一些有关人的科学应用于管理研究。作为组织行为学萌芽和先驱的工业心理学和人际关系理论等就是这种观念的最初尝试。

1. 工业心理学是组织行为学的萌芽

工业心理学产生于20世纪初的美国。在心理学发展史上,开创实验心理学的意义不仅在于它积累了很多成果和材料,更在于它提供了一种新的科学方法,并培养了一批实验心理学方面的研究者。冯特的弟子之一胡戈·蒙斯特伯格(Hugo Münsterberg,1863—1916)19世纪末至20世纪初在美国哈佛大学任教期间,适逢“科学管理之父”泰罗以提高工作效率为核心的科学管理理论大行其道,并因此受到企业界的欢迎,从而吸引了许多学者们纷纷将自己研究领域的专业知识应用于管理科学的研究。在这种背景下,蒙斯特伯格也致力于将实验心理学应用于工业领域,并于1913年出版了这方面的专著《心理学与工业效率》。这本书的出版是“工业心理学”诞生的标志,也是心理学与组织管理工作开始结合的标志。正如管理思想史学者所说,“心理学家对效率的兴趣使得钻在象牙塔里做学问的心理学家很快进入到工业领域中来。”①

工业心理学家们认为,管理者们致力于不断提高工作效率,这是没有问题的,但他们的方法就是不断引进和使用更先进高效的机器设备,却没想到再先进的设备也需要人来操作,如果人不能适应机器的运转,那么机器的高效也不可能发挥出来。因此管理者不能

---

① [美]丹尼尔·A. 雷恩:《管理思想的演变》第214页,中国社会科学出版社,1986年第1版。

只懂得“机器的逻辑”，还要懂得“人的逻辑”，而懂得“人的逻辑”正是实验心理学的专长。具体说工业心理学主要是根据工作的特点和需要，运用一些实验心理学的理论与方法来挑选、培训、调配工人，从而保证工人能适应机器的运转，实现工作的高效率。

工业心理学的出现标志着心理学与组织管理工作的初步结合，其提供的研究方法和某些成果至今仍有价值，可以视之为组织行为学的萌芽阶段。

背景链接　　　　蒙斯特伯格与工业心理学

工业心理学的创始人胡戈·蒙斯特伯格生于但泽（现波兰的格但斯克）。早年曾在实验心理学创始人威廉·冯特的心理学实验室接受教育，后被美国著名心理学家威廉·詹姆斯（Wilhelm James，1842—1910）介绍到美国工作。1892年，蒙斯特伯格在哈佛大学建立了美国的第一个心理学实验室。这个实验室的研究工作对后来工业心理学的诞生和发展起了奠基性的作用。

蒙斯特伯格在哈佛开展实验心理学研究之际，正是泰罗的科学管理理论在美国大行其道之时，许多不同学科的科学家都将自己的专业知识应用于管理研究。蒙斯特伯格也将实验心理学的理论和方法与管理研究结合起来，于1912年出版了《心理学与工业效率》一书。这部标志工业心理学诞生的著作分为（一）“最最合适的人”，（二）“最最合适的工作”，（三）“最最理想的效果”等三部分，运用实验心理学的理论分别对挑选工人的方法，培训工人的方法以及使工人增加干劲、减少疲劳的方法等进行了研究，提出了明确而具体的建议，并以对电车司机、电话接线员、高级船员等不同职业人员的研究为例证。他相信，“通过将来的心理上的适应和通过改善心理条件提高工业效率，不仅符合厂主的利益，而且更符合职工的利益；他们的劳动时间可以缩短，工资可以增加，生活水平可以提高。”①

2. 人际关系理论是组织行为学的先驱

人际关系理论诞生于20世纪30年代的美国。泰罗的科学管理理论虽然开始注意到管理中人的问题，但就其理论的实质与主要内容而言，强调的还是以严格的规章制度为核心的外部控制，提倡的还是以物质刺激为内容的激励方法，重视的还是通过改善工作的物质条件来提高劳动生产率。蒙斯特伯格的工业心理学虽然提出要懂得“人的逻辑”，但在价值观上，仍然是以工作为中心，人必须服务和服从于工作的。这种情况直到人际关系理论出现才真正得到改变。

20世纪20年代末，一些管理学研究者为了验证泰罗的科学管理理论，进行了一系列科学研究。其中最有影响的是1924年至1932年由美国国家科学院的全国科学研究委员会在西方电气公司位于芝加哥的霍桑工厂开展的“霍桑实验”。这项研究始于1924年，最初是根据科学管理理论去研究工作的各种物质条件，如工作场所的照明度、温度、湿度、休息时间、工资报酬等，与工人的工作效率之间的关系。按照科学管理理论，这二者之间应是一种正相关关系，即工人的工作物质条件越好，工作效率越高，反之亦然。然而实验结果却表明，似乎只要是进行实验，无论工作的物质条件是改善还是恶化，工作效率都会得到提高。这一与科学管理理论相矛盾的结果使研究者感到困惑不解，于是到1927年研究者们决定放弃实验。这时哈佛大学的教授埃尔顿·梅奥（George Elton Mayo，1880—1949）开始介入实验。梅奥等人通过一系列实验等发现真正影响工人工作效率的因素不是物质的、经济的因素，而是一些社会的、心

① ［美］胡戈·蒙斯特伯格：《心理学与工业效率》，转引自丹尼尔·A. 雷恩：《管理思想的演变》第219页。

理的因素，如工人之间的相互关系、工作团体的士气等。“梅奥由于认识到了工业生活的社会背景，就打开了对社会人进行研究的大门。…… 这是管理历史中一次至关重要的航程的开端。”[①]梅奥这些观点后被称为人际关系理论，亦称社会人理论或 Y 理论。

人际关系理论使社会生活和社会关系中的人第一次成为管理活动的主体，行为科学第一次成为管理科学中相对独立的研究方法，因而成为组织行为学的先驱。

背景链接　　　　　　　梅奥与霍桑实验

人际关系理论创始人乔治·埃尔顿·梅奥出生于澳大利亚。梅奥 20 岁时即毕业于澳大利亚的阿德莱德大学，获该校逻辑学和哲学硕士学位。毕业后，梅奥曾任教于澳大利亚的昆士兰大学，教授逻辑学、伦理学和哲学，后到苏格兰的爱丁堡从事医学研究，成为一位精神病理学副研究员，并因此成为澳大利亚心理疗法的创始人。1923 年，梅奥接受洛克菲勒基金资助移居美国，任教于宾夕法尼亚大学的沃顿商学院。1926 年，梅奥进入哈佛大学商学院任教直至 1947 年退休。

在 20 世纪的一二十年代，受泰罗及其科学管理理论的影响，许多管理者和管理学家都认为，在工作的物质环境和工人的劳动效率之间有着明确的因果关系。比如，工作场所的通风、温度、湿度、照明等等都会影响到工人工作的数量、质量和安全。在这种思想指导下，1924 年，美国国家科学院的全国科学研究委员会决定在西方电器公司的霍桑工厂进行实验研究，以找出工作的物质环境与工人的劳动效率之间的精确关系。这项一直持续到 1932 年的漫长研究就是著名的“霍桑研究”或称“霍桑实验”。梅奥在这项研究基础上提出的人际关系理论是这项研究最重要的成果，也是这项研究之所以著名的最重要的原因。

---

① ［美］丹尼尔·A. 雷恩：《管理思想的演变》第 304－305 页。

霍桑工厂位于美国芝加哥西部的工业区中,有2万5千多名工人,是西方电器公司一家专门为美国电报电话公司生产和供应电信设备的企业。在厂方的支持下,由管理学家和厂方工作人员共同组成了研究小组。研究是从照明条件开始的。研究者选择了一些从事装配电话继电器这样一种高度重复性工作的女工,将她们分为“对照组”和“实验组”,分别在两个照明度完全相同的房间里做完全相同的工作。在实验中,对照组的照明度和其他工作环境没有什么变化,实验组则将照明度进行各种变化。令人奇怪的是,在实验组里,照明度提高,产量是上升的,可是照明度下降,包括有一次甚至暗到只有0.6烛光,也就是近似月光的程度,产量也是上升的。更令人奇怪的是,在对照组,照明度没有任何变化,产量同样是上升的。困惑之下,研究者转而对工资报酬、工作时间、休息时间等照明以外的其他因素进行同样的实验。如把集体工资制改为个人计件工资制,上午与下午各增加一次5分钟的工间休息并提供茶点,缩短工作日和工作周等,产量是上升的。可是当实验者废除这些优厚条件时,产量依旧上升。在实验期间,继电器的产量从最初的人周均产量2400个一直增加到3000个,提高了25%。既然无论在哪种工作条件下,也无论这些工作条件变还是不变,变好还是变坏,产量都是上升的,有研究人员开始怀疑实验本身及其理论前提了,是不是工作的物质环境和工人的劳动效率之间本来就没有明确的因果关系?这样,实验持续到1927年的时候,已经进入了死胡同。

这年冬天,梅奥在纽约的哈佛俱乐部给一些经理人做报告。听众中有一个叫乔治·潘诺克的人,是西方电器公司参与霍桑实验的人,把霍桑实验中的怪事告诉了梅奥,并邀请他作为顾问参加这一研究。梅奥立即对霍桑实验的初步成果发生了兴趣,并敏锐地感到解释霍桑怪事的关键因素不是工作物质条件的变化,是工人们精神心理因素的变化。他认为,作为实验对象的工人由于处在实验室内,实际上成为一个不同于一般状态的特殊社会群体,群体中的工人由于受到实验人员越来越多的关心而感到兴奋,并产生出了一种参与实验的感觉。这才是真正影响了工人的因素，与这个因素相比，照明、工资之类都只是偶然性的东西。这样，以梅奥为核心人物的哈佛研究小组来到霍桑工厂，霍桑实验进入新的阶段。事后证明，“这是管理历史中一次至关重要的航程的开端。”①

1. 对照明实验的重新解释和验证。哈佛研究小组提出5项假设来解释前一段照明实验的结果，并逐一进行检验。(1)改进物质条件和工作方法，导致产量增加。这种解释被否定了，因为物质条件和工作方法无论改进，还是恶化，产量都会增加。(2)增加工间休息和缩短工作日，导致产量增加。这种解释也被否定了，因为关于工间休息和工作日的特权无论增加，还是取消，产量也都会增加。(3)工间休息减轻了工作的单调性，从而改变了工人的工作态度，导致产量增加。这种解释同样被否定了，因为工作态度的改变不一定仅仅是工间休息造成的，也可能是工人感到被重视造成的。(4)个人计件工资制刺激工人积极性，导致产量增加。这种解释还是被否定了，因为虽然在一个实验组中，出现了工资制度由集体刺激改为个人刺激时产量增加，再由个人刺激改为集体刺激时产量减少的情况，可是在另外一个没有改变工资制度的实验组中，产量也是持续增加的。(5)监督技巧即人际关系的改善使工人的工作态度得到改进，导致产量增加。这种假设得到实验支持和研究小组的认可。研究者认为，产量的高低，也就是工人积极性的高低，主要的不是取决于传统理论所认为的工作物质条件和工人物质需要的满足，而是取决于工人的心理因素和社会需要的满足。也就是说，工人在实验中感到自己是被选出并被重视的特殊群体，因此产生自豪感，并激发出积极参与的责任感，使产量得到提高，而福利措施和工作条件等已退居为较次要的原因。

2. 访谈计划。在改变照明和福利条件的实验之后，研究者们已经明确意识到，工作环境中的人的因素比物质因素对工人积极性的

---

① ［美］丹尼尔·A. 雷恩：《管理思想的演变》第304－305页。

影响更大,于是又开展了访谈实验。访谈实验开始时是由研究者提出了一份谈话提纲,要求工人就提纲中列出的厂方的规划和政策、工头的态度、工作的条件等发表意见。可是访谈实验开始后,工人表示不想受提纲的限制,而是更想谈一些提纲以外的问题。也就是说,厂方和研究者认为是意义重大的事情并不是工人最关心的事情。于是研究者及时调整了访谈计划,不再规定谈话的内容而让工人随意谈自己关心的事情,并将每次谈话的平均时间由半小时延长到一小时,而研究者既不进行任何说教和劝说,也不表达自己的情绪和立场,只是详细地记录工人表达的不满和意见。访谈计划持续了两年多,访谈本身并没有给工人解决任何具体问题,却使产量大幅度提高。研究者认为,这是由于长期以来工人对厂方积累了许多不满而无处发泄,从而影响了积极性,而访谈计划恰恰给了工人发泄的机会,工人的不满情绪发泄后感到心情舒畅,士气提高,产量自然提高。

3. 非正式群体研究。早在泰罗时代,人们就已经注意到工人中出于某种非正式关系的压力会出现有系统的怠工。哈佛研究小组选择了14名男工作为实验组,隔离在单独的房间,让他们从事接线器的装配工作。男工的工作实行集体计件工资制,以小组的总产量为依据对每个工人付酬。研究者设想,在这种制度下,只有全体工人产量都比较高,每个工人才可能得到较高的工资,因此产量高的工人会迫使产量低的工人提高产量。但研究者在实验中发现,工人明显不是通过追求更高的产量而得到更高的工资,而是故意维持中等的产量并宁肯为此接受中等的工资。工人似乎对什么是一天应该完成的工作量有自己明确的理解并很善于维持这个产量,而这个产量是低于厂方规定的产量的。在进一步的研究中人们发现,工人的产量之所以能够达到厂方规定的较高的"正式标准"却故意不达到,而只是维持在一个工人自发形成的中等水平的"非正式标准"上是因为,工人估计到自己实际上面临两种危险:如果产量过高,达到了厂方规定的"正式标准",厂方就会进一步提高"正式标准"从而使大家的实际的工资率降低；如果产量过低，距厂方规定的“正式标准”太远，就会引起工头的不满，而且也让产量高的工友吃亏太多。所以，既不能当产量太高的“冒尖者”，也不能当产量太低的“落后者”，那样都会伤害全班组工友的群体利益。这样，工人们为了维护整个群体的利益，为了不被群体所排斥，不惜牺牲一些个人利益而自发地形成了非正式产量标准。为了维护这个标准，工人还有自己的一套非正式的群体规范，如对那些不按规矩办事和向厂方告发真相的“告密者”进行嘲笑、讽刺，甚至“给一下子”（在胳臂上相当用力地打一下）。在这些规范下，工人非常重视相互的关系而不愿受到群体的排斥。有人偶尔产量较高时甚至会把多余的产量隐瞒下来而只申报符合群体非正式标准的产量，然后放慢速度而从隐瞒的产量中提取一部分补充不足之数。

从 1924 年到 1932 年，霍桑实验持续了八年。1933 年，梅奥出版了《工业文明中人的问题》，对实验进行了总结，提出了一系列理论：

1. 社会人理论。以泰罗的科学管理理论为代表的传统管理理论认为，人是为了经济利益而工作的，因此金钱是刺激工人积极性的唯一动力，因此传统管理理论也被称为“经济人”理论。而霍桑实验表明，经济因素只是第二位的东西，社会交往、他人的认可、对某一社会群体的归属感等社会心理因素才是决定人们工作积极性的第一位的因素。

2. 士气理论。以泰罗的科学管理理论为代表的传统管理理论认为，工作效率取决于科学合理的工作方法和好的工作条件，所以管理者应该关注动作分析、工具设计、改善条件、制度管理等。而霍桑实验表明，士气，也就是工人的满意感等心理需要的满足才是提高工作效率的基础，工作方法、工作条件之类物理因素只是第二位的东西。

3. 非正式群体理论。以泰罗的科学管理理论为代表的传统管理理论认为，必须建立严格完善的管理体系，尽可能避免工人在工作场合中的非工作性接触，因为其不仅不产生经济效益，而且降低工作效率。而霍桑实验表明，在官方规定的正式工作群体之中还存在着自发产生的非正式群体，非正式群体有着自己的规范和维持规范的方法，对成员的影响远较正式群体为大，因此管理者不能只关注正式群体而无视或轻视非正式群体及其作用。

4. 人际关系型领导者理论。以泰罗的科学管理理论为代表的传统管理理论认为，管理者就是规范的制定者和监督执行者。而霍桑实验提出，必须有新型的人际关系型领导者，他们能理解工人各种逻辑的和非逻辑的行为，善于倾听意见和进行交流，并借此来理解工人的感情，培养一种在正式群体的经济需要和非正式群体的社会需要之间维持平衡的能力，使工人愿意为达到组织目标而协作和贡献力量。

总之，霍桑实验表明，人不是经济人，而是社会人，不是孤立的、只知挣钱的个人，而是处于一定社会关系中的群体成员，个人的物质利益在调动工作积极性上只具有次要的意义，群体间良好的人际关系才是调动工作积极性的决定性因素。因此，梅奥的理论也被称为“人际关系理论”或“社会人理论”。

三、组织行为学的前身与产生

组织行为学产生于20世纪60年代，而稍早产生的管理心理学则是组织行为学的前身，或早期形态。

1. 管理心理学是组织行为学的前身

一般认为，管理心理学产生于第二次世界大战之后的美国。二战的爆发一度中断了工业心理学、人际关系理论等的研究，但由于战争的需要，政府培养了一大批实验心理学方面的人才，为战后工业心理学的复兴储备了研究力量。二战结束后，特别是到了50年代中期，随着经济的复苏与繁荣，社会组织的规模越来越大，结构越来越复杂，再一次将组织管理问题突显出来，心理学在管理领域的应用因此很快出现了新的繁荣。同时，人们进一步意识到，岂止工业企业是组织，需要科学的管理，政府、军队、学校、教会等等也是组织，也需要科学的管理，因此工业心理学应该拓展其研究和运用的领域。1958 年，美国斯坦福大学的莱维特(H. J. Leavitt)教授开始使用管理心理学这一名称代替沿用已久的工业心理学，反映了这一领域研究者的目光进一步从关注个体心理向关注群体心理、从关注工业组织管理向关注一般社会组织管理的拓展。

其实早在 20 世纪初，美国女管理学家莉莲·莫勒·吉尔布雷斯(Lillian Moller Gilbreth 1878—1972)就已开始注意到由于管理人员不关心工人而引起的不满情绪会影响工人的工作效率，并于 1914 年出版了名为《管理心理学》的专著。这是"管理心理学"这一名称的首次出现。但在那个还普遍存在性别歧视的时代，她的这部研究成果和她本人一样，在当时以及后来很长时间内都没有得到人们应有的重视。

管理心理学已经有了自己广阔的研究领域，特定的研究对象和研究方法，完整的学科体系，成为一门具有相对独立性的管理科学，可以视为组织行为学的前身。

背景链接　　　吉尔布雷斯夫妇与管理心理学

管理心理学的创始人弗兰克·邦克·吉尔布雷斯和莉莲·莫勒·吉尔布雷斯(Lillian Moller Gilbreth 1878—1972)既是夫妇，也是事业上的伙伴。人们将这二人与居里夫妇相提并论，称他们的结合是"现代管理学的运气"，"因为他们二人可以互相补充，他们各自思想上的兴趣以及掌握的知识的结合使管理进入了一个新的领域。"①

弗兰克出生于美国缅因州一个五金商人家庭，自幼接受的是清教徒艰苦朴素的道德观念，因此毕生最厌恶的就是懒散与浪费。他早年不幸，刚刚 3 岁时父亲就去世了，17 岁时投考麻省理工学院并

① [美]丹尼尔·A. 雷恩：《管理思想的演变》，第 171 页。

被录取,但最终为了早点挣钱而放弃读书,直接参加了工作。他从做砌砖学徒起,一直升到总监工。1895 年,27 岁的弗兰克开始创业,独立开办了承包商业务。晚年,他组建了自己的管理咨询公司。

与泰罗相似的家庭教育和人生经历使得弗兰克在完全独立的情况下开展了与泰罗几乎相同的研究并得出几乎相同的结论,即通过科学的管理可以提高劳动效率。例如他对砌砖工作进行分析后发现,砌砖的动作可以由 18 个半减少到 4 个,而工人每人每天的砌砖量可以由 1000 块增加到 2700 块。他还像泰罗一样重视工具和工作条件的改进、工人的培训等等。二人的区别只在于,泰罗叫“工时研究”,弗兰克叫“动作研究”。1907 年,39 岁的弗兰克见到了 51 岁的泰罗,立即成了泰罗最热诚的拥护者之一。有意思的是,弗兰克在家里也是个“效率专家”:他扣衬衫扣子不是从上到下,而是从下到上,因为他发现从上到下需要 7 秒,而从下到上只需 3 秒;他刮脸时同时用两把刷子涂肥皂,因为可以节省 17 秒,同时用两把剃刀,因为可以节省 44 秒。但后来他放弃了同时用两把剃刀,因为他发现那样容易割伤自己,而包扎伤口需要 2 分钟。他甚至养育孩子都讲究效率,他和夫人不仅在 17 年里高效率地生了 12 个孩子,而且教给孩子在生活中怎样提高效率。例如,他告诉孩子们,效率最高的洗澡方法是,首先将肥皂放在右手,再把右手放在左肩并由上而下抹至左臂,再把左臂举起由上而下抹背面,再抹至左腿左脚,而后抹左腿左脚背面。之后,把肥皂换到左手,用同样的程序抹右臂右脚。经过反复数次的循环抹擦,最后用水冲身。他还要求孩子们在卫生间的镜子和墙壁上贴上写着单词的纸条,边刷牙边学外语等等。

莉莲出生于一个富裕的德国糖厂主家庭,幼年生活在加州的奥克兰,像那个时代许多年轻女性一样接受过家政方面的教育。但天资聪颖的莉莲注定不是一个只对相夫教子感兴趣的普通主妇。她先后获得了加州大学的英语学士和硕士学位,并准备考取博士学位。在一次去美国东部的旅行中,她结识了年长自己 10 岁的弗兰克,并于 1904 年与弗兰克结婚。婚后的莉莲并没有放弃科学研究,只是把研究方向转移到心理学上去，因为这可以很好地补充丈夫的研究。尽管要抚育越来越多的子女，还要帮助丈夫工作，莉莲还是于1912年向加州大学提交了自己的博士论文。但在那个还普遍存在性别歧视的年代，加州大学通知她可以接受论文，但必须返校研究一年，然后才能授予学位。弗兰克十分气愤，转而寻求公开出版论文。1912年5月至1913年5月，《工业工程杂志》用一年时间以连载形式发表了莉莲的论文。后来，终于有一家出版社答应将论文以专著形式出版，但在作者署名时还是不能说明是女性。1914年，这部名为《管理心理学》的专著终于出版了。这是管理学史上第一部称为“管理心理学”的著作。近半个世纪后，人们才接受了管理心理学这一概念以取代沿袭已久的工业心理学。《管理心理学》公开出版后，加州大学终于让步，莉莲可以在其他学校进行那一年的研究。1915年，37岁的莉莲终于获得布朗大学的“应用管理”哲学博士学位。1924年，年仅56岁的弗兰克因心脏病去世，46岁的莉莲带着从2岁到19岁的12个孩子继续从事自己与丈夫共同的事业。她出席在欧洲举行的国际管理会议，为管理人员开办讲习班，做管理顾问，任管理学教授，为丈夫撰写传记……莉莲任大学教授直到70岁，1972年以94岁高龄逝世。

2. 组织行为学的正式产生

组织行为学产生于20世纪60年代的美国。随着管理心理学研究的深入，人们的目光又从群体进一步扩展到整个组织，同时人们也越来越认识到，人类行为不仅仅是由心理活动支配的，研究人类行为问题也不可能只是心理学的任务，必须综合运用社会学、政治学、教育学、系统论等相关学科的研究方法与研究成果，才能更好地推动这一学科的进步，从而更好地为管理实践服务。为反映这一趋势，莱维特教授从20世纪60年代起又开始使用“组织心理学”、“组织行为学”等新概念。同时，这一学科也开始从各校的心理学系转入了管理学院，研究队伍也从主要是心理学家发展为越来越多地出现了社会学家、社会心理学家和文化人类学家等，美国心理协会工业心理分会也更名为工业和组织心理分会。

综上所述，从工业心理学，到管理心理学，再到组织行为学的发展过程，实际上是管理科学对人的认识日益全面，研究手段不断丰富的过程。组织行为学的产生是这一过程的必然结果。

背景链接　　　　　　　　行为科学

行为科学这一概念有广义与狭义之别。广义的行为科学是对研究人类行为规律的诸多学科的统称，在这个意义上，诸如心理学、社会学、人类学、经济学、政治学、语言学、医学等及其应用都属于行为科学。狭义的行为科学主要指在人际关系理论基础上逐步发展起来的管理心理学、组织行为学等以人类工作行为的规律及其管理为对象的管理科学。

四、组织行为学的发展

组织行为学自 20 世纪 60 年代在美国正式命名，至今已有半个多世纪了。半个世纪以来组织行为学不仅在美国蓬勃发展，而且在欧洲、日本及中国也受到了普遍的重视，并在管理实践中取得了很好的成绩。进入 20 世纪 80 年代以来，世界经济政治正经历着极其深刻、全面和迅猛的变革。从管理者的角度看，首先是以 WTO 为标志的全球经济一体化的迅猛发展，多元文化的直接碰撞，使得市场机制和跨国公司既在越来越广阔的领域里起着越来越大的作用，也面临着严重的挑战。其次是以信息技术为标志的新技术革命浪潮席卷全球，深刻改变着物流、人流、资金流、信息流的流动模式，推动着交易方式、管理手段、组织结构等发生着革命性的变化。再次是以知识经济、网络经济、中国经济等为代表的新经济因素的迅速壮大，成为对西方传统管理理论进行创新的主要推动力量。

1. 组织行为学的微观研究与宏观研究

在上述背景下，目前组织行为学的研究与应用主要集中在两个微观研究与宏观研究主要方向上。所谓组织行为学的微观研究主要指组织行为学的一个研究方向是针对组织行为学某一领域的研究越来越深化、具体化、专门化的趋势，如组织沟通、组织领导、组织决策、组织发展等均已成为管理研究上的专门方向，管理咨询中的专项服务，管理教学中的专业课程。所谓组织行为学的宏观研究主要指组织行为学的另一个研究方向是针对组织行为学学科的基础研究、整体研究，如组织文化理论、学习型组织理论等等正在成为整个组织行为学的基础理论。

2. 组织行为学的分化与整合

组织行为学的发展不仅存在着上述出现越来越多专门领域的分化趋势，也存在着与相关学科之间的整合趋势。1988 年，美国的罗伯特 · 维卡（Robert P. Vecchio）教授和富兰克林 · 斯克伯兹（Franklin D. Scburz）教授提出了"组织科学"的概念，对组织管理领域的相关研究进行整合。他们从微观与宏观、理论与应用两个方面，将组织科学划分为组织行为研究、人力资源管理研究、组织理论研究和组织发展研究四个组成部分。

表 1 - 1

层次 / 性质	微观层次	宏观层次
理论研究	组织行为研究	组织理论研究
应用研究	人力资源管理研究	组织发展研究

如表 1 - 1 所示，组织行为研究主要是对个体、群体、领导行为等的研究；人力资源管理研究侧重于对组织中个人吸引、开发、激励等的理论与方法的应用性研究；组织理论研究主要是对传统的与现代的各种组织理论的特征、原则、依据等进行评价和研究；组织发展研究主要是对组织发展和组织变革的原理、组织结构的改革、组织制度的改革、人事制度改革的方法等方面的研究。

第三节 组织行为学的体系、方法与意义

一、组织行为学的理论体系

组织行为学在产生与发展过程中，内容日益丰富，范围日益扩大，逐步形成了一个从个体、群体，到组织整体，从微观到宏观，从内到外的理论体系（见图1－2）。这一理论体系实际上是人类对组织行为认识过程的一个缩影，反映了从简单到复杂，从局部到整体的认识发展的客观规律，而不是若干研究领域的机械相加或任意堆

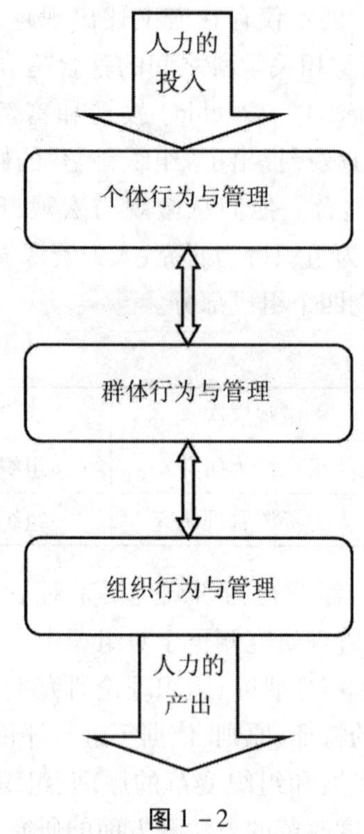

图1－2

砌。这也就是辩证法所谓逻辑的与历史的统一。既然如此，各种组织行为学的专著与教材在内容的安排上有相似之处也就不足为奇了。因为这是学科的特点，而不是某一本书的特点。

二、组织行为学的研究方法

所谓组织行为学的研究方法一般可以有三种所指：一是指组织行为学作为一门科学的研究方法，这主要是对组织行为学的科研工作者而言，如梅奥等人在霍桑研究中运用的谈话法等；二是指组织行为学作为一种管理方法的实践方法，如公司人事管理人员在招聘员工时进行的能力测验等；三是指组织行为学作为一门课程的教学方法，如组织行为学教学中经常采用的案例分析等。**组织行为学比较常用的研究方法主要有案例研究法、观察法、测验法、调查法、实验法等。**

1. 案例研究法

案例研究法是一种借助一定的实践经验与理论工具，通过对组织内的个体、群体或组织的某个变量或若干变量之间的相互关系做出描述、分析、判断和说明，从而发现问题、分析原因、寻求对策的方法。在这种研究中，研究人员和管理人员可以利用或不利用组织正式机构、制度、人员等，通过访问、谈话、调查、观察、档案分析等收集、记录组织有关个体、群体或组织的各种情况与数据，从中发现问题、分析原因、寻求对策，也可以提供给学生和有关人员研究、讨论和分析。

这种方法的优点是工具、方式、规模、深度等都比较灵活，因而科研人员和管理人员都经常运用这种方法。如企业文化理论中有一部名著《日本的管理艺术》就是通过对日本的松下电器公司和美国的国际电报电话公司管理方式的研究，发现美国企业文化存在的问题的。同时，由于这种方法特别贴近实际，很好地体现了理论与实践、知识与能力的统一，也成为组织管理专业教学中最常用的一种方法。如哈佛商学院培养 MBA 时就是采取高密度的案例教学(学生在两年内大约要分析 800～1000 个实际案例),使学生在两年内积累起在实际工作中可能要十几年甚至几十年才能积累起来的经验。这样培养出来的学生解决实际问题的能力要远远优于用从理论到理论的单纯课堂教学的传统方法培养出来的学生,因而特别受到学生和用人单位的欢迎,已为人们所普遍接受。在那些著名的商学院里都有自己的庞大并随时更新的案例库(哈佛的案例库拥有大约三千个左右案例,大约每年要更新其中 1/3 左右),能否拥有高质量的案例库已成为一所商学院办学质量的重要指标之一。

案例分析法的主要问题是,由于它描述、说明的是实际情况,变量很多,研究者本人分析问题的工具、角度及经验、立场、态度等主观因素也各不相同,因而所提出的解决问题的方案也总是多种多样的,并且由于现实问题是不可能完全重复与再现的,因而也很难证明答案的正确与否,因此研究结果的信度、效度和普遍性无法得到确切说明。

2. 观察法

观察法是指观察者以自己的感觉器官为工具,直接观察人们的行为,并通过对外在行为的分析去推测人们内在的心理状态的研究方法。现在许多研究也采用录像、录音等手段协助观察。如电视台搞"生活空间"一类节目就采取了类似观察法的方式。观察法是多种多样的,但大体有以下两种分类:

(1)根据观察者与被观察者的关系,可把观察法分为参与观察法和非参与观察法两类。观察者直接参与被观察者的活动,并在共同活动中进行观察的方法称为参与观察法。观察者不参与被观察者的活动,以旁观者身份进行观察的方法称为非参与观察法。这两种方法各有利弊。参与观察法的优点是研究人员以组织成员的身份去观察,使被观察者避免伪装和做作,从而使观察到的资料较为可靠和有效,缺点是由于亲自投入观察对象的活动中,可能会影响到观察者本人观察的客观性。非参与观察法的优点是观察者本人立场较为客观，缺点是局外人的在场会使被观察者感到不自然，如若要使被观察者不知道是在观察他们的行为，还需创造一定的观察条件。此外，无论参与观察法和非参与观察法，其信度和效度均会受到观察者本人的立场、目的、方法、经验、价值观、个性等的较大影响，这也是必须注意的。如观察应该尽量保持态度的冷静和立场的客观性，避免诱导等。

(2)根据观察情景的差异，可把观察法分为自然观察法与控制观察法两类。观察者在自然的真实的情景下观察他人的行为，也就是在被观察者不知道自己处于被观察的状态下的那种观察法叫自然观察法。观察者在设定的或可控的条件下进行观察，也就是操纵自变量的情况下进行观察，被观察者知道自己处于被观察状态中的那种方法叫控制观察法。自然观察法由于不操纵变量，在实际生活中观察人的行为，因而观察得到的结果更具典型性、客观性，更真实反映了生活本来面目，这是优于控制观察法的。但自然观察法由于不能控制自变量，有时难于确定被观察者的行为变化具体是由哪一自变量所引起的，这又不如控制观察法。

3. 测验法

测验法是一种采用经过大量验证的标准化的心理测量表或专门的测验仪器等，来测量被试者有关心理和行为特征的研究方法。管理实践中要客观、准确地了解一个人的智力水平、能力倾向、兴趣爱好、个性性格、成就需要等都可以运用测验法。

应用测验法要特别注意测验结果的信度和效度。所谓测验的信度即可靠性，它是反映测验结果准确性、真实性的指标。所谓测验的效度是指测验的有效性，即测验得到的结果是不是所要测定的心理与行为特征，或说测验结果能不能反映出研究者所希望得到的测验对象那方面的心理与行为特征。目前我国一些重要国家机关和大城市在招聘工作人员时除知识考试外，多已增加了心理测验方面的内容。要提醒大家的是，其一应慎重选择测验工具，如某些外国的测验工具未必适合中国的国情；其二应慎重选择测验人员，心理测验是对专业知识与经验要求极高的工作,同一工具由具备或不具备专业技能的人来使用,可能会得出完全不同的结果,如我国就出现过非专业人士将学生误定为弱智者的情况;其三应慎重看待测验结果,测验结果与测验者及被测验者的许多主观因素有关,即使由同一对测验者及被测验者所做的先后两次测验,其结果也未必如自然科学的结果那样可以完全重复,如国外的测谎实验中就会有此次通过而彼次不能通过的情况;其四应慎重看待测验本身,测验是重要的和有效的工具,但不是唯一的工具,更不是万能的、排它的工具,而应与其他工具配合使用,如不应该以为有了心理测验,就可以取代或放弃从实际生活中来观察人、了解人。

4. 调查法

调查法主要是运用某种调查方法具体了解被调查者对某一事物的态度、感情、观点和满意度等等。企业里经常用这种方法来调查员工对所在的组织和工作职位的满意程度,影响员工工作积极性的因素等。商业机构经常用这种方法来发现顾客喜欢购买哪些商品,不满意哪方面的服务等。国家、政党也可以通过这种调查了解民意,为制定和修改某些政策提供依据。调查主要有直接面谈、电话调查和问卷调查等具体方法。

(1)直接面谈法。直接面谈法是调查者通过与被调查者直接交谈,来探索被调查者的心理状态的研究方法,可以是一对一的谈话,也可以是不同规模、形式的会议。这种方法的优点是信息的回收率高达80%至95%,而且由于面对面地谈话,调查者可以解释问题,控制局面,因而所得的反应也较丰富、确切。缺点主要是面对面的谈话往往会给被调查者增加心理负荷,使人容易产生防御心理,会议调查中被调查者还会受会议气氛和其他被调查者的影响,所以要求调查者应具备一定的谈话技巧。另外面谈较费人力和时间,不大适合大规模使用。

(2)电话调查法。电话调查法是调查者通过电话与被调查者交谈。优点是经济而高效,缺点是不可能像直接面谈法那样可以采用多种方式详细询问和反复解释问题,并受电话普及水平及被调查者是否愿意合作等的制约。

(3)问卷调查法。问卷调查法是使用经过科学设计的问卷,让被调查者对问卷所提问题进行书面回答的调查方法。如我国的人口普查就采取了问卷调查的方式。

从问卷的发放形式上,问卷调查又可分邮寄问卷调查法和现场问卷调查法。前者省时省力,但回收率较低,经验表明,尽管附上复信邮票、小纪念品等,问卷回收率也只有45%左右。后者虽回收率较高,但花费的人力和时间又会较多。

从问卷问题的回答方式上,问卷调查法又可分为选择法、判断法、计分法、排序法等四种形式。选择法是要求被调查者从多种可供选择的答案中,选择一种或几种答案。如“请选择出你认为最合理的那种奖金发放方式是 A、按周发放,B、按月发放,C、按季度发放,D,按年发放”。判断法是要求被调查者对每一个问题做出“是”或“否”的判断。如“你认为提升干部时是否应业绩重于学历 A、是,B、不是”。计分法是要求被调查者对问卷中每个问题用三级、五级或七级计分的方式进行回答。如你认为某项工作重要(+1)、一般(0)、不重要(-1)或你认为某项工作很重要(5)、重要(4)、一般(3)、不重要(2)、很不重要(1)等。排序法是要求被调查者对问卷提供的答案进行等级排队。如“你认为在 A、首创精神,B、善于合作,C、分析能力,D、决策能力,E、文化水平,F、表达能力、G、正直等基层干部应具备的能力的重要程度按从高(1分)到低(7分)依次排序是________”等。

问卷法的主要优点首先是适合在很大的范围内进行调查,从而在较短时间中搜集到大量量化资料,如能配合使用计算机处理技术,这一优势是任何方法都无可比拟的。其次,如果问卷设计较好的话,可以有较强的适应性,除基本的识字与理解能力外对被调查者的依赖程度较低,被调查者也有较充裕的时间考虑如何回答问卷中的问题。此外,如果回答问题的人可以匿名,被调查者就可能敢于如实回答一些敏感的或私密的问题。

问卷法的主要缺点是,被调查者的回答容易受"社会赞许"(指被调查者往往会对社会赞许的问题给予肯定性回答)影响和出现"默认倾向"(指被试不假思索地或出于某种考虑而对任何问题都给予肯定性或否定性回答)。此外问卷本身的设计也对调查结果的信度与效度有着直接影响。

5. 实验法

实验法是研究者先假设一个或多个自变量对另一个或多个因变量的影响,然后设计一个实验,有控制地改变自变量,最后测量这些改变对因变量的影响,从中发现规律性的问题。霍桑研究中关于照明对工作效率的影响就采取了典型的实验法。实验法又分为实验室实验法、现场实验法和准实验法等三种。

(1) 实验室实验法。实验室实验法是把实验对象安置于特定的实验室范围内,研究人员严密控制所有自变量,并随时观察其引起的各种变化的实验方法。

(2)现场实验法。现场实验法在不断发展变化着的现实生活与工作中进行实验,也因而不可能完全控制所有自变量的方法。

(3)准实验法。准实验法是研究人员在不能完全控制的环境下进行实验的方法。这种方法介于现场实验法与实验室实验法之间。这种准实验法虽然不如实验室实验法那么准确,但是它的好处是自然而不做作,减少由于严格控制的实验条件所带来的特殊心理反应。另外由于没有打乱正常的工作秩序,也可以避免管理当局对实验的抵制,在实际工作中较为可行。

综上所述,不同研究方法各有利弊,不存在万能的方法。究竟采用哪一种或哪几种方法最为适宜,应根据所要研究的问题、研究人员和被研究对象的不同情况,研究现场的不同条件等而定。此外无论采用何种方法,都离不开对数据资料的统计分析及对其意义的解析。由于方法的选择、数据的处理、意义的解析都对最终结论的正确与可靠有着决定性意义,因而对研究人员有着较高的专业要求。

三、研究组织行为学的目的和意义

组织行为学之所以获得如此迅速的发展，之所以受到管理界人士，特别是中国管理界人士的普遍欢迎，绝非偶然，而是管理理论与实践发展的必然结果，是中国国情的客观要求。

1. 追随现代管理理论的进步趋势

西方的管理理论经历了一个从技术崇拜到对人的本质的回归的过程。现代管理理论的主流和趋势，如果用一句话来概括，那就是以人为本。自蒸汽机时代以来，科学技术的巨大进步创造了一个又一个奇迹，实现了人类无数祈盼千年的梦想，从而也造成了人对科学技术本身的崇拜，似乎科学是万能的，科学的就是好的。20 世纪初泰罗的管理理论被命名为“科学管理理论”就是一个生动的例子。然而，科学技术进步在给人类带来巨大物质财富的同时，也出现了一种无视人的精神需要，压抑人性，甚至奴役人的所谓“技术专制”的倾向。所以一些关心人类生存状态的有识之士指责现代西方社会是“在压倒一切的效率和日益提高的生活水准这双重的基础上”的“单面的社会”，而“造成当代社会单面性和极权性的直接原因是科学技术的进步”①二战以来，特别是 20 世纪 60 年代以来，关心人，张扬人性，鼓吹人的本质的回归，已成为西方一种影响广泛而巨大的社会思潮。这种社会思潮的影响表现在管理理论上就是，越来越重视人的因素，突出对人的关怀，强调人性化管理，出现了以人为本的所谓人本主义倾向。组织行为学的发展正是这种倾向一种自觉而集中的体现。组织行为学所追求的，一是提高“工作绩效”，二是提高人的“工作满意度”。提高工作绩效是所有管理科学的共性，组织行为学也不例外，而提高人的工作满意度则是组织行为学的特色，因为组织行为学认为任何工作都是人来做的，人的工作满

① 郑杭生:《现代西方哲学主要流派》，中国人民大学 1988 年 2 月第 1 版，第 304、305 页。

意度提高了,工作绩效自然会得到提高。

2. 满足现代管理实践的要求

管理无非是对人、财、物、信息等几大要素的管理。这些要素中,人是唯一能动的要素,是唯一有意志、有目的的要素,因而也是唯一的主体。财需人理,物需人管,信息也是为人所用的。所以管理问题说到底是人在管理,是对人的管理,是为了人的管理,人是管理的实质与核心。

随着世界范围内科学技术的迅猛发展及经济、社会的巨大进步,管理实践也发生了质的变化。首先是劳动过程的变化。据研究,体力劳动和脑力劳动的耗费比重在低水平机械化条件下为90:10,在中等水平机械化条件下为60:40,而在全盘自动化条件下则为10:90。[①] 特别是进入电子计算机和信息化时代,对脑力劳动作用的要求越来越高。比如20世纪70年代美国新增加的近2000万就业人员中,就有90%左右的人在以脑力劳动为主要特征的高技术产业、信息服务产业及其他新兴产业工作。传统意义上的以体力劳动为主要特征的产业工人在美国已不足20%。一个显而易见的道理是,体力劳动的状态及其成果往往是具体的、可见的,比较容易程序化和量化,因而比较容易实现外在的监督和控制,但脑力劳动的状态及其成果则往往不那么具体、可见,也往往更需要创造性,更难以精确地量化,要更多地依靠劳动者本人自觉性、积极性、主动性。管理必然从对人的外在约束转向关注人的内心世界。

其次是劳动者的变化。从世界范围看,二次大战以来,随着社会经济文化的进步,人们的物质生活水平和文化水平都发生了巨大的进步,社会保障体系、劳动保护体系、最低工资制度的建立和完善,教育的普及等等,使劳动者不再将工作的物质条件、物质报酬等看做是唯一的择业条件,而是开始更多地考虑自己的生活质量和全面发展,"事业生涯"的理论与实践正在普遍接受。有数据表明,早

---

① 参见孙彤:《组织行为学教程》,高等教育出版社2000年8月第1版,第8页。

在20世纪80年代初，日本企业中具有大学毕业学历的职工已占33.6%，高中学历的已占57.3%。也就是说，按日本学制，企业职工中90%以上至少受过12年以上的教育，具有高中毕业以上文化程度。1990年，美国25岁以上人口平均受教育12.7年，其中75.5%达到大专或大学本科以上水平。[①] 我国改革开放以来，特别是近年来，也出现了类似问题。据国家统计局2001年3月发布的《2000年第五次全国人口普查主要数据公报》显示，与1990年第四次全国人口普查相比，我国仅用了10年时间，每10万人中具有大学程度的由1422人上升为3611人，具有高中程度的由8039人上升为11146人，具有初中程度的由23344人上升为33961人，具有小学程度的由37057人下降为35701人，文盲率由15.88%下降为6.72%。劳动力素质结构如此巨大而迅速的变化，是每个管理者都不能不考虑的问题。

再次是管理方式的变化。由于计算机技术、网络技术、通信技术等等的普遍应用以及员工参股、期股期权制等等的逐步推广等，使得减少管理层次，拓宽管理幅度，建立扁平式的组织，增加直接沟通，推行民主化管理等正在从可能走向现实。管理者必须把自己从只关注"事"的"工作绩效"的管理者转变为也懂得"人"的"工作满意度"的管理者。

3. 适应中国国情的需要

搞中国的现代化建设必须研究中国的国情。具体地说就是摸清家底，搞清资源。中国搞现代化建设当然要依靠资源的开发。那么什么是中国最大的资源呢？过去谈到我国的资源时，我们往往习惯于自诩地大物博、人口众多。现在看，中国地大物博与人口众多是事实，但它们不仅是相加的并列关系，而且是相除的平均关系。

---

① 数据来源：张善余《美国1990年人口普查数据分析》，《人口学刊》1993年第5期。黄顺基、李庆臻《大杠杆——震撼社会的新技术革命》，山东大学出版社1986年9月第1版，第39、476页。

如果以人均计算,中国的地并不能算大,物也不能算博,确能称雄于世界的唯有人,人是中国最大的资源。可问题的关键在于,没有人就是没有资源当然不行,而有了人,但人的教育水平低、素质差,不是资源或不是优质资源也不行,当然有了资源,甚至是优质资源不善于开发利用还是不行。组织行为学就是一门专门研究如何更高效地开发利用人力资源的科学,在这个意义上可以说它是最适合中国国情的管理科学之一。

案例分析　　　　　　　　小 J 的故事

23 岁的小 J 无疑是一个传奇。2001 年他以 615 分的高分考上了武汉大学,但随后由于痴迷网络和旷课而被退学。2002 年他复读一个月后又以 628 分的高分再次考上武汉大学,但不到一年他因"屡教不改"被再次被勒令退学。2003 年他第三次参加高考,再次考出了 611 分的高分,因"已经进过两次武大了,太尴尬了"而改报华中科技大学。在华中科大读到大三时他由于痴迷网络和旷课导致学分不够第三次被退学。2006 年他第四次参加了高考,以 614 分的高分重返华中科大。但据说他最近又没怎么上课。当记者问小 J 是不是网络害得你一又一次被退学时,小 J 表示,"没有单纯的原因,上网只是一部分原因",其他还有失恋、丢车、教室太远、大学生活无聊、对大学教育制度失望等等。"原因太复杂了,有些原因我不想说,有些原因我也说不清楚"。

问题:

1. 小 J 在大学的"绩效"如何?"满意度"如何?二者之间有没有什么因果关系?

2. 学校作为管理者只关注学生的学习绩效可不可以?为什么?

3. 现在说说你对"以人为本"的理解

本章小结及对管理者的意义

本章概要地介绍了组织、组织行为、组织行为学等组织行为学的基本概念，组织行为学产生与发展过程及发展趋势，组织行为学的研究方法、研究目的与意义。

对于管理者而言，通过对本章的学习，首先可以对组织行为学有一个初步的认识，如组织行为学的研究对象与范围、学科特点与研究方法、研究目的与意义等，可以为下一步研究做好认识上的准备。其次，管理者还可以初步接触一些组织行为学概念、术语、常识等，为下一步研究做好知识上的准备。此外，如果通过对本章的学习，管理者对管理的本质、管理理论的发展趋势等问题有所感悟，那么本章的目的就完全达到了。

本章主要概念

组织　　行为　　组织行为　　组织行为学

本章复习题

1. 什么是组织？什么是组织行为？什么是组织行为学？
2. 组织行为学的研究对象与研究目的是什么？
3. 组织行为学是怎样产生和发展的？

本章思考题

1. 从组织行为学的产生和发展过程中，你有些什么感悟？
2. 你怎样理解“以人为本”的管理理念？
3. 为什么说组织行为学是以人为本的管理科学？

本章阅读书目

1. [美]丹尼尔·A. 雷恩：《管理思想的演变》，第6、9、13、21章，中国社会科学出版社，1986年第1版。
2. 孙彤：《组织行为学》，第1、2章，高等教育出版社，2000年第1版。
3. 李剑锋：《组织行为管理》，第1章，中国人民大学出版社，2000年第1版。

第二章　心理、个性与行为

本章要点

- 人类行为的机制
- 知觉与行为的关系
- 个性与行为的关系

引　子

一把锁挂在大门上，锁住了大门，也锁住了大门后面的秘密。一根粗大的铁棍费尽浑身力气，还是无法将它撬开。一把小巧的钥匙来了，将瘦小的身子钻进锁孔，只轻轻一转，锁就“啪”的一声打开了。铁棍奇怪地问：“为什么我费了那么大力气也打不开，而你却轻而易举地就把它打开了呢？”钥匙说：“因为我最了解它的‘芯’。”

管理者要管理人的行为，而人的行为是由人的心理支配的，我们只有把自己变成一只心灵的钥匙，深入人的内心世界，才能真正理解人，有效管理人，看到心灵之门后面的风景。

第一节　人类行为的心理机制

一、心理与行为

人的行为是由心理支配的，所以管理者要管理人的行为必须了解人的心理及其与行为的关系。

1. 心理与管理

所谓心理是指动物的神经系统对外界刺激所做出的精神方面的反应，是对感觉、知觉、记忆、思维、情感、意志、性格、意识倾向等精神现象的总称。动物是有心理活动的，越是高级动物，心理活动也越高级、越复杂。意识是最高级、最复杂的心理活动，也是最高级的动物即人类所独有的心理现象。管理者为什么要了解人的心理呢？因为所谓管理实质上就是对人的行为的调控，而人的行为总是在一定心理活动支配下发生的，不懂得人的心理而欲实现对人的管理，必然是盲目的、低效的，甚至是适得其反。所以要想成为一个有效的管理者，要想实现科学、高效的管理，就必须了解人类心理及其规律。管理者不必是心理专家，但必须懂得一些心理活动的基本规律和心理学的基本常识。

2. 行为的内因与外因

那么心理与行为之间的作用机制究竟是怎样的呢？学术界对此一向有许多不同的解释。

传统的心理学一般认为，人的外部行为是由人的内在心理活动支配的，因而总是力图探究和揭示人类心理的内在结构。这可以大致概括为内因支配行为。

行为主义的创始人、美国心理学家华生（J. B. Watson，1878—1958，一译沃森）则认为，人的行为本质上是人对外部环境变化的反应，因此他用公式 S－R 来解释行为过程，即行为是人对环境变化所形成的刺激 S 做出的反应 R，主张集中精力探讨环境与行为的关系。这可以大致概括为外因支配行为。

新行为主义的主要代表人物托尔曼（E. C. Tolman，1886—1959）针对华生的 S－R 公式只讲环境对行为的作用，完全忽略个体主观因素对行为的支配作用的缺陷，提出了公式 S－O－R，即在刺激 S 和反应 R 之间加入个体的需要、认识之类“中介变因”O，主张人类行为的机制首先是外界刺激使人产生相应的需要、认识等等中介变因,然后中介变因支配人产生相应的行为。这可以大致概括为外因通过内因支配行为。

格式塔派心理学家勒温(Kurt lewin,1890—1947)以公式 B = f(P·E)来解释人类行为的机制,认为人的行为 B 是个体变量 P 和环境变量 E 交互作用的函数 f。这可以大致概括为内因与外因交互作用支配行为。①

我国学者孙彤等认为,人的主观特征(相当于勒温的个体变量 P)是包括人的知觉、能力、性格、价值观、气质等多个因素在内的复杂变量,人所处的客观环境特征(相当于勒温的环境变量 E)则是包括组织内部环境、外部环境、物质环境、社会环境等多个因素在内的复杂变量,因此主张将人类行为机制的理论模式表达为 B = f(Pa、b、c... ·Em、n、o...)。这可以大致概括为复杂内因与复杂外因交互作用支配行为。②

理论上的歧见实际上现实中问题复杂性的反映。正如我们在本书图 1 - 1 中所看到的,支配人类行为的因素是极其复杂的,可以说没有任何一个学科能够巨细无遗地穷尽一切相关变量。这些因素概括地起来无非个人的、内部的、主观的原因和环境的、外部的、客观的原因两个方面,简单地说就是内因与外因。本章首先集中探讨一下作为人类行为最主要的内因—心理因素与行为的关系。

背景链接　　心理与心理学

心理是对感觉、知觉、记忆、思维、情感、意志、性格、意识倾向等精神现象的总称。它实质上是动物的神经系统对外界刺激所产生的有规律的反应。动物进化到腔肠动物时产生了神经组织,也就开始出现了心理现象的萌芽。人的心理是动物心理发展到最高阶段

---

① 参见杨清:《现代西方心理学主要派别》,辽宁人民出版社 1986 年版,第 203、230、307 页。

② 参见孙彤、许玉林:《组织行为管理学》,红旗出版社 1993 年版,第 17 - 18 页。

的产物，主要包括心理过程和心理个性两个方面。其中，心理过程主要包括认知、情感、意志等三个过程，心理个性主要体现在个性倾向、个性特征等两个方面。

心理学是专门研究人类心理现象发生、发展规律的科学。心理学是一门古老而又年轻的科学。言其古老，是指几千年前的古代希腊和罗马以及古代中国的思想家，就已对人类心理现象进行了大量有益的探索，形成了比较系统的认识，其中一些至今仍有重要价值。古希腊哲学家亚里士多德（Aristotle，公元前384—前322）著有《论灵魂》一书，探讨心理现象与肉体的关系，是西方最早的心理学著作之一。英文“心理学”（Psychology）一词即来自希腊文“灵魂学”（ψυχολογος）。早于亚里士多德的中国古代思想家、教育家孔子（公元前551—前479）基于其长期的教育实践，也提出过非常丰富的心理学思想。但由于心理现象本身的复杂性和研究方法的局限性，古典心理学一直只是哲学的一部分，并与某些迷信的、宗教的思想分不开。言其年轻，是指直到1879年德国心理学家冯特在莱比锡大学建立了世界上第一个心理学实验室，采用自然科学的实验方法，对人的心理现象进行实证研究，创建了实验心理学，才使得心理学摆脱了过分依赖内心体验和抽象思维的境地，真正成为一门独立的科学。迄今，科学意义上的心理学也不过一百多年的历史，与数学、物理学等早已成熟的学科相比，又是一门年轻的科学。

二、行为的心理机制

心理支配行为是一个非常复杂的过程，其间包括多个环节，存在着复杂的机制。

1. 需要

人类的行为是从需要开始的。**所谓需要就是人对满足自身生存与发展条件的某种欲望与渴求。**人类的生存与发展总是要有一定的对象作为条件，缺少这种条件时，人的生存与发展就会遇到障碍,于是人就会产生对于该条件的欲望与渴求,也就是需要。比如,人要生存就要有食物提供能量,否则就不能生存。当人体内缺乏食物时就会产生饥饿感,食物是客观需求,饥饿感是主观需要。

(1) 需要是多样的。人是世界上最复杂的生物,所以人的需要也是一切生物中最多样化的。从需要的发生来看,既有生物性需要,指维持个体生存和种族延续的需要,如吃的需要、性的需要等等,也有社会性需要,指维持社会存在与发展的需要,如交往的需要、关爱的需要等等。从需要的对象来看,既有物质性需要,如对衣、食、住、行等的需要,也有精神性需要,如对信仰、艺术、道德等的需要。

(2) 需要是统一的。人的需要是一个统一的有机整体。一方面,人的社会需要以生物需要为基础,比如人若不能首先满足生存这样的生物需要,就谈不到满足交往与关爱这样的社会需要,另一方面,人的生物需要渗透着社会需要,比如饮食本身属于生物需要,但其中也有价值观念与审美意识这样社会需要的参与。一方面,人的精神需要以物质需要为前提,比如人"衣食足知礼节",即满足了物质需要才有可能出现精神需要,另一方面,人的物质需要可以升华为精神需要,比如服饰不仅蔽体,更要美观,即对物质需要的满足会丰富、发展为对精神需要的满足。

(3) 需要是动态的。需要实质上是人的某种短缺,只有某种对象短缺,才会产生关于该对象的需要,一旦该对象满足,对该对象的需要就会被对其他对象的需要所取代。比如,当人体内缺乏食物时就会产生饥饿感,即吃饭的需要,一旦吃饱了,食物不短缺了,没有了饥饿感,没有了吃饭的需要,水又会出现短缺,产生口渴感,即饮水的需要等等。所以人的需要总是此起彼伏、轮换交替,永远不会完全满足,没有需要。

总之,需要是人类行为的原始动力,管理者为了实现对员工行为的有效管理,就必须具体研究员工的需要及其变化,做好有针对性的工作,也就是所谓"投其所需"。

2. 动机

动机指引起、维持人的行为，并将人的行为导向一定目标以满足人的某种需要的意图、愿望等。需要是主观的东西，行为是客观的东西，动机则是主观转化为客观的中介环节。构成动机有两个必要条件，一是有需要，二是有满足需要的对象。或者说，当仅仅是纯粹主观的欲望与渴求时，就是需要，当欲望与渴求已经指向具体的对象时，需要就转化为动机。需要是一种盲目的冲动，动机则有明确的意图；需要给行为提供能量，动机给行为规定方向。

(1)动机与需要的关系。动机与需要的关系是复杂的。虽然动机是以需要为基础的，必须有需要才能形成动机，但并不是任何需要都能转化为动机的。需要转化为动机必须具备两个条件，一是足够的需要强度，也就是说多种需要并存的情况下，只有最迫切的需要才能转化为动机，二是现实的满足需要的对象，也就是说只有现实可行的对象才能引发动机。比如，一位经过长途旅行刚刚到达景点的游客，又饥渴，又疲劳，又想玩，同时有饮食、休息、游览的多种需要。但一方面，行为主体不一定能同时做三件事，只能由动机来区分需要的轻重缓急，优先满足最迫切的需要，另一方面，客观环境不一定具备满足三种需要的全部条件，只能由动机来判断满足需要的现实可能性，优先实现具有现实性的目标。最终只能是三择其一，或坐下来吃，或躺下来睡，或站起来行。

(2)动机与行为的关系。动机与行为的关系也是复杂的。虽然一定的行为总是一定的动机引起的，但动机与行为之间并非简单的对应关系。有时相同动机可能引发不同行为，如追求幸福的动机既可能导致勤奋，也可能导致懒惰；有时不同动机可能引发相同行为，如对金钱、荣誉、爱情的追求都会使人进取；有时一个动机可能引发多个行为，如出人头地的动机可以使人学习努力、工作勤奋、尊重领导、善待同事；有时多个动机可能引发一个行为，如认真工作的动机可能既是为出名，也是为得利；有时好的动机可能引发坏的行为，如出于帮助别人进步的动机却表现为伤害别人尊严的行为；有时坏的动机可能掩饰为好的行为，如出于卑鄙的动机而逢迎领导、“关心”同事等等。

总之，动机是人类行为的直接动力，管理者为了实现对员工行为的有效管理，就必须具体研究员工的动机及其变化，以及需要、动机、行为之间的关系，因势利导，做好工作。

3. 行为的机制

人类的行为的一般机制是，短缺产生需要，需要转化为动机，动机推动行为，行为实现目标，目标的达成状况反馈给需要，需要的内容与结构发生变化，进入下一循环。在这种循环中，人类的需要此起彼伏，伏而再起，永远不会完全满足，所以这种循环周而复始，永无止境。这不仅是个人生存与发展的原始动因和内在机制，也是人类生存与发展的原始动因和内在机制。正是因此，从黑格尔到恩格斯都承认，恶（指贪欲，即需要——笔者注）是历史发展的动力和杠杆。

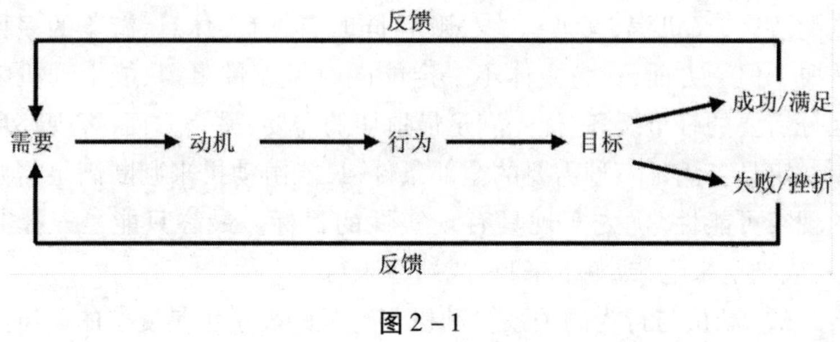

图 2－1

第二节 知觉与行为

人的任何行为总是一定心理活动支配下发生的。人类心理大体可以分为心理过程和心理个性两个方面。心理过程包括知觉过程、情感过程和意志过程，是人皆有之的，属于人类心理的共性方面。心理个性包括个性倾向性和个性心理特征，是人各不同的，属于人类心理的个性方面。心理过程和心理个性这两个方面不是截然分开的,每个人的心理个性就体现在他的心理过程之中。本节主要探讨人类心理过程的基础与起点——知觉过程对人类行为的影响。

一、知觉及其特性

1. 知觉

一位员工工作非常努力,经常主动加班,究其原因,或因为他喜欢这份工作,或因为他知道这份工作可能给他带来提职加薪的机会,或因为他惧怕做不好这份工作所要受到的惩处等等;另一位员工工作常常敷衍了事、消极怠工,究其原因,或因为他厌倦这份工作,或因为他不满意这份工作的薪水与机会,或因为他知道管理方监督不力、制度不严等等。可见,人以怎样的行为去对待一个人、处理一件事,在很大程度上与他对这个人、这件事的认识有关。而人的认识又是从知觉开始的,所以知觉对人的行为具有非常重要的而且是直接的影响。

所谓知觉就是指由于对象当前直接作用于感觉器官,而在人的大脑中形成的关于对象的综合的整体的认识。知觉是复杂的,它不是只反映对象某一方面特征的单一的感觉,而是视觉、听觉、嗅觉、味觉等多种感觉的综合,是对多种信息的整体的反应,是知觉主体对知觉对象的整体把握。知觉是深刻的,它不仅是对对象的感知,而且是包括从对对象感觉开始,到对多种感觉信息进行选择、组织,再到对感觉信息给出解释的一个完整而复杂的过程。

2. 知觉的特性

生活中人们常用照相机“照相”、镜子“反映”这样的比喻来描述知觉过程。事实上,这种比喻有其正确的一面,但也有很大的局限性,因为人远比照相机或镜子这样的事物复杂,人的知觉过程也远比照相或反映这样的物理过程复杂。例如,当我们单独看到图2-2的A图

图2-2

的时候,我们会将A图理解为学校或教堂之类的建筑物,当我们看完图2-2的四幅图再来看A图的时候,我们会将A图理解为春季。在这里,我们知觉的是同一个对象,而且对象在我们知觉它的过程中也没有任何发生变化,但我们知觉的结果却有如此的不同。这说明在一定的条件下,知觉主体的某些东西,如知识、经验、情感、意图等等,对知觉结果是有重要影响的。换言之,我们主观中知觉到的世界与客观中现实的世界并不一定是完全一致的,它们之间不是简单对应的关系。生活中我们也可以注意到类似现象:当我们是一名消费者的时候,我们买什么并不取决于这件商品的质量是否最好,而取决于我们是否最喜欢,对于那些质量虽好,但我们不喜欢的商品,我们可以"视而不见";当我们是一名员工的时候,别人认为是非常好的工作岗位,我们自己却感觉是非常糟糕的工作岗位等等。之所以会出现这些情况是因为,一方面,我们的知觉是对对象的反映,因而与对象及其环境相关，另一方面，我们的知觉又不是像镜子反映对象那样纯粹被动的接受过程，而是有主体的能动的参与，与主体相关。所以实际上**知觉是一定环境中主客体相互作用的过程及其结果，因而具有选择性、整体性、理解性、恒常性等特性。**

（1）选择性。知觉的选择性是指，人在知觉过程中，并不是平均地反映对象的每一特征，而是有意或无意地将某一对象或对象的某一方面作为知觉对象，产生清晰而鲜明的印象，而将其余对象或对象的其余方面作为对象的背景，只产生比较模糊的印象甚至完全忽略。例如，学生对黑板上写的字印象很深，而对写字的黑板则印象模糊。

（2）整体性。知觉的整体性是指，人在知觉过程中，并不是分别地反映对象的各个部分和属性，而是根据对象的性质和主体的经验将对象作为一个整体进行反映。例如，人们对“风吹草低见牛羊”中的“风”、“草”、“牛羊”三个事物并不是分别反映的，而是先把“风吹”作为原因，“草低”作为结果，再把“草低”作为原因，“见牛羊”作为结果，从而将“风吹草低见牛羊”作为一个整体进行反映的。其中既有对象的各个部分和属性，也有各个部分和属性之间的关系。

（3）理解性。知觉的理解性是指，人在知觉过程中，会根据主体以往的知识和经验，对知觉对象进行加工处理，并用词语将它们表示出来，揭示或赋予其一定的意义。例如，对同一片秋天的枫叶，诗人看到的是诗情，画家看到的画意，商人看到的是商机，科学家看到的则是树种的特性、气候的变化等等。

（4）恒常性。知觉的恒常性是指，人在知觉某一熟悉的对象时，虽然对象的某些特征比较以往已经有所改变，但我们会根据以往的经验，调整和修正我们当前的知觉，维持我们过去的知觉。例如，我们从侧面观察杯子时，杯口是呈椭圆形的，但在我们的知觉中杯口仍是圆形的。

正是由于知觉的上述特性，我们在认识世界时，对同一对象，不同的人会有不同的认识，同一个人在不同条件下也会有不同认识。

这也就是日常我们所说的“仁者见仁,智者见智”。

3. 影响知觉过程及其特性的因素

知觉是特定主体在特定情境中认知特定对象的过程,因此**影响知觉过程及其特性的因素主要是知觉对象、知觉主体、知觉情境三个方面。**

(1)知觉对象方面的因素。其一,对象本身的特征。知觉对象的特征,如特殊的体积、形状、声音、色彩等,往往会吸引我们的注意力,从而影响我们对它的知觉。一般来说,知觉对象的体积越大、形状越特异、音量越高、音色越特殊、色彩越鲜艳等等,对我们感官的刺激强度也就越大,也就越容易为主体所关注。所谓“鲜艳夺目”,“鲜艳”是对象的特征,“夺目”是主体的选择,“鲜艳”是“夺目”原因,“夺目”是“鲜艳”是结果。我们搞宣传时常用鲜艳的大字来书写标语,谈话时常用提高音量来引起对方的重视就是这个道理。

其二,对象之间的相互关系。若干知觉对象之间的某种外部关系,往往会被我们理解为某种内在联系,从而影响我们对它的知觉。如车厢里面对面的邻座虽然比背靠背的邻座距离更远,却更容易熟络。这之中存在着连续律、接近律、相似律、闭合律等知觉规律。

所谓连续律是指具有某些相关特征的若干对象往往会被我们理解为具有某种内在关系而整合为一组。如图 2－3A 中原本不连贯的圆点会被人们自然而然地理解为完整而连续的十字图形。

所谓相邻律是指在时间或空间上比较接近的若干对象往往会被我们理解为具有某种内在关系而整合为一组。如图 2－3B 中圆点的颜色、大小本来是完全一致的,只是由于间距不同而会被人们自然而然地分为四组。

所谓相似律是指具有某些相似特征的若干对象往往会被我们理解为具有某种内在关系而整合为一组。如图 2－3C 中的圆点因颜色相似而会被人们自然而然地分为黑白两组。

所谓闭合律是指具有某些封闭特征的若干对象往往会被我们理解为具有某种内在关系而整合为一组。如图 2－3D 中各线段的颜色、长短、粗细、间距都是完全一致的，只是由于线段两端的两两相向而会被人们自然而然地分为四组。

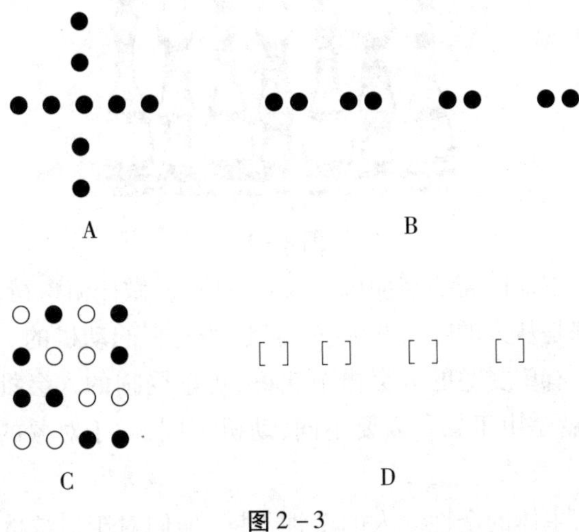

图2－3

其三，对象与背景的关系。知觉对象与背景的颜色、声音、形状等之间的反差、和谐等关系对知觉也有一定的影响。教室中，为了让同学看清楚，一般会利用最强的反差：白色的粉笔字以黑板为背景，就是这个道理。从图2－4中我们可以看到，当黑色部分与白色部分比例大体相当时，我们会很难明确何为对象，何为背景，于是我们忽而看到的是人体，忽而看到的是石柱。开会时，领导讲话声音高，当然是对象，下面议论声音低，自动成为背景，但如果议论过于热烈，声音接近甚至高于领导讲话，那就会喧宾夺主了。

(2)知觉主体方面的因素。其一，主体的知识与经验。知觉不是完全被动的接受过程，它还包括对于对象的理解和解释，因而主体以往的知识和经验对于知觉的形成有着重要影响。所以工厂中那些经验丰富，对设备了如指掌的技术工人，往往不一定非要借助什么复杂的检测仪器，而只靠听听声音、摸摸温度就能准确判断设备故障何在，而其他人虽然也能听到声音、摸到温度，却不能找到问题何在。

图2－4

其二，主体的需要与动机。人是主体，人做任何事情，包括去认知对象，都是从人的需要出发，有着趋利避害的动机的。对于一种奖惩制度，有望受益的人会击节叫好，可能受损的人会批评它一无是处。这就是由于二者需要不同，动机不同，对于对象的知觉自然也就不同。

其三，主体的个性。人的个性不同，他们对于对象的知觉也会不同。对于一间办公室的规范整洁的布置，沉稳严肃的人感受到的是格局严谨、秩序井然，工作效率大为提高，而活泼好动人感受到的则是压抑乏味，容易烦躁疲劳，工作效率反而降低。所谓“仁者乐山，智者乐水”，就是这个道理。

其四，主体的态度与感情。工作中我们常可以注意到，某些员工可以抱怨自己所在的班组这也不行，那也不好，但却听不得其他班组的人指责他的班组，一旦外人指责他的班组，全班组的人会立刻一致对外。这里显然不是班组本身优缺点的问题，而是班组成员的感情因素左右了人们的认识。

其五，主体感官的特点。人的知觉离不开人的感觉器官，感官的特点自然会影响到知觉的结果。正是为此，某些工作岗位会对应聘者的听力、视力、嗅觉、味觉等有一定的要求。例如，一般工作岗位只要求矫正视力能达到正常水平即可，但招考飞行员时的视力要求则近乎苛刻。

（3）知觉情境环境方面的因素。其一，压力。特定的环境或环境的变化对人会产生一定的压力，从而导致知觉的变化。如流水线上的质量检测人员在竞赛等情况下，对残次品的检出率会较平时有较大幅度的提高或降低。

其二，干扰。某些因素闯入知觉范围内会对知觉过程产生干扰，影响知觉的准确性。如宁静的办公室中突然一声沉重的关门声、正常运行的流水线上无任何征兆的停电等都会严重影响员工的注意力。

其三，特定的场合及时空条件。人的知觉不仅与对象本身的内容有关，而且与知觉发生时所处的场合及时空条件有关。如，同一个消息由员工私下传播时被认为是小道消息，虽然大家对它兴趣很高但信任度并不高，一旦在正式会议上传达则会引起人们的高度重视。

以上只是列举了一些影响知觉过程的主要因素，虽不是全部，但也足以令我们认识到，知觉绝不是主体接受对象的单纯过程，而是还有主体选择、解释对象的复合过程，绝不是主体完全被动的单向过程，而是还有主体主动参与的双向过程，是主体与对象间在一定的情境下相互作用的极其复杂的活动。

二、社会知觉与偏见

在人的知觉活动中，最复杂、最困难的是对人的知觉，也就是社会知觉。

1. 社会知觉

知觉可以是针对任何对象的。**所谓社会知觉是专指以人及其社会关系、社会活动为对象的知觉，如对人、人的行为、人际关系等的知觉。**比如，一块石头是方的，我们会认为那方形仅仅是石头的形状而已，而一个人的脸形是方的，我们就会认为那方形代表着耿直的性格、正派的人品；森林中的两棵树距离近一些没有什么特别，但人群中的两个人靠得太近就会让别人觉得他们的关系不一般。具有社会知觉是人与动物的重要区别之一。

社会知觉主要有：

(1)对自我的知觉。自我知觉是指主体对自己心理与行为的知觉,即对“我”的认识。世界上有两种人没有正常的自我知觉:一种是智力、精神上不健全的病人,他们因此而无法自如地应对社会生活;一种是青春期以前的未成年人,他们因此而无法自主地应对社会生活。智力正常的成年人都会在社会生活中逐步形成“我”的概念。平常我们所说的“主见”、“自信心”、“自视”等都属于自我知觉。但是正确地认识自我远比正确地认识他人更困难,所以古人说“人贵有自知之明”。

(2)对他人的知觉。对他人的知觉指主体对他人的需要、动机、价值观、兴趣、能力、性格、品质、修养等等的知觉。当我们称赞某人能干、某人忠厚,贬斥某人无能、某人奸诈等等时,就是在表达我们对他人的知觉。

(3)对社会角色的知觉。角色知觉指主体对自己、他人应扮演的社会角色,应承担的社会义务等的知觉。总经理因一次重大事故而引咎辞职,并不是说他的能力、人品突然有了重大变化,而是他认为自己所承担的社会角色失败了,自己不能胜任这一社会角色。

(4)对人际关系的知觉。人际关系知觉指主体对自己与他人、他人与他人之间社会关系的知觉。如我们对某人是朋友或敌人、某人与某人亲密或疏远、某人与某人的关系正常或不正常等等的认识,都属于我们对人际关系的知觉。

(5)对行为因果的知觉。主体对人的知觉并不仅局限于对人本身的知觉,还包括对人的行为及其发生的原因和导致的后果的知觉。例如我们面对演员会感叹“台上一分钟,台下十年功”,这是把演员当前的表现当做结果而回溯以前的原因,面对孩子会预言“三岁看小,七岁看老”,这是把孩子当前的表现当做原因而预测以后的结果等等。

2. 社会偏见

人的知觉是产生错误的,即知觉虽然是对于对象的反映,但却可能是歪曲的反映。如图 2 –5 中，A 与 B 是等长的，但看起来 B 却似乎比 A 要长一些。错误的知觉称为错觉。而对人的认识远比对物的认识要复杂得多，所以社会知觉更容易出现错误，称为社会偏见。**所谓社会偏见就是指在社会知觉中发生的缺乏充分事实根据的错误认识**。我们生活中常见的对人的歧视、成见等都属于社会偏见。

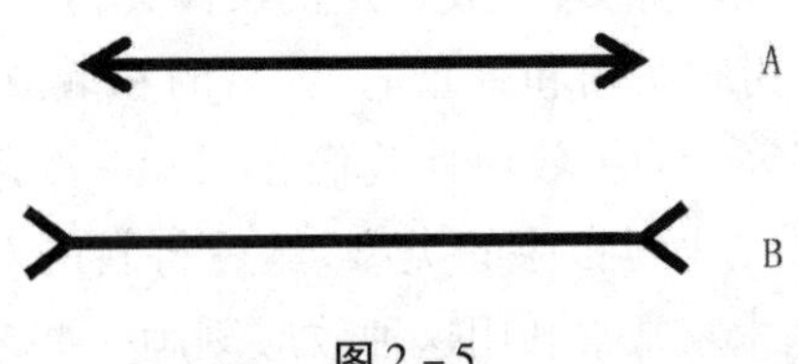

图 2 –5

社会偏见产生的原因很复杂。总的来说，社会偏见产生于我们做出判断所依据的信息可能是片面的、歪曲的、虚假的。具体而言，社会偏见的产生与三个方面的因素有关。就知觉主体而言，社会知觉比一般的知觉会更多地受到知觉者自身经验、情感、立场、价值观念、道德观念等等的制约；就知觉对象而言，社会知觉的对象是人，因而要面对知觉对象的掩饰、表演、诱导、宣传等等的干扰；就知觉情境而言，社会知觉会受到社会文化传统、流行的观念、群体的价值观念等等的影响。所以对人的认识远比对物的认识更困难，更容易发生错误。这就是所谓“知人知面难知心”。

在社会偏见产生过程中，一些典型的社会心理效应起了很大作用，主要有：

(1) 首因效应。亦称第一印象，指陌生的人、陌生的事第一次留给我们的印象往往极深，会长时间地、深重地左右日后我们对该人、该事的认识。所以会有“先入为主”、“新官上任三把火”等等的说法和做法。

(2) 近因效应。亦称末因效应，指我们所熟悉的人、熟悉的事最近与以往相比的不同之处往往特别容易引起我们的注意。“士别三日当刮目相看”就是这个道理。

(3)光环效应。亦称晕轮效应,指某人或某事的某一局部的特点特别突出,往往会引起我们特别的关注,以至于会影响甚至会泛化为我们对该人该事的全局的认识。“以点代面”、“以偏概全”、“偶像崇拜”、“明星代言”等都与此有关。

(4)刻板效应。亦称类型化效应,指人们受社会舆论及自身社会经验的影响,常常会把人分成一定的类型,并产生相应的社会成见。如将人区分为聪明的和愚蠢的、勤奋的和懒散的、宽宏大量的和斤斤计较的等等。刻板效应使我们在认知一个新的对象时常常力图在记忆存储中找到相应的类型,然后将新的对象分门别类地“对号入座”。艺术家常常利用这种效应刻画一些艺术上的典型形象,如保守的英国绅士、浪漫的法国情人、精明的犹太商人等等。

(5)投射效应。投射效应指主体在认知对象时会将自己的态度、感情、倾向、想法等投射到对象上去,揣测对象会是怎样的。生活中常见的“以己度人”、“感情用事”、“主观主义”等都是投射效应的具体表现。

三、知觉与管理

了解人类知觉活动的规律,对管理活动是很有帮助的。

1. 熟悉知觉的性质、影响知觉的主要因素及其作用,提高管理工作的科学性

首先要懂得知觉的作用。知觉是人最基础的心理过程,对人的行为有着直接的影响。例如,对于一项工作计划,员工只有认为它切实可行,才可能在工作中表现出积极主动的工作行为,员工如果认为它不可行,就会在工作中消极、被动,甚至敷衍、推诿。因此管理者要非常重视帮助员工对工作形成正确的认识,坚决摒弃那种“民可使由之,不可使知之”的陈腐观念。

其次要懂得知觉的特性与规律。知觉虽然是复杂的,但也是有规律可循的,工作中应尊重科学,按规律办事。例如,既然知觉是有

选择性的，而在知觉中选择什么又是与对象和背景的关系直接相关的，那么在召开内容比较严肃的会议时，主持人及主要发言人的衣着和举止就要凝重、朴实一些，会场的气氛与布置就要严肃、洗练一些，主席台上无关的人与物就要尽可能少一些，以避免大家的注意力集中到了怪异的发型和服饰、花哨的主席台、庞大的主席团、走来走去的服务员上面去，使主持人、主要发言人及会议的主题反而成了可有可无、若有若无的背景与陪衬，造成喧宾夺主的尴尬局面。又如，既然知觉是有整体性的，而知觉的整体性又与知觉对象的共性有直接关系，那么我们就可以利用整齐划一的厂服、厂徽、厂歌等来增加员工对企业的认同感和团队意识等等。

2. 掌握社会偏见的规律，提高在识人、用人、做人方面的自觉性

首先，要懂得错觉、偏见是不可能完全避免的，所以要时时保持对错觉与偏见的警惕。错觉、偏见本身是深藏于人的本性、人的认识方式、人的认识规律之中的东西，完全杜绝它们不仅不可能，而且会阻塞通向正确认识的道路。因为人在认识中不可能不犯错误，不犯错误也就无法认识真理。这就如同人不跌跤就学不会走路，即使学会了走路，人也不能保证不跌跤一样。

其次，要懂得错觉、偏见是有规律的，要学会趋利避害。对于错觉与偏见这些心理现象，不要一看到“错”、“偏”就片面地以为都是坏事。事实上，在管理工作中，正确对待错觉与偏见，最重要的是在认识其产生的规律和作用的方式的基础上，根据工作的实际需要来具体决定究竟是应该避免它们还是利用它们。例如，既然第一印象是非常重要的，那么我们自己初到一个新的工作岗位时就要懂得“慎重初战”的原则，要精心选择一个难度适当又有相当影响力的机会，开好场，亮好相，踢好头三脚，从而为以后开展工作打下好的基础和开端。如果机会选得不好，要么难度太大一时解决不了容易给人无能的第一印象，要么难度太小不能给人深刻的第一印象，以后再想扭转是很困难的。又如，刻板效应的特征是强调共性而忽略个性。这一方面容易使我们对人的认识停留于共性而失之肤浅和主观，另一

方面也可以使我们充分利用以往的经验积累，通过“对号入座”迅速完成对一个人的粗略认识，从而大大提高认识效率。

第三节 个性与行为

古人说：“人心不同，各如其面”，指的就是人的个性差异。**人的个性也称人格，指一个人整个精神面貌的特点，包括个性倾向性和个性心理特征两个方面。个性倾向性指人对认识和活动对象的趋向性和选择性，包括需要、动机、兴趣、态度、价值观等。个性心理特征指人经常出现的、比较稳定的心理特点，包括气质、性格、能力等。**在个性问题上，管理者一方面是要懂得了解和尊重人的个性，另一方面是要懂得工作特点与人的个性之间的匹配关系。

一、兴趣与工作兴趣

1. 兴趣及其种类

我们经常可以见到这样的情况，有的员工干正经工作时无精打采、应付差事，尽管我们给他发了工资奖金，给他讲了要好好工作的道理，似乎都不大起作用，可玩游戏时既没有人给他报酬，也没有人给他做思想工作，他却精神亢奋、积极投入，而且战绩颇佳。若问他：你为什么思想上明知努力工作既对公司有利，也对自己有利，而游戏成瘾既影响公司工作，又耽误自己挣钱，但还是工作敷衍而游戏成瘾？他会说工作“没劲”，游戏“有意思”。很明显，这时候是兴趣战胜了理性。在行为科学中，**兴趣指人因关心、爱好某种对象而对其积极认知和参与的心理倾向。**兴趣是个体行为的重要促动因素，它可以使人在面对多个对象时，对有兴趣的对象给予优先的关注和投入，在必须关注和参与的多个对象时，对有兴趣的对象给予更加积极、主动的关注和投入。

人的兴趣是多种多样的，研究兴趣问题时可以从不同的需要出发，根据不同的指标对兴趣进行不同的分类。

(1)直接兴趣和间接兴趣。根据兴趣与对象的关系可以将兴趣分为由对象本身引起的直接兴趣和由对象的目的、任务、后果等而引发的间接兴趣。例如同是对某项工作有兴趣，但有的人是直接对工作本身的新鲜感、趣味性、挑战性等感兴趣，这属于直接兴趣，也有的人是因工作可以为自己带来财富、权力、荣誉、地位等后果而对工作感兴趣，这属于间接兴趣。一般来说，大多数工作本身往往是枯燥乏味的，难以引起人的直接兴趣，但工作带来的财富、权力、荣誉、地位等则可以引起大多数人的兴趣，所以管理者研究人的兴趣主要看人的间接兴趣。

(2)稳定兴趣和暂时兴趣。根据兴趣维持的久暂可以将兴趣分为稳定兴趣和暂时兴趣。那些主要发自内心，可以维持较长时间，不因活动结束而消失，即使历经挫折与诱惑也不转移的兴趣，属于稳定兴趣，而那些随一定活动而发生，随一定活动而消失的短暂而易转移的兴趣，则属于暂时兴趣。一般来说，暂时兴趣对人的影响较小，真正影响人一生成就的主要是那些长期的稳定的兴趣。

(3)积极兴趣和消极兴趣。根据兴趣的社会意义可以分为对自己、对他人、对社会有正面影响的积极兴趣和对自己、对他人、对社会产生负面影响的消极兴趣。对创造的兴趣、探索的兴趣、美的兴趣等属于积极兴趣，而对物质享乐的过度贪婪，对不良娱乐的极度嗜好、对低俗品位的病态欣赏等属于消极兴趣。所谓“玩物丧志”就是对消极兴趣危害的批评。

(4)工作兴趣和生活兴趣。根据兴趣对象的性质可以将兴趣分为工作兴趣和生活兴趣。顾名思义，工作兴趣是对工作本身感兴趣，生活兴趣则是对休息性、娱乐性对象的兴趣。一般来说，管理者主要是关心人们的工作兴趣，而生活兴趣只要是健康的、适度的就不必过多干预。

(5)理性兴趣与非理性兴趣。根据兴趣是否受理性的自觉约束可以将兴趣分为理性兴趣和非理性兴趣。如果兴趣对象对主体的人生与事业有重要意义,兴奋点是诉诸理性并受理性约束的,就属于理性兴趣。例如,对学习的兴趣通常是理性兴趣,因为学习本身是辛苦的,人们对学习的兴趣一般是建立在主体的清醒认识和合理预期基础上的。如果兴趣对象对主体情绪上有比较大的吸引力,兴奋点是诉诸感性并只受感性支配的,则属于非理性兴趣。例如,对娱乐的兴趣通常是非理性兴趣,因为娱乐是建立在主体感性快乐和当前体验基础上的。由于兴趣不都是受理性约束的,所以思想工作不是万能的。例如,对于那些玩电脑游戏上瘾的孩子,老师、家长们苦口婆心地讲沉溺于电脑游戏有什么危害的大道理往往效果并不好,甚至有的孩子明知玩物丧志也难于自拔,就是因为电脑游戏上瘾根本不是理性兴趣,此时就不如以一些健康有益而且有趣的游戏去转移他的兴趣。

2. 兴趣的作用

(1)增加投入,调动潜能,从而提高行为的积极性、主动性和创造性。人们对自己感兴趣的事物会有更主动的投入,更充分地调动自身的潜能,从而提高行为的积极性、主动性和创造性。孔子说"知之者不如好之者,好之者不如乐之者"①,就是这个道理。

(2)集中注意力,产生愉悦体验,提高兴奋性,从而提高行为的效率。人们对有兴趣的事物会集中注意力并提高注意力的稳定性,从而减少兴趣中心的转移,使行为更加稳定而持久;产生愉悦的情绪体验,从而延缓疲劳,减轻怠倦,即所谓"乐此不疲";提高人的兴奋性,从而增进记忆,诱导思考,调动潜能等等。这些都会大大提高行为的效率。

3. 工作兴趣的培养

既然兴趣对员工做好工作有如此重要而直接的作用,那么管理者就必须将员工的兴趣纳入自己的视野,积极培养员工的工作兴

---

①《论语·雍也》。

趣，使员工通过爱岗，达到敬业。

工作与兴趣本是一对矛盾。面对这对矛盾，我们的管理者在管理中往往习惯于完全不讲对兴趣的尊重，片面强调无条件地服从工作需要。曾经有一种流传很广，其实似是而非的说法，“革命战士是块砖，哪里需要哪里搬”。这样的人完全成了工作的附属品，甚至机器上的零部件，哪里还有以人为本可言？应该说这也不能简单归结为那个时代的愚昧，因为那个时代连温饱尚且不足，哪里谈得到个人兴趣呢？但是今天，随着时代的进步，人们的文化水平提高了，生活品味提高了，社会开始懂得尊重个人权利了，双向选择的就业机制建立起来了，工作本身对人的积极性、主动性、创造性和工作效率的要求也更高了，我们就不能不认真对待人的兴趣问题了。当然，工作与兴趣能完全一致是最好的，但那是一种不太容易达到而且也不是每个人都有机会达到的理想状态。工作毕竟是工作，不是生活。生活中如果对某事不感兴趣，放弃它就是了，而工作中就不能完全凭兴趣来决定取舍了。在这个问题上，对于管理者而言，一是要在条件允许的前提下尽可能考虑员工的兴趣，如招聘员工时增加兴趣倾向的考核内容，分配工作时给员工一定的选择余地，设计工作环境时更加人性化等，尽可能为工作与兴趣的协调创造条件；二是要尽可能培养员工兴趣，即在岗前教育、岗位教育中加强爱岗教育的内容，将“干一行就要爱一行”的工作优先原则与“爱一行才能干好一行”的兴趣优先原则统一起来。兴趣不仅是最好的老师，也是最好的管理者。

二、态度与工作态度

1. 态度及其成分

商店里的店员或因希望做好工作，或因惧怕解雇等等，在行为上一般都会遵守店内的管理规范，如展示商品、有问必答、使用敬语、不与顾客争吵等等，但顾客却可以明显地从店员们规范划一的行为中感受到某种不同。如有的店员热情主动,问一答三,不厌其烦,有的店员则例行公事,机械反应,全无感情色彩。这时我们会说他们服务态度不一样。在行为科学中,**态度是指人对某种对象所持的评价和相应的行为倾向。**

具体地说,人对一个对象的态度主要是由对该对象的认知、情感、意向等三部分因素构成的。其中,认知因素即对态度对象的认识、知识及有评价意义的叙述等,有好与坏、信任与怀疑、赞同与反对、理解与不解或误解等不同;情感因素即对态度对象的情感色彩与情绪特征等,有善意与恶意、热情与冷淡、好感与厌恶等不同;意向因素即对态度对象的行为准备状态与行为倾向,有接受与拒绝、接近与回避、容忍与挑剔等不同。一般来说,态度的这三种成分大多是协调一致的,如在对某对象正面的认识与评价(态度的认知因素)基础上,我们往往会对该对象的产生较多的好感(态度的情感因素),而我们一旦对某个对象有了好感,往往会更多地看到该对象积极的一面(态度的认知因素),并对其有较高的容忍度(态度的意向因素)。

2. 态度的作用

态度虽然不是行为,但是属于行为的准备状态,决定着行为的倾向,因而对人的行为有重要影响,主要表现在:

(1)态度影响耐受力。耐受力是指个体受到挫折时,能摆脱其困扰而免于心理与行为失常的能力,通俗地说也就是对挫折的承受能力。研究表明,人们对挫折的耐受力的强弱与人们对导致挫折的事物的态度之间一般是正相关关系。如,人如果对自己的群体有认同感,持忠诚态度,面对问题时往往较能容忍克制,对自己认为有意义的工作,遇到的挫折时往往能坚忍不拔、任劳任怨,甚至愈挫愈奋等等,这都说明积极的态度提高了耐受力。反之,人如果对自己的群体本来就比较冷漠,有疏离感,往往稍有风雨就牢骚满腹,不愿忍受,甚至忍拂袖而去,对自己本来就认为无意义的工作往往稍不如意就怨天尤人、灰心丧气,这都说明消极的态度降低了耐受力。

(2)态度影响效率。研究表明,态度与行为效率之间的关系是比较复杂的。多数情况下,态度与效率是正相关关系,如果工作态度积极,工作效率也比较高或有利于提高工作效率,如果工作态度消极,工作效率也不太高或不利于提高工作效率。但也有一些特殊情况,有时对工作满意程度很高的员工工作效率也可能并不比别人更高,对工作不够满意的员工工作效率也可能并不比别人更低。这可能主要是两方面原因造成的。一种可能性是工作本身并不是员工的主要目标,而是达到其他目标的手段。例如,员工并不喜爱自己的工作,但工作可以带来的自己所需要的收入,所以员工便努力工作,提高工作效率以获得更丰厚的收入,导致工作态度消极而工作效率并不低。另一种可能性是员工需要层次变化所导致的目标转移。例如,员工既有提高自己收入的需要,也有获得同伴友谊与关爱的需要,当进一步提高工作效率虽可能给自己带来更丰厚的收入,却可能被同伴指责为"出风头"、"认钱不认人"、"要钱不要命"时,他宁肯让自己的工作效率保持在一个平均水平上,也就是工作态度积极而工作效率并不高。

3. 工作态度的培养与改变

(1)培养与改变工作态度的方法。态度是有对象的,以工作为对象的态度称为工作态度,诸如员工对工作的认真、负责、努力的程度等都属于工作态度。由于态度可以影响人的耐受力及效率等,所以工作态度会直接影响到员工的工作绩效。从管理的角度看,我们希望培养、维持、强化员工有利于提高工作绩效的正确工作态度,改变、转化员工不利于提高工作绩效的错误工作态度。具体方法有:

其一,提供新的信息。态度的形成与主体掌握的信息有着直接关系,所以提供有利于改变态度的信息往往可以使态度发生一定变化。例如科学知识的普及就有利于人们改变对鬼神的迷信态度。

其二,开展宣传教育。宣传教育中也包含提供信息的成分,但其重点不在于提供新的知识,而在于通过反复提供有针对性的信息,形成导向,促使对象改变自己的态度。例如我们可以通过摆事实、讲道理,动之以情、晓之以理的反复宣传教育,使员工改变对改革措施的抵制态度。

其三,发挥群体的作用。人是有从众倾向的,个体的态度往往与其所从属的群体的氛围有关,因此利用群体多数成员的情感、态度、规范、压力等也可以改变对象的态度。例如一个群体"风气正"或"风气不正"对于群体成员的态度与行为常常会有重要的,有时甚至是决定性的影响。

其四,利用角色扮演。态度与个人所扮演的角色有着直接的关系,所以转换一下立场,设身处地从他人的角度来看问题,常常会深刻影响到人们的态度。我们在管理工作中常常开展"假如我是顾客"、"假如我是用户"这类活动,并在改善员工服务态度上有较好的作用,其实就是这个道理。

(2)培养与改变工作态度须注意的问题。其一,态度的培养和改变是不能强制的,也不是一蹴而就的,而是需要一个从外到内的相对较长的思想过程。一般来说,态度的改变要经过依从、认同、内化三个阶段。依从是主体被动屈从的某种异己态度的阶段,认同是主体自愿接受某种异己态度的阶段,内化是将某种异己态度纳入自身态度体系的阶段。强制最多只能达到依从阶段,而只有达到内化阶段才是真正意义上的态度改变

其二,态度的培养和改变不都是非此即彼的。从态度的表现来看,态度的不同既可以是性质的不同,也可以是强度的不同。如,对某项改革措施,员工的态度往往不是只有"赞成"与"反对"两种对立的态度,而是表现为一个"坚决赞成—赞成—中立—反对—坚决反对"的完整系列。从态度的改变来看,既要看到非一致性改变,也要看到一致性改变。所谓非一致性改变是指态度的性质发生了改变,如经过我们的工作,员工对改革的态度可能从"反对"变为"赞成"。所谓一致性改变是指态度的强度发生了变化,如经过我们的工作,员工对改革的态度可能从"坚决反对"弱化为"反对"或"中立"等。

三、价值观及其作用与类型

1. 价值观及其类型

人们对世界的认识可分为两种，一曰事实判断，一曰价值判断，事实判断是判断真伪问题，价值判断是判断意义问题。司马迁（前145年或前135年—前87或前86年）说，“人固有一死，或重于泰山，或轻于鸿毛”。这里，“人固有一死”是事实判断，“或重于泰山，或轻于鸿毛”则是价值判断。20世纪80年代初，曾有一名叫张华的解放军第四军医大学学员，为救一名落入粪池的老农民而牺牲了自己年轻的生命。此事当时曾在社会上引起一场争论。有人认为张华为救他人而不惜献出自己的生命，死得伟大。也有人认为张华救人固然可嘉，但以一条国家、学校、家庭、个人都投入大量心血，前途无量的年轻的大学生的生命来换一条没有文化的、对国家的贡献肯定不会超过大学生的老农民的生命是不值得的。需要注意的是，这里争论的焦点不在于生与死这个事实，而在于以这种一命换一命的方式去救人是“值”还是“不值”。这就显然是两种价值观之间的争论了。在行为科学中，**价值观是指人对对象在满足主体需要方面的有用性、有效性、重要性、意义等轻重大小的总评价及其排列体系。**

价值观与态度有相近之处，它们都是指人对于对象的倾向性，但比较而言，态度与行为的关系更直接、更具体、更表面，价值观则更根本、更稳定、更普遍，更深藏于人的内心世界。我们可以将价值观理解为一种总的态度，也可以将态度理解为价值观的具体表现。比如自幼被灌输并形成集体主义价值观念的人，在任何场合都会表现出尊重集体、大局为重的态度，并在面对集体利益与个人利益冲突的时候，采取牺牲个人，维护集体的行为。

由于人们所继承的传统不同，所接受的教育不同，所处的环境与生活经历也不同，因而人们的价值观也不同。

美国学者斯普朗格尔(E. Spranger)根据价值中心将人的价值观分成六类:

(1)理性的价值观:以知识和真理为中心,强调通过理性批判的方式发现真理。

(2)唯美的价值观:以形式、和谐为中心,强调对美和审美的追求。

(3)政治性价值观:以权力、地位为中心,强调权力的获取和影响力。

(4)社会性价值观:以群体、他人为中心,强调人与人之间的友好和博爱。

(5)经济性价值观:以有效、实惠为中心,强调功利和务实,追求经济利益。

(6)宗教性价值观:以信仰、教义为中心,强调经验的一致性及对宇宙和自身的了解。

美国学者阿尔波特(G. W. Allport)的进一步研究表明,不同职业会影响上述价值的排序。

表 2-1①

职业 / 排序	牧师	采购代理商	工业工程师
1	宗教	经济	理性
2	社会	理性	政治
3	唯美	政治	经济
4	政治	宗教	唯美
5	理性	唯美	宗教
6	经济	社会	社会

① 参见张德:《组织行为学》,清华大学出版社,2000 年第 1 版,第 62~63 页。

组织行为学家格雷夫斯(F. W. Graves)在行为方式调查的基础上将企业中人们的价值观归纳为七个等级:

第一级是反应型。这种类型的人没有意识到自己及周围的人是作为人类而存在的,只是完全按照自己基本的生理需要而被动地做出反应。

第二级是部落型。这种类型的人缺乏自主意识,依赖成性,习惯于服从传统和权势。

第三级是自我中心型。这种类型的人信仰自私而冷酷的个人主义,自私并且爱挑衅,主要服从权力。

第四级是坚持己见型。这种类型的人对模棱两可的意见不能容忍,难于接受不同的价值观,希望别人接受自己的价值观。

第五级是玩弄权术型。这种类型的人通过摆布别人,篡改事实,以达到个人目的,非常现实,积极争取社会地位和社会影响。

第六级是社交中心型。这种类型的人把被人喜爱和与人善处看得重于自己的发展,受现实主义、权力主义和坚持己见者的排斥。

第七级是存在主义型。这种类型的人能高度容忍模糊不清的意见和不同观点的人,对制度和方针的僵化、空挂的职位、权力的强制使用等敢于直言。

据他的研究表明,在美国现代企业中,第一级的人非常少见,就一般员工而言,多处于第二至第七级之间,就管理人员而言,过去大多属于第四、第五级,但已出现第六、第七级逐渐增加的趋势。[①]

当然,还有一种我们更为熟悉的价值观分类方法,即根据价值观主体的不同,将价值观分为个人的价值观、群体的价值观和组织的价值观等。我们下面即据此对价值观的作用进行探讨。

2. 价值观的作用

价值观规定着行为的价值取向,对于行为有着非常重要的作用,主要体现在:

---

① 参见孙彤:《组织行为学》,高等教育出版社,2000 年第 1 版,第 50 页。

(1)个人价值观是个体行为的主要驱动因素。动物的本能是趋利避害,否则就不能生存,其区分利害的标准仅仅在于是否有利于生存。人也是动物,也能趋利避害,但人区分利害的标准中除了生存外,还有一个重要内容就是价值观。人在面对一定目标时究竟采取何种行为,一般有三种情况:一是只一个目标,虽然没有冲突,但也无可选择。如所谓"坐收渔利"、"坐享其成"时,人其实是被动的,没有选择余地的。这时我们自然看不到价值观的作用。二是虽有多个目标,但彼此兼容,可以兼得,所以不必选择。如所谓"名利兼收"、"两全其美",既然顾此未必失彼,我们何必有所取舍呢?这时我们当然也看不到价值观的作用。三是多个目标并存,彼此冲突而又必须有取舍,有选择。这时价值观就成为选择的标准。如面对"鱼与熊掌不可兼得"、"义利不可兼得"困境时,价值观的作用就体现出来了,以义为重、舍生取义者秉持的是君子的价值观,以利为重、唯利是图者秉持的是小人的价值观。社会越是发展,个人素质越是高,选择机会就越是多,价值观就越是重要,其对行为的驱动作用就越是突出。

(2)群体价值观是群体凝聚力的主要基础。"嘤其鸣矣,求其友声";"物以类聚,人与群分";"士为知己者死"等等,讲的都是同一个道理,即观念上的共鸣与和谐,对于强化人与人的关系具有极为重要的意义。应该说制度、金钱、享乐等等都可以将一些人聚拢到一起,但因物质利益产生的关系也必定会被更大的物质利益所打破。凝聚人心最有力量的还是人心本身,是共同的追求,是共同的价值观念。古人称结拜兄弟是"结义"、"义结同心",而称狐朋狗友是"酒肉朋友",今人称只是一起工作的人为"同事",而称为共同信念奋斗的人为"同志",都是这个道理。

(3)组织价值观是组织文化的核心。一个企业经过几十年的风风雨雨,管理者、员工、业务、环境等都有了很大变化,如何还能始终如一、坚定不移地向自己既定的目标前进?一个企业的员工从几个人发展到几百人、几千人、几万人,如何能从最初的意气相投发展到万众一心？一些原本在不同企业、不同行业、不同地区、不同国家和民族文化背景下成长和工作的员工如何在资产重组后真正实现观念上的重组？招聘员工，特别是高层管理者，除经验、能力等外，要不要考虑其个人价值观与企业价值观的匹配？所有这些都有赖于强有力的企业文化的建设。而企业文化建设最核心的工作就是努力塑造并形成整个企业稳定的、被共同接受的价值观。

3. 价值观的培养与改变

价值观的形成是长期的、复杂的。历史上的社会文化传统、现实的教育与社会规范、个人的人生经验等等，都会对价值观的形成产生或直接或潜移默化的影响。价值观一旦形成，是比较难改变的。在管理工作中，要注意以下几点：

(1)培育正确的价值观。价值观是有正确与错误的本质区别的。在我国，企业的价值观不应该与社会的主流价值观相对抗、相违背，不能与行业的基本道德规范相对抗、相违背等等，否则就很难说是正确的价值观，很难见容于我们这个社会。例如，企业追求利润最大化，这在价值观上是没有问题的，但如果将企业利润凌驾于企业社会责任之上，使用“地沟油”、制造“山寨手机”、偷排污染物等等，这在价值观上就是有问题的。

(2)培育具有特色的价值观。在培育企业价值观方面，过去问题比较多地表现在不懂得企业价值观的作用、忽视企业价值观的培育等，而近年来问题更多地表现为价值观缺乏本企业的特色、追时髦、赶潮流等。例如，无论企业的历史传统如何，发展战略如何，技术路线如何，行业特点如何，员工素质如何等等，一律把“改革”、“发展”、“锐意进取”、“勇于创新”挂在嘴上，写在墙上，称得上千人一面、众口一词。但是管理者应该懂得，这种看起来绝对正确的价值观是没有个性的，而没有个性的东西是没有生命的，也没有存在的必要性的。

(3)接纳与宽容价值观的多元化。社会进步了，员工文化水平与基本素质提高了，要求全党全国人民“统一思想、统一意志、统一纪律、统一指挥、统一行动”的所谓“五统一”的时代早已过去了。管理者应该学会宽容，在与社会和企业利益不冲突的前提下，允许每个员工都有自己的价值观念与选择权利。这不仅是对人的尊重，同时也是鼓励创造、增加活力、活跃气氛的需要。

四、气质与个性

1. 气质及其类型

古人说“人心不同，各如其面”，就是说，人不仅外表的相貌不同，而且内在的“脾气”、“秉性”也不同。心理学中将这些“脾气”、“秉性”等称为**气质，指个人表现在心理过程的强度、速度、稳定性、指向性等方面的典型的稳定的特点**。我们知道，人有三大心理过程：认知过程、情感过程和意志过程。人的气质就是在这些心理过程中表现出来的个人心理活动的动态特征，包括心理过程的强度，如情绪的强弱、意志的强弱等；心理过程的速度，如认知速度的快慢、思维的灵活程度；心理过程的稳定性，如注意力集中时间的长短、情绪转换的快慢等；心理活动的指向性，如由个人心理活动的内倾与外倾等等。

气质是人相对稳定的心理特征。一个人无论其处于一生哪个阶段，也无论其所从事活动的性质、内容、目的、场合等有什么不同，其所表现出的气质特征都是相同的或近似的。比如说意志比较坚定的人，无论青壮年时期还是老年时期，无论是在学习中还是在工作中，无论身处顺境还是逆境，都会表现出坚强、有毅力、不轻易放弃、不屈不挠的特点。

虽然古人很早就发现人有气质的不同，但由于古时科学的不发达，人们只是在生活经验中意识到气质现象的存在，并试图从气质的外部行为表现上对它进行描述，却一直不能科学地解释气质的基础与实质到底是什么。如中国古代的“阴阳说”认为气质不同是由阴阳的关系造成的，“五行说”认为气质不同是由于五行的关系造成的。西方的“体液说”认为气质不同是由于各种体液的不同比例造成的,“血型说”认为气质不同是由血型不同造成的等等。

古人还试图对气质特征进行分类。如我国古代的孔子曾经把人的气质分“狂”、“狷”、“中行”等不同的类型。他说:“不得中行而与之,必也狂狷乎？狂者进取,狷者有所不为也。”[①]所谓“狂者”指比较外向、张扬、容易冲动、进取心较强的类型,所谓“狷者”指比较内向、稳重、无为的类型,所谓“中行”则指介乎“狂”与“狷”二者之间的不那么极端的类型。古人对气质的分类是建立在其对气质基础与实质的认识的基础上的。如古代中国的“阴阳说”认为万物皆由阴阳二气构成,二气比例关系不同就可分为太阳之人、少阳之人、阴阳平和之人、少阴之人、太阴之人等五种类型。古代希腊的“体液说”认为人有血液、黏液、黄胆汁、黑胆汁等四种体液,四种体液的不同组合,形成了人的气质的四种类型:血液占优势称为多血质,黏液占优势称为黏液质,黄胆汁占优势称为胆汁质,黑胆汁占优势称为抑郁质。这些分类虽然没有什么科学基础,但由于它是建立在大量的生活经验、医疗实践、教育实践等基础之上,所以有一定的合理性,能大体正确反映各种人类气质类型及其特征,因而其名称及其分类有些沿用至今,仍为人们普遍接受。

目前在我国被人们普遍接受的科学的现代气质类型学说是由俄国神经生理学家巴甫洛夫(И. П. Павлов,1849—1936)所创立的。1909至1910年期间,巴甫洛夫提出了人的高级神经活动类型的概念,指出人的心理活动类型是以人的高级神经活动类型为基础的,或者说气质类型实质上是人的高级神经活动类型。他认为,人的神经活动有两种过程:兴奋过程与抑制过程。在这两种过程间存在三种关系或特性:神经过程的强度,即神经细胞的兴奋和抑制的工作能力和耐力;神经过程的平衡性,即兴奋与抑制的相对均势或优势;神经过程的灵活性,即兴奋和抑制相互转换的能力或速度。

---

① 《论语·子路》。

这些特性的不同组合构成了四种典型的气质类型:兴奋型、活泼型、安静型、抑制型。他认为神经系统的类型是气质的生理基础,而气质则是神经系统类型的心理表现。很有意思的是,他的分类与古希腊名医希波克拉底(Hippocrates,约公元前460—前377年)的体液说气质分类之间刚好存在着对应关系,即兴奋型相当于胆汁质、活泼型相当于多血质、安静型相当于黏液质、抑制型相当于抑郁质(见表2-2)。每个人都有自己的特定的气质类型,但多数人是介乎两种类型之间的中间类型或以某一类型为主而又兼有其他类型特征的混合类型,非常典型而明显属于某一气质类型的人并不很多。

表2-2

神经系统的特性及其类型				气质	
强度	平衡性	灵活性	神经特性类型	气质类型	主要心理特征
强	不平衡(兴奋优势)		兴奋型	胆汁质	精力充沛、情绪发生快而强、言语动作急速而难于自制、内心外露、率直、热情、易怒、急躁、果敢
强	平衡	灵活	活泼型	多血质	活泼爱动、富于生气、情绪发生快而多变、表情丰富、思维语言动作敏捷、乐观、亲切、浮躁、轻率
强	平衡	不灵活	安静型	黏液质	沉着冷静、情绪发生慢而弱、思维言语动作迟缓、内心少外露、坚毅、执拗、淡漠
弱	不平衡(抑制优势)		抑制型	抑郁质	柔弱易倦、情绪发生慢而强、易感而富于自我体验、言语动作细小无力、胆小、忸怩、孤僻

背景链接　　希波克拉底、巴甫洛夫与气质类型

气质也就是日常所称“脾气”、“秉性”,是人的个性心理特征之

一。所谓气质实质上是指人表现于心理过程的强度(如情绪起伏的大小、意志坚定的程度等)、速度(如认知的快慢、思维的灵活性等)、稳定性(如注意集中的时间、情绪波动的幅度等)、指向性(如倾向于外部评价、信息获取还是倾向于内心体验、自我感觉等)等方面的特征。

古人很早就注意到人与人的"脾气"、"秉性"是不一样的,所谓"人心不同,各如其面",并且知道"脾气"、"秉性"很难改变,所谓"江山易改,本性难移"。中国古人用"阴阳"、"五行"等学说对气质进行解释和分类。西方最早提出气质类型划分的是古希腊名医希波克拉底。此人在西方一向被视为医学之父。据说是出自其手的"希波克拉底誓言",作为医学道德准则,至今在仍在西方许多医学院校的毕业典礼上被宣读。但关于其生平,可信的材料甚少。只知其生于医生世家,医术超群,曾广泛游历希腊及小亚细亚,行医授徒。由数十篇著作结集而成的《希波克拉底文集》流传至今,但据考证应非一人一时之作,其内容反映的应为当时希腊医学的总体水平。希波克拉底在其《论人的本性》中提出人体有四种体液:血液、黏液、黄胆汁、黑胆汁。这四种体液的组合,形成了人体的特质,即血液占优势称为多血质,黏液占优势称为黏液质、黄胆汁占优势称为胆汁质、黑胆汁占优势称为抑郁质。后来罗马医生盖伦(Galen,公元130—200年)用拉丁语Temperameteum一词来表示这种体液组合的概念。这就是今天"气质"(Temperament)一词的由来。不过按希波克拉底和盖伦的原意,这一概念实际上是指包括人的全部生理—心理活动在内的人的整个体质,而在现代心理学中,这一概念则专指心理活动方面。既然"Temperament"这一概念源自"体液说",在中文里似乎译作"液质"更接近原意,译成"气质"显然是受中国古人"阴阳说"、"元气论"等的影响。

古代气质类型理论基本上是建立在实践经验基础上的,因而虽有一定道理,可以解释某些现象,但毕竟是不科学的。真正为气质类型理论建立起现代科学基础的是以建立"条件反射理论"而闻名的俄国著名生理学家巴甫洛夫。巴甫洛夫毕生从事生理学研究，成果颇丰，并曾获得1904年的诺贝尔生理学医学奖。他在1909—1910年前后首次提出了神经系统类型的概念。1935年他在《人和动物的高级神经活动的一般类型》一文中系统地论述了神经系统的各种特性和判定方法。根据巴甫洛夫的观点，神经系统有三种基本特性，即神经兴奋和抑制过程的强度、平衡性和灵活性。这些特性的不同组合构成了神经系统的不同类型：兴奋型、活泼型、安静型、抑制型。由于这四种神经系统类型的划分与希波克拉底划分的四种气质类型之间存在着对应关系，人们至今仍在沿用希波克拉底气质类型的名称，但我们应该知道，今天这一学说是以现代神经生理学为基础的，与古人所说的"体液"无关。

2. 气质与管理

既然任何工作都是要人来做的，而人又都是具有一定气质特征的人，那么作为一名管理者就应该懂得，在生产管理中，不仅要考虑员工应该做什么，还要考虑他的个性适合不适合做这项工作，在与人打交道时，不仅要考虑应该说什么，还要考虑怎么说对方更容易接受。

(1)气质与人机关系。一般的机器、设备、工作岗位等对人的气质类型没有什么特别要求，无论何种气质类型的人都能较好地适应，但也确实有些特殊的机器、设备和工作岗位对人的气质特征有一定要求。例如，公关、推销、售后服务、纠纷处理等工作需要反应敏捷、灵活应变、热情、外向、乐于与人打交道，则胆汁质、多血质的人更容易适应；研发、质检、档案、机要等工作需要沉着、稳定、细心、有耐性，则黏液质、抑郁质的更容易适应。

(2)气质与人际关系。由于大多数人的气质特征属于中间类型或综合类型，不是非常典型或突出，一般都能与他人很好地相处，但少数气质非常典型、个性特别突出的人则会被人们认为是"脾气怪"、"个色"，从而不容易被他人接纳。例如，工作中我们常常会见到某些人因“爱出风头”或“不合群”等而受到大家的非议甚至排斥。其实这很可能是胆汁质或抑郁质特征比较突出，属于气质问题而并非品质问题。

（3）气质与思想教育。人的气质类型不同，对同一方式的劝导、说服、教育的认同和接受能力也就不同。严厉而明确的批评对胆汁质、多血质的人可能效果不错，但对抑郁质的人则可能不仅得不到好的效果，还可能出现一些副作用。孔子主张“因材施教”，俗语说“一把钥匙开一把锁”，讲的都是这个道理。

3. 处理气质问题的原则

（1）气质绝对原则。气质是客观存在的，管理者应承认它的作用，尊重它的规律。特别要知道，气质虽是心理现象，但它是有生理基础的，与遗传基因相关，因而不是优缺点，也不容易改变，所谓“江山易改，本性难移”就是这个道理。因此管理者不能简单地以个人好恶来褒扬某种气质的员工，贬抑某种气质的员工，也不要寄希望于一两次谈话就能彻底改变一个人的个性。

（2）气质相对原则。气质可以在一定程度上影响人的工作效率及适应范围，但不是人的成就高低大小的决定性因素。比如，胆汁质的人做事又快，又干脆利落，但可能不大注意细节和质量，所以速度高而效率未必高，而黏液质的人虽有些慢而拖拉，但认真细致，成功率高，所以最终的工作效率可能并不比前者低。有专家曾发现，普希金是胆汁质，赫尔岑是多血质，克雷洛夫是黏液质，果戈理是抑郁质，但最终他们都成了俄国的大文学家。

（3）气质互补原则。社会是多种气质类型的人组成的，一个群体最好也是多种气质类型的人搭配并存，这样会产生互补效应，有利于工作的开展和人际关系的协调，否则会影响群体工作效率和成员之间的关系。比如胆汁质的人有主见，有支配欲，被称为“领袖人格”，但在群体中，有主就要有从，有支配就要有依赖。如果一个群体不要说都是胆汁质，就是同时有几个胆汁质比较典型的人，都愿支配别人而不甘为别人所支配，都是“宁为鸡头，不为凤尾”，结果就只能是“一山容不下二虎”。所以有时一个集体团结搞不好,不一定都是品质问题,也可能与个性构成不合理有关。

(4)气质发展原则。人的气质类型虽主要来自遗传,有较强的稳定性,但后天的环境、规范、教育、修养等也对气质有一定影响。有研究表明,在相同环境中成长的同卵双生子气质类型的相关系数为0.78,而在不同环境中成长的同卵双生子气质类型的相关系数为0.62[①]。两者中间这16个百分点的差距显然是不同环境造成的。这意味着,气质还是有一定的可塑性的,虽然这种可塑性与稳定性相比是微不足道的,但它确实存在。这启示我们,对某些个性太过突出,以至影响其社会适应性的人,应该给以充分的关心。

五、性格与性格的塑造

1. 性格及其形成

中国古有“龙生九子,各有所好”的神话,说是龙的九个儿子个性迥异,有的喜负重,有的好瞭望,有的惯叫吼,有的贪饮食等等。其实,如果剥去神话的外衣,我们会发现,虚幻的神的性格不同不过是现实的人的性格不同的一种折射而已。在心理学中,**性格是指个体对现实的稳定性态度和与之相应的习惯化行为方式。**性格有心理与行为两方面的表现:心理上表现为人的常态,即人对现实的经常而稳定的态度;行为上表现为人的习惯,即人对现实的一贯的行为方式。性格的上述两个方面是一致的,例如态度上热情的人常常会有主动助人的行为,态度上虚伪的人常常会有撒谎、欺骗等行为,态度上对自己严格的人在行为上常常能自觉约束自己,态度上对自己放任的人在行为上常常依赖别人的监督等。

性格与气质很接近,但二者是有区别的。首先是内容不同。气质主要反映人的自然特征,是人的神经类型;性格主要反映人的社

---

① 林崇德:《遗传与环境在儿童性格发展上的作用》,《北京师范大学学报》1982年第1期。

会特征，是人为人处世的方式与习惯。其次是来源不同。气质来自先天的遗传，很难改变；性格主要来自后天的生活经验与培养，有很大的可塑性。再次是社会意义不同。气质不能决定人的社会成就，“脾气”、“秉性”生来如此，本身也无所谓好坏；性格则有好坏之分，某些性格对人的社会成就有直接影响。

性格是在后天的环境影响以及培养、教育中逐渐形成的，有一个动力定型的过程。通常人们所说的“养成教育”，其重要内容之一就是培养好的性格。孩子一出生，父母遗传给他的神经类型就不同，气质类型就已确定，但还没有性格的不同。这是因为小孩子初涉人世，几乎所有的事物都是第一次接触，还来不及沉淀为稳定性的态度和习惯化的行为方式。所以才会有“小孩心情是孙猴子的脸，一天三变”之类现象。性格的形成与改变是一个非常复杂的过程，影响性格形成与改变的因素主要有：

(1)生理性因素。如气质(胆汁质、多血质易形成热情、勇敢的性格，黏液质、抑郁质易形成认真、稳重的性格)、性别(男性中较多勇敢、开朗的性格，女性中较多认真、细致的性格)、体质(健康者较易开朗，体弱者较易内向)、相貌(自我评价高者易自信，自我评价低者易自卑)、脑功能(如脑外伤、脑萎缩等会引起性格变异)、内分泌(如甲状腺、性激素分泌状况的变化也会引起性格变化)等都会对性格形成与改变有重要影响。

(2)个人成长性因素。孔子有一段非常著名的话，“吾十有五而志于学，三十而立，四十而不惑，五十而知天命，六十而耳顺，七十而从心所欲不逾矩”①。这启示我们，人的成长是有阶段性的。成长阶段大致相同的人，在性格上是有某些共性的。一般来说，人的性格0～11岁左右为形成期，11～17岁左右为定型期，17～30岁左右为成熟期，30～55岁左右是稳定期，55岁后进入更年期。这之中，变化最大的当属定型期和更年期，但这两个时期基本不在职业

① 《论语·为政》。

生涯中,管理者可以不大考虑,而成熟期、稳定期基本上是在职业生涯中,企业则是社会环境的主要的体现者了,管理者应负起自己的责任。

(3)社会性因素。家庭环境、学校教育、群体条件和社会风尚等社会性因素对性格形成至关重要。

首先,“家庭是儿童的第一所学校,父母是儿童的第一任老师”,所以家庭生活条件(如在充沛的母爱与和睦的家庭关系中成长的儿童中,性格健康者的比例远高于问题家庭中成长的儿童)、家庭教育方式(如在专制教育方式下儿童易形成顺从、依赖、无主见的性格特征,在民主教育方式下儿童易形成开朗、自信、合作的性格特征)、家庭地位(如哥哥、姐姐容易形成谦让、关爱、责任等性格特征,独生子女因常常处于中心地位而易形成自我、任性的性格特征)等都会对性格形成与改变有重要影响。

其次,应该说孩子是从学校开始进入社会生活的,那么教师(态度、方法等)、同学(交往、地位等)、学校(风气、榜样等)、教学(内容、方法等)之类对性格的形成与改变也有重要影响。

再次,群体条件与社会风尚等也很重要,如社会条件(民族传统、地域文化等)、时代精神(时尚、潮流等)、群体特征(群体的工作内容、环境、人际关系、领导方式等)之类也都会在一定程度上影响人的性格。

2. 性格的类型

为了提高工作的针对性,可以根据一定的标准对员工的性格进行分类。当然,采用的标准不同,分类也不同。比较常见的分类主要有:

(1)心理机能分类。根据知、情、意三大心理过程在性格结构中所起作用的情况,可以分为理性、冷静的理智型性格和情绪体验深刻、行为受情绪左右的情绪型性格以及目标明确、行为坚定的意志型性格。

(2)心理倾向性分类。根据心理倾向的特点,可以分为情感外露、性情开朗、不拘小节、善于交际的外倾型性格和沉着、冷静、谨慎、深思熟虑、瞻前顾后、不冲动,不顺应,不喜交际的内倾型性格。

(3)心理独立性分类。根据心理独立性强弱程度,可以分为个人信念坚定、不受他人干扰、自信自立、不愿循规蹈矩的独立型性格和易屈从、易受暗示、缺乏独立见解、做事喜欢秩序的顺从型性格。

3. 性格与管理

由于性格是可以直接表现为行为习惯的,所以比气质有着更直接的社会意义。不同于不是优缺点的气质特征,性格是人优缺点的重要组成部分,是人们对一个人进行社会评价的重要内容。因此,性格问题至少在以下几个方面进入管理者的视野:

(1)思想教育。既然人是有性格差异的,那么管理者就应当善于开展有针对性的、个性化的思想教育,以提高思想教育工作的有效性,另外就是要对性格有严重缺陷的人要进行必要的矫正工作。

(2)人员选拔。选拔人才有很多标准和方法,不同职位对人才的要求也不会完全相同,但无论如何,德才兼备是一条共同的也是最基本的标准。真正做到德才兼备,其一是不能只重才干,更要重品德,因为有才而无德的人给他人、事业、社会造成的危害,往往比才华平庸的人更大,其二是不能将品德片面地理解为思想政治条件,其中也应该包含道德、人品、性格等等,一个思想进步、政治可靠,但却有严重性格缺陷的人同样不能说是真正的德才兼备。近年来有学者提出“情商”(EQ)的概念,甚至说情商在事业成功的因素中要占80%,而智商(IQ)只占20%。抛开二者具体的比例关系是否准确暂且不论,情商是成功不可或缺的重要因素这一观点无疑是有启发意义的。如果管理者招聘、使用人才时只知看学历,那肯定是不够全面、科学的。

(3)行为预测。西方人说“性格即人生”,中国人说“3岁看小,7岁看老”,讲的都是同一个道理。由于性格是人一生中都在不断强化的为人处世的习惯,所以性格如同人生的一条轨道,看一个人怎样处理这件事,我们就可以推测他怎样处理别的事,看一个人现在怎样处事,我们就可以推测他将来怎样处事。能够预测员工尚未发生的行为是可以大大提高我们管理工作的自觉性和主动性的。

(4)作风培养。一种为人处世的稳定性态度和习惯化行为方式,若以个体为基础,则可以称为该个体的性格,若以群体为基础,则可以称为该群体的作风。懂得这一点,我们就可以明白,平常我们所说某个群体有"雷厉风行的作风"、"认真负责的作风"、"严谨求实的作风"等等,其实就是那个群体长期培养形成的处事习惯,而这是可以培养的。

4. 处理性格问题的原则

(1)性格识别原则。管人的目的在于用人,用人的前提在于识人。而要真正认识你的部下,就不仅要知道他的学历、专业、特长,这是很容易的事,还应了解他的内心世界,包括性格,这就不是那么容易的事了。特别应该注意,组织部门保留的档案不反映性格,本人自己撰写的求职简历也不反映性格,只有在社会交往和实际工作中我们才能够全面认识一个人,特别是他的性格特征。"知人知面难知心",要正确、全面地了解一个人的性格,不仅需要有一定的心理学知识,比较丰富的社会经验,更需要长期的观察、交往和感受。所谓"路遥知马力,日久见人心"确实是凝聚了古人智慧与经验的至理名言。

(2)性格培养原则。首先,培养员工的健康性格是企业的社会责任。企业的社会责任不仅在于提供优质的物质产品,还在于培养身心健康的人。一个人进入企业时已进入了个人性格的成熟期和稳定期,并非性格培养的最佳时期,要迅速、根本地改变一个人的性格不是件容易的事,但这并不意味着企业在这方面就不能有所作为了。毕竟职业生涯是人一生中最长的一段时间,只要工作到位、得法、持之以恒,肯定是可以取得一定成效的。其次,塑造企业的优良作风是企业管理的高境界。企业管理不仅仅是质量、成本、市场等"硬件"管理,还包括作风、文化等"软件"管理。我们常讲管理要以人为本,而以人为本不仅意味着要尊重人、关心人、爱护人等等,也意味着将企业人格化,即将企业视为一个有生机、有活力、有价值观、有性格的活的有机体。在这个意义上,作风培养正是以人为本的直接体现。

六、能力与用人

1. 能力及其差异

为什么做同样的工作,最终也许同样能够完成,但有的人轻松自如、游刃有余,有的人却备感艰难、力不从心呢? 因为能力不同。**所谓能力是指个人顺利完成某项活动所必备的综合心理特征**。人面对的任务、工作是复杂的,所以能力的内容很宽泛,日常所说的智力、本领、潜力等都属于能力。能力与知识、成就是密切相关的,能力使人能更好、更快、更多地掌握知识,更顺利、更有效地取得成就,而掌握知识,取得成就的过程中又反过来能够锻炼、培养人的能力。但能力不同于知识,知识是社会财富,可以共享,能力是主观的心理素质,只存在于主体之中;能力也不同于成就,成就是已实现的东西,能力则是潜在的东西。

每个人都有能力,但人与人的能力有不同,这称为能力差异。能力差异表现在很多方面。主要有:

(1)能力的类型差异。类型差异也称结构差异。人的能力是由一般能力和特殊能力两部分构成的。一般能力是指任何个人应付正常社会生活所必须具备的能力,如观察力、注意力、判断力、记忆力、想象力等等。平常人们所说的"智力"主要就是指一般能力。特殊能力是指对某些人解决某些专门问题的专业能力,如音乐家对音色及音高等的分辨力,画家对色彩与色调等的鉴别力,数学家的抽象思维和空间想象力等。由于一般能力和特殊能力的各种不同组合,就造成了人的能力结构是千差万别的。这就是所谓"尺有所短,寸有所长"。

(2)能力的水平差异。水平差异也称强弱差异。人的能力发展水平是不一样的,有的人能力大大超过一般人的水平,可以称之为“天才”,也有的人能力远远低于一般人的水平,可以称之为“低能”,但多数人是处于中常水平的,呈现为两头小(能力特别强或特别差的人相对较少)、中间大(能力处于中常水平的人相对较多)的典型的常态分布。

(3)能力的成熟差异。成熟差异也称发育差异。就某项能力而言,有些能力发展得要早一些,有些能力发展得要晚一些,如记忆力、语言能力、音乐能力发展得比较早,而判断能力、思维能力则发展得比较晚。就能力总体而言,人的能力的发展基本上与人的生理发育是同步的,大体上幼年至青少年时期呈逐步增长的趋势,中年达到峰值,然而逐步衰减。但无论某项能力,还是能力总体的发展,在人类中是有一个大致的规律的。如果某个人的某项能力或能力总体的发展早于常人,可以称之为“早慧”,反之,如果某个人的某项能力或能力总体的发展迟于常人,则可以称之为“大器晚成”。

(4)能力的开发差异。开发差异也称教育差异。能力是潜在的东西,要表现出来并进而转化为成就,就需要进行开发,这包括发现、努力、教育、条件、机遇等等,缺一不可。战争造就将军,比赛造就球星,一个毕生都没有见过钢琴的人是不可能表现出他的钢琴天才的。

背景链接　　　　　　智力测验与智商

所谓能力是指个人顺利完成某项活动所必备的综合心理特征。由于能力对于人的实践成就具有决定性的意义,所以很多学者都致力于能力的量化研究,希望可以精确测量人的能力高低,这就是所谓“智力测验”。德国心理学家施太伦(L. W. Stern 1871—1938)是最早进行这方面研究的学者之一。他在世界上首先提出了“心理商数”(智力商数)的概念,即以智力年龄除以实足年龄所得的商数。例如,一个儿童如果智力年龄与实足年龄相等,则智力商数为1。如果智力年龄为10岁,实足年龄为8岁,则智力商数为1.25。法国实验心理学家比内(A. Biinet 1857—1911)和医生西蒙(T. Simon 1873—1961)于1905年首次制定并发表了世界上第一个标准心理测验量表“比内—西蒙智力量表”。此后他们又进行了多次修订。在此基础上,1916年美国斯坦福大学心理学家特曼(L. M. Terman1877—1956)制定了“斯坦福—比内智力量表”。在这一量表中他引入了智力商数的概念并×100以去掉小数。其公式为IQ = MA/CA×100。公式中IQ为智力商数,MA为智力年龄,CA为实足年龄。若IQ=100表明智力发展正常,若IQ>100表明智力发展水平较高,若IQ<100表明智力发展水平较低。具体说,就是设计一系列智力正常的孩子应当能解决的问题,每一年6个问题,每1个问题代表2个月的智力。然后让孩子从低向高依次来解决,一直到孩子解决不了为止。最后将结果代入上述公式得出其智力商数。例如,假设以某个被测孩子进行测验的年月日减去其出生的年月日得出其实足生理年龄为11岁,测验中他回答了11岁的全部问题(智力年龄相当于11岁),又回答了12岁的2个问题(智力年龄相当于4个月,即1/3岁),还回答了13岁的1个问题(智力年龄相当于2个月,即1/6岁),则这个孩子智商应为:IQ=(11+1/3+1/6)/11×100=104.5。大量测验表明,不同智商的人在人群中是典型正态分布。

表2-3

智商	人群分布	类别
>140	1%	非常优秀(天才)
140~120	11%	优秀(才能)
120~110	18%	中上(聪颖)
110~90	46%	中等(中庸之才)
90~80	15%	中下(迟钝)
80~70	6%	临界状态(近愚)
<70	3%	智力缺陷

2. 能力与管理

刘邦打败项羽之后，在庆功宴上曾以一段脍炙人口的名言总结自己成功的原因，“夫运筹帷幄之中，决胜千里之外，吾不如子房；镇国家，抚百姓，结饷馈，不绝粮道，吾不如萧何；连百万之众，战必胜，攻必取，吾不如韩信。三者皆人杰，吾能用之，此吾所以取天下者也。项羽有一范增而不能用，此所以为我禽也。”[①]可见，每个人都希望不断发展自己的能力，但“一个人浑身是铁能打几颗钉?”所以对于管理者而言，特别是对于决策层的管理者而言，善于发现、使用和开发下属能力的能力才是最重要的能力，这就是将才和帅才的区别。具体说管理者应该特别注意以下几点：

(1)员工能力的发现。首先是要善于发现人才。正确地识人是有效地用人的前提。这点道理是不言自明的。但对当前而言，特别应该提醒管理者们正确认识和估价本单位内部的人才。谚云“十步之内，必有芳草”。但偏偏有不少管理者眼睛总是盯着别人的口袋，总是觉得“外来的和尚会念经”，于是求助猎头公司，遍访天下英才，诱以高薪，许以厚利，委以重任，结果往往是外来的和尚水土不服，本寺的和尚泄气伤心，远走高飞。我们不是一般地反对人才的引进和流动，但首先应该提倡眼睛向内，将基点建立在单位内部。试想对于那些整天与本单位的员工一起工作生活，尚且发现不了人才的管理者们，我们怎么能指望他在一次招聘会上从一张求职简历中就能慧眼识珠，发现人才呢?

(2)员工能力的使用。发现的目的在于使用，使用的关键在于用人所长。懂得了能力类型差异，就应该懂得“尺有所短，寸有所长”，不仅每个人自己要懂得扬长避短，管理者尤其要善于在对部下的使用中扬长避短，只要使用得当，每个人都有他的特长。著名数学家陈景润有卓越的数学才能，但为人木讷，不擅表达，曾做过蹩脚

① 《史记卷八·高祖本纪》。

的中学数学教师。幸而遇到了懂得用人之道的教育家王亚南,使陈景润走上了专门的科研岗位,很快这位伟大的数学家就脱颖而出了。所以“没有无能的员工,只有无能的领导”,确是至理明言。

(3)员工能力的开发。管理者不仅要善于发现人才、使用人才,还要善于开发和培养人才。研究一下社会上的招聘广告,会发现一个很有意思的现象,就是许多用人单位都会在学历、专业等要求之外,特别注上“两年以上相关工作经验”。不知这些用人单位的管理者们想过没有,如果所有的单位都提出这样的要求,那么应聘者的这“两年经验”应该到哪里去积累呢?在这些管理者看来,社会应该是个人才库,用人单位只用成品,不负责加工。其实,不要说我们国家教育还不发达,不可能满足用人方的一切要求。就是教育再发达,它也只可能培养类似“标准件”那样的通才,而企业对人才的要求是非常复杂的,专门人才的培养必须有企业的参与。现在许多年轻人希望到一些著名的外企去,往往不是因为工资更高、福利更好,因为许多国企、民企在这点上并不比外企差,而是因为在那些外企中有健全的进修、培训制度。与国内企业的招聘广告形成鲜明对照的是,不少外企的招聘广告上会把提供进修和培训机会放在与工资、福利等并列的地位,用“与企业共同成长”来吸引人才的加盟。这才是真正意义上的尊重人才。

3. 处理能力问题的原则

(1)能力适度原则。任何工作对人都会有一定的能力要求。一般来说,员工的实际工作能力与工作任务对员工能力的实际要求应该基本匹配。员工能力太多地高于或低于工作任务对能力的实际要求都不好。因为如果员工能力大大高于工作的需要,会令员工感到“大材小用”、“英雄无用武之地”,于是对工作不热心、不用心、不安心,结果要么是敷衍了事,要么是另谋高就。反之,如果员工能力大大低于工作需要,则员工会感到“力不从心”、“压力太大”,于是对做好工作缺乏信心和勇气,结果要么是勉为其难也做不好工作,要么是实在无法适应只好谋求流动。比较理想的情况是,工作能力基本适应或略低于工作需要,这对于员工建立信心、增长才干都是非常有益的。尤其要提醒管理者注意的是,在就业机会紧张、人才供给相对剩的情况下尤其不要以为学历越高越好、能力越强越好,实在用不上就先搞没有明确规划的“干部储备”。实践证明,当企业这样做的时候,被储备者也往往会将用人单位当做“跳板”,等到企业真正该用人时,就会发现“人虽在,但心不在焉”,储备人才的如意算盘往往并不如意。

(2)能力互补原则。一是类型互补。工作对能力的要求是复杂的,单靠某项特别突出的能力就能“一招鲜吃遍天”,或单靠某一个能力特别突出的人就能“包打天下”的事情,在现代社会中是越来越罕见了。人员能力类型搭配,大家彼此互相取长补短,既能满足工作之需,也有助于培养团队的合作意识。二是强弱互补。系统论告诉我们,系统的结构决定系统的功能。所以并不是一个群体中每一个成员能力都很强,这个群体就一定工作效率高,而是一个群体结构合理才能产生高的工作效率。这就是为什么 1 +1 可能大于1,也可能等于1,还可能小于 1 的道理。现在有的企业以“本企业员工100%是大学以上学历”相夸耀。这其实不但不值得夸耀,反而是很糟糕的事情,说明企业管理者没有起码的系统观念。

(3)能力开发原则。对于员工,企业只使用不培养、不开发是不行的,不要将人才培养与开发都推给社会。这一点只要想一想麦当劳为什么会办麦当劳大学,春兰为什么会办春兰学院就会明白。

案例分析　　小张和小李的故事

某电脑公司一年前在某高校公开招聘到两名计算机专业的大学生小张和小李。当时负责去学校招聘的公司人力资源部经理对这二人非常满意,因为据学校介绍,他们二人在校学习时成绩都非常好,小张当过校报的记者,小李还得过一次校软件设计竞赛的二等奖,特别是二人的人品很好,在师生中有很好的口碑,而且在数十个竞争者中他们二人的条件也确实是最突出的。公司总经理对小张和小李进行面试后也很满意。人力资源部经理问起总经理对二人印象及工作安排。总经理说，这两人熟悉专业，反应敏捷，头脑清楚，事业心很强，给人的总体印象不错，至于工作嘛，现在销售任务最重，就安排他们去市场部吧，年轻人也应该到一线锻炼锻炼，培养一下动手能力。人力资源部经理征求二人的意见，二人都表示懂得销售工作的重要性，愿意做销售工作。

一年过去了。小张显然已经完全适应了销售工作，业绩已经超过了市场部许多有经验的老员工，并且发展了一些新客户。市场部的员工反映小张热情、开朗、善交际、乐于助人、工作积极主动，不仅在部里人缘很好，与客户关系也很不错。公司已有意提升小张做市场部经理。但小李就不一样了。他虽然也能完成部里布置给他的工作，但显然缺乏主动性和积极性，一年来基本上没给市场部的工作提出过什么建议。同事反映他比较内向，很少会主动与别人沟通，中午休息时他从不与别人打扑克或聊天，不是上网，就是看书。他好像特别不愿意与客户应酬，常常借口家里有事将应酬推给别人，然后自己一个人去逛电脑市场。终于有一天他找到人力资源部经理，提出辞职。

人力资源部经理感到有些意外，问他为什么辞职，是不是因为没有得到提升？是不是对报酬不满意？是不是对公司或对上级、同事不满意？是不是不喜欢专业了？或者是另有高就？小李都说不是，他觉得公司挺重视人才的，薪水在同期毕业的同学中也算比较高的，只是觉得工作很吃力，一年多了，还是适应不了，想休息休息，调整一下，再作打算。谈了一个中午，人力资源部经理也问不出个所以然，只是隐约感到小李不是不喜欢公司了，只是不大喜欢做销售工作，于是只好如实向总经理汇报。

问题：

1. 为什么小李与小张在工作中的表现会有如此不同？

2. 公司在小李与小张的招聘和使用中各有什么不妥吗？

3. 公司现在应该如何处理这个问题呢?

本章小结及对管理者的意义

本章概要地介绍了人类行为的心理机制、人的知觉与行为的关系、人的个性与行为的关系,具体介绍了需要、动机、知觉、社会知觉、社会偏见、个性、兴趣、态度、价值观、气质、性格、能力等心理学的概念和相关常识。

管理者不必是心理学家,但不懂得员工心理则肯定不是个好的管理者。外面有个大世界,内心有个小世界,外面的世界很精彩,内心的世界很复杂,小世界创造了大世界,不了解小世界,怎么管理大世界?

本章主要概念

需要　动机　知觉　社会知觉　社会偏见　个性
兴趣　态度　价值观　气质　性格　能力

本章复习题

1. 人类行为的心理机制是怎样?

2. 什么是知觉?知觉有哪些特性?

3. 社会知觉有哪些种类?社会知觉常常会受到哪些社会心理效应的影响?

4. 什么是兴趣?怎样培养工作兴趣?

5. 什么是态度?怎样改变工作态度?

6. 什么是价值观?价值观与管理有什么关系?

7. 什么是气质?处理气质问题应注意哪些原则?

8. 什么是性格?性格与管理有什么关系?

9. 什么是能力?处理能力问题应注意哪些原则?

本章思考题

1. 管理者为什么要研究人的心理问题？

2. 本章的内容与以人为本的管理理念有什么关系？

3. 你怎样理解个性与管理的关系？

本章阅读书目

1. [美]理查德·格里格、菲利普· 津巴多:《心理学与生活》，第5、9、10、12、14章，人民邮电出版社，2003年第1版。

2. 孙彤:《组织行为学》，第3章，高等教育出版社，2000年第1版。

3. 张德:《组织行为学》，第2章，清华大学出版社，2000年第1版。

第三章　招聘、培训与绩效评估

本章要点

- 人员招聘及其目标、方法
- 人员培训及其方法、程序
- 绩效评估及其程序、方法

引　子

有个老板要招聘一名会计，三位应聘者的个人资料差不多，都有专业学历、资格证书、从业经验等等。究竟选谁呢？老板决定面试后再说。老板问第一个面试者："一加一等于几？"第一个面试者脱口而出："一加一等于二！"老板说："你出去吧！"老板问第二个面试者："一加一等于几？"第二个面试者看了看第一个面试者，然后说："不知道！"老板说："你出去吧！"老板问第三个面试者："一加一等于几？"第三个面试者没有立即回答，而是走到老板跟前，俯身对老板耳语道："您说等于几？"老板说："你留下吧！"

你怎么看这个故事？老板是个坏人？面试技巧比实际能力更重要？面试不仅仅是考察专业能力？

第一节　人员招聘

一、人员招聘及其途径

1. 人员招聘

所谓人员招聘是指在组织总体发展战略指导下，根据组织实际的人力需求，寻找和鉴别可能的组织成员，并吸引其加入组织的过程。招聘是组织人力资源工作的重要环节，是落实人力资源规划，保证人力资源供给的基础和前提。

2. 招聘的途径

(1)内部途径。**招聘的内部途径指在组织内部，通过职位晋升、降职、轮换或调整等方式来满足组织对人力资源的需求。**这应当是招聘的首选途径。

内部招聘的优点主要是：其一，对组织成员具有很强的激励作用。通过招聘能够疏通组织成员晋升的通道，从而对建立信心、培养忠诚度、鼓舞士气、提高凝聚力、抑制短期行为等，都非常有效。其二，比外部招聘更安全可靠。由于组织可以在长期实际工作中更全面、从容地考察招聘对象，从而大大降低了在识人、用人上失误的风险。这点在当前人才信用制度缺失的大环境中尤其重要。其三，降低招聘及培训、磨合成本。由于节约了招聘广告费用、代理费用、考核费用，以及新进成员熟悉工作环境、培训专门技能、磨合人际关系、融入组织文化等方面的时间、人力、财力成本，内部招聘一般是比较经济划算的。

内部招聘的缺点主要是：其一，近亲繁殖，不利于激发活力、鼓励创新。其二，容易出现势力集团，引起过度竞争。其三，新晋升的领导不容易建立威信，未晋升的成员容易心理失衡。

(2)外部途径。**招聘的外部途径指面向社会，通过直接招聘、委**

托招聘、自荐或推荐等方式来满足组织对人力资源的需求。这是招聘的重要途径。

外部招聘的优点主要是:其一,有更开阔的选择范围。如果不考虑成本因素的话,外部招聘的范围理论上可以是无限大的,套用一句广告词,茫茫人海,人才济济,“总有一款适合您”。其二,能带来异质思维与不同经验,有利于增加组织活力和创新,降低拉帮结派的风险。

外部招聘的缺点主要是:其一,直接用于招聘活动以及培训、磨合、熟悉等方面的时间、人力、财力成本相对较高。其二,对招聘技术要求较高,选才失误风险较大。其三,新进人员与原有人员的关系不好处理,容易伤害原有人员的积极性和忠诚度。

二、有效招聘的目标与方法

1. 有效招聘的目标

有效人员招聘所追求的目标是招聘对象的能力、经验、知识、个性及身体条件等与组织的职位要求之间的匹配。二者匹配,则组织得到高工作绩效,成员得到高满意度,两全其美。二者不匹配,则不仅组织得不到高工作绩效,成员得不到高满意度,而且已经付出的招聘成本还无法追回,弄巧成拙。

要达到招聘对象与职位要求之间的匹配,必须做好两方面的工作,一是科学的工作分析,二是科学的招聘方法。

2. 工作分析

工作分析,亦称职位分析,就是由组织对某一工作所包含的各种任务、活动进行详细的解剖与描述,确定该工作与相关工作的关系,说明该工作所必需的知识、技巧、能力、经验和资格要求。工作分析的目的是为与该工作相关的人,包括管理者、员工、应聘者等,提供职位信息。

工作分析的方法主要有:

(1)观察法。主管人员直接观察员工从事该项工作的工作过程、工作业绩。

(2)日志法。主管人员分析员工对该项工作的工作记录、工作报告。

(3)访谈法。主管人员对从事该项工作的员工进行全面访谈,并对访谈记录进行分析。

(4)问卷法。主管人员利用结构性问卷,对从事该项工作的员工进行问卷调查。

(5)会议法。主管人员组织相关人员对该项工作进行深入的分析讨论。

通过上述方法得到的工作信息应编制成对该项工作的**职位说明书,包括工作说明(对该项工作的内容、方法、目的等的书面说明)和工作规范(对从事该项工作的人员的资格、知识、技术、能力、经验等的书面说明)**。工作说明描述了该项工作的特征,工作规范描述了能够从事该项工作的人的特征,它们是用人部门提供给人力资源部门或专业招聘机构的进行招聘的基本依据,也是有效招聘的前提,用人部门必须认真对待。

3. 招聘方法

招聘中常用的方法主要有筛选、测评、笔试、面试、实做等。

(1)筛选。筛选指由招聘方根据职位说明书,对应聘者递交的求职申请和个人简历进行初步审查,淘汰与用人部门要求有重大差距的应聘者。筛选的目的是减少招聘工作量,提高招聘效率。要注意,这种淘汰是根据应聘者与工作的匹配关系进行的,被淘汰并不一定意味着素质低劣,所以被淘汰者的相关资料应进入组织的人力资源数据库,以备将来查考。

(2)测评。测评指利用心理学提供的一些心理测验工具,对应聘者进行智力、性向、能力、兴趣、情商等方面的测验与评价。美国人还常常进行测谎试验,以了解应聘者的忠诚度、诚实度。测评对某些有特殊要求的招聘工作以及提高招聘效率是非常有效的。例如,我国多家保险公司都花费重金从国外引进了心理测评系统,用于保险代理人的招聘。但测评对测评工具和测评人员要求很高,一旦这方面有问题,则测评的信度与效度都会大打折扣。

(3)笔试。笔试即书面考试,指将招聘的相关问题编制成考卷,通过考试来考察应聘者。利用笔试选拔人才在我国由来已久,科举考试就是它最典型的代表。笔试对保证基本的公平和提高招聘效率是非常有效的。但笔试为了保证效率和公平就要搞标准化和格式化,而标准化和格式化的笔试又难以反映应聘者的个性、创造性和动手能力。这个矛盾中国古代的科举考试没有很好地解决,现代考试也没有完全解决。

(4)面试。面试指由招聘者对应聘者进行面对面的直接考察。经验表明,面试对于考察应聘者的反应能力、应变能力、表达能力、动机水平、人际关系技巧以及行为特征等是最有效的。所以在如今的招聘工作中,几乎所有环节都有可能被省略,唯独面试,无论招聘公司高管,还是招聘超市收银员,都必不可少。为保证质量,面试一般应分四步进行:第一步是面试前准备。主要是两项准备,一项是研究应聘职位的职位说明书、应聘者的求职申请和个人简历,另一项是根据上述研究准备面试问题。面试问题要有针对性,避免诱导性和歧视性。第二步是开始面试。主要是通过一些简单、轻松的中性话题及心理暗示,缓和应聘者的紧张情绪,以保证面试质量。第三步是提问与讨论。这是面试的主体和中心环节。除事先准备好的问题外,也可根据现场情况进行更深入的讨论。提问与讨论的目的是认识应聘者,所以应以应聘者的回答为主。第四步是面试结论。提问与讨论结束后,应趁印象还比较新鲜清晰,即时做出面试结论。影响面试有效性的最主要因素是问题的随意性。如,问题缺乏合理结构,不能全面反映应聘者特征;问题不够一致,无法对不同应聘者进行横向比较;问题有明显歧视性,使人反感等。

(5)实做。实做也称绩效模拟测验,指给应聘者提供工作中真实存在的问题,要求应聘者通过实际解决问题来展示其是否具备工作所需要的才能。如要求公司文员职位的应聘者利用编辑软件进行一件比较复杂的公文处理，要求报刊记者职位的应聘者实际完成一次采访等。经验表明，实做虽然成本较高，但有效性远远超过测评与笔试。

案例分析　　　　　　　　某公司职位说明书

表 3－1

职位名称：总经理助理	职位代码：D002	所属部门：总经理办公室
职系：管理	职等职级：5E	直属上级：总经理
薪金标准：5000 元/月	填写日期：2007 年 3 月	核准人：人力资源部经理
职位概要： 协助总经理制定、贯彻、落实公司各项发展战略、工作计划，实现企业经营管理目标。		
工作内容： 1. 协助总经理起草与制定公司中长期战略计划、年度工作计划及各阶段工作计划； 2. 协助总经理起草完成公司年度及阶段工作总结； 3. 协助总经理对公司各业务部门与职能部门进行管理、协调部门关系、处理部门特殊事务、召开部门会议； 4. 协助总经理处理外部公共关系（政府关系、重要客户关系、媒体关系等）； 5. 代表总经理监控公司各项目标达成情况、各部门工作情况，向总经理提供相关解决方案，为部门经理提供分析意见及改进建议，必要时可单独召开相关部门经理会议； 6. 完成总经理临时交办的其他任务。		
任职资格： 1. 教育背景 企业管理、行政管理、公共关系等相关专业本科以上学历。 2. 培训经历 接受过战略管理、组织变革管理、项目管理、管理能力开发等方面的培训。 3. 工作经验 5 年以上相关行业企业行政管理工作经验，2 年以上相关职位工作经验。		

（续表）

4. 技能技巧 (1)知识面较宽,知识结构较合理,具有丰富的行业经验及管理经验; (2)具有较高的综合素质,能够迅速掌握与公司业务有关的各种知识; (3)良好的中英文口语、阅读和写作能力; (4)熟练使用办公软件。 5. 工作态度 (1)有较强的组织、协调、沟通和领导能力,出色的人际交往和社会活动能力、敏锐的洞察力; (2)有很强的分析与判断能力,计划和执行能力; (3)有良好的团队意识和亲和力,为人诚实可靠、品行端正,较强的独立工作能力。
工作条件:独立办公室及设备。 工作场所:办公室。 环境状况:舒适,无明确的节假日。 危 险 性:基本无人身伤害危险,无职业病危险。
直接下属:业务部门经理、职能部门经理　　间接下属:部门经理副职 晋升方向:副总经理　　轮转岗位:总经理办公室主任

问题:

1. 谈谈你对这份职位说明书的看法。

2. 请你分别从用人部门、人力资源部门、应聘者的角度,谈谈你对职位说明书的希望。

第二节　人员培训

一、人员培训的含义与意义

1. 人员培训

人员培训亦称组织学习,指组织根据自身发展和实际工作需要,对成员进行的有目的、有计划、有组织、多层次、多渠道、多形式的培养、教育、训练等学习活动。说到学习,人们首先想到的是学校的学习、文化知识的学习，也许人们还会发出这样的疑问：企业是劳动场所，员工是劳动者，这与学习有什么关系？其实，随着社会的发展，今天人们已经普遍接受了终身教育、终身学习的观念。从这个意义上说，企业培训不仅属于学习，而且早已成为学习的最主要的形式。

2. 人员培训的意义

（1）提高素质，增长才干。从一个社会中的人到成为某个组织的成员，必须具备一些基本的素质和能力。比如，要懂得如何与他人共处共事，懂得如何分析问题和解决问题，作为管理者还要懂得如何进行决策和指挥下属，作为普通成员还要懂得如何服从上级和执行指令等等。这些东西有的可以从书本中学习，但更多的是书本中没有的实际经验，有的有一些基本而明确的准则和规范，但更多的是因组织而异或因人而异的行规和惯例，因此必须在实践中学习。所谓"纸上谈兵"并不是批评某人缺乏学习，没有知识，而是批评某人缺乏向实际学习，没有实际知识。毛泽东一向提倡的"从战争中学习战争，从游泳中学习游泳"指的就主要是这种学习。

（2）更新知识，发展能力。1965 年 4 月美国著名科学家摩尔（Gordon Moore 1929—）发表论文指出，他搜集了从 1959 年到 1965 年的数据，发现若以 1959 年的数据为基准，每隔 18 个月左右，集成电路上可容纳的零件的数量就会增长一倍。这就是后来著称于世的摩尔定律[①]（Moore's Law）。事实上，岂止是芯片技术，整个科学技术领域，包括管理理论与实践本身，又何尝不是正以加速度在发展。这启示我们，面对"知识爆炸"、"知识经济"，员工通过不断培训以更新知识，发展能力，对于组织的生存与发展具有多么重要的意义。

（3）获得信息，开阔视野。系统论告诉我们，任何系统都是开放的，都要与外界进行物质、能量、信息的交换。组织本质上是一个人际关系系统，也必须从外界获得信息。对于组织成员而言，上至国际局势、政府法令，下至市场行情、行业动态等等，无不需要认真学

---

① 参见［美］虞有澄：《我看英特尔》第 33 页，三联书店，1995 年第 1 版。

习，仔细钻研。从某种意义上说，你的视野有多大，你的世界就有多大，你的眼光有多远，你的前途就有多远。

(4)确立价值观念，传承组织文化。一个人进入一个组织的过程不仅仅是成为它的成员，为它而工作，从它那里领取工资，更是接受组织的行为规范、价值观念，融入组织文化传统的过程，而这个过程是任何学校教育也不能代替的。

二、人员培训的方法与程序

1. 人员培训的方法

培训中常用的方法主要是模仿、体验、重复、灌输与强制等。

(1)模仿。模仿其他组织成员，特别是模仿那些被称为“前辈”(较早进入组织者)、“红人”(在组织中地位较高、受到组织嘉许与重用者)、“先进”(被组织确立为榜样的成员)等赢得大家尊重并被公认取得成功的成员，是组织成员增长工作经验，融入组织的重要方式。这种模仿可能是自觉的，也可能是不自觉的，但无论如何，它都是组织成员一种重要的、基本的训练方式，对组织成员的行为影响极大。

(2)体验。个人的知识并非都来自他人，也有很多来自自己亲身的体验和独立的发现，而且越是个性突出、知识丰富、心理成熟而自信心强的人，体验与发现所起的作用就越重要。当然，体验与发现不可能都是成功的结果，也可能是失败的结果，但只有通过试错，人才能够掌握是与非、对与错、当与不当的界限。这也就是“纸上得来终觉浅，绝知此事要躬行”的道理。

(3)重复。有些事物，特别是工作中那些程序性、规范化的东西，本身道理并不高深，不需要多么深刻的分析与理解，而是要通过无数次重复性训练，才能逐渐熟悉起来，直到养成习惯，沉淀为行为方式。所谓“习惯成自然”、“熟能生巧”指的就是重复在学习中的作用。重复从本质上说就是建立条件反射过程，一旦一种新的条件反射建立起来,也就是学习者又学会了一种新的行为方式。其实,在中文“学习”这个词汇中本身就包含着从不知到已知的“学”和从已知到熟知的“习”两层含义。可以说,重复是最简单、最普遍,同时也是最实用、最有效的学习方法之一,没有任何一种学习方法不包含重复在内。

(4)灌输与强制。模仿、体验与发现都是主动的学习,然而人是有个性和惰性的,学习也就有可能是被动的和强迫的。组织借助各种规范及相应的奖励和惩罚措施,进行灌输与强制,也是组织培训的基本方法之一。成员按照组织规范做事,取得组织希望得到的结果,就被称为成功、成绩,就会得到相应的奖励。成员做事违背组织规范,其行为与结果不利于组织,就被称为失败、错误,就会受到相应的惩罚。奖励与惩罚的多次重复,同样会使学习者建立起条件反射。

2. 人员培训的程序

培训一般要经历明确目的、确定内容、选择形式、展开与调整、效果评估等步骤。

(1)明确目的。首先是要明确本次培训具体目的,即明确为什么而培训。一般来说,组织开展培训活动主要是出于以下几种目的:

其一是实现组织文化传承,完成新员工从社会人到组织人的过渡。一般主要通过岗前培训来实现。

其二是提高工作所需的技能、技术,提高工作绩效。一般主要通过岗位培训来实现。

其三是训练心理素质,提高人际关系能力。一般主要通过拓展培训来实现。

其四是提高综合素质,实现知识更新。一般主要通过教学培训来实现。

(2)确定内容。其次是要确定本次培训的内容,即明确培训什么。组织培训与学校教育在确定内容上有所不同。学校教育主要是知识教育,追求体系完整、结构合理,所以确定内容是以科学合理为导向。组织培训主要是能力训练,追求有用、够用,所以确定内容

是以实用为导向。确定培训内容的方法主要有:

其一,工作分析法。即将复杂的工作分解为相对单纯的方面和环节,并据此找出胜任该项工作所必需的知识、能力、品质等,从而最终确定应该开展哪些方面的培训。这是确定培训内容最常用的一种方法。比如安全驾驶汽车必须具有驾驶能力,懂得机械常识,熟悉交通法规等,那么汽车驾驶员的培训课程就必须包括这三个方面的内容。

其二,关键事件法。即通过对某些具有代表性的关键事件,如重大的成功或失败、突发性的意外事件等,进行总结分析,找出以往培训中的成功之处或缺漏之处,开展有针对性的培训。比如一次意外的火灾事故暴露出员工缺乏必要的消防知识和使用消防器材的技能,那么就应该在今后的员工培训中补充这方面的内容。

其三,表现评价法。即通过对某些有代表性的人或群体,如工作特别出色的模范群体或工作特别差劲的问题人物等的工作绩效进行分析评价,从中发现以往培训的成功之处或缺漏之处,开展有针对性的培训。比如某位员工一向绩效优异,分析结果表明他并不仅是因为专业技术比别人更好,而主要是因为他具有很强的敬业精神,那么就应该将树立敬业精神作为号召大家向这位员工学习的主要内容。

(3)选择形式。再次是要选择好培训形式,即怎样培训。选择培训形式时眼界要开阔,手段要灵活。只要能达到培训目的,提高培训效益,并不一定拘泥于某种具体形式。除最一般的教学式培训外,还可以选择以下培训形式:

其一,养成式培训。员工进入组织后的培训并非始于业务知识的学习,而是始于接受约束、学习规范、养成习惯,而这就必须借助以强制、重复为特征的养成教育。这就像新兵入伍训练不是从战斗技术开始,而是从走路、敬礼、说话、穿衣、叠被、睡觉开始一样。你得先成为一个“兵”,然后才能谈得到成为一个“好兵”。英特尔公司副总裁虞有澄博士在谈到英特尔公司的企业文化时,第一条谈到的就是英特尔从总裁做起的严格的"纪律"。在英特尔,每天上班时间从早上 8 点开始,8 点 05 分以后才报到的员工就要在公司门口的"英雄榜"上签名,背负迟到的罪名,受到当众的羞辱。而且这是不讲理、不妥协的。即使你前一天晚上加班到半夜,第二天早上仍然必须 8 点上班。这种做法在曾经盛行嬉皮士运动,个人主义和享乐主义凌驾一切美国,特别是在一向散漫成风、来去自由的硅谷企业,是非常另类的,绝对称得上是"独树一帜的企业文化"。虞有澄说,"我想准时上班的主要目的,是希望确保每件事能够准时开始……英特尔公司特别重视团队合作,任何一个人不守时都会影响团队中其他成员,对公司资源造成浪费,因此准时成为纪律要求的第一条规范。"①

其二,体验式、实操式培训。组织培训的对象都是成年人,他们一方面有工作压力和生活压力重、时间紧张、记忆力下降等实际困难,另一方面又有很强的学习渴望和实用动机,因此生动活泼、寓教于乐、较少记忆负担和考核压力的拓展训练、技能竞赛等体验式、实操式培训特别受欢迎。

其三,研究式、案例式培训。对于中高层管理者的培训,无论形式,还是内容,都应有一定的探索性和开放性,让他们感受到培训本身的魅力,充分调动他们的积极性和能动性。小组讨论、专题研讨、案例分析、情景教学等都可以尝试

其四,自主进修。有些管理者认为,应该鼓励和提倡员工学习那些与本职工作有关的东西,不应该鼓励和提倡员工学习那些与本职工作无关的东西。更有管理者认为,员工学习那些与本职工作无关的东西是不安心工作,是为跳槽做准备。实际上,一方面,每个员工知识结构不同,兴趣爱好不同,发展方向不同,对社会、生活、前途的认识与态度也不同,因而哪些知识欠缺,哪些知识有用,他自己是最清楚的,管理者不必横加干涉,越俎代庖,另一方面,开卷有益,员工无论学习什么,总归都是员工自身综合素质的提高过程,最终受

---

① ［美］虞有澄:《我看英特尔》第 51 页。

益者还是组织,管理者不必太狭隘。

(4)展开与调整。培训往往从内容到形式都是动态的,甚至是一次性的,所以无论培训计划多么周到细致,也还是会有很多问题必须在培训活动的实际展开过程中才能成熟和暴露出来。因此,培训的展开和展开过程中的调整是保证培训质量的重要一环。这时要特别注意管理者、培训组织者、培训对象三方面的充分沟通。

(5)效果评估。员工培训本质上是对人力资源的投资。既然是投资,就要讲究投入产出分析。所以效果评估是员工培训必不可少的最后环节。培训效果评估的关键是确定评估标准和评估方法。评估标准一般主要是以启动培训时确定的培训目的为依据的。评估方法通常是对员工的实际表现进行对比,如工作效率是否提高,工作失误是否下降,工作态度是否好转等等。

其一,纵向对比。纵向对比是指对同一组员工培训前后的工作绩效进行量化测验并将测验数据进行对比,以确定是否进步以及进步的幅度。运用这种方法时要注意两点:一是学习前要有测验数据存档,以作为对比参照。二是要考虑培训需要一定周期,而在此周期中,即使不参加培训,因操作熟练等原因,员工工作绩效也会有一定提高。因此特别是程序化较强的熟练工种,评估时应剔除此类因素。

其二,横向对比。横向对比是指将员工分为进行培训的实验组和不进行培训的对照组,然后在培训的不同阶段对工作绩效进行测验,并将测验数据进行对比,以确定是否进步以及进步的幅度。运用这种方法时要注意两点:一是选择对照组和实验组时要确保二者具有可比性,例如年龄、性别、能力、经验、工作性质、工作条件等都必须是基本相同的。二是要排除培训及评估期间对照组与实验组之间开展竞赛的可能性。

背景链接　汤姆·W.戈德(Tom W. Goad)成人学习的16条原理

1. 成人喜欢在干中学。

2. 成人是通过与原有知识的联系和比较来学习的。

3. 培训最好能运用实例。

4. 成人更倾向于在非正式的环境氛围中学习。

5. 培训应该增添多样性。

6. 培训应该能消除学习者的恐惧心理。

7. 培训师应该是学习的促进者、推动者。

8. 明确学习目标。

9. 反复实践,熟能生巧。

10. 培训应该是一种引导启发式的学习。

11. 良好的初始印象能吸引学员的注意力。

12. 给予信息反馈。

13. 循序渐进,交叉训练。

14. 培训活动应紧扣学习目标。

15. 培训师要有激情。

16. 重复学习,加深记忆。

三、人员培训中的问题与对策

1. 人员培训中常见的问题

(1)拒绝与被动。培训是一项脑力劳动,所以培训中的主动性与自觉性有着特别重要的作用。但由于培训内容总是要根据工作需要而不是个人兴趣来安排的,如果再加上培训形式枯燥乏味,那么拒绝或被动就是在培训中最常见,最直接影响培训效果的问题了。

(2)效果不显著。通过培训,员工的工作绩效一般都会得到逐步提高,二者间是存在着某种因果关系的。但这种因果关系并非匀速的、同步的。比如说并不是培训投入增加一倍 ,工作绩效也就一定相应地提高一倍。有些员工往往在培训初期工作绩效提高比较快、比较明显,但越往后提高越慢、越不明显。这可能一是原来起点较低、薄弱环节多,提高较容易,等到起点高了,薄弱环节少了,进一步提高的潜力就越来越少了;二是可能开始将容易问题都解决了,越到后面解决问题的难度越高,提高的速度和幅度也就降下来了;三是培训初期有新鲜感,于是兴趣浓厚、情绪饱满、态度认真,随着新鲜感逐渐退去,学习态度也就越来越疲沓、松懈了。

(3)起伏与反复。培训的投入和工作绩效的提高之间并非简单的正相关关系。比如说尽管投入没有大的变化,但培训期间工作绩效的提高仍有可能时快时慢,一旦学习结束,工作绩效甚至还可能退步至培训前。产生这种现象的原因一是员工心理及生理状态的不稳定及变化,如培训中出现自满、厌倦、畏难及疲劳、疾病等等主观因素的变化;二是培训内容、培训环境与条件、培训方法等客观因素的变化。

(4)高原现象与学习极限。在培训过程中还会出现这样一种现象,就是经过一段进步后,工作绩效较长时间保持在一定水平上很难再上一个台阶。这时不少人都会认为是达到了某种极限,已不可能再提高了,于是丧失信心,放弃学习。其实这只是学习中常常出现的所谓“高原现象”。高原期过后,成绩会继续提高的。造成高原现象的原因主要是原有的学习方法、学习条件、努力程度等等的潜力已经挖尽,要在已经较高的水平上继续提高,就必须在上述方面有所突破。一旦突破,成绩必定会继续提高。当然也不排除成绩停滞确实是达到了某种极限,但严格说来,人的学习潜力是非常大的,真正的极限状态是很少见的。

2. 提高人员培训效率的策略

(1)激发动机。要使培训收到好的效果,最重要的是员工必须有强烈的学习动机,渴望学习,主动学习。完全靠外界的压制与强迫,培训效果必然是极差的。激发学习动机首先是要对员工进行教育,使他们充分认识到培训对自己、对组织、对社会以及对现在、对将来的意义,使他们懂得培训与自身利益的密切关系。其次是要科学合理地设计培训内容和方法,使员工体会到培训确实是有用的,有趣的。再次是要有一定的激励措施,如奖惩、竞赛等等。目标就是一个,变“要我学”为“我要学”。

(2)利用正迁移。所谓迁移就是培训效果的转移,正迁移就是培训过的东西应该能够迁移到工作、生活的实际情境中去,也就是平常所说的“学以致用”。如果能够产生这种正迁移,则一是实现了培训目的,二是有利于巩固培训过的东西,三是进一步激发学习动机,有利于产生动机与效果的良性循环。如果学与用脱节,学而不用或学而无用,那么不仅意味着培训的不过是一堆僵死的教条,不能达到培训目的,而且会产生负迁移,即所学的东西不但不利于实际工作,反而干扰实际工作,形成动机与效果的恶性循环。研究表明,能否产生正迁移的关键主要取决于两点:一是取决于培训内容与工作实际之间是否存在共性,即二者间的一致程度越高,范围越广,就越容易产生正迁移。二是取决于员工对培训内容的概括水平,即概括水平越高,越说明其掌握了知识的精髓与本质,知识的适用范围也就越广,越容易在不同的对象间建立联系,在不同场合和条件下融会贯通。

(3)及时反馈。将培训效果及时、准确、全面地反馈员工,可以使员工及时调整方法,巩固信心,强化动机。这种反馈既可以来自培训的指导者,如加强对员工学习的方法指导,也可以来自员工自己,如养成自我检查的习惯。

(4)合理分解内容。经验表明,将比较复杂的培训内容分解为若干较小的单元进行培训,大大有利于员工的接受,培训效果通常也比较好。科学合理地安排内容单元,一是要考虑内容本身的性质、复杂程度、各部分的内在联系等,比如说汽车驾驶固然可以分解为一个个动作,但由于这些动作在实际驾驶中是组合、连续地实现的,过多、过细地划分单元不仅实际效果不会好,反而会起一些负面作用。二是要考虑员工本身的条件,比如对知识基础好、理解力和接受力强的员工,可以适当扩大单元等等。

(5)兼顾速度与质量。这是培训中一对最常见的矛盾。原则上二者必须统筹兼顾,片面强调任何一方面而忽视另一方面都是不对的。但一般来说,初始阶段应较多地强调质量,必须要求打好基础,养成认真、扎实的习惯，毕竟预防错误比纠正错误更为重要。应该特别指出，由于初始阶段员工有新鲜感，内容难度往往也比较低，所以贪多求快是比较常见的倾向。培训中后期，可以更多地强调速度，使培训效果更充分展现出来。

案例分析　　　　　　　　韩国的企业培训

现在企业越来越重视员工培训了。但是很多企业安排了专门的时间，花费了大笔的金钱，聘请了知名的专家，来给员工讲课，效果却并不太好，甚至还引起员工的反感与抵触。员工欢迎什么样的培训呢？什么样的培训才能真正有实效呢？韩国企业在培训方法和培训内容上动了很多脑筋。

1. 演绎创业事迹，体验公司历史，学习企业文化

在韩国，新员工进入公司的第一年内要接受多种培训，以尽快了解公司情况，熟悉企业文化。其中，学习公司的历史，是每个新员工的必修课。但如果只是阅读厚厚的公司史册、听人讲述那些陈年往事，年轻人往往会因为枯燥乏味而昏昏欲睡。为了改进这种既浪费时间又没有效果的学习，各公司想了很多办法。三星公司的办法是体验式学习。他们引入了被称为“三星戏剧”的新方式，把公司的创业史、发展史编成情节生动的剧本，新员工则在剧中依次扮演三星前总裁等高层领导人物，从而使员工用亲身体验的方式熟悉了三星的历史。SK电信的方式是研究式学习。他们让新员工从网上和报纸上收集与公司历史和经营哲学相关的内容，然后整理装订成《SK新闻》。这样，新员工对公司历史有了感性的认识，企业自豪感也就油然而生了。

2. 野外生存训练，锻炼个人毅力，培养团队精神

随着生活水平的提高，现在的韩国年轻人也存在不能吃苦，缺乏团队意识等问题。很多韩国企业尝试用野外训练来培养员工吃苦耐劳、团结协作的精神。每年夏天，现代汽车集团的现代摩比斯(MOBIS)公司都要组织新员工到韩国东海岸山区进行为

期三天的多项野外训练活动，其中最艰难的项目就是山地行军。参加培训的员工清晨6点出发，抵达目的地后立即返回，傍晚6点前必须回到驻地。这样的行军，全程直线距离已达40公里，有些路段还是未开发的原始山路，队员们不得不手脚并用，还必须在12个小时内完成，强度可想而知。到达终点时队员们已是精疲力竭，这还不算，每个组的成员还要互助合作，搭建帐篷，埋锅做饭，解决自己的吃住问题。同时，这些活动还是要在小组间进行比赛的，一个人的落后或疏忽就可能导致整个组的失败，所以大家还必须处处团结合作，齐心协力，由此也培养了新员工的团队精神。公司认为，这种野外训练对培养个人毅力和自信心很有帮助，可以使员工在今后的工作和生活中承受各种压力，同时也强健了体魄，培养了团队意识，这对今后的工作也是很重要的。

3. 实际操作训练，熟悉公司产品，锻炼动手能力

韩国企业认为，一个合格的员工必须对自己企业的产品和市场有相当的了解。各公司在这方面的培训也极具特色。

现代汽车集团特别重视对新员工进行生产知识的培训，不管是技术部门还是管理部门的新员工，都被要求到工厂生产线上实际参与汽车的装配工作。此外，新员工不仅要在公司的研究所学习有关汽车构造的基础知识，每个人还要把教学车的主要部分亲自拆装一遍。通过这样的学习，新员工对大部分零配件的特征和作用就有了感性认识，对主要车型也有了一定的了解，为以后的工作打下了坚实的基础。

三星电子在销售培训中，要求每两名销售人员为一组，身上除了三星的产品，不准带一分钱。他们必须设法在10小时内卖掉手中的三星产品，最快并以最高价格卖出产品的员工，就得到最高分数。但如果卖不出去，这一天非但要饿肚子，甚至连坐车回家的钱都没有。这样的培训不仅训练了销售人员的实际营销能力，也可以从中发现灵活机智、富有才干的人才。

4. 学习形式灵活,学习内容实用,企业真诚投入

除了新员工培训,企业也注重对成熟员工进行各种后续教育,使员工能不断补充新的专业知识,随时了解公司经营策略以及行业发展的最新动态。

例如,外语培训。近年来,韩国企业正大踏步走向世界。为了更好地拓展海外市场,韩国几乎每个大企业都开设了外语培训课程,由公司出资聘请老师,在业余时间授课。为了让枯燥的外语学习更有趣味,他们也想了很多办法。现代汽车集团为了配合中国业务的发展,不仅开办汉语学习班,还举办中国风情展览,放映中国纪录片,甚至让公司食堂推出了中国菜,从而使员工从各个方面了解中国,真正把汉语的学习变成了在中国工作能力的训练。LG 电子为了配合汉语学习,专门组织了"中国知识俱乐部",吸引了二百多名员工加入。这样的外语培训可以说从内容到形式都突出了实用、实效,很受员工欢迎,效果也很好。

又如,旅游培训。现代摩比斯公司为了拓展员工视野,鼓励员工到世界各国游历学习。他们制定了一个"背囊旅行计划",每三个员工自愿组合为一队,确定本队的目的地之后,把准备好的方案上报公司进行评比。公司资助获得最佳方案的 12 支队伍每队相当于 15 万元到 20 万元人民币的活动资金。在为期两周的自助旅游之后,各队还要把自己的收获整理出来,发表在公司的内部刊物上。这一计划不仅使员工了解了世界各地的风土人情,也发挥了员工的积极性和能动性,还锻炼了自信心、独立工作能力和团队合作精神,真是一举多得。

再如,进修培训。针对企业统一培训时出勤率不高的问题,三星电子开展了免费的网络培训。通过网上授课,使员工可以在方便的时间和地点参加学习和考试。但是如果在规定的时间内没有通过考试,那么培训费用就得由员工自掏腰包了。为了鼓励员工多读书,现代汽车集团定期发放推荐图书目录,有兴趣的员工可以免费订阅目录上的图书,但是读完之后必须上交读后感。

当然,再好的内容,再好的形式,要是没有投入,也是不行的。而韩国企业,特别是大企业,是非常舍得在员工培训上花钱的。每年,三星等韩国大企业用于培养人才的经费高达六千多万美元,人均投入已相当于美国、西欧国家大中型企业的2倍。

韩国企业近年来进步很快。人们惊奇地发现,似乎是在一夜之间,韩国就冒出了一批世界级的大企业。然而人们不光要看到高品质的产品,还要看到创造高品质产品的高素质员工以及造就高素质员工的高水平培训。

问题:

1. 韩国企业培训在内容、形式等方面有何特点?

2. 韩国企业培训中,员工与企业的关系、作用是怎样的?

3. 韩国企业培训对我国开展企业培训有何启发?

第三节 绩效评估

一、绩效评估及其目的

所谓绩效评估就是对组织成员工作的业绩与效果进行考核与评价。作为组织管理的基本手段,绩效评估的目的主要是:

1. 进行基础管理

绩效评估本身就是管理的基础工作之一,没有评估的管理不是完整的管理。通过评估,管理者可以了解组织运行的实际状况,总结工作中的利弊得失与经验教训,监督、检查、评价、督促组织成员的工作。

2. 开发人力资源

组织人力资源管理的各项工作,如招聘、培训、晋升、调配、解聘、反馈等等,无不是以绩效评估为主要基础和重要内容的。

3. 提供决策信息

组织的任何决策都是以信息的掌握为基础和前提的。所谓“知己知彼,百战不殆”,“知彼”有赖于市场调查、情报分析之类工作,而“知己”的基本手段之一就是绩效评估。

4. 提供薪酬政策依据

实际管理工作中,绩效评估的最主要的和最直接的目的与用途就是为薪酬政策提供客观的和量化的依据。

表 3-2① 绩效评估的主要用途

用途	百分比
工资	85.6
绩效反馈	65.1
培训	64.3
晋升	45.3
人力资源规划	43.1
解聘	30.3
研究	17.2

二、绩效评估的要素

开展绩效评估工作,首先要明确四项基本的要素:评估什么?谁来评估?何时评估?是否反馈?

1. 确定绩效评估的内容与标准

绩效评估的内容与标准实际上是同一个东西:评估对象,解决的是“评估什么”的问题。人们在乘火车旅行时常常会遇到这样的情况,在列车即将抵达终点时,乘务员在为你提供了一定服务并表现出一定热情后立即拿出车上配发的“旅客意见簿”要求你写一些表扬的话。如果你知道,原来乘务组是按照乘务员得到表扬的数量

① 引自[美]斯蒂芬·P. 罗宾斯:《组织行为学》第498页。

来考核工作量并发给奖金的，就不会感到奇怪了。由此也就不难理解“评估什么”本来是工作结束后对工作结果的检查与评价，但实际在工作开始前和工作进行中，它已经对员工的工作行为具有了导向的作用。

（1）评估标准的类型。一般情况下，绩效评估主要有三类标准：工作业绩标准、工作行为标准、工作状态标准。

所谓工作业绩标准就是指将工作的实际成果作为评估对象。如，操作工的产品数量与质量、销售人员的销售额与销售利润、经理的生产成本与优质品率等等。

所谓工作行为标准就是指将完成工作任务的工作过程与工作行为作为评估对象。如，办公室主任是否能及时发现问题和提交工作报告、秘书的平均每天接听多少电话和每月的出勤率如何、财务部的报表是否及时准确等等。

所谓工作状态标准就是指将工作过程中的工作态度、积极性等作为评估对象。如“态度好”、“认真”、“积极努力”、“可靠”、“经验丰富”、“比较谦虚”、“容易合作”等等。

（2）选择评估标准。如果工作成果本身既是有形的，又是可以量化的，应尽可能选择工作业绩标准，如工作的数量和质量等。因为工作业绩就是工作成果本身，选择工作业绩标准是对工作实际情况的直接把握。

如果工作成果虽然可以量化，但本身是无形的，那也可以退而求其次，选择工作行为标准，如出勤率、及时率等。之所以说这类标准是退而求其次，是因为优秀的工作行为只是创造优秀工作业绩的前提，并不是优秀工作业绩本身，选择工作行为标准只是对工作实际情况的间接把握。

如果工作成果既是无形的，又是不可量化的，那就只能再退而求其次，选择工作状态标准了，如工作态度、敬业精神等。之所以说这类标准是再退而求其次，是因为优秀的工作状态是优秀工作行为的前提，优秀工作行为是优秀工作业绩的前提，选择工作状态标准是对工作实际情况双重的间接把握。

总之,我们要评估的是工作绩效,而工作行为、工作状态与工作绩效不一定是正相关关系,如工作积极努力的人不一定工作绩效就高,所以我们主张只要条件许可,应按首先工作业绩标准,其次工作行为标准,最后工作状态标准的次序来选择评估标准。

2. 确定评估者

评估者是评估的主体。确定了评估标准后,接下来的问题就是确定"谁来评估"。有的人会说,当然是上级来评估,这还有疑问吗?学校里不是由老师来命题、阅卷、写期末评语吗?公司里不是由老总决定奖金等级方案吗?这种观念的背后是将评估作为管理者权力的组成部分了。其实,评估并不仅仅是管理者的特权,而且是组织每一成员都可以参与,也应当参与的管理活动。一般可以考虑由以下几种人来进行评估:

(1)直接上级评估。事实上,对组织成员,特别是对中、低层组织成员的绩效评估,绝大部分是由被评估者的直接上级进行的。但这种评估在基层并不十分受欢迎。一方面是那些被评估者不满意。他们往往感自己的命运掌握在自己的顶头上司手里,因此总是小心翼翼地顺从上级、迎合上级,根据上级的喜好而不是工作的实际需要开展工作。偶尔有什么人将工作排到了人际关系,特别是与直接领导的关系前面,那他多半不会有什么好下场。另一方面是那些评估者不满意。他们往往感到高层领导人将最棘手的问题推给了自己,要想认真评估出每个人的贡献和特点既十分困难,又容易得罪人,要想不得罪人就只能睁一只眼闭一只眼地吃大锅饭。可那不仅对确实干得好的人不公平,高层领导那里也通不过。于是"轮流坐庄"的对策也就顺理成章地出现了。

(2)本级同事评估。其实让共同工作的同事间互相评估也是一种不错的方法。它的好处是:其一,同事间共事合作,朝夕相处,相互的认识比较深入、全面,不像上下级之间的交往常常局限于某项工作、某一方面。其二,多人对一人评估可以有效避免一人对一人评估的偏见与片面性。其缺点一是同事间往往碍于情面而不愿意相互评估，二是同事间关系亲疏不同往往造成相互偏袒或相互攻击。

(3)本人自我评估。让组织成员自我评估的方法在组织成员中有比较高的认同度。它的优点是发扬了民主意识，让员工自己掌握命运，增强了自信，同时由于对评估的深度参与也使员工对评估工作本身的合理性、有效性及工作绩效的提高等更加积极、主动地关心。它的缺点主要是自我夸大的倾向往往突出。由于这些特点，自我评估一般不简单地直接用于绩效评估，而多与其他评估方法联合使用或用于自我开发计划。

(4)直接下属评估。由直接下级来评估上级在对基层干部的评估中是一种常用的方法。它可以使高级管理者更准确、全面地了解基层干部的真实情况。但为了打消人们对上级报复的顾虑，一般应采取匿名的方式进行。

(5)全方位评估。所谓全方位评估，亦称360°评估，是指与被评估者发生关系的各方面人员都参与评估，如上级、下级、同事、本人、服务对象等等。这种方法的最大好处是更全面、准确，可以有效避免其他几种评估方法的局限性。据统计，在美国，包括杜邦(DuPont)、东方石油(Amoco)、美国电报电话(AT&T)等著名大公司在内的26%的公司都采取了全方位评估。我国目前在干部业绩考核中也普遍采取了这种方法。其缺点一是科学合理地设计确定在最后评估结果中各方面评估意见的比重关系对评估结果的准确性有直接影响，而这并不是一件太容易的事，二是工作量相对较大。

3. 确定评估时间与周期

那么何时进行绩效评估呢？一般来说，绩效评估可以分为定期评估和不定期评估两种。其中，定期评估中又包括日常评估和总结性评估两种，不定期评估则可区分为抽查评估和任务评估两种。

(1)定期评估中的日常评估。定期评估中的日常评估是指按固定周期对工作绩效进行常规性评估，如考勤记录、工作日志、周进度、月统计、季度检查、年终报表等等。这种评估属常规性评估，通常是对照工作计划、标准等进行比较全面、客观的记录、统计、检查、核实等工作，也就是平常我们所说的"流水账"。日常评估的目的是建立、保存第一手的基础数据与资料，为日常管理及其他评估提供客观依据，所以准确、及时、完整是对日常评估的基本要求。

(2)定期评估中的总结评估。定期评估中的总结评估是指按固定周期对工作绩效进行概括性的总结，如周小结、月小结、季度总结、年终总结等等。这种评估是在日常评估基础上对本周期的工作经验与教训进行概括，分析存在的问题及其性质与原因，提出改进措施与建议。总结性评估的目的是总结经验、吸取教训、发现问题、提出建议、以利再战，所以准确深入的分析与反思、切中弊端又切实可行的建议与方案是对总结评估的基本要求，而停留于表面现象的"流水账"则是总结评估的最大禁忌。

(3)不定期评估中的抽查评估。不定期评估中的抽查评估是为了某项工作的临时需要或为了避免评估对象应付评估的作假行为而进行的临时性评估，如各种临时抽查、突击检查等。抽查评估的目的和优点在于能够反映评估对象的真实情况，为保证这点，评估活动的临时性、突击性是非常必要的，所以随机确定评估频率和时间及评估前必要的保密是保证抽查评估质量的必要措施。抽查评估不能搞得过多、过密，否则容易由于评估对象的逐渐"适应"而失效，也容易造成评估对象的对评估者和评估本身的敌意。

(4)不定期评估中的任务评估。不定期评估中的任务评估其评估内容及时间不是按周期安排，而是按某一专项任务的进度来安排，如对某一研究周期较长的科研课题进行评估，搞定期评估是不合适的，因为科研进度不可能是很程序化的、均速推进的，搞结题时一次性的总结评估也是不合适的，因为一个课题周期可能长达数年甚至更长，如果到结束时才发现问题那么不仅会造成大量人、财、物的浪费，更会失去不可再生的机遇。类似情况下我们就可以根据工作进度安排若干阶段性评估及最终的验收性评估。

背景链接　　　　　　时间与绩效

时间是与绩效密切相关的一项重要因素。一日之中,上午绩效高于下午,刚上班时绩效高于临下班时,工间休息后高于工间休息前。一周之中,周一与周末绩效较低,其间绩效较高。一月之中,月初绩效较低,月末绩效较高。一年之中,一季度绩效较低,四季度绩效较高等等。这些都是实际工作中常见的现象。造成这种现象的原因很复杂,有的是因为精力、体力的变化,有的是因为适应性的变化,有些是工作习惯、生活习惯的特点造成的,也有些是工作本身的周期性造成的。所以绩效评估中必须充分注意这些问题及其深层原因,仅停留于现象或仅靠理论分析都是不够的。例如,一季度对于生产性企业来讲往往是四个季度中的低谷,常常只是正常完成了任务就已经让人兴奋不已地庆祝"开门红"了。主要原因之一是一季度节假日比较多。而同样的一季度对于商业企业来讲则往往是四个季度中的高峰,有所谓"一个节吃半年"的说法,主要原因之一也是一季度节假日比较多。这提示我们,对不同时间、不同工作使用同一评估方法与标准是不公平的和不科学的。

4. 评估反馈

从一般道理上讲,绩效评估的作用之一就是让员工发现问题以改进工作,所以应当将评估结果反馈给员工本人。在进行评估反馈时应特别注意:

(1)排除管理者顾虑。指出别人的优点容易,指出别人的缺点总归是件得罪人的事。仅仅指出别人的优点当然是不够的,可是非要指出别人的缺点的话,谁能没有缺点呢?总不能把所有的人都得罪光了吧?再说评估反馈是工作上的事,而得罪人伤害的却是私人感情,这又何必呢?这些都是反馈中常见的心理活动。

(2)注意评估对象的自我防卫。从统计学上讲,员工的工作绩效应该是呈典型的正态分布,即"两头小,中间大",好的是少数,不好的也是少数,多数人集中在平均水平上下,即在 1 × 1/2 = 50% 左右。可实际上绝大多数员工都认为自己的绩效是高于平均水平的,是在平均水平线以上的平均水平附近,即在 1 - 1/2 × 1/2 = 75% 左右。也就是说,即使管理者以为已经是尽可能高估员工绩效以照顾其情绪了,员工仍然会认为自己的成绩没能得到应有的评价。按照归因理论揭示的规律,人都有自我保护的倾向,当一个人被指出优点与成功时,他往往会归功于自己,即所谓"内归因",当一个人被指出缺点与失误时,他往往会诿过于他人,即所谓"外归因"。

三、绩效评估的基本程序

绩效评估一般可以遵循确定评估目的——制定评估方案——实施评估方案——鉴定与使用评估结果的程序进行。

1. 确定评估目的

进行任何评估首先都要有明确的评估目的。目的不同,评估的对象、指标、内容、方法等也就不同。比如说,如果我们只是要了解出勤状况,那么如实记录下出勤情况,统计一下出勤率也就可以了。如果我们是要了解员工对组织、对工作的满意程度,恐怕仅凭出勤情况来评估就不够了。

2. 制定评估方案

明确评估目的后,就要根据评估目的的实际需要来制定评估方案,包括确定评估的对象、指标、内容、方法、时间、步骤、人员、要求等等。评估方案是否科学、合理、公正,对评估结果的有效性有着直接的影响,要特别重视。

3. 实施评估方案

实施评估方案不仅仅是落实前述方案,它应该是包括向有关人员说明方案、培训评估人员、督促检查评估方案的落实、及时搜集整理评估中的反馈信息并对评估方案采取相应调整措施、评估结果反馈等一系列实际工作在内的完整过程。

4. 鉴定与使用评估结果

完成评估方案的实施后，还必须做好两项工作。首先是要对评估结果进行审核鉴定，确认其有效性。然后就是要在实际工作使用评估结果，如根据评估结果进行奖惩、升降、续聘或解聘等等。

四、绩效评估的常用方法

"工欲善其事，必先利其器"，绩效评估方法的选择对评估结果有效性的影响是不言而喻的。**评估的方法有很多，较常用有实绩记录法、书面报告法、评定量表法、比较排队法。**

1. 实绩记录法

实绩记录法就是将评估对象的实际工作情况客观记录下来，如、每日考勤、工作日志等。这种方法简单易行，应用广泛。一般要注意这样几点：其一是要客观，记录项目应尽可能是客观事实与数据，尽可能排除评估者主观因素对记录的影响，不然时过境迁，这些主观因素往往会被误解。其二是要连贯，唯有连续记录才能发现趋势性、规律性的东西，才有统计学意义。其三是要标准化，唯有标准化才能进行纵向或横向的比较，否则不具有可比性，记录的价值就要大打折扣了。为满足上述要求，实际工作中常使用各种表格并将表格填写作为工作制度。

2. 书面报告法

书面报告法就是通过一篇短文来描述评估对象的优点、缺点、现状、潜力及相应的改进建议等，如月末小结、年终总结等。这种方法比较简单，可以反映出某些深层次问题，但受报告者主观倾向与写作能力的影响比较大。

3. 评定量表法

评定量表法是将作为绩效的因素，如工作的质量与数量、工作技能与工作知识的掌握、出勤率等等逐一罗列出来，形成一份评估表格。每项分为3档，如好、中、差，或5档，如好、较好、中、较差、差。每档给出一定分数,如好 =3 分、中 =2 分、差 =1 分,或好 =1 分、中 =0 分、差 = -1 分等。复杂一些的量表还可以在各项因素间进行加权。较为常见的加权方法有:其一,根据某项因素在工作中的重要性确定其在总分中所占的比例,如满分为 100 分,其中工作质量占 40 分,工作数量占 35 分,工作知识占 15 分,考勤占 10 分。其二,根据某项因素在工作中的重要性乘以一定的系数,如工作质量系数为 3,工作数量与工作知识系数为 2,考勤系数为 1。其三,对评估者进行加权,如在满分 100 分中,自我评估占 20 分,上级管理部门评估占 30 分,下属员工评估占 50 分等等。评定量表法的评估结果可以是根据总分进行排队,如前 3 名为优可以晋升,后 2 名为差予以解聘;也可以是划出不同等级的分数区间,如 100 ~90 分为优可以晋升,89 ~70 分为良好可以续聘,69 ~60 分为合格予以警告,60 分以下为不合格予以解聘等等。评定量表法的缺点是一般只反映现象,不能深刻揭示内在的原因,但具有客观、量化、可操作性强的优点,如果量表设计合理的话也比较全面、公正,所以在绩效评估中的运用极为普遍。

4. 比较排队法

比较排队法是将多个评估对象的绩效进行比较排序。比较常用的有个人排队法、分组排队法和配对比较法。个人排队法是将全部员工以个人为单位从最好到最差排出一个总的名次。这种方法名次清晰,但人数较多或几个人差别很小时有一定困难。分组排队法是将根据评估对象的绩效将其分为若干个类别或小组,对这些类别或小组进行排队,如优秀组、称职组和不称职组。这种方法虽然名次不十分清晰,但也因此降低了难度,减少了冲突。配对比较法是将每一位员工的各项指标与本部门的所有其他员工逐人逐项比较,某项强于比较对象则记 1 分,某项弱于比较对象则记 0 分,最后每个人的得分加总,按总分排出名次。这种方法的优点是由于最大限度地缩小了比较范围,最大限度地降低了对比较过程的量化要求,但最终却可以得出量化结果,并且采取了反复比较的方式,因而可操作性强且客观、准确,特别适用于职能部门及机关事业单位等工作绩效难以量化的单位。但可以想见的是，这种方法适用于人数较少的情况下，如果员工人数过多则工作量非常大。若参加比较的人数为N，则比较次数的计算公式为：比较次数＝N(N－1)/2。

以上只是列出几种常用的方法，实际管理工作中还有许多其他方法以及在此基础上的变形方法。每种方法都各有利弊长短，应根据实际情况灵活运用，也可以将几种方法结合使用。

五、绩效评估的误差

绩效评估中常出现一些误差。这些误差有的是由于评估方案本身设计的不够科学合理，有的是由于评估者对评估方法的掌握和运用不够熟练正确，还有的是由于人们的偏见和主观武断。

1. 评估标准的片面性

现实中工作绩效是由许多方面和因素综合作用的最终结果，虽然任何评估方案也不可能将这些因素完全涵盖进去，但还是应当尽可能注意避免评估标准本身设计得不够全面而导致的评估误差，至少不应该遗漏那些影响绩效的主要因素。因为这不仅是评估中的不公平，更重要的是一种行为导向，会对今后工作产生重要影响。如，评估医生的工作绩效如果只考虑其门诊量而不考虑其误诊率，那么医生为降低误诊率而付出的努力就没有得到承认，这样的评估必会导致"萝卜快了不洗泥"的行为取向。又如，评估司机的工作绩效如果只考虑其吨/公里数而不考虑其路况及距离，那么将方便让给别人的高尚行为就没有回报，这样的评估必会导致大家争跑"甜活"而"苦活"没人干，员工间斤斤计较而不肯互助合作的行为取向。

2. 评估者的主观倾向

尽管在设计评估方案时人们会尽量考虑降低主观因素的影响，但毕竟评估是要由人来进行的，而人都是有自己的价值观念与主观倾向的，对那些与自己价值观念相同或相似的行为、投己所好的行为，人们通常会给予更积极的评价。这也称为"相似性倾向"。如喜欢踏踏实实工作作风的领导和喜欢开拓进取精神的领导对同一下属的评估就可能有重大差别。中国人常说“有其父必有其子”，这种子肖其父的倾向除了遗传因素的作用外，很重要的一个原因就是父亲总是根据自己的主观倾向来教育后代。而在一个组织中，遗传因素的作用没有了，那么什么将领带出什么士兵就主要是由于将领的评估倾向了。

3. 评估者的态度

评估标准总是有一定弹性空间的，而且越是量化程度低的评估标准越有更大的弹性空间，这有些类似机械加工中的“公差”。在这个标准允许的空间内，从宽还是从严，就高还是就低，评估者的态度是起着主要作用的。这也称为“宽厚错误”。如教师在给学生考试中同一错误打分时，往往对成绩好的同学打分偏严，对及格线附近的同学打分偏宽，对正式考试的同学打分偏严，对补考的同学打分偏宽。

4. 社会偏见

我们在第二章中曾列举了一些常见的社会偏见，如晕轮效应、首因效应等等，这些在评估中当然也会起作用的。如，员工喜欢某位领导的某些做法，结果对这位领导的其他做法也会做出较高评价。

5. 趋中倾向

评估者中有两种倾向，一种人倾向于一定要分出个子丑寅卯来，评估时非常“较真”，称为高区分度者，另一种人倾向于大而化之，差不多就行了，称为低区分度者。高区分度者多为工作导向者，他们往往利用一切信息，细抠评估标准，使自己的评估结果持之有据。低区分度者多为关系导向者，他们往往对高绩效者评估低一些，对低绩效者评估高一些，这样高等级分数与低等级分数都较少使用，评估结果趋向于不太高也不太低，称为“趋中倾向”。

6. 绩效外标准

照理说，评估都应该根据评估标准进行，可实际上人们往往会在评估中掺杂进一些自认为应当是标准的因素，这也就是所谓“潜规则”。更为严重的是，人们还倾向于先用自认标准进行初步判断或区分后，再用组织规定的标准进行评估。如，虽然没有任何一所学校在教师职称评定中设有资历标准(不是指最低资历,而是指同等条件下资历的作用),但同样没有任何一所学校在职称评定中不是优先考虑资历的。

六、绩效评估误差的纠正

评估是人做的,必受人的因素的影响,完全避免评估误差是不可能的。但我们可以采取一定手段尽可能降低误差,缩小评估结果与实际绩效间的距离。

1. 设置多项标准

设置多项评估标准不仅是避免评估标准片面性最有效的措施,而且可以稀释评估误差及其作用,避免一项评估误差就决定一个人的命运。当然评估标准也不是越多越好,这不仅是因为过多的标准会提高评估成本,也因为标准越多,其行为导向作用也就越弱,这也是评估者必须注意的。

2. 选择行为标准

你要评估员工的哪一方面,那就要尽可能少用无法量化、难以观测、与绩效无确定关系的那方面的工作状态或人格特征作为标准,而应尽可能选择那种工作状态与人格特征所应当表现出的可量化、可观测、与绩效有确定关系的行为作为标准。如将“工作积极主动”作为标准,就不如将出勤率、提合理化建议的数量、主动承担分外工作的数量等作为标准。

3. 采用客观标准

评估标准应尽可能是要求评估者记录客观事实,或在客观标准中选择,尽可能避免要求评估者自己判断或描述。如要求评估者评出对象表现优秀还是良好,就不如告诉评估者 90 分以上是优秀,89~80分是良好。

4. 利用多人评估

多人评估可以有效避免评估者个人有意或无意、善意或恶意、特定观念、特定角度等等带来的误差。特别是在主观因素影响较大的评估中,这点尤其有效。球类比赛中往往在不同位置上设置多个“边线裁判”,体操、击剑、拳击、跳水等比赛中会取多个裁判的总分或平均分,歌手比赛中会用去掉最高分与最低分后的总分或平均分,电影评奖中会由编、导、摄、美、音等各方面专家组成评委等等都是这个道理。

5. 培训评估者

评估前对评估者进行评估知识、道德、纪律、原则、方法、力度、口径等方面的培训是非常必要而且有效的。如,评估者对某项评估标准可能理解不同,执行起来自然也就不同。如果我们事先进行了培训,统一了认识,就可以有效避免因理解不同造成的误差。而且就算我们对某评估标准理解不准确,只要所有评估者都按同一尺度掌握,那么最终结果虽不一定准确,但至少公平,其对评估效果的负面影响也会降到最低限度。这种培训除了讲清道理外,最好结合实际案例来进行。如,可以由培训者用某一案例进行示范,也可以由全体评估者先抽取部分样本(某个人或某项工作、某项指标等等)进行试评,然后进行讨论,取得经验和共识,最后才投入正式评估。

6. 客观化评估

目前在评估中,为最大限度减少主观因素影响,大量引进客观化评估方法和手段已经成为一种趋势。如,我国的各类考试中已普遍使用了“选择题”、“判断题”等客观化试题,有些考试中还为命题者硬性规定了客观化试题的比例,更有些考试在客观化试题基础上全部或部分采用了计算机判读等方式,目的除提高效率外,主要是尽量避免主观因素影响,得出客观评估结果。当然这也不是绝对的和万能的。其一,有些评估项目很难实现客观评估。如考察写作能力、口头表达能力、处理人际关系能力等等都不可能完全实现客观评估。其二,客观评估是否真的客观也与评估手段的设计有一定关系。如选择题的备选项总是有限的,不一定穷尽了一切可能性,若其中并无被评估者满意的备选项,则他只能选出相对接近的备选项,这时表达的可能是评估者的观点而不是被评估者的观点。其三,某些客观评估方法本身存在着一定局限性。如在回答选择题时,被评估者完全可以用排除法降低选择难度,提高命中概率,甚至找出答案,也可以在对考察内容完全无知的情况下随机选择而利用正确答案的出现概率和分布概率而得到一定分数。

案例分析　　某高校的教师课堂教学质量评估表

教学评估表使用说明

1. 性质

本评估表为本校评价任课教师教学效果的专用评估表,由本校教务处统一组织使用。

2. 结构

(1)因素。本评估表由 A. 专家评估表;B. 学生评估表;C. 教师评估表等三个子表组成。A. 专家评估表由教务处委派教学督导专家填写;B. 学生评估表由选课学生填写;C. 教师评估表由被评估的任课教师本人填写。

(2)权重。本评估表各子表权重为:A. 专家评估表 80 分 + B. 学生评估表 50 分 + C. 教师评估表 20 分 = 150 分。

3. 使用

(1)填写。本评估表左侧灰色区域为评估项目的内容及相应分数与权重栏目,由教务处制定;中间白色区域为评估分数栏目,由评估者填写(请评估者在自己评估的相应分数上划"√");右侧灰色区域为评估项目的子项得分、大项得分和子表总分,由教务处统一计算填写。

(2)分数。本评估表三个子表的总分相加为该任课教师该门课程的评估总分,150 ~ 135 分为优秀,134 ~ 120 分为良好,119 ~ 105 为中等,104 ~ 90 为合格,低于 90 分为不合格。评估总分由教务处计算并告知教师本人。

(3)匿名。本评估表为匿名使用,评估者只填写被评估课堂的课程代码、被评估教师的姓名及选择得分。如出现评估者的违规行为及痕迹,则该表失效。

本评估表解释权在教务处。

A. 专家评估表(80/150分)

课程代码 **教师姓名**

大项分数	子项分数	评估内容	专家评分					得分		
			优 5	良 4	中 3	可 2	差 1	子项	大项	总分
教学准备 15/80	教案 5/15	1. 教案规范、完整,每讲有参考文献和思考题	5	4	3	2	1			
	教具 5/15	2. 新颖实用,与教学内容结合紧密,运用现代化手段	5	4	3	2	1			
	教材 5/15	3. 有专门教材,内容正确、先进,版本及时更新	5	4	3	2	1			
教学过程 60/80	教学内容 15/60	1. 内容充实,科学性强	5	4	3	2	1			
		2. 基本概念准确,体现课程基本要求	5	4	3	2	1			
		3. 重点突出,条理清楚,逻辑性强	5	4	3	2	1			
	教学组织 20/60	1. 教学过程安排合理	5	4	3	2	1			
		2. 气氛活跃,启发性强	5	4	3	2	1			
		3. 适当运用现代化教学手段	5	4	3	2	1			
		4. 课堂应变能力强	5	4	3	2	1			
	教学姿态 15/60	1. 使用普通话,语音清晰,语言准确	5	4	3	2	1			
		2. 善于运用手势、表情,教态自然大方	5	4	3	2	1			
		3. 着装整洁得体,精神饱满积极	5	4	3	2	1			
	教学演示 10/60	1. 演示设计合理,有助于学生理解	5	4	3	2	1			
		2. 演示美观、规范	5	4	3	2	1			
总体印象 5/80	5/5	1. 对该教师的总体评价	5	4	3	2	1			

B. 学生评估表(50/150 分)

课程代码 **教师姓名**

大项分数	子项分数	评估内容	学生评分					得分		
			优 5	良 4	中 3	可 2	差 1	子项	大项	总分
教学准备 15/80	教案 5/15	1. 教案规范、完整,每讲有参考文献和思考题	5	4	3	2	1			
	教具 5/15	2. 新颖实用,与教学内容结合紧密,运用现代化手段	5	4	3	2	1			
	教材 5/15	3. 有专门教材,内容正确、先进,版本及时更新	5	4	3	2	1			
教学过程 60/80	教学内容 15/60	1. 内容充实,科学性强	5	4	3	2	1			
		2. 基本概念准确,体现课程基本要求	5	4	3	2	1			
		3. 重点突出,条理清楚,逻辑性强	5	4	3	2	1			
	教学组织 20/60	1. 教学过程安排合理	5	4	3	2	1			
		2. 气氛活跃,启发性强	5	4	3	2	1			
		3. 适当运用现代化教学手段	5	4	3	2	1			
		4. 课堂应变能力强	5	4	3	2	1			
	教学姿态 15/60	1. 使用普通话,语音清晰,语言准确	5	4	3	2	1			
		2. 善于运用手势、表情,教态自然大方	5	4	3	2	1			
		3. 着装整洁得体,精神饱满积极	5	4	3	2	1			
	教学演示 10/60	1. 演示设计合理,有助于学生理解	5	4	3	2	1			
		2. 演示美观、规范	5	4	3	2	1			
总体印象 5/80	5/5	1. 对该教师的总体评价	5	4	3	2	1			

C. 教师评估表(20/150 分)

课程代码　　　　　　　　　　　　教师姓名

<table>
<tr><th rowspan="2">大项分数</th><th rowspan="2">子项分数</th><th rowspan="2">评估内容</th><th colspan="5">教师评分</th><th colspan="3">得分</th></tr>
<tr><th>优
5</th><th>良
4</th><th>中
3</th><th>可
2</th><th>差
1</th><th>子
项</th><th>大
项</th><th>总
分</th></tr>
<tr><td>教学准备
15/20</td><td>教学态度
5/5</td><td>1. 态度认真,准备充分,情绪饱满,遵纪守时,有自信心</td><td>5</td><td>4</td><td>3</td><td>2</td><td>1</td><td></td><td></td><td rowspan="4"></td></tr>
<tr><td rowspan="2">教学过程
10/20</td><td>教学内容
5/10</td><td>1. 教学内容充实,基本观点鲜明,基本理论正确</td><td>5</td><td>4</td><td>3</td><td>2</td><td>1</td><td></td><td rowspan="2"></td></tr>
<tr><td>教学组织
5/10</td><td>1. 注意启发式教学,突出能力培养,鼓励独立思考,引发学生兴趣,避免单调乏味</td><td>5</td><td>4</td><td>3</td><td>2</td><td>1</td><td></td></tr>
<tr><td>教学效果
5/20</td><td>教学效果
5/5</td><td>1. 学生能力确有提高</td><td>5</td><td>4</td><td>3</td><td>2</td><td>1</td><td></td><td></td></tr>
</table>

问题:

1. 这一评估体系的主要特点是什么?

2. 请你分别从学校、学生、教师的角度谈谈你对这一评估体系的看法。

本章小结及对管理者的意义

本章介绍了人员招聘及其途径,有效招聘的目标与方法;员工培训及其意义、方法、程序、常见问题与对策;绩效评估及其目的、要素、程序、方法、误差与纠正等人力资源管理方面的问题与方法。

对于管理者而言,人力资源是一切资源中最重要的资源,科学、高效的人力资源管理是管理者的基本功。

本章主要概念

人员招聘　　人员培训　　绩效评估

本章复习题

1. 什么是人员招聘？有效人员招聘的目标与方法是什么？

2. 什么是人员培训？为什么要开展培训？培训有哪些常用方法、需经过哪些程序？培训常出现哪些问题、如何解决这些问题？

3. 什么是绩效评估？为什么要开展绩效评估？绩效评估要考虑哪些要素、经历哪些程序？绩效评估有哪些常用方法？绩效评估常出现哪些误差、如何纠正？

本章思考题

1. 你经历过招聘吗？谈谈你对招聘的体会和想法？

2. 你参加过培训吗？谈谈你对培训的体会和想法？

3. 你经历过绩效评估吗？谈谈你对绩效评估的体会和想法？

本章阅读书目

1. [美]斯蒂芬·P. 罗宾斯:《组织行为学》,第16章,中国人民大学出版社,1997年第1版。

2. 王国元:《组织行为与组织管理》,第2、10章,中国统计出版社,2001年第1版。

3. 秦志华:《人力资源管理》,第5、6、7、8章,中国人民大学出版社,2000年第1版。

第四章 工作压力与职业生涯

本章要点

- 压力的形成与对策
- 职业生涯开发

引 子

“我有压力!”这曾是香港的年度流行语。一天,已经是晚上11点多了,一辆公交巴士上有位阿叔正在打手机。大约是阿叔打手机的声音有些大,时间有些长,他身后一位戴眼镜的年轻人拍了拍阿叔的肩膀,示意他影响了别人。没想到,阿叔转过身来,不但不道歉,反而指着年轻人破口大骂:“我有压力,打打电话说一说怎么了?我打电话并没有影响到你,你为什么挑衅我!我有压力!我有压力!”年轻人不愿跟他计较,表示问题已经解决,请求休战,甚至道歉,可阿叔仍然一声高似一声地大喊“未解决!未解决!未解决!”直到自己的手机再次响起才算罢休。刚好坐在旁边的一位乘客把这一幕用手机拍摄下来并放在了网上。令人始料不及的是,这段5分多钟的视频在短短一个月里的浏览量就超过700万,而且被改编为40多个版本。一时间,各类媒体开展追踪报道,专家学者进行深度剖析,电视节目主持人临场妙用台词,旅游景点同步出售印着“我有压力!”的T恤衫与马克杯,时装店推出巴士阿叔为形象代言,快餐店聘请巴士阿叔做公关先生等等,真是一石激起千层浪。甚至有小学生在考试收卷时未能答完也集体拍桌跺脚大喊“我有压力!我有压力!”而拒绝停笔。据说连特首在事发地元朗视察时也曾过问此事。影响所及,远达日本、美国、东南亚,甚至阿联酋、南非等。

在公交巴士上偶然发生口角不过是两个当事人之间简单的私事,但能引起如此巨大的反响和普遍的共鸣,恐怕就是一个复杂的社会问题了,管理者应当如何认识和处理压力问题呢?

第一节 工作压力及其处理

一、压力及其形成

1. 压力及其表现

在现代社会中,压力是一个越来越被人们经常谈起的话题。年轻人抱怨升学竞争有压力,成年人抱怨工作指标有压力,男人抱怨家庭责任有压力,女人抱怨家务负担有压力,穷人抱怨没钱看病有压力,富人抱怨世人仇富有压力,失业落魄的人抱怨生活艰难有压力,春风得意的人抱怨仕途险恶有压力,似乎这社会中没有谁活得轻松。更耐人寻味是,工作负担重固然是压力,可工作负担轻竟然也是压力。比如,一个人一向满腹牢骚,抱怨工作紧张不堪重负,可是上司要是真的给他核减一部分工作,他看着别人忙忙碌碌,自己却无所事事,会感到更大的压力。当我们仍在对日本经济泡沫破灭后某某经理跳楼自尽感到不可思议时,忽闻国内也开始有人以“过劳死”为由来起诉丈夫生前所在公司了。于是笔挺的西装之外,舒适随意的休闲装开始流行,一向爱在酒席上谈生意的老总们开始钟情于茶馆和咖啡屋,不久前还在艳羡玻璃幕墙写字楼的白领们则已经跑到穷乡僻壤去户外探险和农家乐了,“鸭梨”、“亚历山大”之类网络语言一经出现,迅即走红。那么究竟什么是压力?它来自何处?它对人类的行为有什么影响?

“压力不就是工作负担吗?担子越重不就是压力越大吗?”这是

把问题简单化了。压力不只是一个纯粹客观的工作负担,而是面对客观负担时的主观体验。在行为科学中,**所谓压力实质上是指人在应对自己认为无法适应或有效处理的情况时所产生的异常反应与体验**。压力反应表现在人的生理、心理及行为等各个方面。

(1)压力的生理反应。重压之下,人的机体会动员全身的机能,增加血氧的供给,以迎接挑战。这时在生理上会出现一系列所谓应激反应,如肾上腺素分泌增加、心率加快、血糖上升、血压升高、大量出汗、呼吸急促、肌肉紧张、瞳孔变大、面色改变、四肢发凉等等。

(2)压力的心理反应。压力反应也出现在心理方面,如精神紧张、情绪波动、易冲动、沮丧、焦虑、意志消沉、认知与判断失常、难以集中注意力、失去自信、神经过敏等等。

(3)压力的行为反应。在一系列生理—心理变化影响下,人的行为举止也会出现异常,如动作准确率降低、工作效率降低、事故率升高、缺勤率升高、对批评过敏、冲动性行为增加、饮食习惯与睡眠习惯改变等等。

2. 影响压力体验的因素

研究表明,构成压力并影响压力反应水平的主要有以下变量:

(1)刺激因素。工作负担本身的负荷、突变、不确定、失控等是产生压力体验的社会来源与刺激因素。例如立即调整到陌生工作岗位的紧急通知、传统客户的突然流失、出现新的竞争对手等等。

(2)个人因素。主体本身的知识、经验、自信、个性等也会直接影响压力体验。例如,面对同样一次提升,胆汁质与抑郁质的人、性格比较情绪化的人、功名心比较重的人等所体验到的压力会远远大于其他人。

(3)时间因素。承受压力的时间在个体压力方面有两种完全相反的效应:一种可称为钝化效应,即压力产生的初期,人们对压力的体验较强,但如果压力因素及其强度维持不变超过一定时间后,人们对压力就会逐渐适应乃至麻木,压力体验反而迟钝。平常我们所说的“适应了”、“习惯了”、“疲沓了”等等实际上就是钝化效应的表现。另一种可称为累积效应,即长期的过大的压力会在身体内积聚起来,使身体处于某种临界状态,一旦出现所谓“压垮骆驼的最后一根稻草”,如压力再延续下去或再增加一点、身体的生理心理健康水平下降等等,积累的压力就会一下子倾泻而出,给人造成极大的损害。所谓“积劳成疾”、“过劳死”、“精神崩溃”等现象都是压力累积效应的表现。

(4)反馈与暗示。压力通过反馈与暗示可以形成强化或弱化的循环,以至于在外界因素并没有大的变化的情况下,个体的压力体验却有较大的变化。例如一位新任命的经理即将第一次在员工大会上讲话时如果突然发现自己头脑里一片空白,不知要说什么了,那么这种紧张就会变成一种怀疑自己能力的暗示,而这种暗示又会导致他体验到更大的压力,结果本来没有问题的一次讲话真的会搞得问题百出。反之,人们也常会在这种情况下鼓励别人、鼓励自己,“别紧张”、“别害怕”、“我能行”等等,最终从容地正常甚至超常发挥自己的能力。

(5)特定的情境。特定的情境会影响压力体验,有时情境本身也就是一种压力来源。例如,同样的工作任务,独立完成或若干人竞争条件下完成,人们体验到的压力是不一样的。又如,在将金钱作为成功标准的社会环境中,个人收入水平对人的压力会比较大等等。

由上可知,压力不是一种纯粹的客观负担,也不是一种单纯的心理现象,而是一个非常复杂的社会生理—心理过程,远不是通常所认为的工作负担重之类概念所能包容的。对此必须有充分的认识。

二、压力的来源与类型

构成压力并影响压力反应水平的变量非常复杂的,但无论如何,导致压力产生的刺激因素,即压力的社会来源,总是最主要、最基本的因素。所以我们这里暂且抛开其他变量，集中对压力的社会来源作一点分析。

一般说来，可以将压力的社会来源分为生活压力和工作压力两大类。

1. 生活压力

在人们所感受到的压力中，有很多是发端于个人生活的。生活中的各种事件、变故，如婚姻、疾病、死亡、假期、节日、购物、娱乐等等，都会对人产生或轻或重或久或暂的压力。这是很直白的道理。但问题在于，要深入认识压力，还必须对压力来源进行定量研究。美国华盛顿大学的霍姆斯（T. H. Hoimes）和拉赫（R. H. Rahe）建立了一个量表（见表4－1），为生活压力的定量研究提供了一种具有参考价值的方法。

表4－1①

顺序	生活事件	平均值
1	配偶死亡	100
2	离婚	73
3	夫妻分居	65
4	监禁期间	63
5	家庭近亲死亡	63
6	个人受伤或患病	53
7	结婚	50
8	解雇	47
9	夫妻重新和好	45
10	退休	45

① T. H. Hoimes and R. H. Rahe："The social Readjustment Rating Scale." *Journal of Psychosomatic Medicine*, Vol. 11. 213－218, 1967.

（续表）

顺序	生活事件	平均值
11	家庭成员健康的变化	44
12	妊娠	40
13	性障碍	39
14	家庭新成员的出现	39
15	企业调整	38
16	财务状况变化	38
17	亲密朋友死亡	37
18	改换不同行业的工作	36
19	夫妻争吵次数的变化	35
20	抵押在 10000 美元以上	31
21	抵押或借贷的取消	30
22	工作岗位的变化	29
23	儿女离家	29
24	婚姻纠纷	29
25	个人的突出成就	28
26	妻子就业或停止工作	26
27	上学或毕业	26
28	生活条件的变化	25
29	个人习惯的变化	24
30	与上级发生纠纷	23
31	工作时间或工作条件的变化	20
32	住宅的变化	20
33	学校的变化	20
34	文娱活动的变化	19

（续表）

顺序	生活事件	平均值
35	学校活动的变化	19
36	社会活动的变化	18
37	抵押和借贷 10000 美元以下	17
38	睡眠习惯的变化	16
39	家庭收入的变化	15
40	饮食习惯的变化	15
41	假期	13
42	圣诞节	12
43	轻度违法	11

在这个量表中，“生活事件”指生活中经常会出现并会对个人产生压力的生活变故，“平均值”是指以配偶死亡为 100 计算出来的不同生活事件使人产生压力体验大小的指数，“顺序”则是根据压力指数的平均值由高而低排列的。使用的方法是将被测对象一年中生活变化情况罗列出来，然后在表中找出对应的项目及其平均值并加出总分，总分越高，说明被测对象压力越大。如果压力总分 >200 分则问题比较严重，被测者下一年出现严重健康问题的可能性会达到 50%；如果压力总分 >300 分则问题非常严重，被测者下一年出现严重的健康问题的可能性会高达 75%。这一量表是以大量调查和计算为基础的，具有相当的参考价值，在有关压力问题的研究中被广泛引用和转述，人们在生活中也经常会遇到一些以此项研究为基础的类似量表。但应该提醒大家注意的是：第一，这个量表是以美国社会、美国生活方式和美国人的压力体验为基础的，我们在使用时应考虑本民族社会文化背景的差异。比如，人均收入水平不同则对借贷 10000 美元的压力体验水平不可能相同，社会保障方式与水平不同则对失业的压力体验水平也不可能相同，社会文化传统与

道德观念不同则对婚姻状况、儿女离家、亲友亡故、某一节日等的压力体验水平更不会相同。第二，这个量表计算的是平均水平，压力事件本身有程度的不同，不同个体也有个性、观念、生活阶段的不同等等，这些都会使这一量表不可能与每个人的实际体验完全一致。

2. 工作压力

除生活外，工作是压力另一个主要来源。工作压力主要来自工作、组织以及个人三个方面。

(1)工作。首先是工作负荷。工作太多、太难或称工作超载，即在规定的期限内，以现有的工作能力、工作条件等等难以完成规定的工作会产生压力。有意思的是，工作太少、太容易、太单调或称工作欠载，也会产生与工作超载时类似的压力。例如，顾客稀疏的商店中的售货员、别人忙忙碌碌自己却无所事事的办公室职员，其所体会到的压力并不一定比工作超载者少。

其次是工作性质。更需要独立性和创造性、内容与程序更陌生、变量与不确定性更多的工作会产生更大的工作压力。

再次是工作条件。拼命赶工时工具不顺手，文稿即将完成时电脑突然死机，临街办公室的噪音太强等等会使本来不太困难的任务变得棘手，本来稳定的情绪出现波动。

(2)组织。首先是组织管理。工作职责模糊、工作任务不明确、工作任务冲突等等会在工作载荷之外给人们带来压力。例如，管理者只下达了工作任务，但工作目的、规范、纪律、方法、权力、责任、数量质量指标及奖惩标准等等都不明确，组织成员感受到的压力就不是来自工作本身了，而是来自组织的管理了。

其次是组织文化。组织文化方面的某些因素也可能造成对组织成员的压力。一种情况是组织文化的变化会造成压力，如一个人加入一个组织亦即进入一种陌生的组织文化，离开一个组织亦即离开一种已经熟悉的组织文化，此时他所体验到的不确定、不适应等等会形成相当的压力。另一种情况是，不良组织文化造成的压力，某些组织本身已形成了等级森严、流行内部竞争、人际关系紧张、敌意和缺乏互信、缺乏交流渠道与合作机制的组织文化，甚至组织管理本身就有意无意地示范和鼓励以邻为壑、告密、小动作等等，当然也会使组织成员感到压力。

再次是组织目标。目标具有进取性与扩张性或目标不断变化与调整等特点的组织，对组织成员的压力会大于目标是守成性和相对稳定的组织。例如，职业模特所体验到的压力肯定会大于老年模特队里的模特。

(3)主体。首先是工作能力与经验。一般说来，个人工作能力、工作经验等与工作实际需要的差距越小、越匹配则感受到的压力会越小，反之，工作能力、工作经验等大大高于或低于工作实际需要，都会使个体体验到较大的压力。“力不从心”、“不堪重负”、“望而却步”等等固然是压力，“怀才不遇”、“大材小用”、“壮志难酬”等等也是压力体验。

其次是个性与观念。一般说来，个性突出、进取意识强、重视以工作成绩体现人生价值的人所体验到的工作压力比那些个性随和、不走极端、随遇而安、重视生活质量的人要大。

我国学者关培兰针对中国当代经营者对最大压力的主观感受做过一项调查，数据如下：

表4-2①

序号	压力源	调查对象选择该项为最大压力源的比例
1	资金投入	34.0
2	行业竞争	30.6
3	市场竞争	27.7
4	不规范竞争	26.4

① 数据来源：关培兰编著《组织行为学》306-307页，武汉大学出版社，2001年第1版。数据排序有调整。

（续表）

序号	压力源	调查对象选择该项为最大压力源的比例
5	决策风险	24.8
6	经济体制	22.0
7	政策不稳	20.7
8	经营业绩	19.8
9	债务状况	19.3
10	政府干预	18.6
11	员工素质	18.1
12	国内宏观经济形势	17.7
13	企业发展速度	17.4
14	加入 WTO	17.2
15	地方保护主义	16.8
16	企业发展战略	16.4
17	产品质量	15.4
18	改革阻力	13.9
19	乱摊派收费	13.9
20	成本控制	13.3
21	员工下岗	13.2
22	企业内人际关系	12.6
23	自身知识结构	12.2
24	企业管理水平	11.1
25	人才流失	10.6
26	人才选拔和使用	9.2
27	企业凝聚力	8.9

（续表）

序号	压力源	调查对象选择该项为最大压力源的比例
28	员工激励	8.5
29	自己的年龄	7.7
30	工作上的应酬	7.4
31	内部分配	6.5
32	意外事故	6.3
33	工作难度	5.8
34	自己的发展前途	5.5
35	自己的学历	2.5
36	自己的心理素质	0.5
37	自己的身体状况	0.5
38	自己的工作能力	0.2

在上述数据中，列前10位的主要是市场竞争与政策体制方面的因素，列后5位的都是个人方面的因素。这表明，对于中国当代经营者这个特定社会群体而言，我国市场经济体制已经基本确立，但社会转型尚未完成这个特殊国情是经营者压力的主要来源，经营者有充分的自信，压力主要来自外部，来自社会，而不是来自身。

背景链接　　越来越大的压力

伴随着中国现代化的迅猛发展、各项改革的日益深化，以及由此带来的社会解构、社会观念转型等等，工作、生活给人们造成的压力也在迅速加重。据SOHU在2000年11月以“你有没有明天将被裁掉的危机感”为题进行的一次随机的网上调查显示，在已调查到的578人中，有148人表示工作不是很稳定，经常感到失业的威胁，占25.6%，有时感到失业威胁的有262人，占45.3%，还有45人表示即将或已经被裁掉，占 7.9%，以上三项合计竟高达 455 人，占 78.7%，而没有感到失业威胁，工作很稳定的只有 123 人，仅占 21.2%。当然这一调查是在求职类目中进行的，接受调查的对象应该主要是工作稳定性出现某些问题的年轻人，因而数据的效度可能存在一些问题。但无疑其中还是可以折射出某些社会现状的。而且事实上工作相对稳定的高级管理人员存在的问题一点也不轻。据 2004 年一项由北京易普斯企业咨询服务中心联合《财富》中文版对 1576 名高级管理人员所作的健康调查显示，近 70% 的高级管理人员感觉自己当前承受的压力较大，其中 21% 认为自己压力极大。与此呼应的是，北京零点市场调查公司 2005 年的一项调查显示，41.1% 的白领们感觉面临较大的工作压力，61.4% 的白领正经历着不同程度的心理疲劳。不仅工作压力非常大，生活给人们带来的压力也很大的，而且呈现明显的加重趋势。据 CCTV2000 年底的一项调查，由于老人、子女、家庭、工作等等方面的原因，今天 40 岁左右的中年人所承受的压力是 50 年代同龄人的 25 倍。他们中 48% 的人在照顾老人方面有很大困难。而在表示有很大困难的人当中又有 42% 的人是时间、经济方面有困难。

三、压力的后果

1. 压力与健康

压力对人的健康的影响是非常明显的：年轻人谢顶的越来越多了，心脏病和高血压病人的年龄越来越小了，胃药与生发水广告越来越多了，心理医生与心理门诊越来越热了。客观地说，压力对人的健康的影响，既有积极的一面，也有消极的一面。这里主要就压力对健康所造成的消极影响作一些归纳：

（1）直接损害人的生理健康。过度的工作压力会使人产生种种不适甚至疾病，如胸痛、背痛、头痛、失眠、植物神经功能紊乱、消化系统功能紊乱等等。这些不适和疾病与压力有着直接的关系，它随着压力的产生而出现，随着压力的加重而加重，也随着压力的消失而缓解甚至消失。比如，在大学生中有一种被称为“考试综合征”的疾病，主要表现就是每逢重大考试前，学生主诉头痛、胃痛、失眠、腹泻、喉头痉挛、咽喉异物感等等会大幅度增加，考试后则大多数学生的症状会不治自愈。

(2)诱发或加重其他疾病，间接给健康造成重大损害。过度的工作压力还会诱发或加重某些器质性病变，如心脏病、高血压、胃及十二指肠溃疡、关节炎等等，从而给健康造成某些重大的、有些是不可逆的破坏，甚至造成死亡。由于这些疾病与压力有着明显的正相关关系，所以也被称为“压力病”。如，胃及十二指肠溃疡在一向以“工作狂”著称的日本人中发病率远高于其他民族，而在日本人中经理层人员的发病率又远高于其他人群。又如，工作压力较大的管理人员患心脏病的几率是普通人的两倍，得致命性心脏病的几率是普通人的两倍，遭受心脏病第二次打击的几率是普通人的五倍。[①]

(3)诱发不良心理，损害人的心理健康。与对生理健康的影响相比较，压力对人心理健康的影响更为直接而明显，主要是焦虑、沮丧等不良心理状态对人的消极影响。如：产生消极情绪，使人对某种行为的积极性大大降低，甚至放弃这种行为，冷漠旁观；产生敌视态度，对他人不信任，不交流，孤僻，挑剔，甚至伴有攻击性行为；产生悲观厌世倾向，缺乏自信和自尊，悲观失望，严重者会出现抑郁症甚至轻生念头和行为等。有专家认为悲观失望本身就是一种严重的抑郁症。对芬兰东部616名中年男性的研究表明，失去希望与肥胖、缺少活动等一样是引起高血压病的主要因素。如果一位男性说他失去了希望，那么他患高血压的可能性会比对生活充满希望的男性高三倍。在表示失望的男人中，非常失望的男人37%患上了高血压，中等程度失望的男人23%患上了高血压，低等程度失望的男

① 参见孙彤、许玉林：《组织行为管理学》，红旗出版社1993年12月第1版，第346页。

人17%患上了高血压。也就是说,失望程度与高血压病率之间有明确的正相关关系。

(4)诱发不良生活习惯,对人的健康产生深层损害。有证据表明,人的许多不良生活习惯,如暴饮暴食、嗜赌、酗酒、吸毒、滥用镇静剂、寻求恶性刺激等等都与企图摆脱、转移或缓解压力有关系。但这些自欺欺人的办法不仅不能减轻压力,反而会摧垮人的自尊心、自信心和自制力,使人产生依赖性,最终对人的身心产生深层的损害。

背景链接 现代人的"心病"

心理疾病是一种现代病,其发病率与国家的现代化程度是成正比的。比如说我国,精神病的患病率20世纪50年代是0.27%,70年代是0.54%,80年代是1.11%,90年代已高达1.347%,呈直线上升趋势,而且在总数约1600万人的精神病患者中,半数左右是重症患者。此外各种程度的心理障碍(如焦虑、抑郁、强迫、疑病、恐怖等)患者更高达20%左右。目前心理疾病已成为我国排名首位的常见病、多发病,在综合医院的内科患者中已达50%左右。与此同时,我国心理医生又严重不足。目前我国约有精神科医生约一万人左右,其中仅半数受过专业训练,而正在执业的心理医生尚不足两千人,平均每百万人只有2.4名心理工作者。结果往往是不仅患者不懂得心理疾病,连医生也不懂得心理疾病。即使是在医疗条件最好的上海市,心理障碍诊断率也仅为15.9%,其余皆为漏诊或误诊,更何况那些缺医少药的偏远地区。

2. 压力与工作绩效

大庆人有句名言:"人无压力轻飘飘,井无压力不出油。"研究表明,工作压力与工作绩效之间确实存在着明显的相关关系。

如图4-1所示,如果我们以既往工作压力条件下的工作绩效为0来描述工作压力变化与工作绩效变化之间的相关关系的话,则在工作压力持续增加的情况下工作绩效变化如图中曲线,即工作压力开始增加时,工作绩效也开始提高,但工作绩效提高到一定水平后,工作压力增加对工作绩效提高所起的作用开始趋缓,随着工作压力的继续增加,工作绩效反而开始下降,甚至会下降到低于增加工作压力以前的水平。从员工的角度说,起初绩效的大幅度提高可能是为了争取奖赏或避免处罚。但接下来他们会发现,起点越来越高,潜力越来越小,进一步提高绩效的难度越来越大,付出与回报的增加是不成比例的,他们的热情就会逐渐降温,于是绩效提高的幅度开始趋缓。最终他们会因为觉得看不到希望或确实力不从心而索性放弃努力。总之,不是有压力就一定会提高或降低工作绩效,而是适度的工作压力会提高工作绩效,不适度的工作压力,无论是过高,还是过低,都会降低工作绩效。

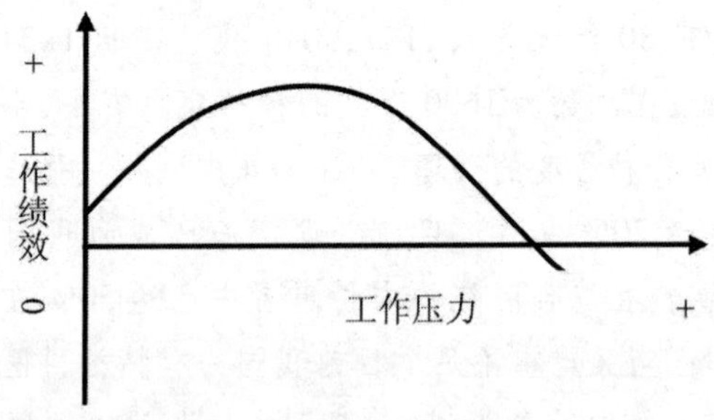

图 4-1

3. 压力与决策

正确决策是任何事业成功的基本保证。要保证决策的正确性,一要有充分、可靠的信息,二要有冷静、清醒的头脑,三要有正确、科学的方法。但不幸的是,当我们面临较大的压力时,一是来不及搜集更多的信息和鉴别信息的真伪,二是难免忙中出乱、惊慌失措,三是只好更多地依赖直觉和运气。结果是压力越大,越难于做出正确的决策,于是拖延、回避、求助、优柔寡断、撞运气等等就成了大多数人面临压力而又必须决策时的表现。这就是为什么在生死一线、瞬息万变的战场上仍能进行正确决策的统帅特别能引起人们尊重的道理。

四、正确处理工作压力

1. 工作压力的识别

在我们的日常生活和工作中，压力的存在是不可避免的，它是我们生活和工作的基本组成部分之一。而且适度压力的存在还可以充分调动人的潜能和激情，使人有超常的表现。只要想一想为什么最好的运动成绩总是出现在竞争激烈的大赛上，为什么几乎所有的公司都会制定各种指标、制度，都热衷于开展各种竞赛、竞争就会明白这点了。实际上，大多数人并不是完全排斥压力，而是希望压力不要大到超过自己的控制能力而已。**对于组织及其成员来说，重要的不是回避压力，而是一要适度而不过度，二要正确而合理地处理**。而要做到这点，首先就必须正确识别什么情况表明工作压力偏大了。一般来说，这时应该注意观察员工是否出现下述行为：

(1)经常出现加班，但工作量并不比以往提高多少。

(2)工作越来越拖拉，经常不能完成工作计划。

(3)工作出现混乱，不能按照计划有条不紊地进行，过分依赖临时突击。

(4)工作数量增加，但质量下降。

(5)缺勤、请调、辞职等异常增加。

(6)事情无论大小，群体内争论不休、议而不决，决策困难。

(7)为自己应当承担责任的失误寻找借口，逃避责任，诿过于人。

(8)遗忘岗位职责，工作敷衍，主动性越来越差。

(9)人际关系紧张，越来越难与人合作和相处。

(10)患得患失，争名争利。

如果组织中出现类似情况的人越来越多，或是某位组织成员经常地出现上述大部分情况，那就有必要仔细研究工作压力及其对策了。

2. 个人对工作压力的处理

工作有没有压力？自己是否乐于承受以及能否适应这种压力？等等。应该说，对于这些问题，当事人自己是最有体会的。达尔文的生物进化论告诉我们一个基本的道理："适者生存"。世界卫生组织则将健康，包括生理健康与心理健康，定义为"社会适应性"，实际上是将"适者生存"的观念提升为"适者健康"的观念。日新月异、飞速变化的世界，对人的社会适应性提出了越来越高的要求。原则上说，人与社会的适应当然是相互的。但要改变社会，要社会来适应自己，对于绝大多数普通人来说恐怕是非常困难的。那么就只有调整自己，让自己去适应社会，适应他人，适应工作，适应工作压力。

(1)明确目标，学会放弃。产生压力的原因之一是多个目标之间的冲突。现代社会是一个越来越开放、越来越自由的社会。社会的开放与自由使人有着越来越多的机会和选择。相对于将人毕生禁锢于某种特定的职业并鼓励从一而终的旧时代而言，这当然是一种巨大的社会进步。但这也给现代人带来了新的困惑，我选择什么？其实，选择就是放弃。面对众多的机会，企图什么都不放弃，什么都作为自己追求的目标，必然目迷五色，六神无主，结果除了徒然自我施压以外，是不可能什么都得到的。中国古代哲人孟子曾经提醒我们："鱼我所欲也，熊掌亦我所欲也，二者不可得兼，舍鱼而取熊掌者也。"①正确的放弃不是无能，而是智慧。不会放弃不是自信，而是贪欲。所谓舍得，不肯舍，就不会得。当然，明确目标，学会放弃，并不是说不可以有多个目标，而是说，人要有清醒坚定的信念，简化并坚守自己的目标，多个目标不能兼顾时必须善于取舍，多个目标可以兼顾时也必须有主有从。

(2)认清工作得失。现代社会中人有选择职业和岗位的权力和自由，道理上在选择时人们就应该认真考虑自己能否适应所选职业和岗位的压力。但令人遗憾的是，就业者在应聘时往往只考虑收入

① 《孟子·告子上》。

的多少,却忘记了天下没有免费的午餐。其实收入与付出总是相对称的,而招聘者在介绍工作职责时又往往倾向于有意无意地掩饰职位的消极方面,只是夸耀诱人的一面。结果是员工在毫无心理准备的情况下走上工作岗位,很快发现期望与现实的巨大反差。原本可能克服的压力因此而被放大了。正确的方法是,对工作职责与压力,应聘方应认真了解,招聘方应如实告知,在明确工作职责与压力的前提下,仔细考虑是自己是否能够承受,有无控制方法。

(3)学会授权与合作。所谓压力实质上是工作超出了自己的能力和精力范围。这时如果依旧孤军奋战,自然会感到力不从心。如果能善于通过授权与合作的方式来求得他人的帮助,对分担和缓解压力当然会非常有效。可是不少人,特别是那些事业有成、自信、自尊的成功人士,总觉得求助似乎是很丢面子的事。其实,善于借助别人的力量不仅不是软弱,反而是一种很高明的艺术。

(4)克服完美主义。产生压力的另一个重要原因是管理者总幻想完美无缺的员工,员工又总幻想完美无缺的管理者,而他们又一同幻想完美无缺的工作业绩。可现实中的员工与管理者总有这样那样的瑕疵,工作业绩又总是不能尽如人意,于是苦恼、焦虑、烦躁、不满、抱怨等总是将人压得痛苦不堪。其实古人早就提醒过我们,“金无足赤,人无完人”,“水至清则无鱼,人至察则无徒”,十全十美的人与十全十美的事都只能我们的愿望,至多是目标,而绝不是事实。为人处世,学会宽容,学会看主流,抓大事,才是正确的科学的态度。

(5)学会放松。工作压力总是有的,压力之下的人就像绷紧的琴弦也是正常的,但演奏结束后,琴弦就要放松,工作告一段落,人的精神与身体也应该放松,否则就是钢铁也会疲劳的。所以古人说“文武之道,一张一弛”,列宁说“不会休息的人就不会工作”。因此,越是工作紧张,越是要注意尽量在工作时间内将工作做完,尽量不要经常性地加班,不要养成将完不成的工作带回家的习惯,保证睡眠时间,坚持体育锻炼,适当的娱乐,必要的休假等等都是更高效率完成工作的必要条件。

(6)能力调整与工作调整。工作压力的背后是工作能力与工作要求之间的差距。消除这个差距有两个彻底的办法,要么通过学习、进修等来提高自己的能力以适应工作要求,要么通过调整工作职责、调换工作岗位能使工作适应自己的能力。不过这些最好都在工作压力对自己造成实质性伤害之前。

3. 组织对工作压力的处理

虽然工作压力最终要由组织成员个人来承担,由工作压力出现的种种不适应最终也体现在组织成员个人身上,但组织管理者万不可因此以为工作压力完全是组织成员个人的事。实际上,如果通过保持适当的而不是过度的工作压力,提高了工作效率,提高了出勤率,减少了医药费支出,减少了因人际关系紧张等造成的内耗等等,最终受益者还是组织。因此处理好工作压力问题是组织管理工作中的必要环节。

(1)工作设计的合理化。在很多组织中,并不是所有人的工作都很紧张,负担都很重,往往是"忙的忙死,闲的闲死",这就是所谓"能者多劳"。所以,通过科学合理地核定工作定额,划分工作范围,明确工作职责,安排工作关系,调整人员配备等等,使工作设计合理化,改变苦乐不公、难易不均、用人不当等状况,对于缓解工作压力是非常有效的。

(2)人员的培训。既然工作压力的背后是组织成员工作能力与工作要求之间的差距,那么根据工作要求与员工工作能力的实际状况组织有针对性的学习和培训,支持组织成员业余进修,以主动适应工作要求,也是一种有效的方法。

(3)良好的组织文化。创造具有人文关怀、和谐友爱、体恤下属、互助合作氛围的组织文化,使人在冰冷的雇佣关系外感受大家庭的温暖,也可以缓解压力体验。比如组织成员没有做好工作时,管理者要分析具体原因。如果下属确实已经尽力,只是由于本人能力问题,工作性质变化问题,职责不清问题,管理失误问题等等,而没能实现预期目标,管理者就不要一味责备,不要诿过于人,而要勇于承担责任,鼓励和信任下属,同时给下属以切实的帮助。

(4)休假制度与健康计划。组织应该意识到,员工因压力造成工作效率下降、身心健康出现等等,最终是要由组织买单的。据美国一些研究者调查,每年因员工心理压抑给美国公司造成的经济损失高达3050亿美元。既然如此,与其事后送人金钱,不如事先送人健康。因此,管理者要关心组织成员的健康与休息问题,建立体检制度,推广健身计划,提供必要的休息与娱乐条件,落实休假制度等。这就好比财险公司热衷捐献消防器材,寿险公司乐于资助体育项目,送出的是关爱,收获的是利益。

背景链接 减压与减压行业

在竞争激烈、工作负担重、生活节奏快的美、日等国,由高度紧张带来的压力已成为严重的社会问题。于是,为人们减轻压力的各种"减压公司"便应运而生。这些"减压公司"以"心理减压"为宗旨,以综合治疗为手段,辅之以心理疗法,深受大众青睐。"减压公司"的减压方法堪称五花八门,从街舞、瑜伽、舍宾、水疗、极限运动、仿真游戏到松弛训练、行为控制、生物反馈、意识催眠等应有尽有。比如,有一种"旅游减压",是"减压公司"根据"患者"所受压力的不同,组织级别不同的"减压旅游团",浩浩荡荡地开赴养老中心、疗养院、度假村以及各式各样的旅游胜地,或参观游览,或举办讲座,或展开讨论,从而使大家松弛神经,舒展身心。极具商业头脑的医药企业推出"减压维生素"、"减压镇痛丸",化妆品企业推出"减压面膜"、"减压香水",玩具企业推出"减压娃娃"、"减压电玩"等产品。减压行业的日益走俏,引起心理医生的供不应求,于是一些"效率专家"、"瑜伽师"、"心理辅导员"等医学界边缘人士纷纷跳槽,也跻身于减压圈之中。在日本,一些宣泄性的活动更是花样繁多。诸如卡拉OK、大喊比赛、出气室等等,可以说是不一而足。在某些日本的大企业中自己就建有设施完善的出气室。员工走进第一个房间会从房间四壁的哈哈镜上看到自己扭曲变形的怪样子，这叫做“认识你自己”，大约是起一定的警示作用，类似给头脑不清醒的人迎头一盆冷水。员工走进第二个房间会发现一些假人和拳击手套、棒球棒之类“武器”，于是你可以拿起“武器”叫骂着你仇视的上司或同事的名字，狠狠地揍贴着他名字的假人一顿。员工走进第三个房间时不仅筋疲力尽，而且怒气也发泄得差不多了，已经能够坐得下来与等候在那里的心理医生交谈，接受他的辅导了。最后员工在第四个房间里正常的镜子中会看到自己已经心平气和的正常形象。据说这种方法对缓解紧张情绪，宣泄不满效果很好。近年来，我国某些城市中也出现了提供类似服务的商业机构。在按时计费的发泄室里，你可以边高声咒骂着你仇恨的人，边用主办者为你提供的拳击手套、棒球棒、木棍之类武器将想象为仇敌的人形痛打一顿。甚至还有雇佣真人做拳击沙袋的。此举一出，舆论哗然。举办者和支持者说，这种东西利用了心理学规律，而且西方早已很普遍，是科学而有效的。反对者则说，这种东西是不道德的，不仅未必有治疗作用，反而会助长不健康的心理。再说，这也不是什么新东西。这与中国封建社会时做个人形，写上仇人的名字，然后在心口上扎针进行恶毒诅咒的愚昧做法没有什么区别。

案例分析

1999 年 8 月某市房地产界突然掀起一场轩然大波。某著名房地产公司 6 名销售副总监中的 4 名在本公司和直接竞争对手都在即将推出新楼盘之际，突然集体辞职，投奔竞争对手的公司，公司的另外 36 位员工也追随而去，公司顿时陷入危机之中。

面对这一突发事件，公司老总起初认为这无异于天方夜谭，根本不可能。因为他认为是公司一手将他们从普通员工培养为房地产界知名的将才，50 万元的年薪即使是在以高薪著称的房地产业也不算低了，这些人还要叛逃实在是见利忘义。然后他迅速做出了反应。一是调整了公司人员，提拔了新的销售副总监，以填补因集体辞职事件造成的空缺,尽可能降低其对新楼盘的不利影响。二是对准备辞职的员工进行说服挽留,并最终留下了其中的一部分人。三是对跳槽者中的领头人物以“与竞争对手密谋,擅自接受其他公司高额现金,泄露公司大量销售机密”等为理由予以开除处理。四是立即与留下来的员工签订聘用合同,避免再次发生类似事件。

无论当事人,还是局外人,谁都不否认,这次“集体投敌”与公司的“末位淘汰制”有直接关系。公司规定每过一段时间,就要对销售人员的销售业绩进行一次排队。销售冠军自动晋职晋级,比如说升为销售副总监,而业绩最差的两位自动淘汰,比如说由销售副总监降为普通销售人员。这项制度非常残酷而严格。如果不能做销售冠军,任何人也不能做销售副总监。据说,公司老总的亲属与休产假的产妇也决不例外。但公司老总并不想否定这项制度。他认为,末位淘汰制的核心是人人平等,能上能下,优胜劣汰。正是这个制度才能使普通员工提升到销售副总监。如果没有这项制度,这次离开的几个销售副总监也只不过是普通员工。而且这次离开的几位副总监恰恰是排队中一向业绩最好的几位,说明他们是适应这项制度的受益者而不是受害者。大家不是应该诅咒这项制度,而是应该感谢这个制度。至于造成这一事件的根本原因,那主要是竞争对手利用房地产销售行业的特点,在背后做了有组织、有计划的破坏本公司的事情。如动用了上百万元的现金,诱使某些员工做出了很不理智的选择等等。所以末位淘汰制没错,它让员工更勤快,效率更高了,只是不够完善。应该与员工立即签订合同,并在普通销售人员与销售副总监之间再加上高级销售代理层次。但这些解释并没有打消大家的疑问,如果优胜劣汰中的优胜者都反对并背叛这项制度,那么那些时刻存在被淘汰威胁的业绩平平者或业绩不尽如人意者又会对这项制度作何反应呢?

据一年半后的一次追踪调查,跳槽的员工中有些人后来再次跳槽,但没有一个人回到原公司。而2005年,当年没有跳槽的两名销售副总监中的一位因产假被末位淘汰了。

问题：

1. 你如何看待“末位淘汰制”及其在这次“集体投敌”中的作用？

2. 你如何评价公司对此事的几项处理措施？

3. 如果你是公司负责人，你会如何处理此事？

第二节 职业生涯及其开发

一、职业生涯及其开发

1. 职业生涯

职业生涯，也称事业生涯，是指人一生的职业经历，包括职业道路、职业经验、职业态度、职业意识等。在传统意义上，职业与人生是被截然分开的，职业只是谋生，是“饭碗”，是手段，人生才是理想，是期待，是目的。按照西方人的观念，上午9:00到下午5:00，人就是个经济动物，谋的是经济利益，公司与商场里无道德可言，只有成功与失败；下午5:00到第二天上午9:00，人才有精神生活，追求的是人格的完善和人生理想的实现，家庭和教堂里无经济利益可言，只有爱和崇高。但随着社会的进步，人们的这种传统观念正在发生根本性的变化，职业与人生正在融为一体。一方面，当社会越来越富足，社会福利制度越来越完善，人们即使不就业也不至于活不下去的时候，人们选择职业的考虑就不再仅仅是收入的高低了，他还要考虑自己的兴趣、爱好、生存意义等等，人生正在渗透到职业中。另一方面，当个性越来越受到尊重，人们的精神生活越来越丰富的时候，人们的人生理想就不再仅仅是轻松闲暇了，他还要充实，要内容，要有所建树，有所贡献，职业正在渗透到人生中。所以职业与人生开始密不可分地联系起来，出现了“职业生涯”这样的新思维。我们可以试想，如果淘空了我们的职业经历，我们的人生难道不只剩下了一个空洞的生物过程吗？如果没有了人生理想的追求，我们的职业经历难道不只是一场没有创造和意义的苦役吗？

理解职业生涯要特别注意以下几点：

(1)职业生涯是职业经历，而不是职业成就。职业生涯不包含成功与失败的意味，不是所谓成功人士的专利，不是一个人毕生事业的辉煌顶点，而是每个普通劳动者职业经历的整个过程。它与报酬的多少和形式无关，与按世俗标准判定的成败得失无关。无论年薪百万的公司老总，还是希望小学里不拿工资的志愿者，无论是商场上成为企业高管，还是仕途上成为政府高官，每个人都有自己的职业生涯，每个人都有关心职业生涯的必要。

(2)职业生涯可以是自觉的开发，也可以是盲目的遭遇。个人树立理想、完善自我、规划人生等，组织发现人才、培养下属、锻炼干部等，这类职业生涯实践古已有之。但将个人与组织两方面的实践结合起来，并形成专门的职业生涯管理领域和管理理论，则是近年来的事情。无论个人，还是组织，对职业生涯问题觉悟得早，能够自觉进行开发，就是扼住了命运的喉咙，对职业生涯问题觉悟得晚，甚至不觉悟，使职业生涯沦为盲目的漂泊和遭遇，就是听凭命运的摆布。不是说能够自觉开发职业生涯就一定会怎么样，不能自觉开发职业生涯就一定会不怎么样，但无疑在人生有限的时间和机遇面前，觉悟越早，开发越科学合理，就越有更多的可能性来充实我们的职业生涯，在有限的职业生涯长度里，延展职业生涯的宽度和厚度。

(3)职业生涯是社会、组织、个人相互作用的结果。首先，职业生涯与个人有关，因为个人是职业生涯的主体。人的身心条件、知识与能力结构、人生观与价值观、理想定位与抱负水平、家庭与文化背景、对职业生涯的觉悟等，都与职业生涯的开发密切相关。

其次，职业生涯与组织有关，因为组织是职业生涯的来源。组织的性质、规模、运行与管理状况、发展规划与生命周期、组织文化、对成员职业生涯的认识与管理水平等，也与职业生涯的开发密切相关。

最后,职业生涯是个人与组织在一定社会环境中的相互作用。个人与组织都不是生活在真空中的,而是在一定社会环境中的发生联系、相互作用的。所以无论组织,还是个人,对职业生涯的开发都不可能是随心所欲、心想事成的。社会性质与发展水平、社会文明程度与历史文化传统、社会事件等,都使得职业生涯的开发变得极其复杂和不确定。

2. 职业生涯开发

所谓职业生涯开发是指组织与个人对职业生涯的设计、规划以及相应的选择、定位、培训等开发活动。虽然职业生涯是社会、组织、个人三方面的相互作用,但对大多数人而言,社会因素是不可选择的既定条件,所以职业生涯开发主要是由个人和组织两方面进行的。

(1)个人的职业生涯开发。首先是认识自我和塑造自我。俗话说,机会总是留给有准备的人。一个人要成就一番事业,就先要把自己塑造为事业所需的有用之才。年轻人最迟在选择大学专业时就要考虑这个问题。而塑造自我的前提又是正确地认识自我,包括自己的身心条件、知识与能力结构、人生观与价值观、理想定位与抱负水平、家庭与文化背景等。兵法云,知己知彼,百战不殆,然而知彼难,知己更难。一是因为往往旁观者清,当局者迷,自己看不清自己,二是因为涉世未深,潜在的特质还没有表现出来,潜在的缺陷也还没有暴露出来,而且越是需要进行职业生涯规划的年轻人越是如此。

其次是认识环境和选择环境。种子萌发需要土壤,职业生涯的理想与规划也需要实现的环境,否则就只能是空中楼阁、纸上谈兵。年轻人往往爱抱怨环境,稍有不顺就归因于领导无能,同事平庸,工作乏味,前途渺茫。其实,一则适应能力就是生存能力,职场竞争讲的丛林法则,剩者为王,怨天尤人未必有利于自己的进步,二则环境是可以创造和改变的,环境不利就要想办法变成有利。如果既不能适应环境,也不能改造环境,就要及时转换环境。

再次要善于沟通。要学会与管理者就自己的职业生涯问题进行沟通，既包括咨询请教，也包括自我推销。

最后要及时调整。环境是在不断变化的，我们自己，包括我们自己的人生理想也是在不断变化的。所以我们要学会不断校正人生的坐标，保证职业生涯的航船始终向着正确的目标，沿着最短的航线前进，不要偏离目标太远。

(2)组织的职业生涯开发。首先是要提高认识。管理者必须站在以人为本的高度上，把员工看做是企业的人力资源，把员工职业生涯开发看做是像更新设备、引进技术一样的本职工作，看做是企业人力资源的保值增值，而不是看做员工个人的私事。

其次是要有职业生涯规划。管理者必须将企业发展与员工培养有机结合起来，把制订与落实近期、中长期职业生涯规划与企业发展战略、人力资源战略有机结合起来。

再次是要有具体的方法、手段和措施。通过具体的方法、手段和措施，把职业生涯规划落到实处，如把心理测试、职业辅导、拓展训练等技术手段与招聘、培训、选拔、晋升等管理环节有效结合起来。

最后是有效的沟通与反馈。职业生涯是企业与员工双赢的事情，所以企业要像其他工作一样，建立关于职业生涯的畅通、高效的沟通与反馈机制。及时了解员工的相关需求与动态，给员工有效的指导和反馈。

二、职业阶段

就像人生有青少年、壮年、老年等不同阶段，不同阶段有不同阶段的问题一样，职业生涯也有不同阶段，存在不同问题。所以**职业生涯开发也可以根据职业生涯的不同阶段及其特点，进行纵向的、动态的调整，以实现有针对性的管理。**美国著名心理学家与管理学家爱德加·薛恩(Edgar Henry Schein，一译沙因，1928—)用“心理契约"这样一个的概念来描述组织与个人之间的关系。一方面,组织成员对组织提供的薪酬、福利、职务、待遇、不会意外解雇以及由此带来的尊严感和价值感等有一定的期望;另一方面,组织对组织成员的忠诚、保密、努力工作、改善组织形象等有一定的期望。这种相互的期望,相互的需要就形成了组织与个人关系的前提和基础,或说心理契约。由于这个心理契约,个人才会加入组织,为组织努力工作,组织才会对个人进行招聘、选拔、培训、分配职务、提供奖励与报酬等等。薛恩认为必须用发展的观点来看待这个心理契约,因为"随着组织的需要及职工的需要发生了变化,心理契约也会产生改变。一位职工年方25岁时在职务中寻求的东西,和他到50岁不惑之年时对职务所寻求的东西,会是完全不同的。与此类似,组织在它迅速扩展时期对它一位成员的期望,也会与在它的发展趋于停滞或正经历着经济衰退不景气时对同一个成员的期望迥然有别的"。①

1. 职业生涯的探索期

相当于大学及初入职场的阶段。在过去的时代,人生与职业都是由长辈或领导来安排的,在自己懵懂未开的几岁、十几岁的时候,就已经被别人确定做一辈子铁匠、农民或商人。但现在大不相同了,首先是人就业前的学习期越来越长。大学毕业22岁,硕士毕业25岁,博士毕业28岁,人生已过了三分之一,还没有就业经历,还不知道自己喜欢什么职业,适合什么职业。其次是社会越来越宽容。大学里已经容许学生入学后重新选择专业了,社会上对年轻人跳槽已经不再歧视了。薛恩认为,这个阶段员工最迫切的需要是"自我测试",即了解自己的能力、特长和成功的可能性。所以在职业生涯的这个阶段,无论是个人,还是组织,所做的都应该是大胆的探索和尝试。从个人来讲,应该珍惜这段不会无限延长,也不会

---

① [美]爱德加·薛恩:《组织心理学》第25-26页,经济管理出版社,1987年第1版。

再来的宽容期，充分利用职业的和业余的一切机会，进行积极的尝试和探索，及早认识自己，确定自己的职业生涯方向。从组织来讲，应该多从不同岗位上考察和了解员工的特长、兴趣、适应性和发展潜力。

2. 职业生涯的早期

相当于三十岁前后的阶段。这个阶段是个爬坡的阶段，职业生涯进入创业期。薛恩认为，这个阶段员工最迫切的需要是组织对自己能力和贡献"以各种方式来承认"。从个人来讲，这个阶段往往特别迫切地要建功立业，渴望用业绩证明自己的能力和选择，奠定事业的基础，获得他人的认可，但是又缺少获得成功的各种资源，还面临着工作和家庭的矛盾。从组织来讲，这个阶段一方面要信任员工、鼓励员工，为员工提供贡献和创造的舞台与机会，另一方面要关心员工的成长，给员工在完成任务的技术与方法方面以具体切实的辅导和支持。

3. 职业生涯的中期

相当于三四十岁到四五十岁。这个阶段是拓展的阶段，职业生涯进入平稳期。薛恩认为，这个阶段是员工年富力强，最为多产的时期，对"赞赏与报酬"的需要到了最高。从个人来讲，这个阶段由于职业生涯已经有了稳定而明确的方向，有了一定资源和经验的积累，心理也基本成熟，往往是职业生涯最有建树的阶段，所做的主要是拓展职业生涯的宽度和厚度。从组织来讲，处在这一阶段的往往都是年富力强的中坚力量，要特别珍惜这些我们付出相当代价才培养出来的高级人力资源，保证他们的工作条件，利用机制和待遇保持他们的忠诚度和稳定性，同时还要考虑他们进一步的发展，包括知识与技术的更新，拓宽工作视野，发展人际关系方面的能力等。

4. 职业生涯的晚期

相当于五十多岁以后的阶段。这个阶段，职业生涯进入新的选择期。薛恩认为，这个阶段员工不能再提高了，贡献不明显了，"对生活的保证和安稳的需要"就可能突出了。从个人来讲，或是进入继续上升区间，争取职业生涯出现新的高峰，或是进入平稳维持区间，争取更多实际利益，或是进入停滞衰退区间，放纵自己，是可以有多种选择的，而无论何种选择，都必须考虑职业生涯结束后，如何过渡到和如何安排好自己的退休生活。从组织来讲，首先是要珍惜职业生涯赋予这些人丰富的经验和人脉，做好对年轻人的传帮带，选择好企业高层的接班人，同时既要对这些人的职业生涯负责，也要对这些人的人生负责，给他们以充分的关心、尊重、保障和安全感。

需要说明的是，上述职业生涯阶段的年龄划分是就一般情况而言的一个约略的划分，人生百态，如同天下没有两片完全相同的树叶。某个人的某个阶段早一些或晚一些，长一些或短一些，顺利一些或坎坷一些都是不足为奇的。李一男，1970 年出生，曾是华中科技大学少年班学生，1993 年 23 岁硕士毕业进入华为公司。两年后的 1995 年，25 岁的李一男成为华为公司的副总裁和华为中央研究部总裁，那时华为已是员工 3000 余人、产值 10 多亿元的大公司。1998 年，28 岁的李一男成为华为公司常务副总裁，与任正非、孙亚芳一起位居华为高层前三。2000 年，30 岁的李一男独立创办港湾公司，当年销售额 2 亿元。2003 年，李一男 33 岁，创办仅四年的港湾公司年销售额达到 10 亿元。对这种传奇般的少年天才，当然不能以常规视之。

三、职业定位

就像船锚可以将船稳定在茫茫大海的一定位置上一样，职业定位也可以（职业定位 career anchors 也译作职业锚、职业系留点）将职业生涯的规划稳定下来。所以**职业生涯开发除根据不同职业阶段进行纵向的、动态的调整外，也可以根据不同职业定位进行横向的、类型的调整，以实现有针对性的职业生涯管理。**薛恩对自己任教的斯隆商学院的 44 名毕业生进行了长达 10 ~ 12 年的跟踪研究，发现他们毕业前的工作动机和价值观与毕业后的职业生涯并不一致，也就是说，他们是在毕业后多年的职业生涯实践中才逐渐认识了社会、了解了自己，从而才确定了自己的职业定位的。薛恩将职业定位归结为"一旦迫使人们去做出选择时，他们最舍不得放弃掉的那一套需要、价值观和才能"。[1] 薛恩根据跟踪调查的结果，将这44名毕业生的职业定位分为五组或五种类型：

1. 技术性/职能性能力

这组人的职业生涯往往是围绕着自己所擅长的一套技术能力或职能工作能力而展开的，例如工程技术、金融财会等从技术性职员到职能部门领导的工作。这组人看重的是对自己的业务专长有挑战性的工作。

2. 管理能力

这组人的职业生涯往往是沿着组织里的权力阶梯逐步攀升的，一直达到某个担负全面管理责任的职位，例如总裁或常务副总裁。这组人一般都具有较强的分析问题的能力、处理复杂人际关系的能力、在不确定条件下决策的能力。这组人看重的是支配他人的权力。

3. 创造力

这组人的职业生涯往往是围绕某种创造性活动而展开的，例如开发出新产品或新服务，搞出新发明或新创造，建立自己的事业等。这组人看重的是属于个人的创造。

4. 安全或稳定

这组人的职业生涯往往是围绕着某个组织中的某个能够保证稳定与安全的职位而展开的，例如能够保证连续就业、稳定的前途、可以充裕供养家庭的经济收入的政府工作、行政职务等。这组人看重的是安全与稳定。

5. 自主性

这组人的职业生涯往往是围绕着自由、自主地安排自己生活而

---

① ［美］爱德加·薛恩：《组织心理学》第105页。

展开的，例如教书、咨询、写作、自己开店等可以自己安排时间、自主决定生活方式和工作方式的工作等。

通过职业定位，个人和组织都可以更自觉而明确地规划职业生涯。例如，虽然都是 MBA，但并不是每个人都适合做职业经理人的，有的人可能适合做技术开发，有的人适合做财务总监，也有的人适合自己创业、自己当老板等等。

案例分析　　　　　　　　　　L 先生的故事

1. 祖国花朵

L 先生出生于 1949 年，被称为共和国的同龄人，是第一代“生在新中国，长在红旗下”的“祖国花朵”。上学“5 分 + 绵羊”，放学到少年宫做航模，戴着红领巾，唱着“让我们荡起双桨”，怀着做“中国加加林”的梦想，L 先生度过了阳光灿烂的小学和初中时光，考上了一所知名高中，即将走进大学校园。

2. 蹉跎岁月

1966 年，一场天翻地覆的风暴几乎在一夜之间摧毁了一切。17 岁的 L 先生和全国所有的学生一样，以近乎疯狂的热情，投身于“破四旧”、“大串联”、“打派仗”之中。他甚至联络了几位最要好的同学，企图偷越边境，去参加抗美援越战争。

1968 年，带着被历史抛弃的失落，也带着改天换地的豪情，19 岁的 L 先生插队到了陕北农村。尽管 L 先生自以为见多识广，但农村的贫困和落后还是远远超出了他的想象。很快，改天换地的豪情也没有了，只剩下深深的失落，当然还有难挨的饥饿。

1970 年，21 岁的 L 先生参了军。这是一支战功赫赫的英雄部队，L 先生的激情再次燃起，他发誓要干出点名堂，先入党，再提干，争取战场立功，做个战斗英雄……然而等待 L 先生的不是战场的搏杀，而是大山深处没完没了的战备施工。没有惊天动地的战斗，没有顶天立地的壮举，甚至连基本的军事训练都很少，只有日复一日、年复一年地打隧道。

1975 年,已经连续两次超期服役也没能提干的 L 先生,带着一身伤病,复员到了一家地方企业。26 岁的他除了开山放炮什么也不会,只能从流水线上的装配工干起。凭着热情、肯干、不怕吃苦和复员军人、中共党员的身份,L 先生从普通工人做起,一步步做到了厂工会主席,有了自己的办公室。

1978 年,高考恢复。本以为会在工厂干一辈子,已经成了家的 L 先生又被唤起了儿时的梦想,准备报考。许多人都劝他对在 29 岁的年纪放弃工会主席的职位,从头再来这件事情要特别慎重。可是自幼的大学梦太诱人了,L 先生想,如果 29 岁时再放弃,上大学对于他可能永远只是一个梦了,所以无论如何要拼一拼。但毕竟 29 岁了,要拣起已经丢掉十多年的数理化知识实在困难,L 先生退而求其次报考了中文系。当不了科学家,当个诗人或作家也不错。令 L 先生万万没想到的是,自己竟阴错阳差地被录取到了哲学系。尽管他努力说服自己接受现实,但那些古怪的理论和拗口的人名实在令人头大,直到毕业,L 先生也无法进入角色。所以毕业分配时,L 先生放弃了搞教学和科研的机会,选择了从政。

3. 三十而立

1982 年,33 岁的 L 先生毕业了。本该而立之年的他,必须从头再来。靠不错的文笔和工作表现,不久 L 先生被选调到市政府为一位副市长当秘书。尽管许多人很羡慕 L 先生的位置,说给首长当秘书是从政的一条捷径,但对个性爽直的 L 先生来说,当秘书是很压抑的一项工作。

1985 年,经本人再三请求,36 岁的 L 先生被外放,成为市里一项工程的筹建处负责人。他深知,处长的级别虽然不高,但负责的却是市里极为重视的一项政绩工程,如果干好了,自己在仕途上一定会有一番作为。他万万没有想到,刚刚挖好了基坑,工程就在国家的国民经济调整中下马了,L 先生从筹建处负责人变成了留守处负责人,每天领着几个保安,干着防火防盗的差事,等着下一波经济建设周期的到来。

4. 四十不惑

1989 年,L 先生已经 40 岁了。他忽然觉察到,和自己同时来到市政府的同学有些已经被选拔到局级甚至市级领导岗位上了,而自己还在守着一个不知何时复工,甚至不知能不能复工的大坑。即使立即复工,两三年后工程建成了,自己的年龄也更大了,仕途还有多少希望?如果职务升不上去,难道自己就在处长位置上原地踏步20 年,直到 60 岁退休吗?L 先生左思右想,最后还是决定再次转行,他先把人事关系放到用人政策相对灵活的开发区,然后办理了留职停薪手续,正式下海经商。

机会来了,当时刚好有六家机构各出资两百万元成立了一家做房地产生意的股份公司。L 先生因在政界的广泛人脉而被聘为总经理。L 先生知道自己机会不多了,所以非常投入。他利用自己多年从政积累的关系,靠倒卖批文,短短一两年后就将公司资产从一千二百万元做到了 6 亿元。随后,L 先生转战海南、重庆、三峡等经济热点,决心再用一两年,将六个亿做到 30 个亿,然后包装上市。L 先生忙极了,常年在天上飞来飞去,打交道的都是地方政府的头面人物,经手的都是上亿的资金。他惊奇地发现,自己其实是个商业天才,感叹在四十多岁才终于找到了人生的坐标。然而令他又一次万万没想到的是,又一波国民经济调整到来了,而且锋芒所向直指房地产热。靠贷款支撑的大批在建项目因银根紧缩而瞬间变成了烂尾楼,前期投入的大笔资金,包括贷款,转眼被套牢,昨天追着给他贷款的银行经理今天横眉立目地追着他讨债,昨天把他奉为上宾的地方政府官员今天拍着桌子大骂他是骗子,这感觉真像坐过山车。

5. 五十知天命

1999 年,50 岁的 L 先生大病了一场。病愈后,他辞去公司职务,回到了开发区。开发区的负责人是他昔日在市政府的老关系,给了他一个调研员的虚职。他打算就在这里等着退休了。

L 先生现在每天骑车上班。他坐在办公室里,望着窗外热闹的工地,怅然若失。回忆五十年来自己走过的人生之路,他发现,自己一切的美好时光似乎都结束在 1966 年,从那以后就只有两个字:折腾。二年红卫兵,二年农民,五年士兵,三年工人,四年大学生,七年政府官员,十年商人,L 先生不知道人生还可以尝试什么。他只知道所有这些尝试都像美丽的肥皂泡一样,看起来五颜六色,抓到手里却什么也留不下。他在反思,我没有理想吗?我没有才华吗?我不勤奋吗?我不肯吃苦吗?可为什么我忙了一生,不仅没有任何建树,甚至至今还不知道自己到底该干什么呢?真好比一个挖井人,一辈子辛辛苦苦地挖了无数个坑,到头来没有一个成井的。

问题:

1. 你能回答 L 先生的困惑吗?
2. 你对 L 先生的故事有什么感想?

本章小结及对管理者的意义

本章介绍了压力及其形成、来源、分类,以及压力的后果、压力的识别与处理;介绍了职业生涯、职业生涯开发、职业阶段与职业定位等理论与方法。

对于管理者而言,工作压力似乎是员工个人的问题,职业生涯似乎也是员工个人的问题,但如果从以人为本的观念出发,把员工看做是人力资源,就应该懂得,关注工作压力和职业生涯对于企业而言绝不是一种单向的负担、额外的支出或对员工的恩赐,而是企业的生存与发展之道。

本章主要概念

压力　　职业生涯　　职业生涯开发

本章复习题

1. 什么是压力?工作压力是怎么产生的?员工个人和组织管理者应该怎样对待压力问题?

2. 什么是职业生涯？什么是职业生涯开发？职业阶段与职业定位的内容是什么？

本章思考题

1. 你个人在生活中有过比较大的压力体验吗？你当时是怎样克服压力的？你当时希望周围的人怎样对待你？你如果有机会走上管理岗位，你会怎样处理员工在压力方面的问题？

2. 你怎样理解职业与人生的关系？你怎样规划你的职业生涯？

本章阅读书目

1. [美]斯蒂芬·P. 罗宾斯:《组织行为学》，第 15、16 章，中国人民大学出版社，1997 年第 1 版。

2. [美]爱德加·薛恩:《组织心理学》，第 2、5 章，经济管理出版社，1987 年第 1 版。

3. 孙彤:《组织行为学》，第 5 章，高等教育出版社，2001 年第 1 版。

第五章　激励与激励理论

本章要点

- 激励的实质与作用
- 激励的理论与应用

引　子

毕业典礼上,校长宣布全年级第一名的同学上台领奖,台下无人回应。校长提高声音又重复叫了好几声之后,那位获奖的学生才在众目睽睽中慢慢地站起来,慢慢地走上台。后来,老师问那位学生说:“你怎么了? 是不是生病了? 或是没听清楚?”学生答:“都不是的,我是怕其他同学没听清楚。”

想想看,这名学生的动机是什么? 再想想看,金比银贵重,运动场上通常也都是冠军发金牌,亚军发银牌,如果冠军发银牌,亚军发金牌,运动员会不会都去争亚军?

第一节　激励与激励理论分类

一、激励及其作用

1. 激励的含义

激励一词源于拉丁语动词 Movere,意为“移动”、“采取行动”。

我国汉朝司马迁所著《史记·范雎蔡泽列传》中也有“欲以激励应候”之语,意思是通过激发使其振作。在组织行为学中,**所谓激励,就是激发与鼓励组织成员指向组织目标的工作动机,使其潜在的工作动机尽可能充分地发挥和维持,从而更好地实现组织目标的过程**。通俗地说,激励也就是平常人们所说的调动和维持工作积极性。显然,这是一个与现实密切相关的问题,是任何一位管理者都非常关注的问题。所以在组织行为学中,激励理论既是一个核心的理论问题,也是一个最能体现组织行为学应用价值的现实问题,一直是组织行为学理论研究的热点,出现了不少非常有影响的理论与学说。

任何一门科学都需要一个基本的假设作为整个学科立论的前提。例如:经济学认为人的本性是追求经济利益的最大化,政治学认为人的本性是追求政治权力的最大化,历史学认为逝去的历史是可以忠实再现的等等。而所有的激励理论,无论其具体内容如何,也都有一个基本的假设,即员工都是有能力做好工作的,或说都有胜任工作的潜能。问题是他们缺少做好工作的愿望或内在动力,即缺少指向组织目标的工作动机。管理者要做的就是怎样使员工没有工作动机时要产生工作动机,有了工作动机要强化工作动机,有了强的工作动机还要维持工作动机。这就是激励。

那么,什么时候管理者最关心激励问题呢?一般是组织成员的工作绩效出了某些问题的时候。比如说,比较以往明显出现请病假事假的人多了、迟到早退的现象增加了、工作越来越拖拉、工作主动性越来越差、工作的数量与质量指标没有明显外在原因的下滑等等。这时,激励就要出面解决三个相互关联的问题:一是工作动机之有无。如为什么一些人选择了按时上下班,另一些人却选择了泡病假?二是工作动机的强度。如为什么一些人工作不惜力、积极主动,另一些人却出勤不出力、用力不用心?三是工作动机的持久性。如为什么一些人能持之以恒、数年如一日,另一些人却忽冷忽热、三天打鱼两天晒网?

2. 激励的作用

激励究竟有没有作用？或说经过激励的行为与未经激励的行为究竟有没有区别？答案是肯定的，而且因激励的手段及强度的不同而有很大区别。1963 年心理学家奥格登做过一个警觉性实验：设一个光源并调节其发光强度，让被试辨别光源发光强度的变化并由测试者进行成绩测定。试验中将被试分为四个组：A 组为控制组，只是一般地将实验要求与方法告知被试，即不进行任何激励。B 组为挑选组，告诉被试，他们都是经过挑选的、觉察能力最强的，理应是出现错误最少的个人，即对个人进行精神激励。C 组是竞赛组，明确规定要根据出现错误的次数来评定被试所在小组的优劣与名次，即对小组进行精神激励。D 组为奖惩组，规定每辨别正确一次奖励 5 分钱，每辨别错误一次罚款 1 角，即进行物质激励。实验结果如下：

表 5－1①

组别	激励情况	误差次数	成绩排序
A（控制组）	无激励	24	4
B（挑选组）	精神激励（个人赛）	8	1
C（竞赛组）	精神激励（集体赛）	14	3
D（奖惩组）	物质激励（奖与惩）	11	2

显而易见，无论激励的具体形式如何，激励状态下的行为绩效均大大优于无激励状态下行为的绩效。任何组织管理都无非是对人、财、物、信息四类资源的管理。财力资源和物力资源的管理早已可以达到精确量化的高水平。信息资源的管理随着计算技术和通信技术的发展，近年来也达到了相当高的水平。所以在日益激烈的竞争环境下，人力资源的管理就显得越来越重要了。而人力资源管

① 参见李建设：《组织管理学》，浙江教育出版社 1987 年第 1 版，第 127 页。

理的核心问题正是怎样激励人的内在潜力。具体说,激励在组织管理中的作用主要表现在:

(1)吸引人才。组织的发展,根本在于人才的发展,在于能够吸引更多有才干的人。所以目前世界各国,特别是欧美发达国家纷纷采取支付高额酬金、提供优越的工作与生活条件、放宽居留限制、严厉打击种族歧视等等有效的激励措施来吸引人才。这些激励措施不仅是这些国家的基本国策,也成为这些国家著名企业的发展之道。例如美国的 IBM(国际商用机器公司) 为旗下员工提供丰厚的退休金、集体人寿保险、优惠的医疗待遇、每年只缴 3 美元象征性会费的乡村俱乐部、为员工进修和培训创建公司学校和培训网络、对愿意重返学校深造的员工补贴学费等等。据说,该公司每年用激励员工的支出竟高达 25 亿美元之巨。但也正是因此,IBM 才成了精英荟萃之地,使其在因技术进步太快而生命周期极短的高科技企业中成为罕见的常青树。

(2)发挥潜能。人力资源与财力资源、物力资源的最大不同就在于财、物是死的,其潜力的发挥是只能是被动的,是所谓"挖潜",而人是活的,其潜力的发挥则是主动的,是"激发"。特别是在那些更依赖智力、更需要创造性、对自律性要求更高以及劳动成果难以量化的组织中,这点尤其重要。美国哈佛大学的心理学家威廉·詹姆斯(Wlliam Jamells)的一项研究表明,按时计酬的员工仅能发挥其能力的 20% ~30%,而如果受到充分的激励,则员工能力可发挥到 80% ~90%[①],这意味着,充分的激励可以使一个人变成三四个人。

(3)激发创造性。如果以一个人的全部能力为 100% 的话,那么潜力是在这 100% 以内的,最充分的发挥就是近乎 100% 的发挥,在这方面制度的规范和约束还是可以大有用武之地的。比如可以用严厉的惩罚来保证高的出勤率。但创造精神、革新意识、进取心、

① 参见孙彤:《组织行为学》,高等教育出版社 2000 年第 1 版,第 309 页。

对完美的追求等等则是在100%以上的,其发挥是无止境的。特别是随着我国逐步走出短缺经济和行业垄断,法制逐步完善,再靠批个条子、钻个空子、占块地盘就能大发横财的机会将越来越少。那么在你有的技术别人也可以有,你用的方法别人也可以用,你开发的领域别人也可以进的情况下,创造性的作用就非常突出了。这就是所谓人无我有,人有我优,人优我变的道理。日本的丰田汽车公司有一项传统的合理化建议奖励制度,即对提出建议的员工给予一定的奖励。无论他的建议采用与否,公司都会进行奖励,而一旦采用并产生了经济效益,还会酌情重奖。这项措施极大地激发了员工的革新意识和创造精神,仅1983年该公司的员工就提出了165万条建议,人均31条。这些建议为企业带来了900亿日元的利润,相当于公司当年利润的18%。试想,如果不是全企业的员工都在想这些本职工作之外的事情,单靠专门的管理人员,要每年在已经很完善的制度上再找出165万个漏洞谈何容易！在激烈竞争的市场上将利润一下子提高近四分之一又谈何容易！

二、激励的模式与激励理论的类型

1. 激励的模式

人的工作行为与一般行为在机制上是一样的,也是短缺产生需要,需要转化为动机,动机推动行为,行为实现目标,目标的实现状况反馈给需要,需要的内容与结构发生变化,进入下一循环。区别只在于一般行为的目标是个人目标、生活目标,而工作行为的目标是组织目标、工作目标。在这个过程中,有三个关键性的环节:一是主观的、内在的需要与动机转化为客观的、外在的工作行为,二是主体的工作行为转化为组织的工作目标或结果,三是组织的工作目标或结果反馈主体,改变主体的需要与动机。任何激励措施,其发生作用的着力点无非这三个环节。因此所谓激励也无非三种模式:作用于人的需要或动机与人的工作行为之间关系的激励模式1,作用于人的工作行为与工作目标或结果之间关系的激励模式2,作用于工作目标、结果与人的需要或动机之间关系的激励模式3。

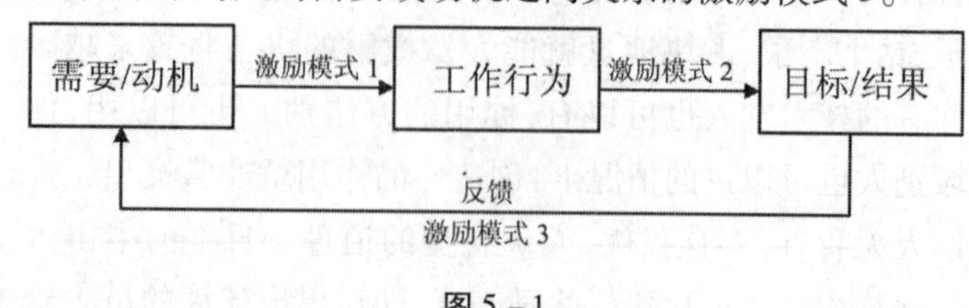

图5－1

2.激励理论的类型

根据上述对激励模式的分析,我们可以将目前组织行为学中影响较大、应用较广的激励理论大致分为三类:

(1)行为动力型激励理论。需要与动机是人类行为的主观的、内在的驱动力。**所谓行为动力型激励理论,也称内容型激励理论,就是指通过研究人的需要、动机与人的行为之间的关系,揭示究竟如何满足人的需要才能更有效地激发人的工作动机,驱动人的工作行为的一类激励理论。**属于此类激励理论的有需要层次理论、ERG理论、成就需要理论、双因素理论等。

(2)行为过程型激励理论。人的行为是实现目标的动态过程。**所谓行为过程型激励理论,就是指通过研究在行为实现目标的过程中各种主客观因素的相互作用对人类行为积极性的影响,揭示究竟如何科学、合理地利用这些主客观因素及其相互作用的积极影响,避免这些主客观因素及其相互作用的消极影响的一类激励理论。**属于此类激励理论的有期望理论、公平理论、目标理论等。

(3)行为反馈型激励理论。当前行为的结果、目标实现的状况对于以后人的行为积极性是有直接影响的。**所谓行为反馈型激励理论,也称行为改造型激励理论,就是指通过研究行为的结果、目标实现的状况对人心理的反馈机制,揭示究竟如何科学、合理地利用反馈作用的积极影响,避免反馈作用的消极影响的一类激励理论。**属于此类激励理论的有强化理论、挫折理论等。

第二节　行为动力型激励理论

一、需要层次理论

1. 需要层次理论的内容

行为动力型的激励理论致力于探讨究竟什么东西能够激发人的行为动机。这一类型的激励理论实质上是沿袭了华生以来的行为主义传统,以 S－R 公式来解释人类行为的机制,认为既然人类行为是对刺激(S)的反应(R),那么就应该揭示刺激与反应之间的关系,从而实现有针对性的激励。美国心理学家马斯洛(Abraham-HaroldMaslow,1908—1970)的需要层次理论,亦称自我实现理论,是这一类型中产生最早、影响最大的理论。

(1)马斯洛的需要层次。**需要层次理论的基本特征是将人类需要理解为一个复杂的、等级式系统,故称需要层次理论。马斯洛将需要分为自低而高的五个层次:**

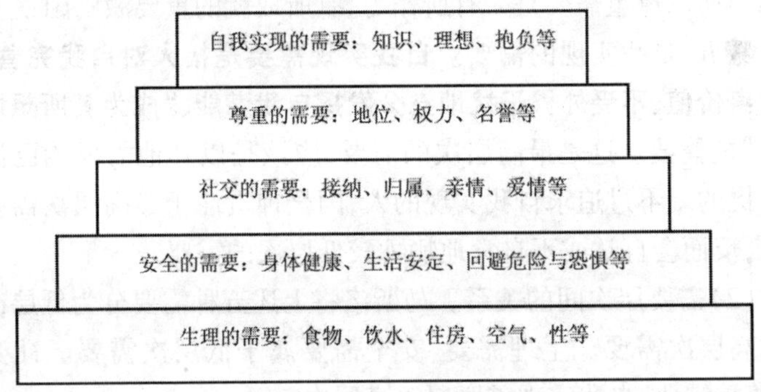

图 5－2

其一,生理的需要。**生理需要是指人类生存所必需的最基本的生理性需要,包括人对食物、水、空气、住房、性等方面的需要,也称生存需要。**生理需要是满足和维持生命的必要条件,是最低层次的需要,也是其他需要的基础。这类需要必须首先得到满足,否则人类就无法生存,当然也就谈不上其他需要的满足。

其二,安全的需要。**安全需要是指人对身体、经济等方面安全可靠、不受威胁的需要,包括对自己及家人的人身安全、生活稳定、职业保障、免除疾病、规避危险、老有所养等等的需要。**一旦生理需要得到满足后,安全需要就会突显出来。在安全需要得到满足前,人不会转向更高级的需要。

其三,社交的需要。**社交需要是指人对归属、接纳、友谊、爱情等的需要,也称爱与被爱的需要,属于人的社会性需要。**如果此类需要得不到满足,人会产生孤独感,出现精神健康方面的问题。

其四,尊重的需要。**尊重需要是指人对理解、尊重、赏识、荣誉等的需要。**尊重的需要分为内部的方面和外部的方面:内部的方面包括个人对环境的适应、胜任工作、自信、自尊等等;外部的方面包括一定的地位、威望、合理的评价、他人的信赖与尊重等等。尊重的需要若不能满足,则人会失去自信心,产生自卑感、软弱感、无力感,陷入消极、沮丧。尊重需要若得到满足,则人会产生自信、勇气、成就感。所以尊重需要是人有所作为、有所成就的重要激励因素。

其五,自我实现的需要。**自我实现需要是指人对自我完善、提升自身价值、不受外界干扰地充分发挥自我潜能、"成为其所想成为的人"的需要。**这是最高层次的需要,应该是以其他需要均已满足为前提的。不过追求自我实现的人,因全神贯注于最高层次需要的满足,反而会自觉或不自觉地牺牲较低层次的需要。

(2)需要层次间的关系。马斯洛将上述五种需要分为低层次需要和高层次需要。生理需要、安全需要属于低层次需要。社交需要、尊重需要、自我实现需要属于高层次需要。

其一,从低级层次到高级层次的递升关系。人的各需要层次不是并列的,也不是静止的,而是存在着从低级层次到高级层次的递升关系,表现为一种类似阶梯形或金字塔型的结构。人们首先追求的是较低层次需要的满足,当较低层次的需要得到基本满足后就逐渐失去激励作用,高一个层次的需要就会产生或突显,并对人的行为起到激励作用。如果低层次需要尚未满足,人就不会去追求高层次需要的满足,因而高层次需要也就不会起激励作用。

其二,需要层次高低与满足程度高低的反比关系。较低层次需要的对象是比较具体的、物质化的、外在的东西,满足它的途径比较单一,容易得到比较充分的满足。较高层次需要的对象不那么具体,属于精神体验的、内在的因素更多一些,满足它的途径比较多,但不大容易得到充分的满足。至于最高层次的自我实现的需要可能永远不会得到真正完全的满足。因此,人永远不会彻底满足到没有任何需要,不断追求需要的满足就是人类行为基本动因。

其三,优势需要对非优势需要的抑制关系。人的各需要层次之间是如图 5－3 那样此起彼伏的动态关系。当前最短缺的需要往往起着主导作用,称为优势需要,而当前不是那么迫切的需要往往不起主导作用,称为非优势需要。当优势需要起作用时,非优势需要并不是不存在或不起作用,只是暂时被优势需要所抑制。当优势需要得到满足后就会逐步低落为非优势需要,原来的非优势需要就会逐渐取而代之,成为新的优势需要。

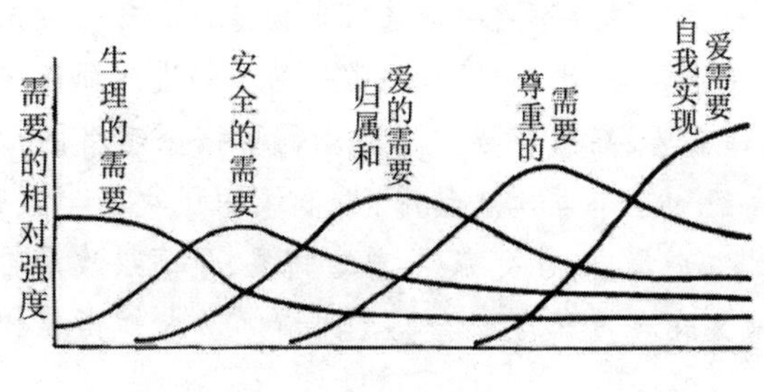

图 5－3

背景链接　　　　马斯洛与需要层次理论

亚伯拉罕·马斯洛是美国心理学家,哲学家,人本主义心理学主要创始人之一。早年曾在纽约新社会调查学院、威斯康星大学等学习心理学,1934 年获威斯康星大学哲学博士。1937 年起执教于布鲁克林学院。1951 年至 1969 年任布兰代斯大学心理学教授和心理学系主任。1967 年当选美国心理学会主席。1943 马斯洛在其发表的《人类激励的一种理论》一书中首次提出了需要层次理论。1954 年他在《激励与个性》中又对这一理论做了进一步阐述,是这一理论正式形成的标志。此外还著有《存在心理学的建立》(1962),论文集《人性的发展》(1971)于逝世后发表。

作为人本主义心理学家,马斯洛相信人的本性基本上是好的,只有人的本性受到扭曲或挫伤时才会出现破坏性行为。他认为过去的心理学过于看重人性的弱点而忽略了人性中向上的力量才是人的本质,这是个严重的缺陷,因此从大学时代起就立志研究健康人的心理。1941 年日本人偷袭珍珠港事件更使他深深意识到战争这样人性恶的方面导致的破坏性行为给人类所带来的深重灾难,认为提高人类认识,战胜仇恨和毁灭是心理学家最崇高的社会责任。马斯洛最著名的理论贡献“需要层次理论”,就是建立在他对人性的这种理解之上的。

在“需要层次理论”中,马斯洛首先对需要的层次结构进行了分析。他认为人有两类需要,一类是随生物谱系上升而逐渐减弱的本能,属于生理需要、低级需要,另一类是随生物进化而逐渐显现的潜能,属于心理需要、高级需要。这两类需要按金字塔的形式排列为从低级到高级的五个层次。其中,最低级的层次是生理需要,然后依次递升是安全需要、社交需要、尊重需要,最高层次是自我实现需要。后来他又在尊重和自我实现之间增加了求知需要和审美需要两个层次。

马斯洛认为,总的来说,越是低级的需要,越容易得到较充分的满足,越是高级的需要,越不容易得到充分的满足。在现代社会中,生理需要的满足率为 85%,安全需要的满足率为 70%,社交需要的满足率为 50%,尊重需要的满足率为 40%,自我实现的满足率为

10%，也就是说，需要层次越低，满足率越高，需要层次越高，满足率越低。当然，马斯洛也认为，上述只是一般情况，并非绝对固定的，有些人可能例外。如(1)心理变态者，(2)抱负水平极低者，(3)狂妄自大者，(4)身居高位而对低级需要估计不足者，(5)放弃某种需要者，(6)有创造天赋者，(7)有理想，有坚定信仰者等。

马斯洛认为，低级需要固然是基础，只有低级需要得到满足，高级需要才能满足；但只有高级需要的满足，才能让人产生真正的满足，即让人产生更深刻的幸福感和内部生活的丰富感；如果低级需要和高级需要都得到满足，人们往往认为高级需要的满足具有更大的价值。马斯洛认为，需要层次越高，其社会价值越高，自私越少。作为最高层次的自我实现就是人的潜能、天资在一个人发展过程中的不断实现，是人生使命的完成，是人格臻于完美。只有充分发挥了自我的潜能，从而实现了自我的全部价值的人，才是真正健康的人，同时也能成为在社会生活中发挥作用的人。

马斯洛认为，自我实现有如下途径：(1)充分地、生动地、无私念地体验生活，忘怀一切，达到入迷。(2)生活是一系列选择，自我实现是连续进行的成长选择过程。(3)自我实现是一个内部控制过程，要倾听自己内部的呼唤。(4)真诚坦率，不可违心，要诚实地说出怀疑，敢于承担责任。(5)每次选择时做到上述各条，就是自我实现，要根据自己的想法，不要迎合外界。(6)自我实现是通过学习使人变得更加聪明，实现潜能的过程，因此要勤奋，有当"一流"的准备。(7)要有自我实现时的顶峰体验，为此要创造良好的环境和条件。(8)善于了解一个人，分析一个人，善于自我分析，与人相处。

为了论证自己关于自我实现的观点，马斯洛还研究了很多历史上的伟大人物，也就是自我实现的人，概括出他们的人格特征是：(1)能更准确充分地知觉现实。(2)对自己、他人、大自然更多的宽容。(3)更多的自发性、单纯性、自然性。(4)对工作、事业以问题为中心，而不是以自我为中心。(5)有更高的超然于世的品质和独处的需要。(6)更强的自主性和独立于环境及文化的倾向。(7)永不衰退的欣赏力。(8)周期性的神秘和顶峰体验。(9)喜欢和所有人打成一片。(10)仅和为数不多的人发生深厚的个人友谊。(11)民主的价值倾向。(12)强烈的审美感。(13)十分完善、毫无厌意的幽默感。(14)创造性。(15)抵制适应社会现存文化。

2. 需要层次理论在管理中的意义

(1)要善于运用有针对性的激励措施。需要层次论告诉我们,激励措施只有"投其所需"才有激励作用。人的需要是不同的,没有生活保障的人最需要的是食物、衣服,而不是奖杯和奖状,可奖杯和奖状对运动员来说则可能比生命更重要。因此必须认真研究每个人不同的,而且是发展变化的实际需要,并采取相应的激励措施,要懂得"雪中送炭"优于"锦上添花"的道理。

(2)要善于运用多样化的,特别是非物质的激励措施。人的需要本来就是多层次的,满足需要的手段当然也就是多种多样的,高层次的需要尤其如此,因而进行激励时就不能只知道、只相信金钱的作用。应该懂得,金钱不是唯一的,也不是最好的激励措施,对于那些不存在物质生活忧虑,事业心、成就欲很强的高层次组织成员来说尤其如此。

背景链接　　　　需要层次的社会变量

需要层次不仅与个人的人格、信念、教育等有关,也与社会文化背景及社会变迁有关。例如,因为民族文化传统的关系,中国人自古就有"君子不食嗟来之食","饿死事小,失节事大"说法,西班牙人和日本人也往往把社会需要放到生理需要前面。① 又如,由于近年来中国社会的迅速发展和深刻转型,中国人的需要层次也在发生着令人瞩目的变化。美国的盖洛普公司曾于1994年、1997年、1999

---

① [美]斯蒂芬·P.罗宾斯:《组织行为学》,第172页,中国人民大学出版社,1997年第1版。

年先后在中国进行过三次消费观念与生活方式调查。在(1)勤劳致富;(2)刻苦学习,成名成家;(3)不图功名,按自己的生活方式生活;(4)无忧无虑,得过且过;(5)抵制邪恶,洁身自好;(6)无私奉献,服务社会等6种人生观中,选择"勤劳致富"的一直位居榜首,但比例1994年为68%,1997年为56%,1999年为53%,呈下降趋势。与此同时,选择"不图功名,按自己的生活方式生活"的比例则1994年为11%,1997年为23%,1999年为25%,呈上升趋势。更耐人寻味的是,在全国十大城市中,选择"不图功名,按自己的生活方式生活"的已高达45%,远远高于选择"勤劳致富"的29%。应该说,以我们可以接受的价值观念来评判,这六种生活方式都是健康的生活方式。但随着时间、空间的变化而出现的在"勤劳致富"和"不图功名,按自己的生活方式生活"间选择比例的变化说明,当人的基本生活需要得到满足后,人们更渴望的,或说最突出的优势需要会发生递升。与此相关,在职业选择上,因稳定、生活有保障而一度名次靠前的"政府部门"、"国有企业"选择者仅分别为24%和14%,已远远落后于高达28%而位居第一的虽有风险,但更体现自身价值的"自己当老板"。① 这似乎可以为我们的管理者解惑:为什么几元钱奖金就曾极大地调动过员工工作积极性的老经验现在不灵了,为什么有人会放弃优厚稳定的工作去"下海"。事实上美国人的需要结构的变化也是非常大的,以1935年与1995年相比,优势需要是生理需要的从35%下降为5%,安全需要从40%下降为15%,爱与归属的需要从10%上升为24%,尊重需要从7%上升为30%,自我实现需要从3%上升为26%。②

3. 对需要层次理论的评价

(1)需要层次理论主要贡献。马斯洛的需要层次理论在人类行

---

① 数据来源:方晓光《信心是中国前进的动力》,原文载1999年11月3日《北京青年报》。

② 孙彤:《组织行为学》,第318页,高等教育出版社,200年第1版。

为规律及其激励的研究方面是有着重要贡献的。这主要表现在：

其一，揭示了需要在人类行为中的根本性作用和层次结构。研究人的需要及其在人类行为中的作用并非始自马斯洛，但如需要层次论这样深入揭示人类需要内在的层次结构，突出强调需要在人类行为中的根本性作用，应该说的确是始自马斯洛的。这一理论大大丰富了行为科学对需要的认识，并使之成为行为科学的重要基础理论。

其二，探讨了各需要层次间的动态关系。需要层次论另一个高明之处是深入探讨了不同需要层次间的动态关系。虽然未必准确，但较以往只是研究人有什么需要并将其归结为人类本性的传统理论来说，是大大前进了一步。

其三，内容简单实用。需要层次论的主要观点虽然是纯粹理论研究的成果，但内容并不艰深，道理简单实用，因而不仅在理论界有重要影响，在管理实践中也得到普遍的采用，并因而即使在行为科学以外也享有很高的知名度。

(2)需要层次理论主要问题。需要层次论知名度高，不仅有上述正面的原因，也还因为关于这一理论的争论非常之多，甚至以对需要层次论的批评为基础，出现了一批以研究需要层次而知名的理论。对需要层次论的批评主要集中在两个方面。

其一，五个层次的划分缺乏实证。许多批评者认为"尽管在社会上很流行，但需要层次理论作为一种理论几乎没有得到实证支持"[①]，主要是一种理论假说。于是，主张减少层次者有之，如 ERG 理论就将需要归结为生存、关系、成长三个层次；主张增加层次者也有之，如马斯洛自己后来就在尊重需要和自我实现需要之间加上求知、审美两个新的层次发展为七个需要层次。

其二，各需要层次之间的关系比较机械。一般认为，马斯洛对需要层次间关系的理解比较机械和绝对。比如是否所有的人在低

① [美]斯蒂芬·P. 罗宾斯：《组织行为学》，第 168 页。

级需要层次满足后都会递升到高一层次的需要,有没有人沉溺于低级需要层次而完全没有成就欲?又如是否一定要低层次需要满足后高层次需要才能出现,有没有人为了尊严、自由而不惜赴死?再如各需要层次间是否相互排斥,有没有鱼与熊掌兼得、名利双收的可能?等等。

二、ERG 理论

1. ERG 理论的内容

美国心理学家克莱顿·奥德弗(Clayton Alderfer)于 1969 年对马斯洛的需要层次进行了修改,将五个层次重组为生存需要(existence)、相互关系需要(relatedness)、成长需要(growth)三个层次,简称 ERG 理论。

(1)ERG 理论的需要层次。第一个层次是生存需要。**生存需要指对维持人类生存的基本物质对象的需要,**大致相当于马斯洛的生理需要与安全需要两个层次。

第二个层次是相互关系需要。**相互关系需要指对获得社会地位、维持重要人际关系的需要,**大致相当于马斯洛的社交需要及尊重需要中对外部尊重的需要。

第三个层次是成长需要。**成长需要指个人发展和成就的需要,**大致相当马斯洛于的尊重需要中对内部尊重的需要和自我实现的需要。

(2)ERG 理论的主要观点。**其一,多种需要可以同时并存,同时起作用。**马斯洛认为,需要层次是层层递升的,只有低级需要得到满足后,高级需要才会出现,而且低级需要也就不再起作用了。奥德弗则认为,各需要层次不是一个界限分明的等级结构,而是一个同时并存的连续体,低级需要没有得到满足时,高级需要也可以存在并起作用。例如,一个人工作可以是既为了生存,也为了社会尊重和自己的成长。

其二,需要得到满足后,不一定消失,反而可能增强。马斯洛认为,一种需要得到满足后就不再起作用了。奥德弗则认为一种需要得到满足后,其作用可能会更强烈。例如,一个人的贪婪可能是胃口越来越大的。

其三,需要层次不仅可以上升,也可以下降。马斯洛认为,人追求高层次需要的前提是低层次需要已经得到满足因而已不再起作用。奥德弗则认为,如果人追求高层次需要的努力受挫,人会转而追求低层次需要的满足,也就是说,需要层次不仅存在成功—上升的系列,也存在着挫折—倒退的系列。例如,一个人对事业、理想、成就的追求失败或缺乏,其对物质的追求就会更迫切。

背景链接　　　　奥德弗与 ERG 理论

克莱顿·奥德弗,美国心理学家、行为学家、耶鲁大学教授。1969 年发表著名论文《人类需求新理论的经验测试》,修正了马斯洛关于人类需要层次及其关系的观点,提出了 ERG 理论。一般认为,ERG 理论是建立在需要层次理论基础之上的,其对于需要及其在人类行为中的作用等,基本继承了需要层次理论,但需要层次理论更强调人类的共性,也比较机械,而 ERG 理论则承认人的个性,也更符合实际。他的其他重要著述还有《生存、关系以及发展:人在组织环境中的需要》(1972),《关于组织中需要满足的三项研究》(1973)等。

2. ERG 理论在管理中的意义

(1)要重视人的多种需要。ERG 理论启示我们,人做事的时候往往是多种动机并存的。那些生存需要没有完全满足的普通员工并不是完全没有关爱、尊重、事业、理想等高层次需要的追求,不能认为他们小心翼翼怕砸饭碗就是胸无大志、不需要关怀的经济动物,而那些事业心、成就欲很强的高级管理人员也不是完全不关心工薪收入、退休保障等低层次需要的问题,给他们高薪就是满足其物质上的需要，给他们期股期权就是满足其安全的需要。在这个意义上，古人所谓“君子喻于义，小人喻于利”的说法是不对的。

(2)要重视需要的两种转化方向。ERG 理论告诉我们，需要层次不仅存在成功—上升的转化，也存在着挫折—倒退的转化，高层次需要不仅可以使人进取，也可以使人贪婪。所以对那些事业心、成就欲很强的人，要么为他们实现人生理想创造条件，要么对他们做一些物质方面的补偿，否则人一旦产生“事业上没前途了，就捞点实惠”的念头是非常可怕的。我国国企高管和机关事业单位中常见的“59 岁现象”值得我们深思。

3. 对 ERG 理论的评价

ERG 理论是在马斯洛需要层次理论基础上提出来的，继承了马斯洛关于需要是行为的根本动力，需要是分层次的，需要层次是可以转化的等基本观点，但它通过大量调查研究提出的关于多种需要可以同时并存和同时起作用，需要层次不仅可以上升也可以下降等新观点更具有实证性，与我们的实际经验也更接近。“无论如何，ERG 理论代表了关于需要层次的一种更为有效的观点。”①

三、成就需要理论

1. 成就需要理论的内容

美国心理家麦克利兰(David McClelland 1917—1998)抛开了找出一切人共有的需要层次的方法，而专门研究那些生理需要、安全需要的满足已经不成问题的高层次人士如经理、工程师、官员等的需要，于 20 世纪 60 年代提出包括成就、权力、合群的需要等三个层次的成就需要理论。

(1)成就需要理论的需要层次。其一，成就需要。**成就需要指追求卓越，实现目标，争取成功的需要。**高成就需要的人通常表现

---

① ［美］斯蒂芬·P. 罗宾斯：《组织行为学》，第 172 页。

为不怕困难,自己制定有挑战性的目标;不怕风险,愿意为达到目标而冒险;不怕挫折,不怕承担责任;有敬业精神,执着追求;有强烈的成功渴望,希望尽快反馈工作结果等。

其二,权力需要。**权力需要指支配和改变他人行为的需要。**高权力需要的人通常表现为对影响和控制别人感兴趣;追求权力和领导位置;喜欢争辩,喜欢演讲,喜欢教训人,健谈;善于提出问题和要求,头脑冷静等。

其三,合群需要。合群需要指建立友好、亲密的人际关系的需要。高合群需要的人通常表现为珍惜友谊,重视人情;关心别人的感受,享受亲密的人际关系;喜欢安慰和帮助别人,也喜欢别人的肯定和帮助;喜欢做合作而非竞争性的工作,愿意与人打交道等。

(2)成就需要理论的主要观点。**其一,不同的人有不同的需要,而需要是可以通过教育、培训来培养和开发的。**麦克利兰认为,不同的人上述三个需要的排列层次与比重是不同的。那些有高成就需要的人对企业、组织、国家有重要作用。一个组织拥有这样的人越多,组织发展就越快,获利就越多。需要结构不是完全天生的,因而可以通过教育、培训等来培养和造就更多高成就需要的人。

其二,高成就需要的人更适合从事创造性工作。麦克利兰认为,高成就需要的人勇于冒险,不怕责任,所以在创造性活动中更容易受到高水平激励,也更容易成功,如创业、推销、拓展新业务等等。但高成就需要的人更关心的是自己如何做得更好,而不是如何让别人做得更好,所以不一定是个好的管理者,尤其是在一个规模比较大的组织中。

其三,高权力需要且低合群需要的人更有可能成为优秀的管理者。组织规模越大,管理者地位越高,这点越明显。

背景链接　　　　　麦克利兰与成就需要理论

大卫·麦克利兰,美国哈佛大学教授、行为学家、社会心理学家。1917 年出生于美国纽约州弗农山庄,1938 年在获韦斯利恩大学获心理学学士，1939 年在密苏里大学获心理学硕士，1941 年在耶鲁大学获心理学博士。此后曾任康涅狄格女子大学讲师、韦斯利恩大学及布林莫尔学院教授，1956 年起任哈佛大学心理学教授，1987 年后转任波士顿大学教授直到退休。从 1940—1950 年代开始对人的需求和动机进行研究，并最终提出了著名的“成就动机理论”。他致力于将自己的理论运用于管理实践，曾提出针对学生的奖学金方案，创办专业协助管理人员评估和员工培训的顾问公司。1987 年获得美国心理学会杰出科学贡献奖。1998 年因心力衰竭逝于美国马萨诸塞州列克星敦市。

2. 成就需要理论在管理中的意义

（1）重视不同需要结构的人的合理配置。成就需要理论启示我们，不同的人有不同的需要偏好。对于一个组织而言，他们都有各自的价值，应该合理配置。高成就需要的人奋发进取，渴望卓越，享受成功，是组织中的干将，在组织中越多越好；高权力需要的人能够起到组织、协调、支配、控制作用，是组织中的领袖，在组织中不可没有，也不可过多；高合群需要的人有利于在组织中建立和谐融洽的人际关系，树立合作意识与团队精神，是组织中不可或缺的润滑剂和黏合剂。为了发现和识别人的需要类型，麦克利兰还专门设计了一套心理测验。

（2）重视培养和激发人的成就需要。成就需要理论告诉我们，既然卓越的业绩是由高成就需要的人创造的，而人的成就需要又是可以培养和激发的，那么管理者不仅应当善于发现高成就需要的人，而且应当善于培养和激发人的高成就需要。麦克利兰还专门设计了一套提高成就需要的培训方法并举办过培训班。

3. 对成就需要理论的评价

与 ERG 理论类似，成就需要理论也是在调查研究基础上，通过对马斯洛需要层次理论的修正而建立起来的，因而更有实证性，更符合实际。特别是麦克利兰设计的需要状况的心理测验和成就需要的培训方法,使得成就需要理论具有很强的可操作性。

四、双因素理论

1. 双因素理论的内容

(1)保健因素与激励因素。**美国心理学家弗雷德里克·赫茨伯格(F. Herzberg 1923—2000)于20世纪50年代在社会调查基础上提出,影响人的工作积极性的因素有两类:保健因素与激励因素。保健因素主要指可以满足人的短缺性需要,消除人的不满情绪的一些物质性因素,如工资、福利、工作条件等。激励因素主要指可以满足人的成长需要,激发人的积极性的一些精神性因素,如责任感、成就感、认可等。**这两种因素是不相同的、彼此独立的,并且以不同的方式影响人的积极性。

(2)双因素理论的主要观点。双因素理论与传统的激励理论最大的不同就是认为影响人的积极性的因素是两个而不是一个。如果我们将工作中的消极状态称为"不满意",把工作中的积极状态称为"满意"的话,传统的激励理论是将"不满意"与"满意"看做对立的两端,将决定员工状态究竟在"不满意"的一端,还是在"满意"的一端的因素称为激励因素。这种激励因素如果不给予员工,员工就不能受到激励,于是产生不满意的状态,如果给予员工,员工就能受到激励,于是产生满意状态。而**在双因素理论看来,能够影响员工积极性的因素其实有两种,一种是能够消除不满意的保健因素,一种是能够引起满意的激励因素。保健因素如果不给予员工,员工就处在"不满意"的状态,如果给予员工,员工可以消除"不满意"的状态,进入"没有不满意"的状态。所谓"没有不满意"就是不消极,而不消极并不是积极。要让员工进入积极状态就还要在"没有不满意"也就是"没有满意"的基础上再给予员工激励因素。激励因素如果不给予员工,员工会处在"没有满意"状态,如果给予员工,员工将会受到激励,进入"满意"状态,即积极。**赫茨伯格的上述思想可以从下面的公式对比中更清楚地看出来。

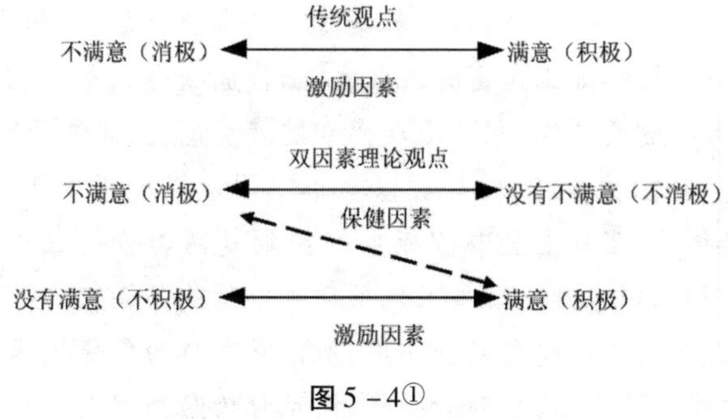

图 5-4①

背景链接　　赫茨伯格与双因素理论

弗雷德里克·赫茨伯格,美国心理学家,曾获得纽约市立学院的学士学位和匹兹堡大学的博士学位,先后在美国和其他三十多个国家从事管理教育和管理咨询工作,是犹他大学的特级管理教授。他的主要著作有:《工作的激励因素》(1959)、《工作与人性》(1966)、《管理的选择:是更有效还是更有人性》(1976)等。使赫茨伯格获得世界声誉的是他 1959 年提出的双因素理论,亦称激励—保健理论。

双因素理论是建立在赫茨伯格 20 世纪 50 年代在美国著名工业城市匹兹堡对 11 个工商业机构的 203 名工程师和会计师所做的一次问卷调查的分析结论基础上的。

调查的一个题目是"什么情况下你对工作最不满意?"共得到 1844 个答案,其中多达 69% 的答案是一些物质的、工作的外部条件或说短缺性的因素,如公司政策与行政管理、监督、与主管的关系、工作条件、薪金、同事关系、个人生活、与下属的关系、地位、安全保障等。

---

① 注:双因素理论观点图中的虚线表示传统观点,从中可以比较两种观点的区别——作者注。

调查的另一个题目是"什么情况下你对工作最满意?"共得到1753个答案,其中多达81%的答案是一些非物质的、工作本身的或说成长性的因素,如工作富有成就感、工作成绩得到承认、工作本身重要、职务上的责任感、职业上能得到发展可能性、职位升迁等。

据此,赫茨伯格指出,那种以为单一因素影响积极性的传统激励理论是错误,实际上影响积极性的因素是两类彼此独立的因素:工作条件和工作本身。改善工作条件可以消除不满,但还不能产生满意,也就是还不能起到激励作用,所以只能称为保健因素;改善工作本身才能让人满意,起到激励作用,可称为激励因素。

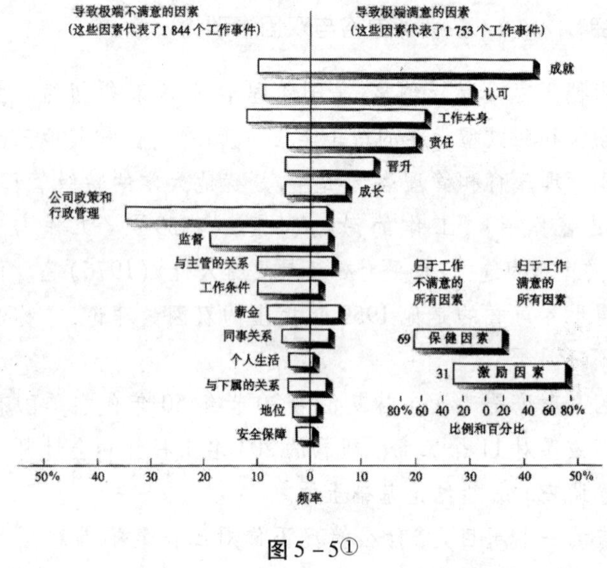

图5-5①

2. 双因素理论在管理中的意义

(1)要充分重视物质因素的局限性和非物质因素的激励作用。管理者要多考虑人的社会性、情感性、心理性需要,充分重视人的成就欲与事业心在调动工作积极性中的作用。特别是随着我国人民

① 转引自[美]斯蒂芬·P.罗宾斯:《组织行为学》,第169页。

物质生活条件的改善和文化素质的普遍提高,这点将越来越重要。

(2)要尽可能防止激励向保健因素的转化所导致的激励成本上升和激励手段减少。如各种先进人物的评选本来应极具激励力量,但因“轮流坐庄”而沦为“保健因素”,反正“风水轮流转,明年到我家”,何必一定要付出超额劳动呢?又如奖金是“对超额劳动的报酬”,本质上应属激励因素,但由于平均主义的分配方式早已蜕变为类似“附加工资”的保健因素。相当多的单位出现了所谓“全勤奖”现象,似乎出全勤就应该得到,并不一定要付出超额劳动。

3. 对双因素理论的评价

(1)双因素理论的主要贡献

赫茨伯格的双因素理论也是在马斯洛的需要层次理论基础上发展起来的,保健因素大体相当于低层次需要,激励因素大体相当于高层次需要。但比需要层次理论更为明确地彻底否定了泰罗以来认为金钱万能的“经济人”理论。在双因素理论看来,金钱之类物质刺激不仅不是万能的,甚至根本不是激励因素,只有成就、认可、责任等高层次的给予才具有激励作用。当然这不仅是激励理论的进步,也反映了时代的进步。因为毕竟20世纪中期的工人已不是20世纪初期的工人了,生存对于他们来讲已不再是问题了,可能不再有很强激励作用。

(2)双因素理论的主要问题

但是对于双因素理论也存在一些批评。主要是:

其一,研究方法上没有排除调查对象的干扰。人有自我保护的本能,往往会把造成满意的荣誉归结为自己能控制的工作本身,把造成不满意的罪责归结为自己不能控制的工作条件,这样可以使自己在别人面前表现得更能干、更有事业心、更有成就欲。

其二,研究结论上不具有普适性。按照赫茨伯格的观点,人们的积极性与满意度是成正比的,但实际上满意度高的人不一定是好的生产者,满意度低的人也不一定是坏的生产者。比如企业里很多员工对搞五花八门的“先进称号”等并不感兴趣,认为搞这些“虚”

的东西不如直截了当多给点工资。换句话说,在这种情况下,“保健因素”(工资)比“激励因素”(认可)更能激励积极性。“工资愈多,工作满意也愈多。对于‘蓝领工人的烦闷’没有其他更好的治疗方法”。①

案例分析　　　　　　　　欧莱雅的激励机制

欧莱雅十分重视激励机制,树立诱人的梦想,鼓励努力地实干。当员工以“诗人”的梦想与“农民”的实干实现了一个又一个成就,欧莱雅的激励机制都会给予公平、及时的肯定,刺激员工取得更高的业绩,实现更大的梦想。

欧莱雅激励机制的指导思想是希望员工把公司的钱当做自己的钱来经营,把公司的生意当做自己的生意来照看,让每一名欧莱雅人都成为公司的“主人翁”。为此,欧莱雅建立了由薪资、福利、奖金、利润分享、股权、培训、沟通等众多激励方式组成的完善而有效的激励体系。

1. 薪资

在薪资方面,欧莱雅为员工提供在本行业中位于中上水平、富有竞争力的薪资。薪资除了根据岗位责任与业绩而决定的冷酷一面外,还特别注意体现人性化的一面。例如,在巴黎欧莱雅总部,对刚生完孩子的女性员工,除了按政府规定要给的四个半月的薪水外,欧莱雅公司还给这些职工多加一个月的薪水,并可以在两年之内的任何时候领取。

2. 年终浮动奖金、利润分享

每年年底,根据员工的业绩表现,欧莱雅会对员工进行相应的奖励。奖金的幅度完全与业绩挂钩,表现突出的员工奖金自然也多,表现差的员工甚至拿不到奖金。这部分可以说是体现个人业绩,鼓励个人奋斗的“小锅饭”。同时,公司还实行利润分享计划,每

① [美]丹尼尔·A. 雷恩:《管理思想的演变》第489页。

年都会根据公司经营情况拿出一定比例的收益与每一位欧莱雅员工分享。这部分可以说是体现公司业绩,鼓励团队意识的“大锅饭”。

3. 股权

股权是对管理人员的一种很重要的激励方式。在欧莱雅的8000名经理中,有2000名已购有股权。同时,在欧莱雅得到股权,不仅意味着更高的地位和收入,还意味着将有更多在海外工作或接受高级培训的机会,可以说既是物质激励,也是精神激励。

4. 晋升与岗位轮换

在欧莱雅,表现优秀的员工毫无疑问将优先得到职位晋升的机会。欧莱雅有着众多的品牌事业部以及各种产品线,因而可以提供充分的晋升机会。当公司中某个职位出现空缺时,欧莱雅会优先考虑留给公司内部表现突出的员工,而不是招聘“外来和尚”或从上级委派“空降部队”。这让每一位有进取心的员工都有信心在欧莱雅找到前途,实现发展。

5. 巴黎培训

欧莱雅的激励还包括向员工提供各种各样的培训机会。其中顶级的、也是最有欧莱雅特色的是到巴黎总部接受培训。只有表现最突出的经理人,才能得到去巴黎总部学习的机会。因此能够被选送到巴黎总部接受培训,不仅仅是去学习某项具体的技能以及建立更高层次和更广泛的内部工作关系,更是一种至高无上的荣誉。在欧莱雅,人人都将能够被派往法国巴黎总部培训视为一种很大的激励。

6. 与高层沟通

在大公司里,级别、规模等常常是沟通的障碍,甚至连基本的工作性沟通都有困难。而在欧莱雅,沟通不仅是工作信息的传递,还是良好的企业文化载体和有效的激励手段。首先,欧莱雅注意提供开放、平等的沟通环境,鼓励员工与上级主管进行公平地争论。虽然一般来说中国员工都非常尊重上级,但欧莱雅管理层还是致力于在中国员工中倡导这种沟通方式,并营造公平活跃的沟通氛围。其次,欧莱雅注意提供丰富、畅通的沟通渠道。各种形式的"欧莱雅会议"、内部刊物、公司网站、高管邮箱、内部公关部门、高层面谈等为实现充分的沟通,特别是下级与高层的沟通创造了前提和保障。为此公司不惜支付巨资。通过充分的沟通,公司得到的好处之多是不言而喻的,其中最关键的是员工产生了主人翁的感觉。因此欧莱雅的沟通也起到很好的激励作用。

欧莱雅的完善有效的激励机制保证了欧莱雅的持续发展。标志之一就是欧莱雅的人才流失率很低。平均每名欧莱雅员工在公司工作时间是 14 年,这在同行业是很低的水平。欧莱雅负责人力资源关系的副总裁 Francois Vachey 说:"员工的忠诚度对公司来说非常重要。他们来了,加入了我们,然后留了下来。"

问题:

1. 欧莱雅激励机制有效性的关键是什么?

2. 欧莱雅的薪资、奖金、股权等物质激励与一般企业的类似激励有什么不同?

3. 培训、沟通等在欧莱雅何以成为激励手段?

第三节 行为过程型激励理论

一、期望理论

1. 期望理论的内容

行为过程型的激励理论将激励作用定位于工作行为的过程中。美国心理学家弗罗姆(Vctor. H. Vroom 1919—)的期望理论是这一类型激励理论的代表之一。按照需要层次理论的理解,需要、动机、行为三者是密切相关的。人们的工作行为取决于工作动机,而工作动机又取决于需要的结构。如果一个人同时有多种需要,那么第一位的需要,亦即优势需要,将成为决定性的支配力量。但现实生活

中,我们会发现,实际情况远比这要复杂。我们可以看这样两个例子:

第一个例子是关于拍卖的例子。比如说,某位名画家的作品要拍卖。如果拍卖的是画家的原作,那么拍卖开始前许多收藏家都会跃跃欲试,积极了解作品背景、调查市场行情、打探买主、筹措款项等等,还不远千里万里地赶去参加拍卖会。反之,如果拍卖的只是印着那位画家作品的几本过期的旧挂历,那么动心者恐怕就会很少,更不至于从地球的那一面赶来参加拍卖会。为什么呢?因为买家会觉得原作“有价值”,值得参与竞拍,而印刷品“没价值”,不值得参与竞拍。也就是说,行为主体的动机与其心目中“对象的价值”有关系。

第二个例子是关于招聘的例子。比如说,一个机关里要通过考试公开招聘局长。招聘前很多人都会表达出很强的应聘局长的愿望,可是研究过招聘材料后,真正报名应聘的往往并没有几个人,而且就是报了名的人,到了考前最后关头也有可能终于放弃。为什么呢?因为局长的职位虽然非常有诱惑力,但相对于自己的能力而言,招聘的标准太高了,应聘成功的“概率”太低了。也就是说,行为主体的动机与其心目中“成功的概率”有关系。

上述两个例子告诉我们,行为主体动机的强弱取决于两个因素,一是行为主体对目标价值大小的评估,弗罗姆称之为“目标价值”,一是行为主体对目标实现可能性大小的评估,弗罗姆称之为“期望概率”。**弗罗姆的期望理论认为,人们工作动机的强弱取决于对他们的激励力量的大小,而激励力量的大小则取决于目标价值与期望概率的积。**期望理论的内容可以表达为下述公式:

$$工作动机=激励力量=目标价值\times期望概率$$

正确理解期望理论的关键在于正确理解公式中“目标价值”与“期望概率”及其相互关系。

(1)目标价值。顾名思义,目标价值当然是指目标的重要性,目标越重要也就是越价值越高。显然,目标价值与激励力量是正比关系,也就是所谓“重赏之下必有勇夫”。但必须注意,**在期望理论中,目标价值指行为主体对目标重要性的评价,而不是目标本身的客观价值**。目标本身的客观价值只有一个,但不同主体对它的评价则是各不相同的,或说相同的目标对不同的人可能有不同的目标价值。所以在期望理论中“目标价值”一词用的不是 Value,而是 Valence,因此也译为“效价”。比如,一条 30 克重的金项链。它的实际价值很容易计算。假设现在黄金饰品的牌价是 300 元/克,那么这条项链的实际价值就是 300 元/克 ×30 克 =9000 元。但对不同的人,这条项链的效价是不一样的。一个刚刚摆脱贫困的暴发户会将其作为自己财富,从而也是自身价值的象征,挂在脖子上还得解开衣服扣子,唯恐别人看不见。这时项链的效价绝对超过 9000 元。但对于一个学者来说,项链的效价就不值 9000 元了,他可能对一个在别人看来饿了不当饭吃、冷了不当衣穿的教授头衔更看重。对于一个国家首脑来说,迎宾的车队、红地毯、礼炮、仪仗队就足以证明自己的身价了,更用不着非戴一条 9000 元的金项链。理解了这一点后,我们应该懂得,所谓“重赏之下必有勇夫”是有道理的,但这个“重赏”不应该是颁奖者认为是重赏就算重赏,而应该考虑对获奖者而言是不是重赏。

(2)期望概率。顾名思义,期望概率是目标实现可能性的大小。不过,**在期望理论中,期望概率是指主体对自己实际能力与目标之间差距的一种主观评估,或者说是一种主观概率,亦称“期望值”,而不是客观的概率**。比如说,旁观者常常经过估量后认为一个人的目标远远超过他自己的实际能力,于是批评他为“自不量力”,或者发现一个人本该有很大机会结果却自己放弃了,于是批评他为“临场怯阵”。这里“自不量力”或“临场怯阵”都是旁观者对成功概率的估计,都不是期望理论中的期望概率。如果主体自己估计有九成胜算或二成胜算,那才是期望理论中的期望概率。期望概率或期望值是弗罗姆理论的核心概念,故称期望理论。

（3）激励力量。激励力量即行为的内驱力。**期望理论告诉我们，激励力量的大小既不是单纯取决于目标价值的大小，如所谓“重赏之下必有勇夫”，也不是单纯取决于成功可能性的大小，如以为把握越大越能激励行为动机，而是要取决于目标价值（效价）与期望概率（期望值）的乘积，即取决于目标价值与期望概率的综合作用。**这可以很好地解释前面的两个例子。在第一个例子中，由于买几本旧挂历对经济实力要求不高，也不会有太多人参加而造成竞拍激烈，所以竞拍成功对参加竞拍者来讲成功可能性很大，比如90%甚至99%，但由于目标价值太低，我们假设其为1，于是用1与90%或99%相乘后，激励力量也只有0.9或0.99，自然会因意思不大放弃竞拍。在第二个例子中，局长的职务对每个人而言，目标价值都不低，我们假设其重要性为100，但大多数人仔细研究招聘条件后，发现自己的条件与招聘的条件相差太远，自己获聘的可能性很小，只有10%甚至1%的可能性，也就是期望概率太低。于是用10%或1%的期望概率与目标价值相乘后，激励力量并不是100，而只有10，甚至只有1，自然会因希望渺茫而放弃竞聘。

背景链接　　　　　　　弗罗姆与期望理论

维克托·弗罗姆，美国著名心理学家和行为科学家，先后获加拿大麦吉尔大学学士、硕士和美国密执安大学博士学位，曾执教于宾州大学和卡内基—梅隆大学，并长期任耶鲁大学管理科学“约翰塞尔”讲座教授兼心理学教授。弗罗姆1964年出版《工作与激励》一书，提出了专门研究组织中个人的动机与激励问题的期望理论，是行为过程型激励理论的代表之一。除期望理论外，弗鲁姆对管理科学的另一个主要贡献是关于领导决策模型的。

2. 期望理论在管理中的意义

（1）正确认识目标价值。既然激励目标在激励中实际起作用的价值不是管理者心目中的价值，也不是激励目标的客观价值，而是行为主体的主观感受价值,那么就不能只从管理者的角度认定或根据客观指标以及某种社会上的一般看法与标准来确定目标价值,而要从激励对象的角度,包括他的实际需要和价值观来考虑问题。

(2)重视目标难度的设计。期望概率,特别是主观概率的引入不仅很好地解释了一些曾经难以理解的现象,如人们为什么对某些重大奖励无动于衷等,更主要的是丰富了激励手段。它告诉我们,不仅是设置目标能起到激励作用,而且设置好目标的难度也能起到激励作用,而后者并不需要更多的资金投入。

(3)注意目标价值与期望概率两个激励因素的配合使用。目标价值与期望概率的巧妙配合可以出现乘积效应,使激励实际效果大大地扩大。比如说企业中不仅应该设计出不同的奖金等级,而且应该注意资金等级越高,获奖难度也应该越大,如此配合运用,会大大提高奖金的激励作用。

3. 对期望理论的评价

(1)期望理论的主要贡献。其一,在目标价值上提示我们要充分考虑对象的需要状况、价值观等因素的影响,改变了过去单纯考虑目标客观经济价值的简单化错误。

其二,在目标难度上提示我们要充分考虑对象的实际能力、自信心等因素的影响,改变了过去单纯计算数学概率的简单化错误。

(2)期望理论的主要问题。其一,理性人的前提是否具有普遍性。期望理论中是将人假设为时刻都能进行冷静计算,将自己的利益最大化的理性人,而现实中并不是每个人处理每一件事时都能像拍卖场上的竞价者那么冷静地计算能力与目标之间关系的。人总有非理性的一面。一时冲动、感情用事的事是经常发生的。就是那些生意场上的竞拍者也有叫起板来忘乎所以的时候。

其二,期望概率较难把握。期望概率原则上应 $1>n>0$,因为若等于0即被激励者毫无希望,其与目标价值的积也为0,再高的目标价值也无任何激励作用,若等于1则期望概率没起作用,不能说是聪明的管理者。但究竟设定为多少通常是很难把握的。这就像设计彩票的中奖规则,中奖率高则奖金额低,虽然经常可以中奖,但中一次奖得到的奖金太低,人们就没有购买欲了;中奖率低则奖金额高,虽然中一次奖得到的奖金很高,但中奖太难,人们也没有购买欲了。问题在于,虽然每个彩票发行者都非常明白,设计合适的中奖率是彩票发行成功的根本前提,可是设计合适的中奖率仍然很困难,因为没有客观标准。

其三,没有考虑负目标价值的影响。期望理论只考虑了奖励性的正目标价值,完全没有考虑惩罚、剥夺之类负目标价值也会影响工作动机,而实际上任何管理实践也离不开奖惩并用、恩威并施。

二、公平理论

1. 公平理论的内容

(1)积极性来自公平感。**美国心理学家亚当斯(J. S. Adams),20世纪60年代提出了一种专门研究利益分配的合理性,以及这种合理性对工作积极性影响的理论,称为公平理论。**现实生活中,我们每个人、每个人的单位可能都发生过这样的问题,本来发奖金、提职务、评职称之类都是好事,都是组织成员在原来基础上得到了更多回报,管理者这样做的目的当然也是激励大家的工作积极性。可是实际效果往往是适得其反,不仅积极性没调动起来,反而弄得鸡飞狗跳。多得回报的人认为理所当然,早就该给我,少得回报的人认为没有公道,干了白干。结果是没给回报时大家还争着好好干活,拿到回报之后,不但没人干活了,还生出了很多新矛盾。这时管理者会想,给了大家回报反而得到这样的结果实在太没道理,这不是我专门花钱、花精力来打击下属的积极性吗?这是为什么呢?这其实就是一个社会公平问题。古人所谓"不平则鸣"、所谓"不患寡而患不均",讲的都是这个社会公平问题。不过以往总是从社会正义的角度去考虑问题,提出一些大的原则,很少从心理活动规律、管理技术的角度去具体研究,提出一些操作性方法。公平理论解决的就是这个问题。在公平理论看来,积极性不是直接来自回报本身,而是来自得到回报之后的公平感。换句话说,如果人们认为回报是公平的,就会产生积极性,如果人们认为回报是不公平的,不仅不会产生积极性,反而会打击积极性。

(2)公平感来自社会比较。那么公平感怎么产生的呢?公平理论认为来自社会比较。在公平理论看来,每个人都追求公平的倾向,而是否公平则是被激励者从自己得到的回报(产出)与自己所做的付出(投入)进行比较中得出结论的。**所谓公平,就是主体将回报与付出进行比较之后所产生的心理平衡**。既然进行比较,就应该有比较的客观标准,而事实上这种客观标准是不存在的,所以被激励者只能与类似的情况相比较,如拿自己现在的回报与付出之比和自己过去的回报与付出之比进行纵向的比较,或拿自己的回报与付出之比和别人的回报与付出之比进行横向的比较。这种比较可以表达为下面的公式:

$$(\text{现在})\frac{\text{回报}}{\text{付出}}=(\text{过去})\frac{\text{回报}}{\text{付出}}$$

$$(\text{自己})\frac{\text{回报}}{\text{付出}}=(\text{他人})\frac{\text{回报}}{\text{付出}}$$

传统的激励理论总是认为人们的工作积极性与他们所得到的回报的高低是直接的正相关关系,即得到的回报越多则工作积极性越高,得到的回报越少则工作积极性越低,所谓"重赏之下必有勇夫"。而公平理论则认为,**人们的工作积极性不仅与其所得到的回报的绝对值有关,更取决于其所得到的回报的相对值,也就是取决于上述比较的结果是否平衡。如果比较之后大体平衡,则认为自己的付出得到了合理的回报,于是产生公平感,就有积极性。如果比较之后不平衡,则认为自己的付出没有得到合理的回报,于是产生不公平感,就没有积极性。**

(3)产生不公平感后的反应。在进行了上述比较之后,若产生公平感,则人们会产生积极性,继续保持工作动机,若产生不公平

感,则人们产生的不是工作动机,而是追求公平的动机。公平可以通过下述方式得到:

其一,容忍现状。一是说服自己,接受现实,心态是“天下乌鸦一般黑,世上哪有真正的公平可言啊!”二是转换比较对象,求得心理平衡,心态是“比上固然不足,但比下还有余呢!”

其二,改变现状。一是想办法增加自己的回报,心态是“人善被人欺,马善被人骑,反正我不能吃哑巴亏!”二是想办法减少自己的付出,心态是“既然干了也白干,不如根本不干”。三是想办法减少他人的回报,心态是“既然你不让我得到,我也不让你得到!”四是想办法增加他人的付出,心态是“你不是有本事吗?那就能者多劳吧!”

其三,回避现状。既不能容忍现状,也无力改变现状,那还可以选择逃避,心态是“此处不公平,自寻公平处!”

在上述三种选择中,选择回避现状的人往往是成就欲望比较强、比较自信、确有相当能力、确有较大付出的人。这种人的离开对组织当然是不利的。选择改变现状,不管其成功与否,都必然破坏组织秩序,恶化人际关系,增加管理成本。这对组织当然也是不利的。只有容忍现状似乎风平浪静,但选择容忍现状的人往往是缺乏进取意识、付出不多的人。可见,一旦产生不公平感,无论何种反应,对组织都是有害无利的。

背景链接　　　　亚当斯与公平理论

斯达西·亚当斯(J. S. Adams),美国心理学家,北卡罗来纳大学教授。20 世纪 60 年代发表了《工人关于工资中不公平的内心冲突同生产效率的关系》(1962),《对公平的理解》(1963),《工资不公平对工作质量的影响》(1964),《在社会交换中的公平》(1965)等一系列论文,专门研究利益分配的合理性,以及这种合理性对工作积极性影响的理论,称为公平理论。“公平理论着重研究个人与他人相比在多大程度上受到公正对待的感觉。……该理论视人际关系为一种交换,即个人奉献的同时亦希望得到回报。”①

2. 公平理论在管理中的意义

(1)设计公平合理的等报酬体系。对于员工的积极性而言,报酬是重要的,但报酬的公平合理更重要。不公平的报酬比报酬少更糟糕。所以管理者在奖惩、晋升等方面要非常慎重,尽可能公平、公正、公开,不要做花钱费力打击下属积极性的蠢事。

(2)破除平均主义大锅饭观念。所谓大锅饭就是指报酬上的平均主义。从公平理论的社会比较来看,在大家的回报完全一样(分子相等)的情况下,谁的付出越多(分母越大),对谁就越不公平(分数值越低)。所以大锅饭是一种专门打击多付出者积极性的坏的分配方式。

3. 对公平理论的评价

(1)公平理论的贡献。其一,从操作、心理层面上深入研究了分配中的公平问题。公平问题很早就引起了人们的注意,西方的亚里士多德、卢梭,中国的孔孟都对公平问题有过深刻论述。但长期以来人们主要是从社会正义的角度来研究公平问题,使公平问题成为了政治问题、道义问题。而事实证明,公平问题不仅仅是个政治问题、道义问题,仅仅从政治上、道义上谴责不公平也是不够的。大锅饭声名狼藉,却历史悠久、打而不破的一个重要原因就是我们对它的研究太大而化之,太过粗疏,太缺乏从操作的、心理的层面上具体地解决问题。

其二,对现实有很强的针对性。就中国而言,小生产的经济基础、不患寡而患不均的文化传统、计划经济时代的残余、社会转型中的机会不均等都使得分配不公问题变得非常突出,已成为建立和谐社会,充分调动广大人民群众社会主义建设积极性关键环节。

---

① [美]黑尔里格尔、斯洛克姆、伍德曼:《组织行为学》第255页,中国社会科学出版社2001年。

(2)公平理论的问题。其一,可操作性比较差。虽然公平理论是从操作层面上研究公平问题,但本身的可操作性并不强。不公平会打击工作积极性的道理很容易懂,但真正做到公平是非常困难的。一是因为比较是人的天性,企图用发红包之类切断比较途径的办法来阻止不公平感的产生,实际效果并不理想。二是因为公平不是一个事实,而是一种个人化的主观感觉与内心体验,完全避免不公平感的产生几乎是不可能的。

其二,完全将不公平感当做管理中的消极因素。不公平感既是一种主观感觉与内心体验,但也有一定的客观原因。所以研究不公平感的产生原因是有助于管理的合理化的。另外,员工的不公平感本身就是一种维持公平的制衡力量和监督力量,在管理中是有积极意义的。

案例分析　　　　　　　外贸公司的改革

某市外贸公司是一家专业代理本市生产企业产品出口的专业外贸公司,一向效益不错。但近年来,随着国家经济体制改革的深化,生产企业的出口渠道越来越多,公司代理的传统客户严重流失,经济效益持续下滑。为遏制这一局面,公司领导决定彻底搬走铁交椅,彻底打破铁饭碗。所谓搬走铁交椅就是除公司决策层领导外,全体员工彻底突破原有部门界限和专业分工,无论何人都可以出去承揽业务。所谓打破铁饭碗就是除公司决策层领导外,原有的工资制度、奖金制度、福利制度等一律废止,全体员工一律只发500元基本生活费,其余收入一律来自业务提成。具体办法是,每笔业务做成后按利润5%提给业务员,按10%提给业务员所在科室,一笔一结,上不封顶,下不保底。新制度实行后的最初一段时间,公司上下人人都有压力,纷纷主动下企业承揽业务,公司效益下滑趋势确实得到了遏制。但员工的不满渐渐多了起来。原来在办公室的员工抱怨说,自己多年在办公室工作,没有客户关系,现在却要和有众多客户关系的老业务员一起竞争,这太不公平。原来的老业务员则抱怨说，业务是自己一个人跑来的，结果跑业务的人只拿5%，坐在办公室看报纸却拿10%，而且跑业务请客、送礼、交通、电话等等费用还都只能从自己这5%中出。说起来一笔业务能提多少多少，其实最后能落下一半就不错，这太不公平。更为麻烦的是，本市出口业务中有相当大的比例是季节性很强的土畜产品。如果按一笔一结来提成的话，可能相当一部分的业务员一年12个月中有11个月只能拿500元的基本生活费，另外1个月则可能一下子拿几万元甚至几十万元的提成。这样一来个人所得税是个大问题，二来大家的收入差距也实在太大了点。公司领导只好授意财务处以资金周转等为由不一下子结清提成。没有想到这样一来业务员更不满意。大家议论纷纷，一个月只做几千元、几万元的小笔业务，对公司贡献不大，倒能保证政策兑现，努力一年做了一笔几百万的业务，对公司贡献特别大，反而有意拖延兑现，公司到底在鼓励什么？正在公司领导不知如何是好的时候，问题已经出现了。有些业绩特别好的业务员提出请调，并威胁说去意已决，不批准就辞职。可谁都明白，如果业务骨干流失必会带走一大批客户。有些业绩平平的业务员自知靠提成没有多大油水，索性将业务瞒下自己做。而长期在办公室没有业务的人则干脆将孩子抱到总经理办公室来哭闹，说你们当领导的是旱涝保收，我们上有老，下有小，500元生活费根本活不下去，要是政策真像你们说得那么好，那你们几个公司领导为什么要排除在外。公司领导这下子真的不明白了，这本来是利国利民的好事，而且是从北京、上海的大外贸公司学来的经验，怎么在人家那里就行得通，在我们这里就行不通。看来还是员工素质不行。

问题：

1. 为什么公司的激励措施不仅没有起到激励作用，反而伤害了大家的工作积极性？

2. 为什么其他公司的成功经验在本公司行不通？

第四节　行为反馈型激励理论

一、目标理论

1. 目标理论的内容

行为反馈型的激励理论是将激励的作用点定位于行为的目标或结果对下一步工作积极性的影响上。美国心理学家洛克(E. A. Locke)的目标理论,亦称目标设置理论是此类理论中影响较大者。**所谓目标在行为科学中指行为所需达到的目的,它也是引起需要、激发动机的外部条件刺激。目标理论认为,人的任何行为都是受一定目标驱使的,因此通过设置合理的目标就可以激励员工,**而合理的目标应该考虑:

(1)目标的具体性。**目标应该是能够清晰观察和准确测量的,有具体时间单位的,最好是量化的。**应该避免含糊的、空泛的、只能定性的、没有具体时间限制的目标,摒弃“尽可能”、“尽快”、“尽量”、“努力达到”之类目标要求。比如“本月销售额比上月要提高5%”就不如“本月销售额要达到××万元”更清晰具体。

(2)目标的难度。**目标应该是有一定挑战性但又不超出实际可能性的。**研究表明,比较困难的目标比中等难度或较容易的目标更有激励作用,因为比较困难的目标会激发人的斗志,给人带来成就感;比较困难的目标比过难的目标更有激励作用,因为如果目标大大超出了条件和可能,使人感到无力把握,会索性放弃。我国企业界把这种难度形象地称之为“伸手不得,跳而有获”,意思是如果“伸手可得”,那是太容易了,人不会努力,如果“跳而不获”,那是太困难了,人也不会努力。

(3)目标的可接受性。**目标应该是能够被员工所认可的。**研究表明,目标被员工认可、接受的程度越高,则该目标对员工激励作用越大。我国企业中常搞的“责任书”、“军令状”等就是希望得到员工的承诺。提高目标的可接受程度主要有几个办法:一是提高员工对目标设置的参与程度,一般来说有员工主动参与确定的目标比被动接受的指令性目标可接受程度更高。二是提高员工对实现目标的自信心和责任心,要让员工相信目标确实在其能力、职责范围之内。三是提高员工对企业承诺的信任,要让员工相信达到目标后一定能得到管理者承诺的相应奖励。

(4)目标的反馈。**目标应该是有效的监督和及时回报的。**有布置就要有检查,有要求就要有奖励,而且应有效、及时。人都是有惰性的,都是希望认可的,而及时的监督和回报不仅本身就起着督促和奖赏的作用,而且是强化工作目标与员工行为之间的联系,可以形成一种具有激励作用的心理暗示。所谓“抓而不紧,等于不抓”,就是对监督、回报不及时甚至缺位的批评。

当然,影响目标激励作用大小的还有一些其他因素。如是否存在竞争对手,管理者是否提供与达到目标相应的指导、帮助和条件等等。

背景链接　　洛克与目标理论

埃德温·洛克,美国马里兰大学心理学教授,在一系列调查和实验基础上于1968年提出了目标设置理论。实际上,研究管理中的目标问题,并不是始自洛克。早在20世纪50年代,管理学大师彼得·德鲁克(PeterDrucker1909—2005)就提出了目标管理(Management By Objectives,MBO)的理论,至今仍是管理理论与实践中最基本的问题之一。目标管理理论的基本组成部分是:(1)目标具体性;(2)参与决策;(3)明确的时间规定;(4)绩效反馈。两相对比可以发现,德鲁克的目标管理理论与洛克的目标设置理论的主要原则是基本一致的,唯一区别是,目标管理理论极力主张员工参与决策,以上下级共同选择的目标来代替由上级单方面制定,然后分派给下级的目标,而目标设置理论认为,只要目标设置合理,由上级给下级指定目标的效果一样好。正是因此,许多管理学教科书中这两种理论常常被有意或无意地混淆起来。

2. 目标理论在管理中的意义

目标理论在管理活动中的应用是极其普遍的。比如,各种形式的工作计划中的"任务"是目标、各种形式的责任制中的"责任"是目标、各种形式的考核评比体系中的"指标"是目标,各种形式的发展规划中的"计划"也是目标。在涉及这些问题的管理工作中都应该注意:

(1)目标要具体,尽可能量化并具体到人,不要把一般号召与具体目标相混淆。

(2)目标要一定的难度,使员工为实现目标而工作时有挑战性,实现目标时有成就感。

(3)目标要为员工认可和接受,没有得到员工承诺的目标是无意义的。

(4)目标要有监督保证和落实回报,言必信,行必果。

3. 对目标理论的评价

目标理论在管理活动中的普适性是毋庸置疑的。但落实目标理论的上述要求也还存在一定困难。主要是:

(1)目标具体化与量化的困难。一般来说,那些具体的、"有形"的工作,如工厂流水线上的工作,确定明确的量化目标比较容易,而那些不具体的、"无形"的工作,如某些机关办公室工作,则确定明确的量化目标比较困难。另外,有些工作的主要要求不在于量而在于质,如科学家的研究、艺术家的创作,就很难确定量化指标。我们无法说三篇论文比一篇论文更有价值,也不能说高产的诗人就是好诗人。这也在一定程度上限制了目标理论的普适性。

(2)确定合理目标难度的困难。设置目标难度时,"既不能太难,也不能太容易"的这个分寸在实际工作中有时是很难把握的。因为目标难度并不是完全由目标本身决定的,每个人的能力、自信、进取意识、个性等都不同，每件任务的性质、环境、条件、机遇等也不同，特别是有些动态的目标还要考虑难度的递增或递减问题等等，所以设置完全合理的目标是非常困难的

(3)目标公平公正的困难。目标理论主要是从员工个人的角度来考虑目标的难度、可接受性等，但实际上还有很多工作以外、个人以外的因素影响目标设置。比如，员工以自己承担的目标与自己的实际能力相比较，认为难度合适，但与其他人比较，就可能觉得目标太高或太低了等等。

二、强化理论

1.强化理论的内容

(1)强化与强化物。强化理论研究人的行为的结果对行为的反作用。**美国心理学家斯金纳(B. F. Skinner，1904—1990)是强化理论的主要代表人物。**强化理论认为，如果某种行为能够产生对行为主体有利的结果，则行为主体就会重复这一行为，直至形成稳定的行为模式，如果某种行为没有产生对行为主体有利的结果，甚至产生不利结果，则行为主体就会放弃这种行为，这就是强化。简单地说，**所谓强化就是通过控制某种刺激物使人增加或减少某种行为重复的频率，而能够影响行为频率的刺激物就叫强化物。既然强化能够影响人的行为，那么灵活、及时、持续的强化也是有效的激励措施**，所以强化理论理所当然地被人们应用到管理领域中来。

(2)强化的方式。其一，正强化。员工出现对组织有利的积极行为后，就可以得到对自己有利的强化物，于是这种积极行为就会再现、维持、增加，称为正强化。例如，奖金、提升等对员工有利，通常可以用来刺激全勤、超产等积极行为的增加。

其二，负强化。员工出现对组织有利的积极行为后，就可以减少对自己不利的强化物，于是这种积极行为也会再现、维持、增加，称为负强化。例如，批评、处分对员工不利，员工为了不受批评、处

分也可以增加全勤、超产等积极行为。

其三,惩罚。员工出现对组织不利的消极行为后,就会得到对自己不利的强化物,于是这种消极行为就会减少、终止,称为惩罚。一般来说,正强化和负强化都是着眼于某种行为的引起或维持,惩罚则是着眼于某种行为的减少或终止。例如,如果无论正强化、负强化都没能引起员工的全勤、超产等积极行为,那么还可以对其缺勤、欠产的消极行为进行惩罚:罚款、降职、除名等等。惩罚与负强化似乎很相近,但负强化是在积极行为发生前希望引起和维持积极行为,惩罚则是消极行为发生后希望减少或终止消极行为。

其四,零强化。员工出现某种行为后,如果得不到任何强化,这种行为也会减少或终止,称为零强化。对于积极行为来说,零强化的结果是消极的。例如,如果对员工的合理化建议既不肯定,也不否定,既不采纳,也不拒绝,“泥牛入海无消息”,久而久之,员工就意识到,“不提白不提,提了也白提”,于是提合理化建议的积极行为就会越来越少,终至消失。对于消极行为来说,零强化的结果是积极的。例如,对一些员工的捣乱行为,往往越是批评和制止,越能满足他引人关注、哗众取宠的愿望,而不理不睬,反而使其消极行为衰减。

(3)强化的策略。其一,连续强化。连续强化指对行为主体的每一次行为都进行强化。这是一种最简单的强化策略,也是一种在管理活动中经常运用的强化方式,但又是一种效果不太好的方式。由于行为与强化之间的关系完全是一对一的、明确的,往往多次重复后,行为主体对强化物的敏感程度就会越来越低,强化效果自然也就越来越差。如果想继续维持强化效果,就只能提高强化物的强度,比如增加奖金数额等等,而这又会提高强化成本。

其二,定距强化。定距强化也称固定时距强化,指每次强化之间有固定的时间间隔。如每日、每周、每月、每季度、每半年或一年的总结、检查、评比、表彰等等都是典型的定距强化。定距强化简便易行,程序化、制度化程度高,在组织管理中的应用极为普及,可以说几乎所有的组织管理中都有应用,但也存在一些问题。比如,强化的周期性可能会导致被强化行为的周期性,即强化前工作热情高涨,强化后工作热情迅速消退,学生们开学松弛、期末突击的学习积极性周期性波动就是一例。另外,行为主体还会利用强化周期制定应对策略,机关评比中的常出现的"轮流坐庄"就是一例。

其三,变距强化。变距强化也称可变时距强化,指每次强化的时间间隔是不固定的、随机的。管理中常用的各种形式的抽查、抽检等都属于变距强化。研究表明,一般来说,变距强化的强化效果要优于定距强化。一是由于变距强化是随机的、偶然的,所以它导致的行为反应是平缓的、稳定的,不存在大起大落、忽热忽冷的周期性,这对于工作程序化程度较高、操作要求严谨的工作来说是非常重要的。二是由于行为主体不易制定应对策略,强化的结果也比较真实可信。例如,银行里对柜员的操作水平进行检查,如果仅仅是定距进行的话,一方面是柜员会在检查前突击练习,冲击正常工作秩序,另一方面是检查结果只反映突击时的、肯定大大高于日常工作状态的水平。而变距强化则可以使被强化者在整个强化期间都维持一个较高水平,这样就比较容易将这种高水平的行为变为固定的行为模式,这正是强化的目的所在。

其四,定比强化。定比强化也称固定比率强化,指行为的出现与强化的进行之间有固定的比率。例如,搬运工每天工作中间固定有一次工间休息,于是他从上班起就盼着早一点到休息时间,也许离规定的休息时间还差 10 分钟他就会对领班说时间差不多了,该休息了,也许他还将时钟拨得快一点,以便早一点休息。这样的情况下管理者怎么能指望有高的工作效率呢?如果管理者改为搬运工每搬完 100 箱可以自行安排一次休息,这就可以将普通的休息变为一种定比强化,搬运工为了早一点休息就会努力工作。久而久之,搬运工本来属于突击性的高效率工作行为就会强化为固定的行为模式。

其五,变比强化。变比强化也称可变比率强化,指行为的出现与强化的进行之间的比率是不固定的。比如管理者对搬运工超定额进行奖励。按定比强化的办法,每超定额 50 箱奖励 10 元,员工积极性是有限的,因为超定额越多则难度越大,而奖金比率并没有递增。而按变比强化的办法,可以超额第一个 50 箱奖励 10 元,超额第二个 50 箱奖励 20 元,超额第三个 50 箱奖励 30 元,奖金数量依次递增,也可以得第一个 10 元须超额 50 箱,得第二个 10 元须超额 40 箱,得第三个 10 元须超额 30 箱,工作数量依次递减。

背景链接　　斯金纳与强化理论

斯金纳美国当代心理学家,新行为主义最有影响的主要代表人物之一。初入汉密尔顿学院,主修英国文学。两年后转入哈佛大学读研究生,1931 年获哲学博士学位并留校工作。1936 年去明尼苏达大学任教。1945—1948 年在印第安纳大学任教。

强化理论是斯金纳操作条件反射理论的核心。操作条件反射理论是在巴甫洛夫(И. П. Павлов,1849—1936)的条件反射理论、华生(J. B. Watson 1878—1958)的行为主义、桑代克(E. L. Thorndike,1874—1949)的尝试与错误学习论等基础上发展起来的。斯金纳秉承行为主义的传统,也是一个环境决定论者,也认为人的行为不过是对外部环境刺激的反应。他特别强调条件反射的建立和强化在行为中的作用,认为强化是塑造行为的基础,行为不强化就会消退。举例来说,一个婴儿在咿呀学语时,父母或他人总是对他的咿呀学语做出肯定性的反应和回答,这样婴儿的咿呀学语就得到了强化,于是以后每当他渴望爱抚和交流时他就咿呀学语。进而,当婴儿的咿呀学语接近成人的正确发音时,父母或他人又会对正确发音做出肯定性的反应和回答,这样婴儿的正确发音又得到了强化。通过这种强化,婴儿终于完成了从不能自由控制的发音过渡到控制自如的咿呀学语,又从咿呀学语过渡到富有意义的语言。反之,如果在学习某种语言的过程中,婴儿没有得到适当的强化,婴儿就不可能学会该种语言,而在学会该种语言后如果没有适当的强化,婴儿掌握该种语言的能力也会逐步衰退。这个过程当然不只是发生在婴儿的语言学习中,任何人的任何学习过程都是与强化分不开的。

2. 强化理论在管理中的意义

(1)强化要灵活。任何强化都有自己优势与劣势,都有自己适合和不适合的对象,因此提倡从实际出发采取适当的强化物、强化方式、强化策略,并注意将它们配合使用,取得互补优势。

(2)强化要及时。任何强化都应尽可能及时,使员工能在强化物与被强化行为之间迅速建立直接的联系,以求得较好的强化效果。

(3)强化要持续。强化应是不断重复,持续进行的,被强化的行为在开始出现不利的变化趋势时能够及时得到再次强化。强化不是一次性的,没有重复就没有强化。

3. 强化理论的评价

强化理论揭示了人类学习的心理机制,对改变或稳定大多数人的大多数行为都是有效的,但也有本身的局限性。

(1)人类行为的改变或稳定不仅是个体的过程,还是个社会的过程,不一定都要亲力亲为强化过程,对他人行为结果的观察也可以影响自己的行为。

(2)人类行为的改变或稳定不仅受强化的影响,更由主体决定,同样的强化措施,对不同的人可能有完全不同的结果。

三、挫折理论

1. 挫折与挫折反应

前述各种激励理论基本上都是从正面鼓励、支持组织成员。实际上,负面的、失败的体验,同样也可以起到激励作用,甚至可以是正面激励无法替代的作用。据说古时有个将军从前线发回战报,说自己无能,“屡战屡败”,请求皇帝处罚自己。转呈战报的大臣知道如果真的这么报上去，皇帝非杀了这个将军不可，于是提笔改为“屡败屡战”。结果皇帝看后果然龙颜大悦，不但没杀这个败军之将，还嘉奖他作战神勇，不避生死。这个故事里的皇帝当然不是嘉奖将军失败，而是嘉奖将军能正确对待失败。不难想象，这位将军为谢皇帝不杀之恩，此后必定会奋勇作战，将功折罪。由此看来，失败、挫折并不可怕，关键是如何将其转化为激励力量，变坏事为好事。美国心理学家杜拉德（J. Dollard）、米勒（N. Miller）等人的挫折理论对此进行了专门研究。

所谓挫折，是指人的动机因受到主客观条件的限制与干扰，不能完全或完全不能转化为相应的行为，从而无法实现预定目标时的情绪状态与内心体验。理解挫折概念要特别注意两点：一是挫折与失败的区别。失败可以导致挫折，挫折是对失败的体验，二者密不可分，但二者不是一回事。失败是一个客观事实，挫折则是对失败事实的一种主观感受。一个简单的道理是，面对同一个失败事实，不同的人会有不同挫折感。二是并非任何失败都能导致挫折。首先是主体必须认为目标很重要，如果主体认为目标无所谓，那么失败就不一定会导致挫折感。其次是主体必须认为目标能达成，如果主体认为本来就没有多大成功希望，那么即使失败也不会导致太强的挫折感。再次是主体必须已付出了相当的努力。如果本来也没付出多大努力，那么即使失败，主体的挫折感也不会太强烈。最后是现实中目标的实现确有一定困难。如果没有困难，有付出就一定有收获，没有失败，当然也不会有挫折感。

（1）挫折的心理反应。**人体验到挫折后，在心理与行为上会出现一些相应的反应。这些反应可能是积极的，如愈挫愈奋，越是得不到就越是渴望等等，有些反应则可能是消极的，如失望、放弃等等。**其中心理方面的消极反应主要是出现一些消极情绪。如：

其一，愤怒。愤怒是最激烈的情绪反应，表现为精神亢奋、怒不可遏、暴跳如雷。这种情绪下人往往失去理智和自制力，根本无法工作。

其二,焦虑。焦虑往往表现为紧张、不安、忧虑、慌张、六神无主、不知所措。这时虽有很强的找出新办法的动机,但往往思维混乱,难于做出正确判断,工作效率低下。

其三,沮丧。沮丧一般表现为失望、抑郁、悲伤、压抑。这种情绪往往是人挫折体验非常强或多次遭遇挫折之后产生的。这是一种非常消极的情绪,对人伤害很大,一旦产生,短时间内很难摆脱,工作效率显著降低。

其四,无所谓。无所谓是最轻微的情绪体验。但这种人往往是工作动机不强的人,平时工作积极性就不高。

(2)挫折的行为反应。人经历挫折后常出现的行为方面的消极反应主要有:

其一,攻击。攻击性行为是最常见的,也是最激烈的行为反应。可分为直接攻击和代偿攻击。直接攻击是指行为主体将攻击行为直接指向妨碍目标实现的人或物。如直接与领导及同事吵架、打人等等。代偿攻击是将攻击行为转向替代的人或物。如有人受了上级批评会拿下级出气,受了人的欺负会拿设备出气,在单位里挨了处罚会回家拿妻子、孩子出气等等。

其二,防卫。防卫性行为是指人受挫折时为了保全名誉、尊严等,自觉或不自觉地采取一些自我保护行为。一种情况是合理化作用,也称外归因,即给自己的失败找一个冠冕堂皇的理由。如中国人在经历挫折后常常会自我解嘲、自我安慰地说"塞翁失马,焉知非福"、"谋事在人,成事在天"、"人不能跟命争"、"重在参与"、"重要的是过程而不是结果"等等。另一种情况是转换为疾病。如手脚麻木、血压升高等等,严重的甚至出现心因性失明、癔症性瘫痪等等。因为人们对病人总是宽容的。

其三,替代。替代是用彼事的成功替代此事的失败,从而求得宽慰与平衡,所谓"失之东隅,收之桑榆"。如工作上不能出人头地就去拿个象棋冠军等等。

其四,固执。固执是一再遇到挫折却不肯变化做事的方法,也不肯分析挫折的原因，而是撞了南墙不回头、一意孤行、一成不变、钻牛角尖。

其五，平静。平静是无所谓的情绪在行为上的表现。

既然挫折对人的心理与行为有如此直接的影响，那么管理者也必须关心挫折问题。

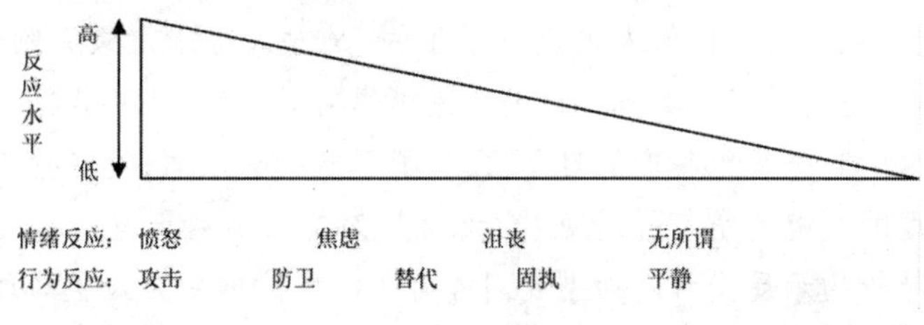

图5－6

背景链接　　挫折与人生

挫折是一种非常不愉快的体验，因此人们都渴望成功，回避挫折。但挫折在人生中毕竟是难以避免的，甚至可以说远比成功的几率要高得多，而且越是渴望成功，说明你的抱负水平越高，一旦遭遇失败，你体验到的挫折感就会越强。中国人常讲"人生得意无二三，不如意事常八九"，"希望越大，失望越大"就是这个意思。

那么我们该如何面对挫折呢？中国的儒家是进取意识比较强的，讲人要建功立业、追求功名、自强不息，但并不是没有回旋余地，还留着"达则兼济天下，穷则独善其身"的退路，还有"死生有命，富贵在天"的托词，其实也就是利用防卫中的外归因给人留下回旋的余地，降低挫折感。中国的道家讲"清静无为"、"无欲则刚"、"顺其自然"，用今天的话说就是降低抱负水平同样可以使人免受无谓的挫折之苦。中国的佛家讲"出世"，所谓"苦海无边，回头是岸"，实际上是放弃物欲，回避社会比较，求得内心的平衡，挫折也就无从产生。现代西方哲学思潮也探讨过这个问题。存在主义认为，人一生总是与"烦"相伴的，人生的本质就是"烦"。因为一个人与他人相同时,会天天发愁怎么才能出人头地,与他人不同,这是烦。一旦出人头地、与他人不同了,又要天天发愁怎么更胜人一筹,高人一头,还是烦。真的胜人一筹,高人一头了,还要提防小人嫉妒和暗算,更是烦。可见,对于一个人的存在来说,他人简直就是地狱,可人又偏偏只能生活于他人之间。所以,人要真正彻底摆脱烦,只有一个办法,就是死。死是任何人也代替不了的,是对人生本质最深刻的体验。在这里,我们不具体地讨论上述思想何对何错、孰高孰低,我们要记住的是先哲给我们的启示:人生不可能一帆风顺,没有挫折,因此问题的关键不是怎样避免挫折,而是如何正确认识挫折,提高我们对挫折的承受能力。如果我们进而还能将挫折变为人生的动力,那它更是一种不可替代的人生体验和人生财富。在这个意义上,中国人说"失败者成功之母"、"吃一堑长一智"似乎更有现实意义。

2. 挫折理论在管理中的意义

(1)注意挫折教育。1978 年以来,中国社会平稳发展了三十多年。这是自 1840 年以来中国社会从来没有过的好时光。这之间已经幸福地成长起了整整一代人。这一代人刚好又是严格实行独生子女政策的一代人。他们在尽情享受着祖辈、父辈、兄长们从未享受过的优越生活条件的同时,又抱怨缺少生活的跌宕起伏、一波三折。这种生活平静得他们自己都觉得没了味道。于是上雪山、进沙漠探险者有之,蹦极、攀岩寻求刺激者有之,无非是要给乏味的生活加点盐。俗语云,温室里跑不出千里马,花盆里长不出万年松。人们并非嫉妒这一代年轻人,非要他们也经历一番长辈曾经历的苦难。但无疑,挫折教育对这一代人是特别重要的。这如同得过结核病就有了免疫力,但最好不得,打一针卡介苗也同样可以产生免疫力。挫折教育是善意地告诉人们:一要正确认识挫折。人人都渴望成功,惧怕失败,心情是可以理解的。但也应该懂得,成功与失败并非完全绝缘的两极,而是一个不可分割的连续体,有成功就有失败,失败其实是成功的必要代价、成本和基础。二要学会分析挫折原因。不要没完没了地怨天尤人或纠缠于失败本身,因为它已经是无法改变的既成事实。真正有意义的工作是找出失败的原因,今后不在同样的地方跌同样的跟头。三是要锻炼对挫折的心理承受能力。既然挫折是心理体验,挫折的后果实际上是取决于我们的心理承受能力的。

(2)学会关心和宽容。中国人经历挫折后一般有几种情况:外向型的人容易发怒、攻击,管理者会批评这种人不沉稳;内向型的人往往过于自责、难于自拔,管理者会批评这种人经不起大事;城府很深的人喜怒不形于色,往往最讨管理者的欢心。其实喜怒不形于色可以是一种修养,但过度了则可能是人性的压抑和扭曲,并且是以失去真诚为代价的。特别要注意的是,这并非某一个管理者个人的喜好,而是一种理所当然、习以为常的管理文化,是一种被普遍接受的社会价值观念和人格模式,有着深厚的传统文化背景和社会心理环境。很多人工作中、生活中觉得很累,并不都是因为工作负担的沉重,更多的是因为心情压抑、心理负担沉重。所以我们应该提倡做一个开明、厚道的管理者,学会关心和宽容自己的部下,让他们生活和工作在更宽松一点组织环境中,让他们除去"成熟"的假面,生活得更真诚、更率直、敢怒敢乐。

(3)避免无谓的挫折。管理者应该善意地帮助人们避免无谓的挫折,不应该把眼睁睁看着恃才傲物的年轻人摔跟头当做"煞煞他的傲气"的手段,不应该明知就要出问题了还故意袖起手来作壁上观,等到真出了问题再冷笑一声"不听老人言,吃亏在眼前"。好的管理者要特别注意:一是尽可能不要给部下提出跨度太大甚至根本无法实现的目标,二是要尽可能为部下顺利达成目标而提供和创造必要的客观条件,三是要为部下顺利达成目标提供必要的经验、方法等方面的帮助和指导。

(4)心理宣泄与心理治疗。任何组织都是由人组成的,所以组织管理者虽不一定都成为心理学家,但都应该懂一点心理学、行为科学。不能只懂得策划、营销、质管,还要熟悉人类心理与行为的规律,学会做人的思想工作。特别是在中国,没有教会和神职人员来做思想工作,缺少心理医生,管理者就更应重视这点。此外在条件许可的前提下,组织还可以设置必要的宣泄渠道,提供可能的心理咨询与治疗。

3. 对挫折理论的评价

严格地说,挫折理论并不是一种激励理论,它主要还是一个心理学的研究领域,但在管理活动中,它又是不可或缺也无法回避的一个话题。特别是在当前“80 后”、“90 后”作为一种社会现象已经成为一个热门话题,作为一代人已经进入社会主流,扮演社会栋梁的角色的时候,挫折理论更是富于启发意义。

案例分析　　小马的苦恼

小马自己经营一家公司。公司规模不大,也没有什么复杂的激励制度,就是基本工资加奖金。他明白,基本工资不高,而且大家都一样多,起不到什么激励作用,要激励员工的积极性主要还是靠奖金,因此精心设计了一套奖励办法。但他发现,他精心设计的奖励办法往往开始很有作用,但时间长了以后,激励作用就开始下降,似乎员工是适应了、疲沓了、没有新鲜感了,于是只好重新设计。如此周而复始,已经有多次了。小马的苦恼是,奖励办法如果不变,激励作用会逐渐衰减乃至失效,奖励办法如果总变又会失去稳定性,给人留下管理不正规、随意性太强的印象,使员工或犹豫观望,或无所适从,也会影响激励效果。在变和不变之间,究竟该何去何从呢?

问题:

1. 你能理解小马的苦恼吗?你遇到过类似问题吗?

2. 请你用某个激励理论来解释这个现象的道理。

3. 请你根据某个激励理论给小冯提出具体的建议。

本章小结及对管理者的意义

本章介绍了激励的实质及其在管理中的作用,介绍了内容型、过程型和反馈型等几种类型的激励理论及其在管理活动中的应用。

对于管理者而言,激励理论与实践在实际的管理活动中是个具有根本意义的问题,也是最能体现组织行为学理论与组织管理实践密切结合的问题,应该引起足够的重视。

本章主要概念

激励

生理需要 安全需要 社交需要 尊重需要 自我实现需要

生存需要 相互关系需要 成长需要

成就需要 权力需要 合群需要

激励因素 保健因素 目标价值 期望概率 公平

目标 强化 挫折

本章复习题

1. 什么是激励?激励在管理中有什么作用?

2. 在需要层次理论中,需要有哪些层次?各层次之间有什么关系?需要层次理论在管理中有什么意义?

3. 在ERG理论中,需要有哪些层次?ERG理论的主要观点是什么?ERG理论在管理中有什么意义?

4. 在成就需要理论中,需要有哪些层次?成就需要理论的主要观点是什么?成就需要理论在管理中有什么意义?

5. 在双因素理论中,双因素是指什么?双因素理论的主要观点是什么?双因素理论在管理中有什么意义?

6. 在期望理论中,目标价值和期望概率是指什么?激励力量取决于什么?期望理论在管理中有什么意义?

7. 在公平理论中,公平是指什么?积极性取决于什么?公平理论在管理中有什么意义?

8. 在目标理论中,对目标设置有什么要求?目标理论在管理中有什么意义?

9. 在强化理论中,强化是指什么?强化有哪些方式和策略?强化理论在管理中有什么意义?

10. 在挫折理论中,挫折是指什么?挫折会引起哪些反应?挫折理论在管理中有什么意义?

本章思考题

1. 你体验过哪些激励措施?说说你对这些激励措施的感受?

2. 在学习过本章内容后,你现在怎样理解激励?

本章阅读书目

1. [美]黑尔里格尔、斯洛克姆、伍德曼:《组织行为学》第6、7章,中国社会科学出版社2001年第1版。

2. 关培兰:《组织行为学》,第9、10、11、12、13章,武汉大学出版社,2001年第1版。

第六章　群体有效性与群体凝聚力

本章要点

- 群体及其形成原因、基本类型、发展阶段、社会效应、有效性
- 非正式群体及其形成原因、主要特点、基本类型、管理原则
- 群体凝聚力及其形成、作用、管理

引　子

法国工程师林格曼(Ringelmann)曾经设计了一个发人深思的拔河试验:把被试验者分成一人组、二人组、三人组和八人组,要求各组用尽全力拉绳子,同时用灵敏度很高的测力器分别测量其拉力。结果是,与一人组的拉力相比,二人组的拉力只是一人组拉力二倍的95%,三人组的拉力只是一人组拉力三倍的85%,八人组的拉力只是一人组拉力八倍的49%。

由此看来,虽然群体是由个体组成的,但群体并不是个体的简单相加,有的时候可能是“三个臭皮匠合成一个诸葛亮”,也就是1 +1 +1 >3,也有的时候可能是“三个和尚没水吃”,也就是1 +1 +1 <3。

第一节　群体及其有效性

一、群体及其形成原因

1. 群体及其特征

中国古代哲人荀子(约公元前313—前238)说,人“力不若牛,

走不若马,而牛马为用,何也?曰人能群,彼不能群也”。[①] 荀子生活于战国末期,距今已有二千二百多年了。足见人们很早就认识到,结成一定的群体是人的特征所在,也是人的力量所在。群体不仅增长了人的力量,使人可以完成许多单独的个体不可能完成的任务,而且也使人出现了很多群体中特有的行为和行为规律。

在组织行为学中,**群体是指介于个体与组织之间的,通过一定的社会互动关系而集合起来的,进行共同活动的人们的集合体**。如果我们将组织理解为一个人际关系系统的话,那么个体就是构成这个系统的要素,而群体则是介于组织系统与个体要素之间的子系统。例如,公司、机关、学校、工厂、军队等是系统,公司里的部门、机关里的科室、学校里的班级、工厂里的车间、军队里的班排等就是群体,公司部门里的职员、机关科室里的干部、学校班级里的学生、工厂车间里的员工、军队班排里的士兵等则是要素。

一般来说,构成群体至少应有如下特征:

(1)有一定数量的人。任何群体都是由一定数量的个体组成的。人数比较少可以组成小一些的群体,例如三个人、两个人可以组成一个小群体,但只有一个人是不能成为群体的。人数比较多可以组成大一些的群体,例如十几个人、二十几个人可以组成一个较大的群体,但群体规模不可能是无限大的,因为群体规模大到一定程度就会自动分裂为若干小的群体。

(2)有稳定、持续的社会互动关系。社会互动这一概念源自社会学,指社会角色之间的相互作用、相互影响。人们常说的“一个巴掌拍不响”,就生动地描述了这种互动关系。群体内部必须存在互动关系,路上南来北往的人群,虽然是一群人,但没有互动关系,所以还不是群体。不仅如此,这种互动关系还必须是具有相对稳定性、持续性的,商店中的售货员与顾客之间、诊室前候诊的一群患者之间,虽有互动关系,但缺乏稳定性、持续性,所以仍不是群体。

① 《荀子·王制》。

(3)心理上有归属感。群体成员能在心理上意识到自己是某一群体的成员,并由此影响到自己的行为。例如一个群体成员在另外什么人贬损自己所属群体时会感到是自己在受辱,在群体的成就被肯定时会感到是自己的荣耀,在自己遇到困难时会想到求得群体及群体其他成员的帮助等等。平常我们所说的“集体荣誉感”、“团队意识”等都是归属感的具体表现。

综上所述,认识群体至少应划清四种界限:第一,群体不是组织。组织具有自己独立而完整的目标,而群体目标则只是组织整体目标的分解,不具有独立的意义。第二,群体不是个体。个体是一个人,而群体则是一些人或说是若干个体的集合。第三,群体不是群众。群众是指某种偶然的聚集,而群体则具有稳定、持续的互动关系。第四,群体不是社会分类。社会分类是社会学研究者根据研究的需要来划分的,同类社会成员本身并没有归属感,而群体成员则有一定的归属感。

2. 群体形成的原因

对于个体而言,加入一定的群体意味着必须放弃某些东西,例如自由行动、自主决策的权力等等。那么人为什么宁肯付出一定代价也要结成群体呢? 这是个非常重要的问题。因为这不仅是在回答群体产生的原因,而且是在回答群体的功能、维系条件等等一系列基础性的问题。另外,许多有关群体行为的具体问题,如群体凝聚力的强弱、群体有效性的评价等等,也都与此有直接的关系。一般来说,群体形成的原因主要来自个体和组织两个方面:

(1)满足个体需要。首先,人本身就是结群的动物,在人的基本需要中就有“归属的需要”。这种需要当然只有通过加入一定的群体才能得到满足,是不可替代的。所谓“高处不胜寒”、“苍茫何所似,天地一沙鸥”、“前无古人,后无来者,念天地之悠悠,独怆然而泣下”等等都是孤独,并且不仅仅是一个人独处的孤独,更是一种心灵上无所归属、无所寄托的孤独。而所谓“士为知己者死”、“人生得一知己足矣”、“曾经沧海难为水,除却巫山不是云”等等,又是对结群的怀念或渴望。

其次,除归属需要以外,人的其他需要,包括生存需要、安全需要、尊重需要、自我实现的需要等等,可以说人的一切需要,也都不可能离开人的群体而得到满足。面临危险时需要别人壮胆,面临压力时需要别人分担,面临困难时需要别人帮助,面临欢乐时需要别人分享,面临成功时需要别人赞赏等等。也正是因此,在三千七百多年前的古代巴比伦的汉谟拉比法典中规定对犯人最严厉的处罚之一就是:“逐出本地与家庭”。中国古代商汤战胜夏桀后,对桀的处罚也是放逐,并且桀最后正是死于放逐。

(2)实现组织目标。任何社会组织都是为完成一定任务、实现一定目标而建立起来的。但在大多数情况下组织目标都是比较复杂的,这就需要将复杂的总目标分解若干较为简单的子目标,并建立相应的专门群体。例如,一个企业的总目标通常可以分解为经营决策、生产管理、技术开发、市场营销、公共关系等子目标,于是企业中也就会有总经理办公室、制造部、开发部、市场部、公关部等工作群体。如果各部门都能够真正各就其位、各司其职、各尽其责,那么企业的总目标也就可以实现了。

过去在这个问题上,我们谈第二方面,即群体为实现组织目标而存在时总是理直气壮,而谈第一方面,即群体为满足个体需要而存在时则总是避之唯恐不及。总是不厌其烦地讲“个人服从集体、局部服从全局”,“大河有水小河满,大河无水小河干”之类大道理,而不肯讲,甚至反对承认群体对个体的依赖,更是忌讳谈群体也应满足个体的需要,个体需要的满足是群体存在与发展的基础。这是不对的。事实上,个体对群体的贡献和群体对个体的满足应该是相互平衡的。我们不可能要求每个个体都只是为了纯粹的奉献才加入群体。例如,参军入伍应该说是典型的奉献,过去征兵动员时我们也往往只讲为保卫祖国而参军这方面的道理。而现在陆军的宣传口号是“千锤百炼,你行吗?”海军的宣传口号是“乘风破浪,你想吗?”空军的宣传口号是“壮志凌云,你能吗?”这就将为国家的无私奉献与为个人的有私需要有机统一、巧妙结合起来，实在是高明而科学，入理又入情。

二、群体的基本类型

1. 小型群体、中型群体、大型群体

一般可以根据人数的多少将群体分为10人以下小型群体、10~20人的中型群体和20人以上的大型群体。群体规模一般为$2<n<30$。一般来说工作群体在胜任工作前提下规模应尽可能小一些。因为，第一，规模越大，成员之间相互沟通的任务越重，人均时间越短，效果越难保证。假设我们是某一群体中的成员且每天工作中可以有1个小时用于沟通的话，当群体规模为2人时，人均沟通时间为60分钟，可能足够充裕，当群体规模扩大至10人时，人均沟通时间降低为6.7分钟，已经非常紧张，当群体规模扩大至30人时，人均沟通时间降至仅2.1分钟，肯定是不够的。因此在群体规模较大的情况下，要想改善沟通，就要拿出更多的时间与精力，这样直接用于工作的时间与精力就要相对减少，这就是所谓增加内耗，结果自然是降低群体工作绩效。第二，规模较大的群体中，成员彼此交往和接受的程度不可能完全是相等的，于是会自动分裂出若干小的非正式群体，如一个办公室的同事中会有“与××关系特别好”、“与××是老乡”等等。对于任何管理者而言，非正式群体的出现都是一件比较复杂的事情。所以，群体规模应取决于工作需要，以胜任工作为度，并非简单的“人多力量大”，还要警惕“人多盖塌房”。

2. 正式群体、非正式群体

根据群体形成的原因可以将群体分为正式群体与非正式群体。正式群体指根据组织目标建立起来的有组织规定的正式结构与明确工作职能的群体，如班组、科室、作业组等。非正式群体指为满足成员个体需要而自发形成的，没有明确的工作职能或完全没有工作

职能的群体，如同乡、同学、密友等。

3. 合作群体、协作群体、协调群体

按群体成员彼此关系的密切程度与依赖程度可分为合作群体、协作群体和协调群体。合作群体是指群体成员的角色差异比较明显，群体任务必须由群体成员相互配合、共同努力才能完成的群体，如流水线上的班组、体育项目中的足球队与篮球队等。这种群体不可能一个人包打天下，对成员的合作意识、合作水平要求比较高，凝聚力也比较强。协作群体是指群体成员的角色差异不大明显，群体成员的任务相似并有相对独立性，但完成任务还需要一定的相互配合的群体，如律师事务所、机关中的科室、体育项目中参加接力赛、团体赛的团队等等。这种群体往往存在内部竞争，成员间的关系不十分密切。协调群体指群体成员基本没有角色差异，成员的工作可以独立完成并具有独立的价值，群体存在的意义主要是协调人际关系而不是完成工作的群体，如各种协会、联谊会、参加大型体育赛事的代表团等。这种群体最为松散，凝聚力也最低。

4. 工作群体、社交群体

根据群体作用的性质可以分为工作群体与社交群体。为完成工作任务而建立起来的群体是工作群体，如科室、班组等。为满足人的复杂社会需要而建立起来的群体是社交群体，如工会、党团等。

5. 永久性群体、临时性群体

根据群体存在时间的长短可以分为永久性群体与临时性群体。为完成组织常规任务而建立的群体通常存在的时间比较长，一般要工作任务、组织目标完成或有重大调整时才结束或改变，称为永久性群体，如科室、班组等。为完成某些临时性任务而建立的群体存在的时间通常以任务完成情况为限，任务出现，群体建立，任务完成，群体解散，如技术攻关小组、展览会筹备组等。

6. 一般群体、参照群体

根据群体在管理中的作用可以将群体区分为一般群体和参照群体。一般群体是根据工作任务的需要而建立的常规群体。参照群体也称理想化群体，其组建主要不是为了完成工作任务，而是提供一个比较的标准或一种模仿的样本。参照群体可以是一种实体性群体，如模范班组等，也可以是表达管理者要求的虚拟群体，如先进班组的标准等。

群体类型如此复杂，这就要求管理者要学会从不同角度看问题。一是对不同类型的群体要有不同的管理方法。不同类型的群体其目标、功能、关系、绩效标准等等都是不同的，管理方法自然不可能完全一样。比如，有的群体中要鼓励团队意识、合作精神，有的群体中则应鼓励创造精神、独立意识。二是对不同类型群体的成员要有不同的评价标准。现实生活中每个人都会同时存在于多个群体之中，扮演不同角色，因而人是多面的，看人也就不能只看他的某一方面。比如某个员工可能在流水线的本职工作上并不出众，但可能在运动会上是个出色的运动员，其优异的成绩同样可以为企业带来好处。

三、群体的发展阶段

群体是由人组成的，也如人一样有一个成长过程，大体可以分为四个阶段：

1. 形成阶段

形成阶段即组建阶段，个体组成群体。随着大家走到一起来，大家开始了解群体的工作任务、目标、方法，成员之间彼此认识，消除陌生感，初步形成相互信任、相互依赖。因此管理工作的重点主要在消除成员对人和事的陌生感上。如，确定目标和实现目标的工作计划；明确群体内部的责权关系，分工设岗；创造群体成员相互熟悉和接近的机会；初步建立基本的规章制度和信息沟通网络等。

2. 磨合阶段

磨合阶段即接纳阶段，成员互相了解，寻求角色定位。随着工作的逐步展开，成员间的接触日益频繁，群体内部会出现大量成员间工作关系、人际关系方面的问题。因此管理工作的重点主要在人的关系上。如，进一步补充、细化和明确各种规章制度，严格规范各岗位的责权关系；鼓励合理化建议；完善沟通网络，鼓励和提倡将矛盾摆到桌面上来，反对回避矛盾，反对放任自流；适当调整机构、人员等。

3. 成长阶段

成长阶段即发展阶段，中心从关系转向工作。经过磨合期后，群体内部的工作关系、人际关系逐步协调，合作意识得到强化，制度基本健全，内耗大幅度降低，工作绩效开始明显上升，群体进入发展壮大阶段。因此管理工作的重点集中到了工作任务上。如，注意充分发挥成员的潜力和群体的整体优势；特别重视提高效率和决策优化；进一步完善沟通网络，特别是沟通网络中的反馈系统，加强沟通，特别是上下级的沟通；注意研究成员的需要结构，建立合理的激励机制等。

4. 成熟阶段

成熟阶段即走上正轨。经过发展阶段，群体的各项规章制度已经基本完善，每个成员已经找到了合乎自己能力和兴趣的位置，成员的相互配合日益熟练，群体已经进入成熟阶段。因此管理工作的重点主要在人与事的稳定和规范上。如，形成并稳定群体的工作方式与风格；注意成员高层次需要的满足和成员个人的成长；强化评估机制；寻求新的兴奋点等。

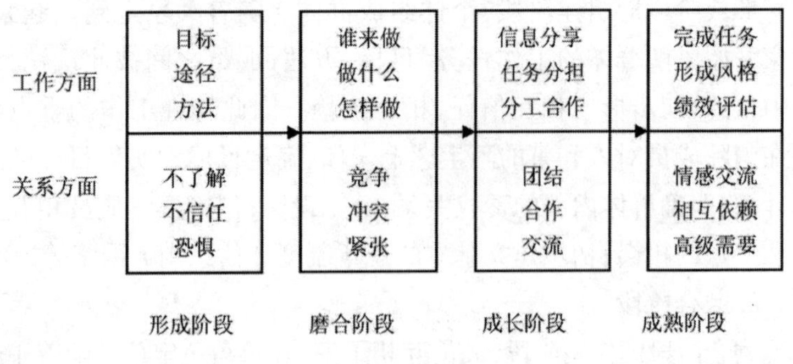

图 6－1

这里需要说明的是两点：

首先，上述群体发展阶段是简化、典型化的，在群体发展的实际过程中，上述阶段是不可能截然分开的，而是相互交叉、相互重叠的，所以往往很难明确界定某一群体当前究竟处于哪一阶段。不能简单化地以为在形成阶段、磨合阶段，成员就一定还没有产生高层次需要，在发展阶段、成熟阶段，成员之间就一定不再有冲突了。实际管理工作中，我们通常只能大致地确定群体处于哪一阶段，将我们的工作重心放在哪一方面，这并不意味着就可以不做其他方面的工作了。

其次，上述群体发展阶段是依次递进的，但在群体发展的实际过程中，一个现实群体的发展并不总是严格依次递进的。群体有可能滞留在某一阶段上不继续发展，如人际关系过于紧张、复杂可能使群体长期陷于解决这方面的矛盾而难以越过磨合阶段。群体也有可能从后一发展阶段退化到以前的发展阶段，如已经进入成长阶段、成熟阶段的群体会因成员的重大冲突或调整、工作任务与协作关系的重大改变等而重新进行磨合。当然它也有可能因某一阶段的问题无法解决而直接解体，始终不能进入高级阶段，如磨合阶段成员之间的矛盾始终不能化解，反而越积越深，终至矛盾爆发而导致群体解体。

四、群体的社会效应

由于群体的存在，我们工作和生活在一种不同于个人单独活动的特殊条件下，社会心理学称之为“他人在场”。在“他人在场”的环境中，会出现某些特殊的社会效应。

1. 去个性化

去个性化指个人在群体中或与整个群体一道从事某项活动时，个人对群体的认同压倒了自我意识，从而使人失去了个体感。去个性化的结果是使个人融化在群体中，并在群体的保护下违反个体通常遵守的社会准则,做出一些只有在群体情况下才会有举动。有些社会心理学家常常以此来解释一些群体暴力事件或群体冷漠事件。例如,一些平常循规蹈矩的人会跟着别人参加哄抢、斗殴等冲破道德与法律约束的事情,一些平常不乏正义感和同情心的人会对正在自杀或溺水的人袖手旁观甚至进行鼓励等。

去个性化的出现是因为群体创造了去个性化环境:一是群体规模造成了责任分散,于是本来在责任感约束下的人性的某些方面失去抑制,如一些人看着溺水者沉入水底而不肯伸出援手。二是身份匿名造成了责任缺失,只行使权利而不必承担责任,也会使本来在责任感约束下的人性的某些方面失去抑制,如匿名制使网络上的极端言行异常发达。三是群体成员的互相感染造成了强大感,使人性的某些方面受到鼓励,如球场上的球迷发现成千上万的人与自己做着同样的事情时会特别冲动。

2. 社会助长与社会懈怠

群体的互动会影响人的工作成绩。有时群体互动会提高人的工作成绩,称为社会助长作用或社会促进作用。如马拉松运动员在集体竞赛中比在个人训练中更容易跑出好成绩。有时群体互动会降低人的工作成绩,称为社会懈怠作用或社会惰化作用。如拔河时集体拉力会小于个人拉力之和。

群体是如何影响工作成绩的呢?一般来说,如果任务比较简单,比如解决问题的方法比较明确、手段比较熟练、过程比较熟悉等,会更容易出现社会助长作用。如果任务比较复杂,比如解决问题的方法需要摸索、手段还不熟练、过程比较陌生等,则更容易出现社会懈怠作用。例如,工厂里的体力劳动、竞技体育中的田径项目等更适合集体竞赛,而解决复杂数学问题、竞技体育中的棋类项目等更适合个人思考。

为什么群体会影响人的工作成绩呢?主要是他人在场使人处在一种被“唤起”也就是兴奋的状态。在这种状态下:一是人们有评价顾忌,也就是说人为了从他人那里得到更好的社会评价或希望超过合作伙伴而与自己平常表现有所不同。二是人们会分心，也就是说由于他人在场，人们的精力从单纯集中于工作变为既要自己努力工作，又要关注合作伙伴的情况和旁观者的评价，自然使自己与平常表现有所不同。三是即使是没有评价、没有分心，纯粹的他人在场也会使人比平常更兴奋。

为什么群体有时候会出现社会助长作用，有时候却出现社会懈怠作用呢？因为群体之所以会影响人的工作成绩，主要是他人在场使人被“唤起”也就是处于兴奋状态，如果任务比较简单，人们更集中精力于任务本身，就可以提高效率，如果任务比较复杂，人们迫切地要提高效率，可又不得要领，反而产生焦虑，所以效率会降低。

除上述以外，我们在有关章节还将介绍群体的其他社会效应。

五、群体的有效性与群体管理

1. 群体的有效性

建立群体的目的是群体比个体能够提供更高的有效性，因此群体管理的目的也就是提高群体的有效性。群体的有效性包括：

(1)群体的工作绩效。群体的有效性首先的和根本的应该体现在它能够提高群体成员的工作绩效，如更多的数量、更好的质量、更高的效率、更敏捷的反应、更丰富的创新等等。

(2)群体成员的满意度。以人为本的管理观念告诉我们，当代的管理不仅追求群体工作绩效的提高，同时也要追求群体成员满意度的提高，体现在成员对物质收入、安全保障、关爱、尊重与信任、实现自我与成就理想等需要的满足程度上。

(3)群体学习。群体有效性还应该表现在群体的成长上，主要体现在群体学习能力的提高上，如群体对新知识、新技术、新业务等的敏感和获得等等。

(4)外部的满意度。群体的有效性最终应该体现在社会声誉及市场、顾客、供应商、合作者、投资人等满足程度的提高上。

总之,高的群体有效性应该是高工作绩效与高员工满意度的统一,高内部满意与高外部满意的统一,完成当前任务与学习创新的统一。

2. 群体的管理

(1)了解群体及群体行为的规律,实现科学的群体管理。**群体的管理是管理实践的一个主要领域。了解了群体及群体行为的一些基本规律,就应该懂得尊重利用客观规律,实现科学的群体管理。**

首先,群体不是万能的,群体的作用也不是只有积极的一面,应该懂得什么时候可以利用以及如何利用群体的优势,什么时候必须避免以及如何避免群体的劣势。例如,当工作任务比较简单、明确、熟练时,可以开展一些竞赛活动,利用社会助长作用提高工作效率,而工作任务比较复杂、陌生时,就要慎用竞赛,避免产生社会懈怠作用,反而降低劳动效率。

其次,看待群体问题,不能只有道义的角度,还要有社会心理学的分析。有很多群体事件,如面对溺水、自杀、公开犯罪等的集体性冷漠;球迷、追星族的现场集体性狂热与过激行为;企业里对事故、危机等的苗头不是没有看到,而是你看我,我看你,最后大家眼睁睁看着事故发生而不肯伸手的集体性失职等,其实是有很复杂的社会心理原因的。如果只是像平常大多数情况下我们所做的那样,从道义上进行一番情绪化的谴责,是远远不够的。这类在社会心理学上称为去个性化的现象的一个重要原因,就是个人淹没在群体中所造成的责任缺失、责任分散。要减少这种现象,社会上就应该加强公民社会责任感的教育,企业中就要责任落实到个人。

(2)在科学认识群体及群体行为规律的基础上,从群体管理走向团队建设。**所谓团队是指由不同背景、不同知识与技能的成员所组成的高度互补、充分互动的跨职能工作群体。**团队也是一种群体,不过与大多数传统工作群体不同的是:

其一,传统工作群体的基础是“同”,而工作团队的基础是“异”。这是指,传统工作群体是按照职能、技能、工序、工种等的相关性、相似性，根据“合并同类项”的原则组建起来的，群体成员的职能、技能、工序、工种等具有单一性，而工作团队恰恰是将不同职能、技能、工序、工种等成员组合在一起，是根据“互补”原则组建起来的，团队成员的职能、技能、工序、工种等具有差异性。

其二，传统工作群体的关系是“分工”，而工作团队的关系是“合作”。这是指传统工作群体无论任务分配还是绩效考核，都强调职责清楚、责任到人，而工作团队则强调合作精神、团队意识、整体绩效。

其三，传统工作群体的管理是“执行”，而工作团队的管理是“协调”。这是指，传统工作群体在管理上强调任务管理、令行禁止，由具有“官员”身份的负责人来安排任务、监督考核，成员被动执行，而工作团队在管理上强调建立共同愿景、发展相互信任、协调人际关系、实现信息共享，由具有“教练”身份的负责人来协调、引导，成员主动进取。

工作团队相对于传统工作群体有很多显而易见的优点：由于有共同价值观和良好的人际关系，员工参与决策，所以团队更容易形成人性化的、积极向上的良好工作氛围；由于在人际关系和工作关系之间实现了良好的互动，所以团队更容易发挥成员的互补优势、整体优势；由于分工简化，所以团队更有利于发展成员的综合技能、应变能力，更有利于成员的成熟、自我完善和职业生涯发展；团队的沟通更充分，在工作分配、应变、决策等方面更灵活等等。

工作团队的主要缺点是：团队从建立到成熟需要一定的时间，对于比较简单、明确的一般任务而言，这可能是一种浪费；成员除工作外，在调整自己、适应他人、学会合作、发展技能等方面要分出更多的精力；由于角色模糊、职责模糊，如果管理水平不高，可能会出现混乱、困惑、失控等。

经验表明，如果工作任务比较复杂而需要多种技能和经验，如果环境比较复杂多变而需要反应迅速及灵活应变，如果员工有较高素质与较高成就需要等，团队一般会比传统的工作群体更灵活高效。当然,团队不是万能的,也不可能孤立地存在和运作。搞好团队建设,还需要相应的组织文化与管理模式、培养团队领袖、拥有高素质的员工、一定的培养期等。

背景链接　　　　工作团队的产生与发展

最早的工作团队诞生于二战之后的日本。当时急于改变"Made in Japan"是低档产品或劣质产品代名词的状况,日本企业正在千方百计搞质量管理。在这个过程中,管理者们发现,质量问题是一个非常复杂的问题,不是只出在哪一个具体的工序,也不是哪一个具体的职能部门所能完全解决的,必须建立"全员质量管理"的管理观念和管理机制。1949年1月,第一个解决质量监督与控制的工作团队——QC小组(Quality Circle)诞生于一家日本企业。到1980年,日本企业的QC小组成员已经数以百万计。20世纪60年代以后,美国的一些企业开始逐步接受工作团队的管理模式。20世纪70年代中期,沃尔沃汽车、丰田汽车等大企业引入团队管理时,还曾经是轰动一时的热点新闻。而到了20世纪90年代中期,通用电气、美国电报电话、惠普、摩托罗拉、苹果电脑、联邦快递、克莱斯勒、3M、强生、施乐、爱默生等著名企业都把团队作为了自己主要运作模式。

案例分析　　　　波音飞机公司的工作团队①

波音公司设计开发了一种新型双引擎飞机777－200。从外观上人们一眼就可以看到这种飞机一处明显的新设计,机翼的尾端不是像过去那样平直的,而是向上折起的。按照设计人员的说法,这种折翼设计最大的好处是可以减少飞行阻力,节省燃油。可是这种设计在市场上有个大问题:习惯使用传统直翼飞机的客户,不愿订购这种新型折翼飞机。

① 改编自[美]斯蒂芬·P.罗宾斯:《组织行为学》,第268页。

飞机制造是一个非常复杂的过程,从设计、生产、销售、维修,到客户服务、财务管理,甚至客户,都要参与其中。

波音公司的传统做法是,按照飞机制造流程,一环一环顺序进行。首先由设计人员提出设计方案,然后是生产人员组织生产,再后是销售及客户服务人员与客户打交道,依次类推。如果客户提出什么建议或要求,就逐级反馈回设计人员,再开始新一轮滚雪球式的项目改进与完善工作。这样的结果是,设计、生产、销售、财务、客户服务等各部门都培养并拥有一批专家。他们职责划分清楚、精通本部门业务,但彼此因为职能分割、层级阻碍,往往造成工作上反应慢、成本高、效率低。比如777－200项目,按照过去的做法应该是,设计人员只考虑折翼设计的技术先进性,不考虑也不懂得客户需求及成本控制之类技术以外的问题。等到市场反馈回来客户不喜欢折翼设计的信息,设计人员再设计一种让机翼可折叠可固定的装置,从技术上解决直翼客户的问题。实际上,对直翼客户来说,这种方案意味着不仅折翼设计的节油好处享受不到,为了维持传统直翼的消费习惯还要付出新设计的价格以及固定机翼所带来的飞行阻力增加、油耗增加等弊端。换句话说,直翼客户花了比过去更多的钱却买了还不如过去的飞机。这是直翼客户的初衷吗?对折翼客户来说,他们多花钱是为了买到更节油的飞机,结果却是为了照顾别人的消费习惯,自己多花钱还不节油。这是折翼客户能接受的吗?

波音公司现在的做法是,在777－200项目中,采用团队形式,降低成本、提高效率。具体说就是,波音公司将777－200项目的相关人员,如设计人员、生产专家、维修人员、客户服务人员、财务人员,甚至客户代表等,按8～10个人组成一个个的小团队,全面负责飞机的设计、生产、技术完善等问题。团队的各个成员都在技术、知识、信息、视角等方面形成互补合作的关系。这样,每个团队都可以把飞机的设计、生产、销售、改进等所有环节看做是一个有机整体,对任何一个环节有了新想法马上就可以付诸行动,而不需要像在传统官僚系统约束下那样,必须一个部门一个部门地沟通与反馈、一层一层地上报与审批、一个会议一个会议地研究与讨论。在团队人员的密切合作下,777－200项目的一种新的生产方式被很快创造出来,生产人员现在可以用同一套工具根据客户订单制造直翼或折翼。利用这种工艺,波音公司可以在不另外搞生产线、不增加成本,而且反应很快的情况下,既满足折翼客户享受节油新技术的需要,也满足直翼客户保留消费习惯的需要。更重要的是,所有客户都不必忍受增加机翼固定装置那种虽然技术含量很高,但既提高飞机价格,又没有节油之利的华而不实的解决方案。在整个777－200项目中,团队中的客户代表从使用者角度提出了一千多项改进建议,团队中的维修人员从维修者的角度提出了一百多项改进建议,而这都是在仅8~10个人的团队内部就得到的。没有一个庞大公司各部门、各层级之间的公文旅行、推诿扯皮、信息失真等官僚主义,也不是先推出成品再等待市场反馈进行改进的低效率。

现在波音公司高层管理人员相信,工作团队有助于公司以更低的成本,更快的速度生产出更好的飞机。他们决定在1997年交货的737X客机和2003年交货的F－22军机的生产中也采用团队方式。

问题:

1. 工作团队与班组、科室等普通工作群体有哪些相同和不同?

2. 为什么工作团队日益受到企业的欢迎?

第二节 非正式群体及其管理

一、非正式群体及其作用

1. 非正式群体

管理者设计的群体都是工作群体,群体内的人际关系都是工作关系，群体成员都是工作中的角色。但在现实中，纯粹的工作人是不存在的，群体成员都是完整的社会人。除工作外，他们还有各种必须满足的复杂的社会需要。当工作群体不能完全满足群体成员这些需要时，他们就会通过发展各种工作以外的人际关系，以满足自己的社会需要，如各种“哥们儿”、“姐们儿”、“师徒”、“师兄弟”、“牌友”、“棋友”、“同乡”、“同学”等等。**所谓非正式群体就是指为满足成员个体需要而自发形成的，没有明确的工作职能或完全没有工作职能的群体。**

传统管理理论和实践中对非正式群体或根本不认识，或完全从消极的方面来认识与处理。20 世纪初的“科学管理理论”的创始人泰罗就曾经规定流水线上各工位间的距离不能小于 6 英尺，因为他认为如果工人间的距离太近会增加相互交谈的机会而影响工作。换言之，他力图割断工人之间工作以外的任何联系，强制工人之间只能按照管理者规定的工作群体发生工作关系。20 世纪 30 年代梅奥的人际关系理论中首先明确地将非正式群体的作用及其管理问题纳入了管理理论研究。梅奥在著名的霍桑实验中发现，在厂方建立的正式的班组之外，工人还分成了分别处于车间前部和后部且工作性质略有差别的“前帮”与“后帮”两个非正式群体，而且非正式群体对工人的影响力远大于正式的工作群体。例如，工人生产时不是按照当局的产量指标，而是将产量维持在一个非正式群体内所有成员都能接受和完成的自发的水平上，从来不会为了达到当局规定的指标而使自己的同伴受到伤害；违背了正式群体的规范会受到当局的处分，违背了非正式群体的规范也会受到来自非正式群体内部成员语言的甚至肢体的攻击等等。从此，非正式群体的问题才引起了管理理论的重视，非正式群体的管理也纳入了管理工作的范围。

2. 非正式群体的形成原因

(1) 心理与行为上的相容性。非正式群体与正式群体一个很大的区别就在于，正式群体是根据工作需要设计的，是以工作关系为纽带的，感情上合得来也罢，合不来也罢，工作上仍必须合作，而非正式群体则主要是以感情关系为纽带的，通常并没有强制性的规范（黑社会性质的非正式群体除外）强迫其合作。所以，相同的兴趣、相近的爱好、相似的价值取向等等在非正式群体形成中具有决定性意义。生活中常见的"棋友"、"牌友"、"哥们儿"、"姐们儿"等非正式群体都是这样形成的。古人所谓"嘤其鸣矣，求其友声"、"意气相投"、"志同道合"、"道不同不相为谋"等等，都从不同角度揭示了这种关系的实质。

（2）沟通与交往。工作、生活上沟通与交往的时间、频率等也是非正式群体形成的一个重要因素。有人曾在研究中发现，在一栋楼中，同一楼层的邻居之间比上下楼层的邻居之间更容易结成比较密切的朋友。即使是因分处楼道两端而相隔甚远的邻居也比上下楼层相邻仅隔一层楼板的邻居更容易结成比较密切的朋友。这大概就是所谓"远亲不如近邻，近邻不如对门"的道理所在吧。中国旧小说中的爱情故事里，常常有公子定情后花园、表哥恋上表妹之类的俗套，并不是因为中国人缺乏想象力或不懂得近亲不能结婚的道理，而是封建社会中礼教太严，不如此安排情节，男女主人公几乎没有见面的机会，不见面如何成为恋人，没有恋人关系又让作家如何演绎爱情故事呢？

（3）特殊的社会关系。非正式群体形成过程中，某些特殊的社会关系也起着特别重要的作用。亲友、同乡、同学、师徒之间往往更容易形成特殊的小圈子，就是这个道理。例如，在等级森严的行政机构中，上下级之间本来只是工作关系，如果一旦出现了工作以外的关系网，往往不是过去的首长与部下，就是曾经的同乡或同学。

（4）实现个人价值。人有赢得社会尊重，实现自我价值的需要。所谓实现自我价值，就是争取社会的认可。如果一个人的价值在正式群体中得不到认可，他就会希望在正式群体以外的非正式群体中得到认可。所以那些在本职工作上难以出人头地的人，往往会更热衷于业余篮球队、足球队的活动。

3. 非正式群体的特点

(1)自发性。正式群体是官方根据工作需要正式组建的，一般都有一套比较正式的规范和管理。非正式群体是民间出于感情关系自发形成的，所以往往不是那么“正规”，一般都没有明确的成立与解体日期，没有严格的、正式的章程与规范，没有明确的等级与结构，甚至可能没有确切的目的与任务。

(2)不稳定性。正式群体一般都有比较正式、严格的进入与退出机制，所以相对稳定。非正式群体的进入与退出都是自愿的，不必履行任何繁琐的手续，也没有严格的规章制度约束，合则聚，不合则散，群体的稳定性自然比较低。

(3)有自发的领袖人物且作用突出。正式群体的领袖人物是组织根据工作需要和管理者的评价来任命的。他可能确有能力并得到群体的拥护，作用突出，但也可能既无能力也无威信，只是拥有官方赋予的资源而已。非正式群体的领袖都是得到群体成员的拥戴而自发产生的。如果他的能力、威信不能超过其他群体成员，就不可能得到大家的拥戴。因而一般来说，非正式群体的领袖在群体中的作用、对其他群体成员的影响力也是非常突出的。

(4)群体意识与归属感强。正式群体是根据工作需要形成的，对于群体成员来说具有一定的强制性。就某一个群体成员而言，如果这个群体他喜欢或至少还能接受，他就会形成比较强的群体意识与归属感，如果这个群体他并不喜欢和接受，他所以留在群体中主要是屈服于某种制裁或压力，他的群体意识与归属感就会大打折扣。非正式群体的形成与存在是自发的，进入与退出是自愿的。所以只要这个群体还存在，某一个成员还留在群体之中，他一般都会有较强的群体意识与归属感。

(5)较好的信息沟通。正式群体的沟通，内容受限于工作信息，机制受限于官方体制，所以沟通效率和满意度都有很大局限性。非正式群体的沟通，内容上一定是成员所关心的，机制上没有官僚体系的繁文缛节，所以沟通往往内容更丰富，速度更快，效率和满意度更高。

4. 非正式群体的类型

(1)横向群体。横向非正式群体指那些地位、级别基本相同,工作性质也大体一致的人组成的非正式群体。如,同为普通员工或同为基层管理者,往往由于面临共同的问题,有共同的利益,有平等的地位等等,容易形成横向的非正式群体。

(2)纵向群体。纵向非正式群体指那些来自同一部门中不同级别的人组成的非正式群体。如,质量管理部门中各个级别的人,无论是负责质量管理的副总经理、部门经理,或是负责质量技术的工程师、技术员,还是负责质量监控的质检员,在面对质量问题时,他们会有共同立场、共同角度、共同语言等等,容易形成纵向的非正式群体。

(3)混合群体。混合非正式群体亦称随机非正式群体,指既容纳了不同级别的成员,也容纳了不同部门的成员的非正式群体。如公司中的桥牌爱好者中,既可能有公司的总经理,也可能有才加入公司的见习员工。对于那些乐于编织关系网的人而言,混合群体可能是最佳选择,因为群体成员越是分散于不同级别、不同部门,关系网才越有价值。

三、非正式群体的管理原则

非正式群体的原因、结构、功能等等是非常复杂、各不相同的,远不像正式群体有那么多共性,因此从管理上只能具体情况具体对待。同时对非正式群体管理的理论研究也远不如对正式群体管理的理论研究那么充分和深入,我们在这里只能提出一些最一般的原则。

1. 承认

对于非正式群体的管理首先的和根本的就是要承认其存在的客观普遍性,承认其作用和能量对工作的重要影响,并将其纳入管理范围,决不能视而不见或放任自流。你不承认它,它照样存在,你不去管理它,它照样发生作用。对非正式群体的无知或鸵鸟政策是极其有害的。

2. 分析

在承认非正式群体存在和作用的基础上,要对非正式群体具体情况具体分析。从管理的角度说,主要是分析其性质与组织目标实现的关系,究竟是有利、不利,还是没有直接的利害关系。不能不加区别地认为所有非正式群体都是坏东西,都一棍子打死。

3. 疏导

对于非正式群体的管理总的来说是堵塞不如疏导,禁止不如利用。人是有逆反心理的,往往是你越是从外部给非正式群体增加压力,非正式群体内部的凝聚力反而越强。许多管理者可能都有过有类似的经验:某个小群体不起好作用,应该批评。可是你越批评,他们越抱团。结果不仅是这个小群体的问题没解决,反而丢掉了管理者的威信,鼓励了其他非正式群体的对抗。其实我们不妨分类处理:

首先,有些非正式群体的存在与组织目标的实现并不冲突,那就不必过多地去干涉。毕竟正式群体的设计是根据组织目标的需要,而不是根据个人的需要,或许非正式群体存在正好可以满足群体成员多方面的社会性需要,从而提高对组织的满意程度,最终对组织还是有利的。如,那些因兴趣、爱好相投而形成的非正式群体就属于此类。

其次,有些非正式群体的存在对组织目标的实现可能有一定好处,必要时可以将其转化为正式群体。如专注于质量管理的 QC 小组本来就是一种自发的非正式群体,由于其对质量管理确有实效,早已被管理者纳入正式的质量管理体系。

再次,即使是对那些妨碍组织目标实现的非正式群体也要具体情况具体分析,不能简单行事。中国封建社会中对专门与朝廷作对的农民起义军尚有“征剿”与“招安”两种策略,我们总该比古人更多一些办法。如,既然非正式群体的沟通效率比较高,那么能否利用非正式群体的沟通渠道?既然非正式群体中领袖人物的威信特别高,那么能否利用领袖人物的地位、能力和号召力?等等。

4. 控制

毕竟非正式群体的目标与组织的目标不可能完全兼容,因此无论如何不能放任非正式群体的作用超过正式群体。一旦非正式群体的势力要超过甚至取代正式群体,出现所谓"正不压邪"或"架空"之类情况,那就应该毫不犹豫地采取断然措施,切勿养痈成患。处理这种情况也可以有很多措施。

首先,更好地满足群体成员多种需要,可以减少组织成员对非正式群体的依赖,降低非正式群体的号召力。

其次,可以离间非正式群体的人际关系,用"制造矛盾"、"掺沙子"等办法降低非正式群体的凝聚力,从内部瓦解非正式群体。

再次,可以进行必要的机构及人员调整,用拆分、重组、"甩石头"等办法破坏非正式群体的人员基础。这时要特别注意对非正式群体领袖人物的处理,因为古人的经验是"射人先射马,擒贼先擒王"。

案例分析　　家具厂的潜规则

某家具厂的新工人小王才参加工作不久就遇到了一连串不顺心的事。小王的工作很简单,就是用电锯将其他工序用剩的边角余料锯成统一规格的小木条,然后由下一工序将这些小木条镶拼成整料来使用。由于工作很简单,领班的师傅简单交待了一下操作要领和安全注意事项就让小王自己独立操作了,并告诉他每班的定额是10平方米。干了几天后,小王发现自己虽是新手,但要完成这个定额并不困难,如果抓点紧的话,完全可以提前半小时到一小时,这样自己就可以提前去洗澡了。没想到当他提前干完活,拿起毛巾正准备走出车间的时候被领班师傅叫住了。"你怎么上班时间去洗澡?快回去干活!""我已经干完定额了!""干完了就不能多干点?"小王想想也是，人家都在干活，我怎么能去洗澡呢？第二天，小王完成定额后想今天我应该多干一点，表现好一点，挽回昨天的不良影响，于是就多干了一平方米。下班时领班师傅来检查工作，小王得意地说，“师傅，我今天干了11平方米！”心想我干得比老工人还多，这回该表扬我了吧？没想到，领班师傅随手从小王锯好的小木条中抽出一根呵斥道：“这就是你干的活？要这么干，我一天能干20平方米！返工！”小王差点哭出来，心里想，怎么昨天干得比人快要挨骂，今天比人干得多也要挨骂，这不是故意跟我过不去吗？第三天，小王完成定额后便主动帮助领班师傅打扫锯屑，发现锯屑中混有一些加工好的木料，就将这些木料整整齐齐地摆到了工作台上，并提醒师傅说“这些不挑出来就白干了。”没想到师傅不仅没感谢他，反而大声骂道：“我还没瞎呢！”小王这回是真的心灰意冷了，心里想，看来师傅根本就不喜欢我，我再怎么干也是白干，索性混吧。于是每天上班来，下班走，既不比别人多干，也不比别人少干，既不比别人干得快，也不比别人干得慢。没想到，小王自己觉得干的不如过去卖力了，师傅脸上反而有了笑容，还不时当着别人夸小王“懂事”、“聪明”、“能干”。小王真是越来越糊涂了，师傅到底要我怎么样？

问题：

1. 你能解释这是怎么回事吗？
2. 你遇到过类似事情吗？

第三节　群体凝聚力及其作用

一、群体凝聚力及其形成

1. 群体凝聚力

人是有自由意志的。人的自由意志表现为两种倾向：一是个体对群体的离心倾向，一是个体对个体的独立倾向。要使一个个具有自由意志的个体结成一个具有统一意志的群体,就必须有一种力量抗衡他们的离心倾向与独立倾向,将他们联系在一起。这种力量就是群体凝聚力。在组织行为学中,**群体凝聚力是指群体对成员的吸引程度和群体成员之间关系的紧密程度**。群体凝聚力与我们平常所说的群体"团结"不尽相同。第一,团结主要是指群体成员之间横向关系的紧密程度,而凝聚力不仅指群体成员之间横向关系的紧密程度,还包括群体对成员的纵向的吸引程度。第二,团结一般是从积极的方面去描述群体成员之间的关系,而凝聚力则是一个中性的概念,是对群体成员关系的客观表达。

2. 影响群体凝聚力的群体因素

影响群体凝聚力强弱的因素是非常多的,除群体外部因素以外,大体来自群体与成员两方面。其中群体方面的因素主要有:

(1)群体目标的设置。群体目标设置公平、合理,能够兼容群体成员的共同利益与需要,则容易形成较强的群体凝聚力。反之,如果部分群体成员的利益和需要在群体目标中得不到合理的反映,则群体凝聚力通常较弱。

(2)群体任务的性质。如果群体任务程序性较强,必须依赖群体成员的互助合作才能完成,则容易形成较强的群体凝聚力。反之,群体任务比较多变,对群体成员的创造性和个人能力要求较高,则群体凝聚力通常较弱。

(3)群体的规模。一般来说,群体规模越小,成员越集中,相互之间也就越容易包容、沟通与合作,因而群体凝聚力也越强。反之,群体规模越大,成员越分散,相互之间的包容、沟通与合作就越困难,内耗就会增加,因而群体凝聚力也越弱。

(4)群体的环境。群体面临的外部环境越是复杂多变,压力、威胁、不确定性越是大,群体凝聚力就越强。反之,群体面临的外部环境越是单纯、稳定、安全,群体凝聚力就越弱。

(5)群体的成就和地位。群体以往的成就越大,荣誉越多,在组织中的地位越高,位置越重要,则群体凝聚力越强。反之,群体缺乏值得夸耀的成就，在组织中的地位较低，趋向边缘化，则群体凝聚力也较弱。

(6)群体的人际关系与沟通。群体成员的人际关系越融洽，沟通状况越好，群体凝聚力越强。反之，群体成员的人际关系越紧张，沟通越差，群体凝聚力也越弱。

(7)群体的管理方式。管理者提倡团结，鼓励合作，奖惩公平，分工合理，注重沟通，强调纪律等，则群体凝聚力通常较强。反之，管理者鼓励竞争，提倡创造，尊重个性，偏听偏信，有亲有疏，厚此薄彼，赏罚不明，分工不当，轻视沟通等，则群体凝聚力通常较弱。

(8)加入群体的难度。加入群体越是困难、庄重，则离开群体也越是慎重。加入群体越是容易、简便，则离开群体也越是随意。

3. 影响群体凝聚力的个体因素

(1)成员的个性与品质。群体成员的个性开朗随和，品质高尚，宽容大度，兴趣相投，则群体对其越有凝聚力。反之，群体成员如果个性偏执，心胸狭隘，嫉妒猜疑，缺乏共同兴趣，则群体对其的凝聚力越弱。

(2)成员在群体中的地位。越是处于群体的核心位置，被其他成员接纳程度越高的群体成员，则群体对其凝聚力越强。反之，越是处于群体边缘的群体成员，群体对其凝聚力越差。

(3)成员对群体的依赖性。群体对那些依赖性较强的个体有较强凝聚力，而对那些独立性与自主意识较强的个体则凝聚力较弱。

由上可知，影响群体凝聚力的因素是非常复杂的，所以一旦出现了群体凝聚力方面的问题，也绝不是谈谈心、做做思想工作、风格高一点、姿态高一点等等就能解决所有问题的，必须具备复杂一点的头脑，具体情况具体分析。

二、群体凝聚力的作用

群体凝聚力是维系群体的力量，是群体存在与发展的基础，当然会对群体行为有直接而重要的影响。先哲云:“人之生不能无群,群而无分则争,争则乱,乱则穷矣。”[①]“和则一,一则多力,多力则强,强则胜物。”[②]俗语说:“人心齐,泰山移”、“团结就是力量”、“人多力量大”。这些都是人们关于群体凝聚力对群体行为影响的思考,至今仍对我们有某些启发意义。

1. 群体凝聚力与工作绩效的关系

群体凝聚力与工作绩效之间有非常密切的关系,这点人们很早就注意到了。但过去人们往往只从正面理解群体凝聚力对工作绩效的积极意义,认为群体凝聚力越强,工作绩效必定越高。其实这个问题非常复杂。一般地说,群体凝聚力肯定能够加强群体行为,即所谓“团结就是力量”,但却未必能够提高群体绩效。因为得到群体凝聚力加强的群体行为与整个组织的目标之间究竟是什么关系并不确定。如果这个群体行为与整个组织的目标是一致的,那么群体凝聚力去加强它,当然可以提高群体的工作绩效。如果这个群体行为与整个组织的目标是不一致的,甚至是相反的,那么群体凝聚力去加强它,不仅不能提高群体的工作绩效,反而会降低群体的工作绩效。通俗地说,群体凝聚力可以解决团结就是力量的问题,但不能解决力量往哪里使的问题。例如,车间提高了生产定额后可能会出现许多复杂情况:甲班群体凝聚力比较强,大家团结一心共同为完成新定额而努力,群体工作绩效当然得到提高;乙班群体凝聚力也比较强,但大家团结一心共同抵制新定额,群体工作绩效反而会降低;丙班群体凝聚力较弱,大家各行其是,有人能完成新定额,有人完不成新定额,但最终工作绩效的平均值可能低于甲班,但却高于乙班。可见,高群体凝聚力究竟能否带来高工作绩并不取决于群体凝聚力自身,而取决于管理者对群体凝聚力的引导。

---

① 《荀子·富国》。

② 《荀子·王制》。

背景链接　　　　　凝聚力的大小与方向

社会心理学家沙赫特(S. Schachter)关于群体凝聚力与工作效率关系的一项实验对于我们深入认识群体凝聚力具有重要启发意义。沙赫特的实验将被试分为四个实验组和一个对照组。在实验组中以凝聚力和对凝聚力的诱导为变量,产生四种组合:高凝聚力、积极诱导;低凝聚力、积极诱导;低凝聚力、消极诱导;高凝聚力、消极诱导。每个实验组安排在其中一种组合的环境中。实验的内容是要求被试制作棋盘,分前后两个阶段进行,每段16分钟。前16分钟各组只收到没有诱导的中性信息的字条。后16分钟四个实验组按各自所在的组合各收到了六次诱导性信息的字条。积极性诱导是要求被试提高生产速度增加生产,消极性诱导是要求被试减慢生产速度限制生产。结果两种不同的诱导产生了不同效果:给予积极诱导的实验组均比对照组提高了工作效率,给予消极诱导的实验组均比对照组降低了工作效率。而在给予积极诱导并提高了工作效率的两个实验组中,高凝聚力组工作效率的提高幅度又大于低凝聚力组工作效率的提高幅度,在给予消极诱导并降低了工作效率的两个实验组中,也是高凝聚力组工作效率的降低幅度大于低凝聚力组工作效率的降低幅度。最终各组工作效率排序依次是:高凝聚力、积极诱导组;低凝聚力、积极诱导组;对照组;低凝聚力、消极诱导组;高凝聚力、消极诱导组。从这一实验中我们可以看到,对群体工作效率的影响,凝聚力起到的是“定量”的作用,而诱导起到的是“定性”的作用。如果给予积极诱导,则高凝聚力会达到超过低凝聚力的最高的工作效率,而如果给予的是消极诱导,则高凝聚力会比低凝聚力更糟糕。

2. 群体凝聚力与员工满意度的关系

一般来说,群体凝聚力越高,群体成员对群体的满意度也越高。但满意度高最终对整个群体的工作究竟是好事还是坏事也要具体

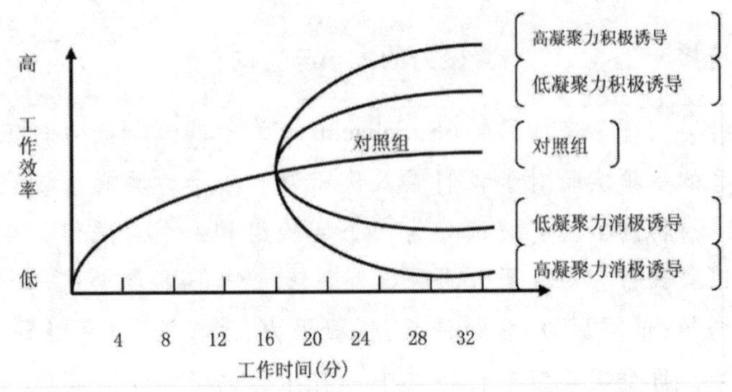

图6-2

情况具体分析。因为满意度高可以令群体成员对群体忠心耿耿,尽职尽责,但也可能使群体成员安于现状,维护既得利益,产生惰性,拒绝改革。我国的国有企业、国家机构中搞改革远比民营机构更困难,重要原因之一就是福利、待遇等灰色收入太多、条件太优越,从而让大家太不愿意丢掉既得利益了。可见,群体凝聚力可以提高员工满意度,但员工满意度的最终意义也取决于管理者如何引导。

3.群体凝聚力与员工个人成长的关系

群体凝聚力对于个人的成长而言也是一件利弊互参的事情。从有利员工成长的一面来说,凝聚力强的群体使人产生安全感,在遇到困难的时候容易得到他人的支持与帮助。从不利员工成长的一面来说,凝聚力强的群体中成长起来人往往依赖性较强,独立性、进取意识、主动性和创造性都比较差。我国私企、外企员工流动频繁,不仅不怕丢掉饭碗,许多人稍有不满还会主动炒老板的鱿鱼,而国企职工宁可下岗,即长期只领很低的生活费,滞留在一种与企业若即若离的准失业状态,也不敢轻易下海,靠自己的力量创造未来,就是这个道理。

三、群体凝聚力与管理

对于群体凝聚力的管理,一要能对凝聚力进行定量分析,二要

能控制凝聚力的高低，三要能对凝聚力进行正确引导。

1. 重视对群体凝聚力的定量分析

我们过去对凝聚力的认识往往停留在定性的、模糊的、经验化的水平上，如某个班组“不太团结”，某个科室“很齐心”等等。这是很不够的，实际上现在有很多工具可以帮助我们对群体凝聚力状况进行精确的定量分析。

(1)社会关系测量。所谓社会关系测量就是采用问卷的方式收集群体中人际关系状况的信息，并用图表、数据等量化的形式对群体的人际关系状况予以研究、评估和表达。

具体开展社会关系测量时，第一步是设计和制作问卷，主要是确定选择标准。选择标准可以是正面的，如“你愿意与谁一起看电影？”“你愿意与谁同住一个房间？”等等，表达的是选择、接纳的信息。选择标准也可以是负面的，如“你不愿意与谁一起看电影？”“你不愿意与谁同住一个房间？”等等，表达的是拒绝、反感的信息。设计选择标准时应注意：第一，明白易懂，不容易产生歧义。第二，确切具体，避免笼统。第三，标准的数量不宜太多，一般一至三个。第四，每一标准选择的次数不宜太多，一般三次以内。社会关系测量的第二步是发放和填写问卷，要求被测验的对象根据选择标准在群体成员中进行选择。社会关系测量的第三步是收集和整理问卷，对测量结果进行汇总、统计、分析。

(2)社会关系图。社会关系测量得到的信息可以用来绘制社会关系图。所谓社会关系图就是用图示的方法来表示、揭示群体内部的人际关系。具体说就是先把代表每位群体成员的符号标在图上，然后用箭头标注选择关系，箭尾标注在选择者一端，箭头标注在被选择者一端。

把所有社会关系测量得到的信息都标注好以后，仔细注意图中是否有如下图形：第一，被拒者。如果群体所有成员都不选择某个成员(也可以是负面标准下被所有人选择)，那么这个成员就是“被拒者”。出现了这种人的群体一般凝聚力不太强，因为有人完全不被接纳说明群体没有形成一个整体。第二,孤立者。“孤立者”比“被拒者”更甚,不仅别人不选择他,他也不选择别人。这种情况极少出现,如果出现当然也表明群体凝聚力不强。第三,互选者。如果两个成员互相选择,称为“互选者”。他们通常是一对好友。这种情况越多,群体凝聚力越强。第四,互拒者。如果两个成员互相拒绝(也可以是负面标准下互相选择),称为“互拒者”。这种情况越多,群体凝聚力越弱。第五,串连。三个成员以上的连锁选择称为“串连”。串连越多越长,群体凝聚力越强。第六,次级群体。首尾相连的封闭性串连称为“次级群体”。次级群体内部的凝聚力一般很高,但出现了次级群体的整个群体通常凝聚力比较低。第七,明星。如果某个成员被别人选择的次数特别多,明显领先于其他人,那么这个人就是“明星”。第八,领袖。如果某个成员不仅被别人选择的次数特别多,而且他的互选也明显比别人多,那么这个人就是群体实际上的“领袖”。领袖都是明星,但明星不一定是领袖。如果有地位突出的领袖,通常群体凝聚力较强。

(3)社会关系指数。社会关系测量得到的信息可以用来计算社会关系指数。社会关系指数有很多,我们这里提供两个公式。

个人地位指数:某个群体成员实际被选次数除以群体人数-1,表明该成员在群体中被接纳、受欢迎的程度。

$$\text{个人地位指数}=\frac{\text{某个群体成员实际被选次数}}{\text{群体人数}-1}$$

群体凝聚力指数:群体全体成员实际相互选择的次数之和除以群体全体成员可能相互选择的次数之和,表明该群体凝聚力的高低。

$$\text{群体凝聚力指数}=\frac{\text{群体全体成员实际相互选择的次数}}{\text{群体全体成员可能相互选择的次数}}$$

背景链接　　　　莫里诺与社会测量法

社会测量法的创始人是美国社会心理学家、精神病学家莫里诺(J. L. Moreno)。莫里诺原籍奥地利,曾在维也纳从事精神病的治疗和研究工作。1927年移居美国后开始社会心理学研究。1934年他出版了《谁将留下？——人际关系的一种新方法》一书。书中提出了社会测量的主要方法和技术，并进行了实际运用，引起了人们的重视。此后，经过众多学者的不断研究、完善和发展，社会测量技术越来越成熟，也得到了越来越广泛的运用。大量研究表明，社会测量法实施方便，节省时间，特别是能得到精确的量化结果，在对小群体的研究中信度很高，对管理工作有很高的实用价值。但这种方法也有一定的局限性。如，它更适合小群体研究，若用于规模较大的群体则工作量会庞大且复杂到难以完成。另外，这一方法主要揭示现状与结果，无法揭示原因，因而不可能单独使用。还有，就是问卷的设计是否科学合理、实施者的操作水平高低等对研究结果有着直接影响。这些都是实际应用中必须注意的问题。

2. 怎样提高群体凝聚力

提高群体凝聚力主要有以下在境界上递进的四条措施：

(1)高薪引人。这里所谓高薪是泛指物质待遇而言。在充分发育的市场经济条件下，提供有足够吸引力的薪水是提高凝聚力的首选方法。特别是对于那些尚不了解企业、尚未进入企业的新人而言，高薪肯定属于是否进入一个企业首先要考虑的前提性因素之一。1920年美国汽车业工人的平均日工资是2.4美元，而福特公司给工人的平均日工资是5美元，结果当然是全行业的优秀技术人才都流向福特。当我国出现全国性大学生就业困难，甚至出现了所谓“零工资”就业的时候，华为公司在招聘会上为新人开出的是年薪10万的高价，工作一两年后年薪可以突破20万，这还不算各种名目繁多而优厚的福利和补贴。在两万多名华为员工中，年薪10万以上的超过90%，年薪50万以上的数以千计，年薪100万以上的数以百计。在深圳，华为人买楼是最早的，买车是最好的，女孩子若有个在华为的男朋友会引来一片羡慕的目光。媒体因此将华为称为人才市场上的“大鳄”。结果是，华为的专利申请多年来一直保持超过

100%的增长率,2002年起不仅在国内位列包括在华外资企业在内的中国企业榜首,而且在国际上也成为发展中国家申请PCT专利最多的企业。据国家有关部门的权威数据,2006年华为专利注册共5043项,继续位列中国电子信息企业榜首,成为真正意义上的高科技企业。即使朗讯、思科这样的国际电子企业巨头,也不得不对这个创业才十几年的企业刮目相看。也许有人说,真正的高级人才追求的是自我实现等高层次需要的满足,不在乎薪水这样的低层次需要的满足。这完全是错误观念。在真正的市场经济下,商品的价格是由供求关系决定的。因此一个人的薪水在某种程度上是取决于其在市场上的短缺程度的。就是说,比普通人更高的薪水除了能反映一个人比普通人创造了更多物质财富,可以比普通人满足更多物质需要以外,还能够体现比普通人的更高的人才价值,从而满足人自我实现的需要。

(2)制度管人。任何时候凝聚力都必须有制度保证。在计划经济时代,搞的是人才"单位所有制",靠人事档案、户籍制度来卡人。如今是市场经济,老制度失灵了,就必须有新制度来取代,而决不能没有制度。如果说高薪是凝聚力的前提,那么制度就是凝聚力的基础。除劳动合同等法律保证外,员工持股和股票期权是国际上最流行和有效的管人制度之一。所谓员工持股就是让员工真正成为企业的主人,与企业形成利益共同体,共荣共损。所谓股票期权就是让员工在约定期限后才能行权,如果提前解除劳动合同,员工不仅要冒法律风险,还要承担巨大的经济损失,从而迫使员工不仅要留下来干,还要全心全意地好好干,所以被形象地称为"金手铐"。有人只看到西方经理层的高薪,而看不到高薪后面的制度,这是极为片面的,"金"只是手段,"手铐"才是根本。2006年,美国著名投资银行高盛集团为其CEO劳埃德·布兰克费恩付出的薪酬总计5430万美元,是华尔街CEO的历史最高纪录。在这5430万美元中,工资是60万美元,约1.1%;现金红利是2720万美元,约50.1%;股票及期权总价值是2620万美元,约48.3%。而高盛集团得到的是利润比上一年狂升70%，达到创纪录的94亿美元。目前经理层的股票期权制度已在许多国家，尤其是西方发达国家的大型上市公司中得到普遍实施。据统计，全球排名前500位的大型工业企业中，早在1986年已有89%的公司实行了经理股票期权制。进入20世纪90年代以来，不仅这一比例仍在上升，而且范围也迅速扩大到中小型公司。在人才地位突显的美国硅谷企业，这几乎已经成了理所当然的制度。目前，全美企业用作认股权配额的总股值已由1985年的590亿美元猛增到超过1万亿美元，获得股票期权的人员也由高级经理人员扩大到普通员工。英特尔公司财务总监预言：总有一天，美国每一名雇员都将获得所属公司的股票期权。令人遗憾的是，我们现在在用人制度上，不仅股票期权制度的发展很有限，甚至连最低限度的签订正规劳动合同都还做不到。由于基本没有相关制度的保证，我们可以说，中国的人才是世界上最自由的。

(3)感情留人。人心都是肉长的，感情因素也是凝聚力的不可或缺的组成部分。惠普公司不仅懂得没有钱是万万不能的，而且懂得钱不是万能的，因此在感情投入上特别舍得花时间，花精力。例如，惠普是最早将弹性工作时间引入中国的大型外国企业之一，员工可以选择早晨7点上班，下午4点下班，或早晨8点上班，下午5点下班。惠普是最早在中国建立工会的大型外国企业之一，工会经常组织各种有利于员工身心发展的文体活动，以平衡员工的工作和生活，如歌咏比赛、运动会、足球赛、篮球赛和马拉松路跑等等。惠普还有一个让外界非常惊讶的回归体制，如果员工当初是以正当理由辞职，之后如果愿意回来，惠普会敞开返回的大门，依然会像老朋友一样对待他。所以“以人为本”、“尊重人才”、“人尽其才”等等所谓“惠普之道”，在惠普绝不仅仅是一句口号，而是具体的氛围、机制、待人之道和经营哲学。

(4)事业成就人。人都有成就一番事业，追求自我实现的需要，高级人才尤其如此。所以，能否提供创造辉煌的舞台，有没有令人心驰神往的未来，对于吸引和留下人才也是至关重要的。联想的柳传志在用事业成就人上曾有一句名言:“你能翻多高跟斗,联想就给你铺多大垫子。”他苦心孤诣地培养了杨元庆与郭为两位青年才俊,堪称左膀右臂,但自己退下时只能有一位接班人,用谁弃谁呢?被弃用者如果为了事业而转投竞争对手门下呢?可不可能用金钱补偿的方式让他放弃事业呢?柳传志的办法是给他事业而不是给他金钱,更不是任其流失。柳传志筹组联想控股,分开联想 PC 和神州数码,让二员大将各自有自己事业的舞台。与柳传志极其类似,国内某著名法学院的老院长也培养了自己的左膀右臂,一位是搞民法专业的副院长,一位是搞刑法专业的副院长。老院长退下来的时候也像柳传志一样在弃用问题上左右为难,但最终还是倾向于用民法专业的副院长,弃刑法专业的副院长。刑法专业的副院长心有不甘,提出自己另搞一个刑法研究中心。老院长考虑再三,没有同意。于是搞刑法专业的副院长不仅挂冠而去,还一下子带走了六位刑法专业的教授,去其他学校另立山头,致使该学院刑法专业遭到重创。

这里要说明的是,落实以上措施的前提是减少人才的数量。不论采取何种措施去引人、管人、留人、成就人,都是需要成本的,所以从实际出发,就应该减少掌握企业核心竞争力的高端专门人才,在中低端人才上多用人才市场上的通用件、标准件。因为人才供求关系决定着,越是市场供应量小的专门人才,价格越高,越是市场供应量大的通用人才,价格越低。发达国家近年来有一个非常明显的趋势,就是高级管理人员与普通员工的工资差距越来越大,这意味着,一方面企业之间的人才争夺战愈演愈烈,另一方面由于这种争夺战主要集中于极少数高端人才,因此并没有使企业过多提高人力资源成本,并没有使普通员工受惠。

3. 加强对群体凝聚力的正确引导

关于群体凝聚力的实践经验和理论研究都表明,群体凝聚力最终对群体所起实际作用的性质不取决于凝聚力本身,而取决于对凝聚力的引导。小而言之,积极向上的集体荣誉感与封闭保守的本位主义、小团体主义、以邻为壑之间,大而言之,伟大的爱国主义与狭隘的民族主义、民粹主义、夜郎自大之间，并无绝对的界限，关键在于如何对其进行恰当的规范和引向正确的方向。偏爱、维护本部门、本科室是可以的，但不能因此而拒绝开放，甚至攻击别人。以本部门、本科室过去的成绩为荣是可以的，但不能因此而拒绝改革，拒绝向别人学习。这是群体行为管理的艺术，更是群体行为管理的原则。

案例分析　　　　　　宁顿公司的故事①

"杰克兄弟"这个名字对于许多成年人来说没有任何意义。但是最近一次针对美国在校学生的民意测验结果表明，美国学生对"杰克兄弟"的熟悉程度甚至超过了"米老鼠"。宁顿公司售出的4000多万套"超级杰克兄弟"软件，成为长期最畅销的电子游戏系列。不是竞争对手对此无动于衷，事实上有些竞争对手推出了极富竞争力的产品。例如，国际电器公司设计出了比宁顿公司更优秀的产品，它才应该是赢家。然而不幸的是，那么多的年轻人还是着迷于宁顿公司的产品，以至于国际电器公司只能占有不足10%的美国市场。

宁顿公司是如何占领电子游戏市场的呢？成功的秘诀就是公司在员工以及签约开发商中产生了高度的凝聚力，并从中获得了高生产率与高利润的回报。

在宁顿公司的研发中心，一群群不修边幅的年轻工程师们聚集在屏幕前，全神贯注地反复试验、操作正在研发中的电子游戏软件。有时，研发中心的主任还将其200名员工分成若干小组，用研发中的电子游戏软件进行比赛。结果是工程师们在游戏中从玩家的角度更深入地了解到游戏是如何运行的、什么设计是有效的、什么设计是需要改进的等等。他们非常热爱自己的工作，经常主动加班。当然，那些不愿意因下班而中断工作的员工们得到的加班费是相当

---

① 改编自李剑锋：《中国人民大学工商管理MBA案例丛书·组织行为学卷》第130–131页，中国人民大学出版社1999年第1版。

丰厚的。

宁顿公司并没有将电子游戏的开发仅仅局限于本公司研发中心的人员。约有 90% 的游戏来源于外面的签约开发商,他们承担着大部分开发与营销新产品的风险。如果某个开发商的某个游戏被认定值得加进宁顿公司的产品线中,那么该开发商就要与宁顿公司签约,向宁顿公司支付游戏软件的生产费用、营销与广告费用,并同意不将该游戏提供给其他公司生产。而签约开发商也会在每一个新的合作项目中会得到一笔数目可观的专利权税。纳卡姆四年前开发的"龙之问"销售了一千多万套,如今的纳卡姆早已是百万富翁。而他仅仅是被称为"一群自我实现的百万富翁"签约开发商中的一位。纳卡姆自己的公司与宁顿公司合作密切。从宁顿公司那里,纳卡姆学会了要保持高凝聚力,就应如何对待自己的员工。最近,他带着自己的 20 名员工到夏威夷度假。

宁顿公司下一步的发展计划更是令员工和签约开发商激动不已:宁顿公司把目光投向了玩家。公司目前正致力于开发出更多针对成年人的游戏,并将推出能比现在的游戏机创造出更多的电子游戏偶像的新一代游戏机。公司还准备开展全国性的电子游戏联赛,玩家将能够在自家起居室中通过将宁顿产品和计算机网络连接来参加比赛。与此同时,公司并不准备放弃青年人的传统市场,最近公司还向某理工学院支付了 300 万美元用以研究孩子们是如何学习的。显而易见,公司希望玩家与公司员工、签约开发商一样为电子游戏而着迷。

问题:

1. 宁顿公司如何在员工中激发起高度的凝聚力?

2. 宁顿公司如何在签约开发商中激发起高度的凝聚力?

3. 高凝聚力一定使公司受益吗? 宁顿公司是如何从高凝聚力中受益的?

本章小结及对管理者的意义

本章介绍了群体包括团队与非正式群体的一般常识及其管理，介绍了群体凝聚力与管理的关系。

对于管理者而言，群体管理是组织管理最基本的内容之一。如何充分利用群体之利，尽量避免群体之弊，是很重要也很实用的一项管理艺术。

本章主要概念

群体　团队　非正式群体　群体凝聚力

本章复习题

1. 什么是群体？群体有什么特征？人为什么会结为群体？

2. 群体在发展中会经过哪些阶段？各阶段在管理中应注意哪些问题？

3. 群体有哪些社会效应？管理中应如何对待这些效应？

4. 群体有效性包括哪些方面？

5. 什么是工作团队？工作团队有哪些优点与缺点？什么情况更适合利用工作团队的形式？

6. 什么是非正式群体？为什么会出现非正式群体？对非正式群体的管理原则是什么？

7. 什么是群体凝聚力？群体凝聚力的大小取决于哪些因素？

8. 群体凝聚力与工作绩效、员工满意度、员工个人成长是什么关系？

9. 怎样提高凝聚力？怎样加强对凝聚力的引导？怎样对凝聚力进行定量分析？

本章思考题

1. 你能用本章的知识解释一些社会现象吗？或者说，学习过本章内容之后,你对哪些社会现象有了新的认识?

2. 在了解了群体有效性的内容后,你对以人为本的管理理念有些什么想法?

本章阅读书目

1. [美]戴维·迈尔斯:《社会心理学》,第 8 章,人民邮电出版社,2006 年第 1 版。

2. [美]斯蒂芬·P. 罗宾斯:《组织行为学》,第 8、9 章,中国人民大学出版社,1997 年第 1 版。

3. 任宝崇:《组织管理心理学》,第 6、9 章, 华夏出版社,1987 年第 1 版。

第七章　从众、冲突、竞争与合作

本章要点

- 群体中的从众与管理
- 群体中的冲突与管理
- 群体中的竞争、合作与管理

引　子

某商场由于客流量比较大,就在商场里并排安装了两条同向的滚梯,试图分流顾客。但有意思的是,尽管滚梯上的人很多,可是人流很少均匀地分散在两条滚梯上,而总是像潮汐一样在两条滚梯间摆来摆去,忽而人流拥挤在左侧的滚梯上,右侧滚梯空无一人,忽而人流拥挤在右侧的滚梯上,左侧滚梯空无一人。如果你采访从滚梯上走下来的顾客,为什么宁肯在这条滚梯忍受拥挤也不走那条空无一人的滚梯?他们大多对自己的行为浑然不觉。

你见过类似的现象吗?你能解释这种现象吗?

第一节　群体中的从众

一、从众行为及其类型

1. 从众

人总是生活和工作于一定群体之中的,群体这样一种生存方式和生活条件给人的行为带来了许多特殊的作用和影响，使他们出现了许多在个人独处的条件下不可能出现的行为以及行为规律。从众、冲突、竞争、合作等都属于这种群体中特有的行为。

如果我们到了一个新的环境、新的群体中，我们怎样才能尽快地融入其中，让人家尽快地接纳我们呢？最基本的诀窍就是要表现出比较“随和”，即尊重新的环境、遵从新群体的规范，采取与新环境、新群体中大多数人相一致的行为。中国人说“入国问禁，入乡随俗”，西方人说“到了罗马就要按照罗马人的方式”，讲的都是这个道理。如果坚守自我而不肯随俗呢？那就会被别人视为“异类”而遭到冷落、非议、孤立和排斥，就会“木秀于林，风必摧之；行高于众，人必非之”，就会“出头的椽子先烂”。这里的所谓“随和”在社会学中称为**从众行为，亦称相符行为、遵从行为，指个体在群体压力之下心理与行为与群体中大多数人趋同**。从众行为是一种极为常见的社会现象，平常我们说的随波逐流、随大流，以及时髦、时尚、流行等等都属于从众。不过，社会生活中的从众比较宽泛，而我们本章主要是从群体与管理的角度来研究从众，范围要窄一些。

2. 从众的类型

从众现象表现在两个方面，一个是心理上是否从众，一个是行为上是否从众。因此可以把从众分为完全从众、权宜从众、自尊独立、完全独立等四种类型。

(1)完全独立。完全独立即从心理到行为都坚守自己，固执己见，特立独行，我行我素。所谓“任凭风浪起，稳坐钓鱼船”，所谓“咬定青山不放松，任尔东南西北风”，都属于完全独立，可以称为“心不服口也不服”。

(2)自尊独立。自尊独立是指心理上已经放弃自己原来的立场和观点，接受或认可了主流意见，但碍于自尊、面子或没有下台的台阶，于是在行为上仍然固执地坚持自己的一贯做法而不肯表现出从众。这可以称为“心服口不服”。

(3)权宜从众。权宜从众是指心理上仍然保持独立，固执己见，不赞同主流意见，但出于自我保护的目的，不愿意与主流意见采取外部对抗的方式，于是以暂时的委曲求全作为权宜之计，在行为上表现出屈从主流意见的从众。说得文雅些是“韬光养晦”、“尺蠖之曲，以求信也”。说得通俗些就是“好汉不吃眼前亏”、“识时务者为俊杰”、“在人屋檐下，不得不低头”。这可以称为“口服心不服”。

(4)完全从众。完全从众是指从心理到行为都放弃独立，接受主流，采取从众，也就是平时我们所说的“口服心服”、“心悦诚服”。

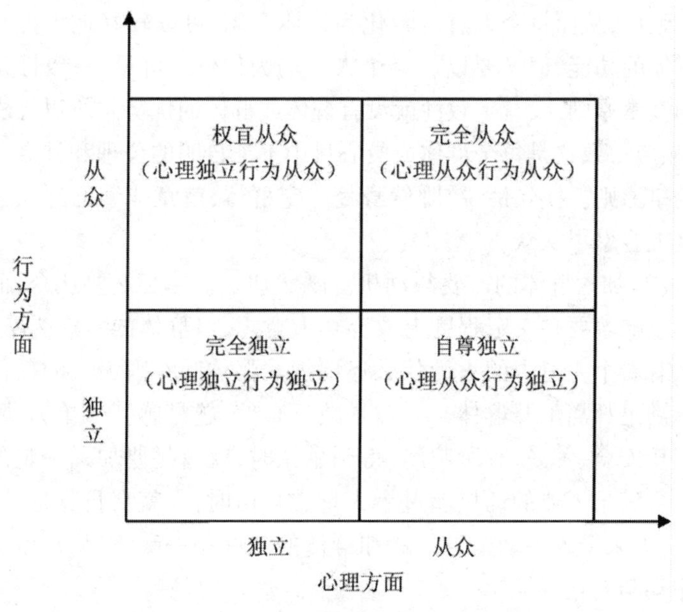

图7－1

二、从众的原因与制约因素

1. 从众的原因

大量实验研究表明，群体压力是导致从众的原因，出现从众是顺应压力的结果。具体地说，群体压力主要来自以下几个方面：

(1)群体的一致性原则。群体有三种管理模式：一种放任式，即群体成员可以各行其是,放任自流,不追求整个群体的一致性;一种是民主式,即将群体中多数成员的意志作为整个群体一致性的基础;一种是专制式,即将群体中领袖人物的个人意志作为群体一致性的基础。放任式群体不要求一致性,群体成员没有从众压力,很好地保护了成员的个人意志,但这样的群体不过是一盘散沙、乌合之众,不可能很好地承担与发挥群体的功能,存在的价值有限,即使存在也很容易解体。民主式群体与专制式群体则由于达成了群体的一致性,从而将个人意志转化为群体意志,可以较好地承担与发挥群体的功能,但又要以放弃个人立场为代价。可见,一致性是群体的基本原则,没有一致性就没有群体或群体的优势。所以寻求一致,顺应一致这是每个群体成员心目中不证自明的公理和社会公认的处事原则。换句话说,既然身处一定群体,就意味着已经在一定程度上容忍了从众。

(2)加入群体的需要与动机。既然加入群体必然要从众,而从众就意味着要在一定程度上放弃个人意志,以群体的意志为意志,那么有着个人意志的人为什么还要加入群体呢?因为人的任何需要的满足都离不开群体。人越是缺乏自信,越是感到势单力薄,越是渴望安全、关爱、有所归属、得到承认时,就越是要加入一定的群体。当满足需要的动机超过个人意志自由时,人就会自觉地从众。当然,如果个人的动机与目标和群体的目标相一致时,从众就会更加主动与自觉。

(3)共同的信息来源。人是根据自己掌握的信息进行决策、采取行动的。而个人一旦进入一定群体后,群体就成了个人最主要、最直接的信息来源。由于群体成员面对着相同的信息来源所提供的相同的信息,自然在心理与行为方面会表现出一致性。在群体比较封闭、信息来源比较单一、信息量不足、前景与环境中不确定性比较多的情况下,尤其如此。许多邪教组织控制追随者利用的就是这个道理:一方面通过布道、修炼等反复地、长期地对信众进行饱和式的信息轰炸,另一方面是通过过剩的群体活动在时间和空间上隔绝其他信息来源。希特勒的宣传部长戈培尔信奉“谎言重复千遍就会成为真理”，中国古人说“众口铄金”、“三人成虎”，道理就在于此。

（4）群体规范的压力。群体的一致性不仅表现为信息的一致性，而且表现为文化的一致性，不仅表现为自觉的和主动的一致性，而且表现为强迫的和被动的一致性。群体规范就是这种文化一致性、强制一致性的表现和载体。从众就是遵循规范，就是正常，就可以受到社会的赞许，独立就是偏离规范，就是越轨，就要受到社会的谴责。所谓“没有规矩，不成方圆”，就是这个道理。可以想象，规范越严格，压力就越大，就越容易从众。为什么军队最能整齐划一呢？原因就是军法无情、军令如山。

背景链接　　　　从众的社会心理原因

有一些社会心理学实验可以用来揭示从众的心理原因。

（1）群体压力与从众——阿希的三垂线实验。20 世纪 50 年代，美国社会心理学家所罗门·阿希（Solomon Asch1907—1996）做过一个著名的三垂线实验（1951 年）。他以一群大学生为被试，将每七名被试组成一个小群体，安排在实验室中坐成一排，要求被试比较图 7－2 中第一张卡片上的线段 X 与第二张卡片上的线段 a、b、c 中的哪一条等长。如图所示，线段的长度差异是明显的，正常情况下人们一般都能正确判断 X＝b。但在这个小群体中，除了被安排坐在最后一名并最后回答问题的那个人是不知情的真正被试外，前面的六名被试其实都是阿希事先安排好的实验助手。最初两次实验没有什么特别安排，被试基本上都能正确回答 X＝b。其他类似研究也表明，这时错误率＜1%。但从第三次到第十二次的实验中，作为实验助手的第一名被试按阿希的要求故意错误地回答，例如回答 X＝c，然后下面每一名作为实验助手的被试都根据阿希的要求附和第一名的错误回答，例如也跟着说 X＝c。这样来观察最后一名真正的被试是否附和大家的答案，出现从众。实验表明，大约有 15% 左右的被试，从众倾向严重，其从众判断占其全部判断的75%以上;大约有25%左右的被试,没有任何发生从众,始终保持独立判断;大约有75%左右的被试,至少发生一次从众;全部答案中从众答案的比例平均高达35%以上。实验后,阿希对出现过从众的被试作了访谈,了解到从众有三种情况:其一,知觉歪曲。指被试确实出现观察错误,在发生了知觉歪曲的基础上才出现了判断歪曲。其二,判断歪曲。指被试的观察本来并没有错误,但意识到自己的观察结论的与大多数人不同,于是认为多数人的判断总比自己一个人更正确些,最终修改了自己起初的判断。其三,行为歪曲。被试明知自己是对的,其他人都错了,但还是选择了错误回答,发生了行为歪曲。

阿希的实验表明,从众是因为个体受到了来自群体的压力:其一,信息压力。经验使人们认为,多数人的正确几率比较高,越是缺乏自信,难以独立判断的情况下,就越发相信多数人,越容易从众。其二,规范压力。群体中的个人往往不愿意违背群体意见而被其他成员视为越轨者,害怕与众不同而遭受孤立,因此采纳多数人的意见。

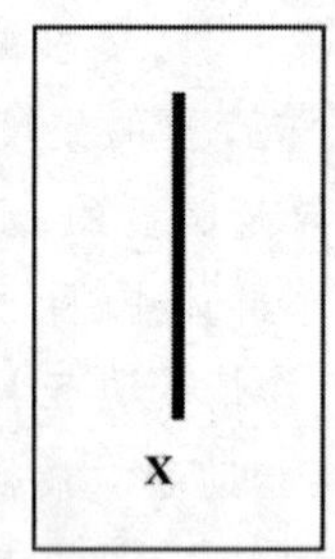

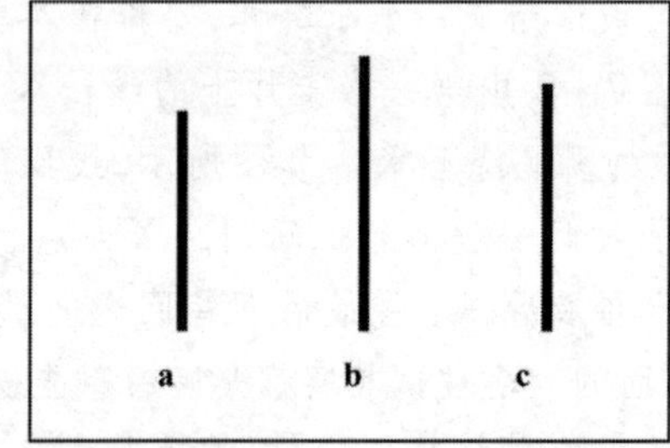

图7-2

(2)群体规范与从众——谢里夫的光点实验。20世纪30年代,美国社会心理学家谢里夫(Muzafer Sherif 1906—)用光点实验(1935年,1937年),也称游动实验,来揭示从众行为的发生。实验开始时,被试在一间完全黑暗的实验室中被要求判断十几英尺外一个光点移动的距离。开始,由于没有任何参照物和参考意见,被试的判断完全出自本人以往的经验和当时的感受,答案是五花八门的。在接下来的实验中,谢里夫让自己安排的实验助手当场以肯定性的口吻说出一个确定的移动距离。结果是,经过几次这样的实验后,被试对光点移动距离的判断越来越接近于实验助手所给出的距离。其实,光点在实验中自始至终根本没有移动。

谢里夫的实验表明,人所以会出现从众,并不是简单的盲从,而是与缺乏必要的信息有关。在没有其他参照信息时,单独一个人的观点主要受本人以前的经验和当时的感受制约。但一个人处在群体中时,别人的观点就成了参照,于是个人的观点会越来越集中、趋同,出现所谓"漏斗形关系",群体规范或说主流意见就这样产生了。

(3)权威与服从——米尔格拉姆的服从实验。20 世纪 60 年代,美国社会心理学斯坦利·米尔格拉姆(Stanley Milgram 1933—1984)通过最著名也是最有争议的服从实验(1965 年,1974 年),揭示了人们是如何放弃自我,服从权威的,即使权威的要求与道德的要求相抵触。米尔格拉姆将实验设计为这样的情境:两个看了报纸广告后应征的志愿者被试来到耶鲁大学的心理学实验室,参加一项关于学习的心理学实验。

首先是一位穿着研究人员工作服的人以"研究者"的身份严肃地向两名被试解释说,这是一项关于惩罚对学习影响的研究,他们两个人将分别以"教师"和"学生"的身份参加实验。任务是由"教师"教给"学生"一些单词,如果"学生"在学习中出错就要由"教师"对"学生"进行惩罚,也就是电击。这些电击不会造成永久性伤害,但会造成暂时的痛苦。然后通过抽签给两人分配了角色。其实,这两人中有一个是事先知情的研究助手,他假称自己抽到了"学生"角色,另一个不知情的真正的被试自然成了"教师"。

接着,"研究者"把两人带到隔壁房间,先让"教师"亲身体验了一次轻微的电击,再让"教师"亲眼看着"研究者"把"学生"绑在椅子上,并在"学生"的手上缚上电极。"研究者"将"教师"带回实验室的主房间,将"教师"安排在"电击发生器"前的座位上。"电击发生器”上有一排电压从15伏到450伏的开关，每个开关比前一个开关的电压递增15伏。开关上还随电压的升高依次标注了“轻微电击”、“强电击”、“危险：高强电击”等文字。其中电压最高的435伏和450伏的开关上标的是“×××”。“研究者”要求“教师”在“学生”每次答错时都要按动开关进行电击，以惩罚“学生”，而且每次都要用比上一次电压高一档的开关。

实验开始了。从75伏、90伏到105伏，“教师”听到的是“学生”越来越大的呻吟声。120伏的时候“学生”大喊“太疼了！”150伏的时候“学生”大声咆哮“让我出去！我有心脏病！我不做了！”270伏的时候“学生”的抗议声已经变成痛苦的尖叫。300伏、315伏的时候“学生”不仅尖叫，而且拒绝配合回答问题。330伏的时候“学生”的尖叫剧烈而延长。此后“学生”再也没有声音了。在这个过程中，面对“教师”的询问和停止实验的请求，“研究者”表示的都是鼓励和继续实验的命令，并说“学生”如果不回答就算错答。实验中“教师”一直不知情的是，其实并没有真的电击，那些痛苦的叫声都是在播放“学生”事先的录音。

米尔格拉姆对精神病学家、大学生、中产阶级三个群体共110位成年人描述了这个实验，然后问他们，如果你是“教师”，会把实验进行到什么程度？几乎所有的人都说自己在135伏会停下来而不再服从“研究者”的命令，没有一个人想进行到300伏以上。米尔格拉姆又问他们，你估计其他人会进行到什么程度？结果虽然比自己要高一些，但还是没有人认为会高到标着“×××”的最高档。但在实际的实验中，40名不同职业、不同年龄的被试中的26人（65%）一直进行到了450伏的最高档，而且在最高档上按照“研究者”的命令连续做了三次，直到“研究者”命令停止才被动服从地停下来，而不是出于道德原因违抗命令主动停下来。实际上，作为被试的“教师”们在实验中也是很痛苦的，他们出汗、颤抖、紧闭嘴巴、咬紧嘴唇、呻吟，甚至爆发出无法控制的神经质大笑。但他们在道德谴责和权威命令发生抵触的时候，还是选择了服从权威。

米尔格拉姆实验表明，服从与以下因素有关：其一，受害者的情感距离。实验中有多达65%的人出现服从，这跟"教师"与"学生"不在一个房间有直接关系。事实上，在一些改进的实验中，如果"学生"距离更远，"教师"听不到"学生"的抗议声，那么几乎所有"教师"都会镇静地把实验做完，而如果"学生"与"教师"同在一个房间，那么只有40%的人进行到450伏，要是"教师"必须亲自将"学生"的手按在电极上，则只有30%的人进行到450伏。其二，权威的接近性与合法性。在上述实验中，如果权威不在现场，而是通过电话下达命令，则"教师"的服从率会下降到21%，如果权威借故离开而由另外一个人来下命令，则有80%的"教师"会拒绝服从。其三，权威的机构性。在实验后的访谈中，许多被试表示，如果不是耶鲁大学的名声，他们坚决不会服从。事实上，当实验搬到校外的一栋商业楼并换了一个陌生的机构名称进行时，服从率下降为48%。其四，群体的影响。在后来的实验中，米尔格拉姆安排了两个助手和"教师"一起实验，两个助手都公开反抗"研究者"的命令，最后有90%的"教师"拒绝服从。

2. 制约从众程度的因素

从众不仅有是否的区别，还有程度的不同。制约从众程度的因素有很多，主要来自群体与个体两个方面。

(1) 群体因素。其一，群体的规模。一般来说，群体规模越大，越容易出现观点的多样性，群体规模越小，越容易从众。

其二，群体的人际关系与凝聚力。一般是群体内部的人际关系越好、越和谐，群体凝聚力越强，就越容易从众，否则就容易出现意见分歧。

其三，群体的特征。群体有统一的价值观，群体工作的性质需要合作，群体成员之间的共性更多，就更容易从众，否则就不容易从众。

其四，群体的舆论。群体对从众越是鼓励、宽容，对拒绝从众的惩罚越是严格、严厉,就越容易从众,否则就不容易从众。

(2)个体因素。其一,智力与知识水平。个体的智力水平越低,知识越匮乏,独立的认识和判断能力越差,就越容易从众,因为独立的判断是以独立的认识能力为前提的。

其二,个性。一般来说,个性越是随和,依赖性、服从性和易暗示性越是强,越是喜欢确定性和稳定性的人,越容易从众,而个性独立、意志坚定、特立独行的人,不容易从众。

其三,年龄与成熟度。人通常在青春期前是最容易从众的。成年后,随着阅历的增长、心理的成熟、世界观与价值观的稳定,从众会逐步减少。

其四,能力与自信。能力强、自信心强、有成功经验的人,不容易从众,能力越差、越缺乏自信和成功经验的人,越容易从众。

其五,与群体的关系。一般来说,个人与群体的关系越是融洽,对群体的满意度越高,对群体的依赖性越强,就越容易从众,相反则不容易从众。

背景链接　　　　　　对从众的不同看法

从众现象是一种非常普遍的社会心理现象,因而也是社会心理学研究中的一个热门课题,但在这个问题的研究中还有很多争论。

如,许多研究成果都指出年龄与从众有相关性,但对这种相关性的具体理解却几乎是相互对立的。有些人认为从众是从学习中获得的,因而应该是年龄越大,学习积累越多,从众现象越突出。学龄前的儿童没有条条框框,所以一般思想比较活跃,有较强的独立性和个性,表现出所谓"童言无忌",而到了中学生,知识比儿童丰富了,却开始丧失自我,在音乐、服饰、体育项目、偶像崇拜等方面受同伴及社会流行影响很大,就是这个道理。可是也有些人观点正相反,认为儿童是从教师那里学习为人处世的方法与原则的,没有独立人格,所以更容易从众,进入青春期才开始有了人生最初的反叛倾向,从此以后独立性才成了人生的追求目标,而在成年人中更是从众受到蔑视，独立受到推崇。

又如，许多研究成果都认为性别与从众有相关性，但对这种相关性的具体理解也相去甚远。有些人认为女性比男性更容易从众，理由是在男性主导的社会中，自幼及长都是男性的主见和独立性受到鼓励，女性的顺从和温柔受到鼓励。但也有人指出，由于从众的研究者中男性居多，所以设计出的实验项目多为男性熟悉而女性陌生的问题，自然表现为女性从众多于男性。如果实验项目为女性所熟悉，她们就会表现出更多的自信和主见。

再如，有许多研究成果指出民族文化背景与从众现象有相关性，有人认为挪威人比法国人更容易从众、美国人比日本人更容易从众等等。但也有人指出不仅要进行这种民族间的横向比较，也应该进行本民族的纵向比较，如日本青年人比老一代人有更多独立性等等。

看来，从众现象的普遍存在是不争的事实，但完全揭开其根本原因则还须深入研究。

三、从众行为与组织管理

1. 基本原则

从众本身是一种规律性的现象，凡有人群的地方都会有从众。**在组织管理中，面对从众，基本的原则是要具体地分析具体从众行为的成因及其性质，分别采取针对性的对策。**就与组织目标的关系而言，从众可分为：有利于组织目标实现的积极从众，如遵章守纪、整齐划一等；不利于组织目标实现的消极从众，如集体性的怠工、集体性的抗命等；与组织目标没有直接关系的中性从众，如时髦的服饰、流行的歌曲等。相应地，在管理上也无非就是加强积极从众，削弱消极从众，淡化中性从众。

2. 具体措施

（1）改变群体及群体规范。增加群体内部的合作机会，融洽群体内部的人际关系、强化群体规范等，可以加强从众；减少群体内部的合作机会，淡化群体内部的人际关系、弱化群体规范等，可以削弱从众。

（2）改变信息沟通。加强对信息沟通内容、渠道、频率等的控制是控制从众行为最有效的措施之一。

（3）加强教育。加强价值观、是非观、组织文化等方面的教育与灌输，提高群体成员的自信心和正确的、独立的分辨能力等，是对从众行为根本上的控制。

案例分析①　　　　　任务小组的第一次会议

金明作为刚被厂里任命的一个任务小组的负责人，召集并主持了任务小组成立后的第一次会议。

成立这个小组并召开这次会议都是为了解决一个与质量相关的技术问题。一个月前，厂里的质检人员发现，有相当数量的零部件在运到总装车间的时候是有划伤的。厂里的事故调查委员会经过调查认为，问题是零部件在各工序传送过程中的野蛮运输造成的，所以提出了一个从技术上解决问题的方案，就是制造一种专门的分装托盘来传送零部件。厂里采纳了这个方案，并组建了一个有工艺流程、厂内运输、工业工程、产品设计、质量保证等相关部门人员组成的任务小组来设计这个专用托盘。任务小组的大部分成员都是在厂里工作了十年以上的老资格，并因为有专业技术、对零部件生产熟悉、对工厂了解等等而被挑选出来的。由于组建比较仓促，厂里没有事先征询这些成员对事故调查委员会方案的看法，但所有成员在接到任务时都表示要好好合作，完成任务。金明由于是事故调查委员会的成员，比较了解这次的问题和问题的解决方案，被厂里任命为这个任务小组的负责人。

---

① 改编自李剑锋：《中国人民大学工商管理 MBA 案例丛书 · 组织行为学卷》第 119－120 页。

上午10点，小组成员到齐，会议开始。金明首先向大家介绍了问题发生的过程和事故调查委员会的工作，并强调小组的任务就是找到专用托盘的最优设计方案，然后让大家开始讨论托盘的设计方案，要求大家各抒己见，畅所欲言。

大家你看我，我看你地沉默了一会儿，工程部的宝山首先发言："我个人认为，问题既然出在野蛮运输上，那么解决这个问题最好的方案就是确保工人在传送零部件的过程中更加小心仔细，而不是另外设计一个什么碍手碍脚的托盘。"设计部的田丽表示同意宝山的观点，并说可以考虑设计和执行一个新的工艺流程。

金明打断了大家的讨论，"事故调查委员会已经决定设计和使用专用托盘了，而且也得到了厂里的批准。"他还介绍了一个新情况，其实事故调查委员会也曾经认为，最好的方案是像田丽所说的那样设计和执行新的工艺流程，但考虑到零部件受损程度和成本等问题，这个方案被否决了。他提醒大家，成立我们这个任务小组和召开这次会议的目的就是根据事故调查委员会的方案设计出专用托盘，而不是反过来质疑事故调查委员会的方案。

小组成员于是开始讨论托盘的设计问题。但讨论来讨论去，议题总是又绕回到设计和执行新的工艺流程上。最后运输部的乔东说："我认为还是应该按照刚才田丽建议的那样去做。既然流程设计能解决问题，对我来说设计托盘就是毫无意义的。"其他人也纷纷附和，表示赞同。金明再次提醒大家注意成立任务小组和召开本次会议的目的，并说即使把田丽的新方案提上去，厂里也不会轻易推翻原来的方案，采纳新方案。然而大家还是坚持让金明写一份备忘录交给副总经理，把大家的意见反映上去。

10点45分，讨论会结束了，金明一个人留下来写会议备忘录。他知道，这份备忘录会让自己的上司很生气，但没办法。他只能琢磨怎么才能把话说明白，既把大家的意见表达出来，又让自己不用为小组的行为负责。可是太难了，毕竟他是小组的负责人啊。他在想，现在已经太被动了，如果能预先阻止这样的事发生就好了，可是究竟毛病出在什么地方呢？

问题：

1. 金明领导的任务小组出现了什么群体行为？表现在什么地方？为什么会出现这样的行为？

2. 如果你是金明，你会采取什么措施不发生现在的问题，完成小组的任务？

第二节 群体中的冲突

一、群体冲突及其类型与作用

1. 冲突

所谓冲突是指双方或多方之间，彼此感受到对方对自己的目标与行为产生或将要产生不利影响。冲突与从众是相逆的行为过程，它们都产生于差异与对立，不同在于从众是一方对另一方的服从，冲突则是双方的对抗与抵触。

冲突是非常普遍的现象，可以说，有人群的地方就会有冲突。有调查表明，管理者有大约20%左右的时间用于处理各种各样的冲突。[①] 因此人们很早就已经认识到冲突的存在及其影响，并力图解释和解决冲突。荀子说："人之生不能无群，群而无分则争，争则乱，乱则穷矣！"[②]从管理理论的角度讲，关于冲突及其作用，先后产生过传统的、人际关系的、相互作用的等三种观点。

(1)传统观点排斥冲突。20世纪三四十年代，在管理理论中占统治地位的是关于冲突的传统观点。这种观点把冲突看成是管理

---

① [美]约翰·W. 纽斯特罗姆、基斯·戴维斯：《组织行为学》第277页，经济科学出版社，2000年第1版。

② 《荀子·富国》。

不善造成的组织病态，完全是对组织有害的东西。建立在这种认识上，对冲突的管理必然是，冲突尚未出前时要尽可能避免冲突，冲突已经出现时要立即消灭冲突。

（2）人际关系观点接纳冲突。20 世纪 40 年代末到 70 年代中期，关于冲突的人际关系观点是管理理论中的主流。这种观点认为，对所有的群体和组织而言，冲突都是与生俱来的东西，是组织的常态。冲突不仅是不可避免的，还往往是越压制反而越激化的。因此从管理上来说，既然冲突不可避免，不可简单排斥，组织就要接纳冲突，然后使它合理化。

（3）相互作用观点鼓励冲突。20 世纪 70 年代末以来，关于冲突的相互作用的观点越来越为管理理论与实践所接受。这种观点认为，完全没有或不鼓励冲突的组织往往因循守旧，没有活力，对改革和创新表现出冷漠和迟钝，而适度的冲突则可以使组织保持生机与活力，善于自我批评和不断创新。所以从管理上说，不能简单地认为冲突是好东西还是坏东西，冲突的好坏一是与冲突的类型有关，二是与冲突是否适度有关。

需要说明的是，以上三种观点虽然在产生时间上先后有别，但它们并不是彼此取代的关系，也不能离开实际去抽象地评价它们孰优孰劣。即使是在今天，这三种观点在不同的社会文化背景、不同性质和任务的组织、不同的组织文化和管理者中，都还有自己适用对象、实践者和市场。

2. 冲突的类型

（1）根据冲突的原因，可以将冲突区分为目标冲突、认知冲突、情感冲突、程序冲突。目标冲突是双方追求的目标有分歧、抵触、不一致。认知冲突是双方的思想、观点、观念、意见不相容。情感冲突是双方相互反感或厌恶、缺乏信任、情绪对立或抵触。程序冲突是双方在目标相同的前提下，解决问题及完成任务的方式、方法、途径、步骤等不一致。一般来说，目标冲突是客观的、根本性的、实质性的，因而程度最重，解决也最困难；认知冲突和情感冲突主要是主观世界的问题,因而程度次之,通过充分的沟通,建立互信互谅,可以解决;程序冲突由于有共同目标作为基础,因而不是根本性、实质性的分歧,程度最轻,较易达成妥协一致。

(2)根据冲突的范围,可以将冲突区分为心理冲突、人际冲突、群际冲突。心理冲突指发生于个体内部的目标、愿望、情感、思想等心理方面的矛盾与失调。人际冲突指个体与个体之间观念、立场、角色、利益、知识、信息、情感等方面的不一致、不和谐,甚至对立、对抗等。群际冲突指群体与群体之间在目标、职责、权限、资源、利益等方面的矛盾、牵制、争夺、推诿等。在现实中,这几种冲突之间是有可能相互交叉、相互转化的。

(3)根据冲突的后果,可以将冲突分为功能正常的冲突、功能失调的冲突。功能正常的冲突指能够提高工作绩效、对组织与群体有利的冲突,亦称良性冲突或建设性冲突。功能失调的冲突指导致降低工作绩效、对组织与群体不利的冲突,亦称恶性冲突或破坏性冲突。要特别注意的是,这两种冲突并没有明确的和绝对的界限。同一场冲突,对此方是功能正常的冲突,对彼方也可能是功能失调的冲突,适度的时候是功能正常的冲突,过度的时候就会转化为功能失调的冲突。

3. 冲突的作用

(1)冲突的积极作用。适度的冲突给组织带来的好处主要是:

其一,激发与助长。在冲突中,求胜的本能使人处于比较积极、兴奋的状态,通过振作精神、激发斗志、集中力量、动员潜能等,可以提高工作绩效,作用类似于斗牛士手中的红布。

其二,制约与平衡。在冲突中,趋利的本能会驱使人们重新审视自己的利益、权限、资源、职责等,通过争夺、调整、妥协、再分配等,达到一种彼此都能够认可的相互制约和动态平衡,在一定程度上可以抑制歧视、垄断、不公和集权等现象。

其三,暴露与减压。适度的冲突,一方面可以使原本潜在的矛盾暴露出来,引起人们的关注,进而及时解决问题,起到类似"预警器”的作用,另一方面也可以使冲突的能量得到一定程度的持续释放,进而缓解矛盾,起到类似“减压阀”的作用。这些都可以使组织不至于出现因矛盾不断积累而导致突发性、毁灭性的总爆发。

其四,凝聚力。群体外部的冲突可以增强群体内部的凝聚力。

其五,沟通与合作。无论出于战胜对方,还是利用对方的目的,冲突都会激发双方彼此相互了解的愿望,从而为双方的沟通与合作创造了需求和动力,所谓“不打不成交”。

(2)冲突的消极作用。

其一,资源浪费。冲突中,双方都会出于战胜对手的动机,而不是出于做好工作的动机而动用资源,也就是说,冲突中一部分资源被工作以外的对象所消耗掉了。

其二,额外压力。由于冲突,人们背负的压力不仅来自必须做出比以往更多更好的工作本身,还来自必须战胜对方,证明自己。

其三,精力转移。由于冲突,人们势必把相当一部分精力分散到工作以外,以求得冲突中的主动和优势。

其四,关系恶化。无论是因为什么原因所导致的冲突,一旦过度,后果最终都会集中体现在人际关系、群际关系的恶化上,导致冲突方敌意增加、偏见加剧、沟通减少、内耗严重等。

其五,非理性解决。冲突过度或本方处在被动地位,都有可能使一方,最终是双方,动用一切可能的手段,包括不道德的、不合法、不理智的手段,意气用事,感情用事。

二、冲突的发展过程

冲突不是一个孤立的事件,而是由一系列密切相关的发展阶段构成的复杂过程。这一过程的每一阶段都前有因,后有果,所谓“冰冻三尺非一日之寒”。有学者将冲突从原因、发现、处理到结束的整个发展过程划分为潜在的对立或不一致、认知和个性化、行为意向、行为、结果等如图 7 - 3 所示意的五个阶段。

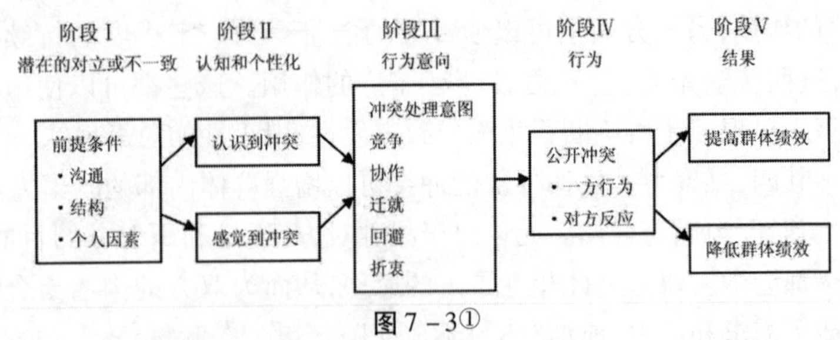

图 7-3①

1. 冲突的原因:潜在的对立或不一致

冲突过程开始于冲突双方存在着某些潜在的对立或不一致。而这些潜在的对立或不一致又主要是由于双方在信息沟通、工作结构以及个人因素等三方面的原因所造成的。所以群体在沟通、结构、个人等方面存在的问题是产生冲突的前提条件。这些条件虽不是必定导致冲突,但属于产生冲突的必要条件。

(1)沟通方面的冲突原因。虽然把所有的冲突都归因于信息沟通是不全面的,但信息沟通不良肯定是导致冲突的首要原因,而且是最重要的原因。沟通不良与以下几个因素有关:

其一,沟通主体。沟通是人与人的信息交流,而我们每个人的经验与知识结构、价值观念与个性、表达与理解能力、沟通目的与诚意、沟通条件与机遇、立场与角色等等都是不同的,因此沟通中的歧义、误解、不充分、不对称等等是随时随地发生的,并成为产生冲突的重要原因。例如,台湾某政党领导人来北京访问时,为了拉近与听众的距离,在演讲中特意用了一句俚语"窝心",说"我来北京特'窝心'"云云。殊不知,"窝心"一词在台湾口语中是"顺心"、"开心"的意思,而在北京口语中恰恰是"不顺心"、"不开心"意思,所以此言一出,一时传为笑谈。

其二,沟通渠道。沟通渠道本身不健全、不畅通、噪音干扰严重、失真严重,对沟通渠道的选择不科学、不合理、不匹配等,也会造

① [美]斯蒂芬·P. 罗宾斯:《组织行为学》,第 388 页。

成沟通不良，并最终导致冲突。例如，在很多组织中，尤其是行政机构中，沟通渠道往往存在两类问题：一是纵向渠道发达，横向渠道不发达，导致部门间公文旅行、推诿扯皮，出现部门冲突；二是下行渠道发达，上行渠道不发达，导致政令畅通而社情民情不畅通，出现干群冲突。

其三，沟通不足与沟通过度。沟通不足会导致冲突，这点比较容易理解，但有意思的是，有研究表明，沟通过度也会增加冲突的可能性。这或许与过度沟通会造成大量的冗余信息，反而干扰正常沟通有关。例如，上级对下级的具体工作干涉过多过细，往往会造成下级对上级极大的反感。下级不是把这种过度沟通理解为更多的关心和有益的指导，而是理解为指手画脚、越俎代庖、不信任、不放权等等。

(2)结构方面的冲突原因。工作结构本身的一些因素也是冲突的重要原因。

其一，目标设置。很多冲突起因于组织目标向各群体的分解不科学、不合理。各群体之间目标难度不平衡，苦乐不均，费力的不讨好，讨好的不费力；各群体之间目标关系不合理，此群体达到目标会妨碍彼群体达到目标，甚至此群体的成功必须以彼群体的失败为条件和代价；各群体之间目标界限不清楚，不同群体的目标交叉重叠等，都是冲突最常见的原因。例如，质检部门发现的质量问题越多，成绩就越大，提取的奖金也就越多，而生产部门被检验出的质量问题越多，错误就越大，被扣的奖金也就越多，所以质检部门与生产部门往往就是一对天生的冤家对头。

其二，资源配置。资源不足、资源配置不公平或不合理也是冲突的主要原因之一。各群体之间争抢有限的资金，争占条件好的办公室，争用先进的设备，争夺优秀的技术尖子等，都可能导致群体冲突。例如，资金总是有限的，营销部门打广告需要钱，公关部门搞活动也需要钱，研发部门上项目还需要钱，所以企业分配资金的时候，谁多谁少，谁有谁无，谁先谁后等，永远是吵不完的架。

其三，规模与结构。组织规模越大，结构越复杂，各种人际关系和群际关系就越是纵横交叉、盘根错节，也就越容易发生冲突。例如，小企业只有几个部门、几十位员工，有了问题谈谈心，打个电话，实在不行开个公司大会，把所有矛盾放到桌面上，当面就可以解决问题。大企业的机构不仅多，而且往往跨地区，甚至跨国分布，人员不仅多，而且往往角色、身份、地位等极其悬殊，公司大会可能根本就无法召开，部门之间直接沟通困难，小矛盾也可能拖成大冲突。

其四，工作任务的依赖性。如果两个群体的工作是相对独立的，冲突的机会就比较少，所谓“井水不犯河水”。相反，如果两个群体的工作之间相互的依赖性越高，互动越多，合作越深入，往往冲突的机会也就越多，所谓“没有勺子不碰锅沿的”。例如，流水线上具有前后接续关系的工序之间，职能部门中具有左右交互关系的科室之间，往往更容易发生冲突。所谓“冤家路窄”，可能先是“冤家”，后碰上了“路窄”，也可能先是由于“路窄”，后才成为了“冤家”。

其五，工作任务的不确定性。工作的方法、程序、标准、结果等是常规化的、明确的、很少例外的，总之确定性比较高，大家可以按照彼此都熟悉的方式照章办事，一般冲突就比较少。相反，如果工作是探索性的、尝试性的、缺乏常规甚至是破坏常规的，总之确定性比较低，往往更容易发生冲突。例如，生产线上的冲突比研发机构的冲突要少，而且通常比较简单，容易解决。

其六，领导作风。不同的管理者有不同的管理模式与处事方式，即不同的领导作风。领导者倡导合作还是鼓励竞争、公正大度还是自私褊狭、光明磊落还是结党营私等等，与冲突水平都是密切相关的。

其七，组织变革。组织的生存环境是不断变化的，为了适应环境，组织就不可能不进行各种形式、内容、幅度的调整和改革。而任何调整最终都是利益格局的调整，任何改革最终都是现行关系的改革。于是得到的与失去的、新的与旧的、拥护的与反对的等等之间，必然会发生各种形式与性质的冲突。

其八，组织文化。组织是由人构成的，因此组织如人。人有愿合作、善合作、易合作者，也有特立独行、我行我素、不肯屈己从人者。组织有重人际关系、倡导合作精神、强调整体与大局者，也有重业绩、重效率、重竞争意识与进取精神者。后者自然会比前者冲突更多一些、激烈一些。

(3)个人方面的冲突原因。冲突就是人与人的关系，人本身当然也是冲突的原因之一。这主要有：

其一，个性。群体成员的个性、修养、经验、资历、年龄、观念等与冲突是密切相关的。例如，年轻的人更争强好胜，胆汁质的人更爱拔尖，能力强的人更容易恃才傲物，修养差的人更容易出现情绪化反应等，都可能导致或加重冲突。

其二，利益、立场与角色。不同的人在组织中扮演着不同的角色，不同角色有不同的利益、立场，这也是冲突的原因之一。例如，工资在企业家心中是成本，当然越低越好，在员工心中是报酬，当然越高越好，所以调整工资水平常常酿成劳资纠纷。

其三，匹配。有时人际冲突不一定有什么明确、具体的原因，就是“看不惯”、“不顺眼”、“讨厌”等等，所以人与人的匹配关系也是冲突的原因之一。

2. 冲突的发现：认知和个性化

冲突过程的第二步是冲突的一方或多方不仅认识到上一阶段所说的种种冲突条件的存在，而且有了个性化的情感投入，产生了焦虑、紧张、挫折感、敌意等体验。正是从这一阶段开始，冲突从潜在的可能性变为现实的存在了。

这个阶段包括“认知”和“个性化”两个方面：所谓“认知”是指冲突方对冲突的主观认识；所谓“个性化”是指冲突方在“认知”基础上对冲突的情感体验和情感投入。“认知”和“个性化”这两个方面都很重要，因为正是冲突方对冲突的认识和所投入情感的性质，在实际上决定了冲突的性质和冲突解决的方式。比如，同样是面对降薪，如果在“认知”上我认为这是公司经营遇到困难不得已而采取的临时措施，在“个性化”上我觉得公司的做法可以同情和理解，那么结果就是我会更加努力工作,与公司共渡难关,换句话说,这将是一场提高工作绩效的建设性冲突;如果在"认知"上我认为这就是公司变着花样剥削员工,在"个性化"上我觉得公司的做法令人愤慨,那么结果就是我会消极怠工,与公司作对,换句话说,这将是一场降低工作绩效的破坏性冲突。所以在这里要特别提醒大家,冲突不是一个纯粹的客观矛盾,冲突方的主观认识与情感也是冲突的重要组成部分。对于这一点,只要重温一下冲突的定义就会理解。

3. 冲突处理第一步:行为意向

冲突的上一个阶段是认知与情感,属于内在的心理过程,冲突的下一个阶段是行为,属于外在的行为过程,而本阶段则是行为意向,属于从内部心理转化为外部行为的中介环节,实质上是行为的决策阶段。

处理冲突的行为意向有两个维度:一个是合作程度,指一方愿意满足对方愿望的程度;一个是肯定程度,指一方愿意满足自己愿望的程度。由此,可以有如图 7 - 4 所示意的竞争、协作、回避、迁就、折中等五种处理冲突的行为意向或说处理策略。

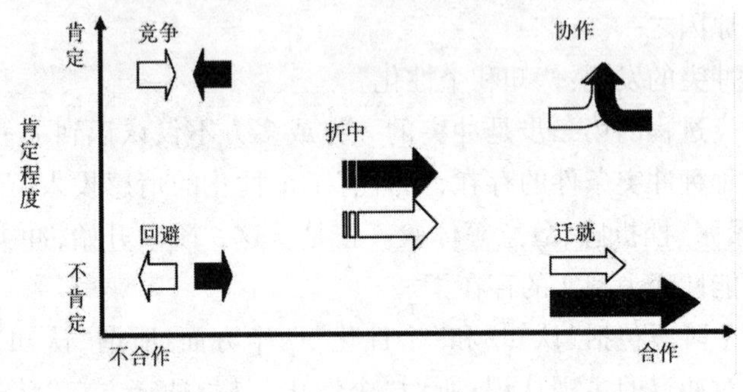

图 7 - 4①

(1)竞争,即只愿满足自己,不愿满足对方。具有竞争意向的冲突方,希望在冲突中实现自己的愿望,而不去考虑对方的愿望,甚至

① [美]斯蒂芬·P. 罗宾斯:《组织行为学》,第 391 页。

通过牺牲对方的愿望来满足自己的愿望。例如,在只计名次而不计成绩的争先赛中,不光要考虑自己怎么跑得更快,还要考虑给对方制造障碍,因为对方的失败就是自己的胜利。

(2)协作,指既愿意满足自己,也愿意满足对方。具有协作意向的冲突方,希望在冲突中找到使双方愿望都得到满足的双赢之策。例如,在通过积分争夺出线权的小组循环赛中,双方制造和局,既可以保证双双出线,又可以保存各自实力,皆大欢喜。

(3)回避,指既无法满足自己,也不愿满足对方。冲突方在冲突中不可能满足自己,但也不愿意成就对方。例如,在比赛中,设法利用竞赛规则,躲开自己无力战胜的强大对手。

(4)迁就,即不求满足自己,但愿满足对方。冲突方有时出于安抚、屈服、示弱等原因,会放弃自己的愿望,成就对方的愿望。例如,在比赛中明知自己实力不如对方,索性放弃抵抗,送个顺水人情,或者在比赛中明明知道自己可以大比分战胜对方,为抚慰对方,最终选择了小胜或者平局的安慰赛。

(5)折中,即双方的愿望都部分满足,部分放弃。冲突双方达成某种妥协,在相互放弃某些东西的同时,也共同分享某些东西。例如,在棋类比赛中,经常出现一方提议和棋,另一方很快响应的情况,虽然没有得到完全的胜利,但也没有了失败的风险。

4. 冲突处理第二步:行为

上一阶段,冲突方对如何处理冲突已经有了自己的意向。再进一步,当冲突方试图公开实现自己处理冲突的行为意向时,冲突处理就进入到了行为的阶段。处理冲突的行为可以表现为一系列的表态、说明、解释、威胁、恫吓、攻击等活动。

有意思的是,处理冲突的行为通常并不是针对冲突本身的解决方案,而是展示给对方的某种姿态。在展示给对方后,再观察对方的反应,以决定自己下一步的行为。所以冲突的行为阶段往往是一个充满互动的、不断升级的动态过程。这个过程一般会表现为如图7－5所示意那样一个从无冲突,到轻度冲突,再到中度冲突,最后到重度冲突的连续体。连续体的下端往往具有审慎、节制、理性、间接、婉转、微妙等特点，功能正常的冲突大多集中于这一端。连续体的上端往往具有冲动、夸张、非理性、直接、公开、对抗等特点，功能失调的冲突大多集中于这一端。

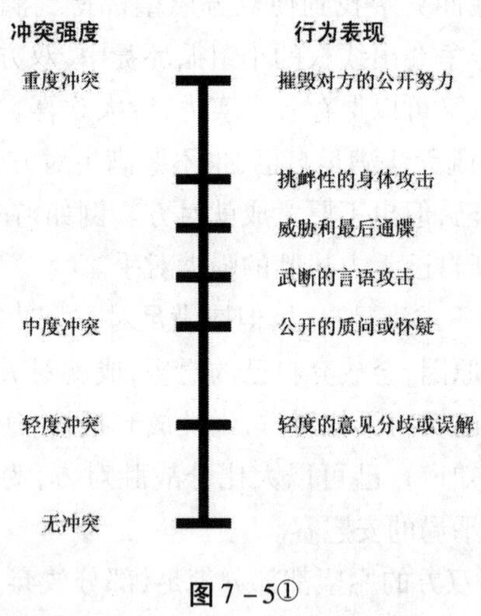

图 7－5①

还有一点有意思的是，处理冲突的行为本来应该是行为意向的表达，但实际上却往往与真实的意向并不完全一致。在连续体下端，表达给对方的行为往往比自己内心的行为意向更柔和，而在在连续体上端，表达给对方的行为往往比自己内心的行为意向更尖锐。所以作为表达方，如何不让对方误解，作为接受方如何正确判读对方的真实意图，在冲突解决过程中也是极其重要的。冲突步步升级，从功能正常的冲突激化为功能失调的冲突，往往就是因为这一点。

5. 冲突结束：结果

经过一系列互动，冲突最终有了结果。如果这个结果是群体工

① 参见［美］斯蒂芬·P. 罗宾斯：《组织行为学》，第 393 页。

作绩效得到提高，如提高了效率、出现了创新、增进了理解、推动了变革、完善了决策等等，那么这个冲突就是功能正常的。如果这个结果是群体工作绩效反而降低，如降低了效率、伤害了关系、浪费了资源、造成了解体、激化了不满等等，那么这个冲突就是功能失调的。

三、群体冲突与组织管理

既然冲突是不可避免的，冲突的结果是多样的，冲突的性质是可以转化的，那么管理者就决不能无视冲突，放任冲突的激化甚至恶化，也不能回避冲突，一味做个和事佬与老好人，到处嘻嘻哈哈地抹稀泥，更不能不分青红皂白地反对一切冲突，像个到处救火的消防队员，而要**承认冲突存在的客观性，具体研究冲突发展的过程与规律。这才是正确处理冲突的前提和基础。在此基础上，管理者还要不断学习、研究和提高冲突管理的艺术**。但是如前所述，西方人也是近二三十年来才逐渐认识到，与争夺锦标可以提高运动成绩一样，功能正常的冲突对组织管理具有不可替代的积极作用。而在儒家主张“和为贵”，道家崇尚“不争”，佛家要求“忍辱”这样的民族文化背景下，再加上经过十年动乱后国人对“斗争哲学”的普遍反感，很多中国管理者在观念上至今还不能完全接受利用冲突来开展管理活动。其实，冲突管理并不是要求我们把冲突作为管理哲学的基础，它只是告诫我们，面对冲突时，第一要区分性质，第二要适度控制。

1. 激发功能正常的冲突

如果属于功能正常的冲突，而且冲突不足，那么可以在管理活动中利用以下措施激发冲突：

(1)强化竞争。包括鼓励、倡导、设计各种形式的竞争、竞赛、考核、评比，特别是加大与竞争结果挂钩的奖惩力度等，要让竞争的结果确确实实有切肤之痛，能令人动心。

（2）推动改革。包括调整组织结构，改变利益格局，改革规章制度等，以期打破旧的平衡，推动群体间的碰撞、调整和再适应。

（3）引进外人。特指引进一些在背景、价值观、管理风格等方面都与当前群体成员不同的异质个体或群体，以期打破一潭死水，带来所谓"鲇鱼效应"。

（4）利用批评家。特指引进或重用那种喜欢吹毛求疵，有独立见解，敢于表达不同意见，有意与大多数群体成员的习惯性意见，包括领导者意见相左的人，不要总把"听话"作为重用人才的标准。

（5）利用信息沟通。利用组织渠道有意提供一些模棱两可或有威胁性的信息，触动人的内心世界，唤醒人的敏感性，从而提高冲突水平。

2. 预防与缓和功能失调的冲突

如果属于功能失调的冲突，而且冲突过度，那么可以在管理活动中利用以下措施来预防和缓解冲突：

（1）改善沟通。疏通沟通渠道，加强信息共享，降低失真，增进感情交流，减少误解，消除隔阂等都可以有效预防因沟通障碍导致的冲突。

（2）人员调整。注意人员配备的匹配性，处理与调整喜欢搬弄是非的"害群之马"，任用能起到跨群体沟通"桥梁"作用的人员等。

（3）扩大资源。提供充足的资源，鼓励创造与开拓资源，"把饼做大"。

（4）建立超级目标。古人说"兄弟阋于墙，外御其侮"，今人搞"统一战线"，都是一个道理，即建立能够包容冲突双方小目标的大目标，使"枪口一致对外"。

（5）岗位轮换。冲突双方对换工作岗位，使冲突方可以设身处地地体验对方境遇，加强相互的体谅和理解。

（6）划清边界。划清群体之间责、权、利的界限，明确制度，从根子上减少争权夺利、明争暗斗、推诿扯皮的气候与土壤。

（7）教育与文化。加强全局观念，培养高尚人格，抵制本位主义思想，不让忍辱负重、屈己从人的“老实人”吃亏，建立崇尚宽容与合作的组织文化。

3.重视和控制冲突性质的转化

如我们在图7－5中所看到的，功能正常的冲突与功能失调的冲突之间并没有绝对的界限，它们是可以相互过渡、相互转化的。所以管理者不仅应当分清冲突的性质，还要善于控制冲突性质的转化，防止功能正常的冲突向功能失调的冲突转化，促进功能失调的冲突向功能正常的冲突转化。主要措施有：

(1)沟通。无论用何种方法处理何种冲突，都必须对沟通给予足够重视。一方面，良好的沟通可以防止功能正常的冲突转化为功能失调的冲突，促进功能失调的冲突转化为功能正常的冲突；另一方面，沟通状况及其变化也是冲突性质及其转化的有效监控指标。例如，如果冲突双方沟通的频率越来越低，沟通的内容越来越从关心组织的利益变为关心本群体的利益，沟通的方向越来越从双向互动变为单向攻击，那就是冲突恶化的先兆了。

(2)压制。管理者可以充分利用手中掌握的制度与权力，利用强制的办法，如动用奖惩权、人事权、分配权、决策权等，将冲突控制在可以接受的范围内。

(3)仲裁。如果管理者本身也是冲突方或管理者不具备足够的权威，也可以考虑由双方共同的上级或具有公信力的第三方来裁决冲突中的是非曲直。

(4)教育。进行全局观点、集体意识、宽容、对事不对人、出以公心等方面的教育，组织冲突方对冲突的原因、得失等展开讨论、反思，帮助冲突方学会“游戏规则”。

(5)重组。如果冲突确实已经失控，那就当断则断，釜底抽薪，壮士断腕，通过对冲突方解散重组，防止冲突影响工作和向全局蔓延。

案例分析　　　　手表专营公司的风波

B市的手表厂曾是B市的骄傲。该厂建于20世纪50年代，曾创造了许多国内第一:第一块国产17钻全钢防震男表、第一块国产彩色表盘夜光表、第一块国产日历表、第一块国产自动表等等。由于该厂生产的手表走时准确、坚固耐用,一直深受消费者欢迎,曾长期是B市市场上的紧俏商品。自建厂至80年代末的三十年时间里,该厂一直是B市的利税大户,其上缴利润相当于为国家赚回了六个同等规模的工厂。厂里的干部职工都以自己是手表厂职工而自豪。

但进入80年代后,特别是80年代末以来,该厂产品开始滞销积压。至1990年全国积压的该厂手表已达三百余万只,占用资金上亿元,表厂生产经营陷入困境。在表店里,该厂的手表不知从何时起被挤到了柜台的角落里。

厂长认为,本厂产品的质量没有问题,滞销的关键是表店嫌国产表利薄而不肯积极促销。要改变这种被动局面必须改变重生产轻销售的观念,建立自己的销售渠道。于是厂里决定将原厂销售科改为独立经营的专营公司,专门销售本厂产品,并选派刘工程师出任专营公司经理。刘工是建厂元老之一,对表厂情况非常了解,有深厚感情,又懂技术,是非常合适的人选。

寄托着全厂厚望的刘工走马上任了。但出乎全厂员工意料的是,刘工上任后做了一连串对不起表厂的事。

刘工上任后做的第一件事就是将专营公司的全体人员派往全国各地,仅用了两个月时间就以低于成本的价格将积压的三百余万只手表销售一空,回笼资金几千万元。厂里员工对此极为不满。大家认为,手表积压只要尽力推销就是了,好好的优质表为什么非要打折处理,这不是拿着全厂职工的血汗为自己买功吗?刘工却认为,现在人民生活水平提高了,对手表的要求早已不是简单的计时准确了。现在市场上,瑞士表占据了高档表市场,香港表占据了低档表市场,日本表占据了多功能表市场,而我们的表投产三十多年来款式、功能、价格一贯制,没有特色与卖点。而且全国每个省、市都有自己的表厂,产品款式、价格严重雷同,这怎么可能不积压?表积压在库里,表厂账面上倒是不亏损,但占压上亿资金,让厂子如何发展?虽然低价处理使账面上出现了巨额亏损,但抢在全行业前面甩掉了包袱,争取了发展的时间和资金,这是笔划算的买卖,壮士断腕为的是表厂的长远利益。

刘工上任后做的第二件事用盘活的资金与港商合资,成立了一家公司,用漂亮的香港表壳装上本厂的优质表芯,挂香港表的商标上市。厂里员工对此更是不满。三十年的全国名牌就这么丢了,低三下四地给那些乱七八糟什么香港品牌打工,感情上实在接受不了。刘工却认为,我们缺的是设计能力和对时尚的敏感,空有优质表芯却卖不动,这种优质就毫无价值。合资让我们掌握了流行信息,提高了开发设计能力,学到了如何适应市场,还保存了实力,积累了资金,实在是一举多得的大好事。

不满归不满,刘工上任后的这几把火还真有效。在钟表行业全行业亏损,全国不少兄弟企业被迫停产、转产的大气候中,不仅专营公司上缴利润大增,还带动了表厂的生产,工人收入也有了增加。正当对刘工的非议渐渐平息的时候,刘工又做出了上任后的第三件事:他居然上书厂长,要求专营公司与生产厂来个头尾对调,即由专营公司承包生产厂,把过去的你产什么我就卖什么变为我卖什么你就产什么。这下子真是火上浇油,风波再起。生产厂这边议论纷纷:有人说,这才叫人心不足蛇吞象,老子养大了儿子,儿子要反过来吃老子了。有人说,刘工到专营公司本来就是醉翁之意不在酒,现在野心终于暴露出来了,打工仔要当家了。还有人说,要不是厂长对刘工一再姑息纵容,怎么会有今天。一时间,要求解散专营公司、处理刘工的说法满天飞。专营公司这边也是一肚子委屈:有人说,要不是我们给你们找活干,你们早就喝西北风去了,真是端起碗吃肉,放下碗骂娘。有人说,与其背着表厂这么大包袱还费力不讨好,不如干脆与表厂脱钩,自己单干。

终于,厂里的处理方案出来了:解散专营公司,恢复销售科并由厂长直接管理,刘工升任副厂长,主管安全生产。一场风波终于平息了。不久传来了刘工辞职下海的消息,也传来了厂长对刘工的评价:有私心、有野心、好大喜功、哗众取宠。

问题:

1. 这场风波属于什么群体行为?行为的性质发生过变化吗?

2. 上述行为的性质变化或没变化的根据是什么?性质变化或没变化的关键是什么?

第三节 群体中的竞争与合作

一、群体中的竞争与合作

1. 竞争

所谓竞争是指双方或多方之间,为了达到一定目标而相互争胜,以争取压倒对方获得优势地位的心理与行为。竞争是人类利己性、排他性的表现。竞争有以下要素:

(1)排他性的竞争目标。竞争目标通常是具有排他性和独占性的,无法与对手共享或分享,所以竞争中不仅要考虑自己怎样达到目标,还要考虑怎样不让对手达到目标。

(2)实力相当的竞争对手。竞争对手的实力通常是基本相当的。一般来说,竞争对手的实力越接近,竞争也越激烈。如果实力悬殊,通常构不成竞争关系。

(3)具体的竞争行为。竞争对手之间有相互争胜的具体行为,包括使自己胜利的行为和使对方失利的行为。竞争行为是竞争心理的具体表现,比一般行为更兴奋、更积极、更主动,但效率可能更高,也可能更低。

(4)不确定的竞争结果。竞争的结果究竟是单方绩效的提高,双方绩效的提高,还是双方绩效的降低,都是不确定的;竞争胜利是否提高绩效,竞争失败是否降低绩效,也是不确定的。

(5)无法单方面选择的竞争环境与条件。竞争不是单方面的行为,因此竞争的时间、地点、对手、形式等,甚至参与还是放弃,都不是单方面可以完全自主决定的。

2. 合作

所谓合作是指双方或多方之间,为了达到一定目标而相互配合,争取共同胜利的心理与行为。合作是人类社会性、群体性的表现。合作有以下要素:

(1)共同的合作目标。合作的前提是存在着合作伙伴可以共享或分享,有时是必须共享或分享的目标。

(2)互补的合作基础。合作的基础是合作伙伴之间在利益、能力、经验、资源等方面具有互补性。

(3)理性的合作条件。合作不是合作伙伴之间力量及绩效的机械叠加,也不是合作伙伴之间感性层次的社会助长,更不是单方面给予对方的协助与支持,而是合作伙伴有目的的自觉配合。合作过程始终有清醒的理性指导,有高水平的认知,有充分的相互理解和相互信任,有共同约定和共同遵守的规则。

(4)有一定压力的环境。合作是自觉的选择,但不一定是主动的选择,往往与合作伙伴之间存在共同的危机与压力有密切关系。

3. 竞争与合作的关系

竞争与合作是人类完成任务的两种不同方式,一个是面对面,一个是肩并肩,区别是显而易见的。竞争更多体现了人的进化机制和生存本能,没有竞争就没有人类的进步和人类的今天。合作更多体现了人的理性和生存智慧,没有合作人类就没有了社会性和人类物种的优势。然而竞争与合作又是统一的,不可或缺的。没有合作的竞争就是赤裸裸的丛林法则,人对人就是狼,人类就不可能建立民族、国家、政党、企业这样的人类共同体,进入现代文明。没有竞争的合作就是原地踏步,人类就不可能有科学、技术、文化、法律、道德等这样的发展工具和社会契约,同样不可能有现代文明。

二、决定竞争与合作的因素

双方是相互竞争,还是相互合作,主要取决于两类因素:

1. 双方的关系

(1)一致关系。如果双方利害一致或有共同利益,则双方通常会更倾向于合作。

(2)对立关系。如果双方利害冲突或有利益对立,则双方通常会更倾向于竞争。

(3)混合关系。如果双方的利害关系既有冲突,也有一致,既有共同利益,也相反利益,则双方的行为也会出现在竞争与合作之间动摇和混合的特点。而且应该说,现实中这是大多数情况。

2. 双方的特点

(1)需要与动机。一般来说,成就需要比较突出、成就动机比较强的人更倾向竞争,而交往需要比较突出、交往动机比较强的人更容易合作。

(2)个性。一般来说,有好胜、冲动、多疑等性格特征的人更倾向竞争,而有自制、自信、宽容等性格特征的人更容易合作;在能力类型、强弱上彼此接近的人更倾向竞争,而在能力类型上有互补特征、强弱上有一定差距的人更容易合作。

(3)威胁。威胁指胁迫对方与自己合作的手段。一般来说,在双方都没有威胁手段的情形下比一方拥有威胁手段的情形下合作的可能性更大,在只有一方拥有威胁手段的情形下比双方都拥有威胁手段的情形下合作的可能性更大。

(4)沟通。一般来说,沟通与竞争之间更容易出现恶性循环,也就是说,竞争过于激烈会妨害沟通,沟通不良会加剧竞争,而在竞争与合作之间更容易出现良性循环,也就是说,合作会促进沟通,沟通会改善合作。

(5)文化传统。一般来说,在突出个人评价、鼓励争先意识、强调工作第一的社会文化和组织文化中，竞争意识会得到更多鼓励，而在倡导集体主义、团队意识、理解宽容的社会文化和组织文化中，合作精神会得到更多的赞许。

三、竞争、合作与管理

1. 竞争与合作不是社会评价

公平有序的竞争可以鼓励争先意识，起到“优胜劣汰”的作用；无序竞争、恶性竞争也会诱发以邻为壑、不择手段，得到“劣币驱逐良币”的后果。积极的合作可以取长补短、互通有无，起到“瞎子背瘸子”的作用；消极的合作也会纵容依赖心理，容忍“滥竽充数”。所以，竞争与合作作为管理手段，本身是中性的，无所谓好坏，不表示社会评价，不能简单地把竞争等同于进取意识，合作等同于团队意识。

2. 竞争与合作不是泾渭分明的

竞争与合作标志着完全相反的依赖关系，但二者之间又是你中有我，我中有你，不可以截然分开的。比如一支篮球队只有一个球队精神，在球队内它就是精诚合作，在球队外它就是奋勇竞争，并不是有两个各司其职的球队精神，也不能说我的球队只鼓励合作或只倡导竞争。

3. 竞争与合作不是万能的

竞争与合作作为管理手段，各有利弊长短，各有适用范围与对象。用得其所，它们都是有效的、不可替代的。用不得法，它们都是会帮倒忙的。比如，交给两个孩子一个橘子，要求他们一个人用橘皮做蛋糕，一个用橘肉榨果汁，他们就只能合作。如果他们误用了竞争，做出来的大概就是果酱了。而交给两个孩子一盘象棋，要求他们进行比赛，他们就只能竞争。如果他们误用了合作，结果大约就是作弊了。

管理者在将竞争与合作应用于管理之前，应该先将这三个道理搞明白。

案例分析　　　　　　　　竞争,还是合作

1951 年,心理学家明特兹(Mintz)设计了一个耐人寻味的实验。如图 7－6,在一个玻璃瓶内装入若干纸质锥体,每个锥体由一条通向瓶外的线系住,并由一名被试在一旁拉住线端。瓶内的水位是不断升高的,瓶口每次只能通过一个锥体。实验要求被试在锥体没有因水位升高而被浸湿前将锥体拉出瓶外。成功者每人奖励 25 美分,失败者每人罚款 5 美分。结果是,有的实验中被试"全军覆没",有的实验中被试"胜利大逃亡"。想想看,"全军覆没"中被试的心理与行为是怎样的?"胜利大逃亡"中被试的心理与行为又是怎样的?

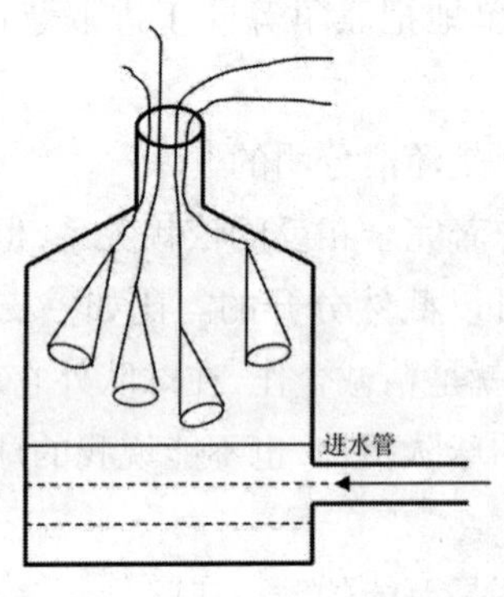

图 7－6

如果你以为这只是一个小孩子的游戏,你就错了。在我们的生活中,这样的事情到处都会发生。下面是两场真实的逃生,一次是"胜利大逃亡",另一次是……

一次逃生发生在"9·11 事件"中。恐怖袭击发生的时候,世贸大厦北塔内 80 层以上有三四百人在电梯停运的情况下,选择了从大厦步行梯走下去。楼梯狭窄而黑暗,但他们在没有人统一指挥的情况下,一个紧挨着一个秩序井然地向下走。人们自觉地分成两队,妇女和老人走距离相对较短的里圈,男人和身强力壮的人自觉地走在距离相对较长的外圈。尽管80层转下来,里外两圈的距离差距会很大,但是没有人仗着身强力壮而夺路快跑,没有人大呼小叫而加剧恐慌,大家只是安静地向下走。下到78层的时候,楼梯的门已经变形了,很难打开。在前面的人先是找钥匙,后来又奋力撞门的整整15分钟里,没有人指责开门的人,没有人往前拥,大家只是安静地等。门撞开后,大家继续有秩序地向下走。这时大家还不知道情况的严重性,互相都很谦让,有些人还经常主动扶一扶身边的人,大家甚至还说说笑笑。下到40层的时候,有人接到了太太从外面打来的手机,大家知道了问题的严重性,但是仍然排着队一步一步朝下走,没有出现任何恐慌和推搡。下到18层的时候,他们遇到了正向上冲的消防员,这时世贸大厦南塔已经倒塌了,大家仍然没有混乱,继续排着队向下走。整整花了一个半小时,他们终于走出了大厦,然后以百米赛跑的速度逃离即将倒塌的大厦。在这样紧急的关头,还有人帮身边的人拾起了掉在路上的眼镜。3分钟后,世贸大厦北塔轰然倒下。

另一次逃生发生在某中原古城。古城有一座建于北宋时期的古塔。塔高近55米,塔内有楼梯盘旋而上,直通塔顶。登临塔顶,不仅可以俯瞰全市,还可以远眺三十多公里外的黄河。所以登塔是许多游客喜爱的游览项目。20世纪80年代的某一天,当地一所小学的学生在学校组织下到古塔所在的公园春游。一些学生按班级排着队正在登塔。千年的古塔,昏暗的楼道,陡峭的楼梯,这颇有些神秘感的气氛刺激着小学生们的神经。突然,上面不知什么人喊了一声"有鬼!"几乎所有的小学生都被这突如其来的喊声吓坏了,他们一边惊恐地尖叫,一边转身向下跑。下面有人跌倒了,上面的人仍然不顾一切地向下冲……最终这场踩踏事故死亡了十几人。

问题:

案例介绍到这里,读者的心情可能不仅是沉重,而且很复杂。那么我们就不像其他案例那样分析具体的问题,而是就此进行一场开放式的讨论:探讨因果、深入思考、抒发感慨、引申联想、顿悟升华等等,不拘一格,畅所欲言。

本章小结及对管理者的意义

本章集中介绍了从众、冲突、竞争、合作等群体行为的规律及其管理艺术。

对于管理者而言,从众、冲突、竞争、合作之类群体行为,第一是客观的,不能无视它们的存在和作用,第二是中性的,本身无所谓好坏,关键在于驾驭它们的艺术。

本章主要概念

从众　冲突　竞争　合作

本章复习题

1. 什么是从众？从众有哪些类型？
2. 人为什么会从众？有哪些因素会制约从众的程度？
3. 对于从众,有哪些管理原则和措施？
4. 什么是冲突？冲突有哪些类型？冲突有什么作用？
5. 冲突的发展过程分几个阶段？引发冲突的主要原因有哪些？冲突发展中“认知”和“个性化”指什么？有哪些处理冲突的策略？
6. 管理者应该如何对待冲突问题？
7. 什么是竞争？竞争有哪些要素？什么是合作？合作有哪些要素？
8. 人们什么时候会竞争？什么时候会合作？
9. 管理者应该如何看待竞争与合作？

本章思考题

1. 你能否结合个人的社会经验,从人性的角度来解释从众、冲突、竞争与合作？

2. 你认为从众、冲突、竞争、合作与社会文化传统有什么关系吗?

本章阅读书目

1. [美]戴维·迈尔斯:《社会心理学》,第6、13章,人民邮电出版社,2006年第1版。

2. 程正方:《现代管理心理学》,第8章,北京师范大学出版社,2004年第3版。

3. 关培兰:《组织行为学》,第16章,武汉大学出版社,2001年第1版。

第八章　沟通与沟通绩效

本章要点

- 沟通的概念、作用、模型、要素
- 提高沟通绩效的方法

引　子

领导:你这是什么意思?

小明:没什么意思,就是意思意思。

领导:你这就不够意思了。

小明:小意思,小意思。

领导:你这人真有意思。

小明:其实也没别的意思。

领导:那我就不好意思了。

小明:是我不好意思。

“意思”这个词在这段两个人、四句问答、六十一个字的对话中一共出现了几次?有几种含义?对此你有何感想?

第一节　人际沟通及其要素

一、人际沟通及其作用

1. 沟通与人际沟通

人类自身的自然条件在动物界中并不是最优越的，但人类却能统治其他动物，这是为什么呢？因为人类能结成群体，从而以群体的力量弥补了个体在体力与智力上的不足。但是，空中的飞鸟、水里的游鱼、地上的走兽很多也具有群居的习性，不少动物群体的规模还远远超过了人类，却为什么仍然不能战胜人类呢？因为人类能统一协调自己的行为，从而使无论几十、几百，还是成千上万的人，都能按照统一的意志分工合作，像一个人一样，像一部完整而精密的仪器一样。那么为什么人类可以做到这样，而动物却做不到这样呢？因为人类能够彼此沟通。虽然动物之间也有沟通，但人类的沟通由于有人脑及语言文字等人类特有因素的介入，其广度、深度、规模、形式、质量、效率等等，均远非任何动物可以比拟。可见，结群使个体有力量，而沟通则使群体有力量。所以有学者说，信息"交流对于组织，好比血液对于有机体"。"缺少必要的信息，组织内的部门和个人也要发生故障，这必然会导致它们和整个组织的最终消亡"。"一个组织在管理方面取得成功的唯一途径是通过交流"。[1]

任何一个群体，无论是机关里的科室、企业里的车间，还是军队里的连队、学校里的班级，只要它存在着、运行着，每日每时都少不了下级向上级反映问题、表达愿望、汇报工作，上级向下级调查情况、传达指令、安排工作，平级的同事、同学、部门之间交流感情、传授经验、协调工作。于是在组织中形成了一种信息流。如同物资

---

① ［美］戴维·R.汉普顿：《当代管理学》第455页，新华出版社，1986年第1版。

流、资金流、人力流一样,信息流也是群体生存的生命指征和群体发展的必要动力。**组织行为学中将组织中人与人之间思想、感情、态度、行为、消息等信息的交流过程称为沟通。**

其实,单就沟通是指信息交流这点而言,它是可以发生于任何进行信息交流的双方之间的。不过发生于机器之间的信息交流,如计算机与投影仪之间、计算机与打印机之间的信号传递与响应等,或发生于人与机器之间的信息交流,如人通过键盘或鼠标向计算机发出指令、计算机通过显示器或扬声器向人做出应答等,人们习惯上称之为“通信”。发生于社会公众之间的信息交流,如通过电视、广播、报刊、网络等大众媒体实现的信息交流,人们习惯上称之为“传播”。只有发生于人与人之间的信息交流,如会议、谈话、书信、电话等,人们才习惯上称之为“沟通”。在组织行为学中,沟通主要就是指组织内部的人际沟通,如上级向下级发布命令,下级向上级汇报工作,领导班子讨论决策问题等。

2. 人际沟通在管理中的作用

(1)沟通是管理的基础。管理必须沟通,因为良好的沟通是实现科学管理的基本前提和基础,不包含良好沟通的有效管理是根本不存在的。古典管理理论的主要代表人物之一古利克(Luther Gulick 1892—1993)在20世纪30年代提出了著名的管理七职能论,即管理包括计划、组织、人事、指挥、协调、报告、预算等七项基本职能①。试想,如果没有沟通,这七项职能中,管理者的“计划”如何才能变成员工的任务?“组织”内部如何进行协作?“人事”方面的培养、训练如何实现?如何去“指挥”和“协调”下属?如何向上级“报告”工作?根据什么制定“预算”和分解指标?所以说,任何管理的实现都是离不开沟通的。沟通之于组织,犹如血管中流动的血液、神经系统中传导的信号,须臾不可或缺。没有良好的沟通,组织只能是一群乌合之众,一个瘫痪的病人,一堆由人、财、物等零部件堆

① 参见[美]丹尼尔·A.雷恩:《管理思想的演变》第5页。

砌起来的原材料,而不是一个活的有机整体。

背景链接　　　　古利克与管理七职能论

卢瑟·古利克,美国管理学家,曾任美国哥伦比亚大学公共管理研究所所长,参加过罗斯福政府的行政管理委员会。

古利克在管理学史上的地位,主要是由于其在古典管理理论的系统化方面所做的大量工作而确立的。他与英国学者厄威克(Lyndall Fownes Urwick,1891—1983)1937年合编出版了《管理科学论文集》,收入了一批反映当时管理学方面不同观点的论文,包括古典管理理论主要代表法约尔(Henri Fayol 1841—1915)、人际关系学派创始人梅奥(Elton Mayo 1880—1949)以及编者本人等十余人的作品,还有一些关于霍桑试验早期成果的报道。这本论文集中的作者,除梅奥等个别人外,大都属于管理理论中的传统学派的代表人物。

古利克在这本论文集内,将法约尔有关管理过程的论点加以展开,提出了著名的管理七职能论。取其每种职能的英文词首字母而称作POSDCORB,即Planning(计划)、Organising(组织)、Staffing(人事)、Directing(指挥)、Coordinating(协调)、Reporting(报告)、Budgeting(预算)。古利克提出的这七种管理职能,以后虽有人加以增减或修改,但基本上包括了到那时为止的有关管理过程的观点,并成为以后有关这类研究的出发点。

(2)沟通是管理的内容。沟通也是管理,因为良好的沟通不仅是实现其他管理职能的前提和基础,而且本身就是科学管理的主要内容和手段。例如,正确、及时、有效的奖惩是任何管理都必不可少的重要内容,我们经常根据赢利的数额来按比例"提成"进行奖励,根据亏损的数额来按比例"罚款"进行惩罚。但是,如果你只是从成本核算的角度来看待按比例确定奖惩金额这件事,那你就还根本不懂得什么是管理。我们的奖惩措施更重要的作用是传递给全体员工一个信息,"我们希望你们是这样的,不希望你们是那样的"。换句话说,只按计算器的管理不是科学的管理,既按计算器,又进行有效沟通的管理才是科学的管理。

(3)沟通是管理的目的。管理是为了沟通,因为所谓“以人为本”的管理哲学,就是将人作为终极目的的管理哲学,包括通过科学的管理更好地满足人对信息共享的需要。从最低层次上说,管理的目的是提高工作效率,这是见物不见人的古典管理。从中等层次上说,管理的目的是既要提高工作效率,也要提高人的满意度,这是既见物,也见人的现代管理。从最高层次上说,管理的目的根本上是为了提高人的满意度,因为在终极意义上,提高工作效率最终也是为了人生活得更美好,这就是以人为本的当代管理。日本的“经营之神”松下幸之助陪同贵宾参观自己的企业时,会拍着某个自己并不认识的普通员工的肩膀向客人介绍说“这是我们公司最优秀的员工”。松下幸之助是查看过业绩报表的吗?这是公司的正式表彰吗?当然都不是。但那个员工以及公司所有的员工感受到的是温暖的关爱、极大的尊重。从需要层次理论的角度来看,员工得到的是社交、尊重、自我实现等高层次需要的满足,而这些需要仅仅靠工资、保险等物质待遇的提高是不可能充分满足的。没有人傻到在松下幸之助离开后会根据他的“指示”真的给那个员工颁发一个“公司最佳员工”的奖状。因为把关爱与尊重通过面对面的直接沟通传达给员工,这个举动本身就是松下幸之助的目的,没有必要再去找什么别的目的了。松下幸之助认为,“经营管理是由人所进行的,直接参与经营管理的是人,从业人员也是人,顾客以及交易对象都是人。经营管理可以说是人类彼此之间,为人类幸福所进行的一种活动。因此,为了适当地进行经营管理,必须彻底了解‘人是什么?’和‘人具有什么特质?’换句话说就是必须了解人性,而正确的经营理念,也应该建立在对人性的了解上。”①

① 严欢:《松下幸之助为人之道》第264页,北京燕山出版社,1997年第1版。

二、人际沟通的模型与要素

1. 人际沟通的模型

从最一般的意义上说，**任何人际沟通都是由信息发送者、信息接收者、信息渠道，以及信息、反馈、噪音这六个基本的要素构成的。其中，前三个要素，即信息发送者(亦称信源)、信息渠道(亦称信道)、信息接收者(亦称信宿)，属于实体性要素，是人际沟通的物质载体，后三个要素，即信息、反馈、干扰，属于信息性要素，是沟通载体中传递的具体内容。**

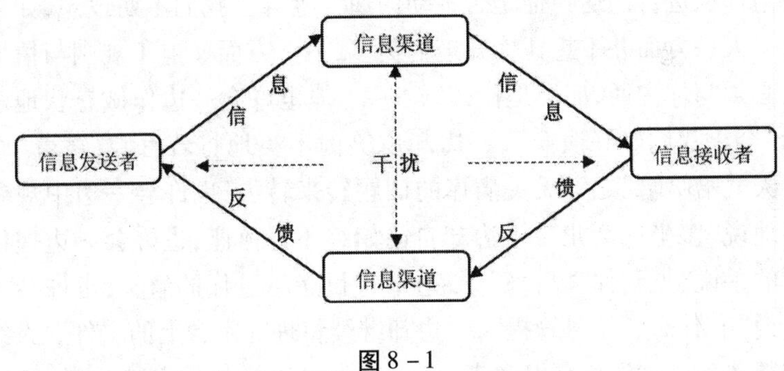

图 8－1

2. 信息发送者

人际沟通中的信息发送者当然是人本身，但并不是任何人都能成为信息发送者的。

(1)信息。信息发送者首先必须拥有信息。关于人际沟通中的信息，应该注意：

其一，什么是信息。从信息论的观点看，所谓信息必须是对方所不了解的消息，或者说是对接收方有意义、有价值的消息。例如，同样一个消息，对于 A 是未知的消息，那么它是信息，对于 B 是已知的消息，那么它就不是信息。

其二，人际沟通中信息的特殊性。在一般的信息交流中，信息的内容主要是信号、数据、事实等物理信息，而在人际沟通中，除物理信息外，还有情感、愿望、观念等心理信息。例如，北京人见面时常常不分时间场合地问："你吃了吗?"如果你像一台翻译机一样，只是根据这几个汉字的文字意义来回答对方："我没吃！"那就大错特错了。北京人问"你吃了吗?"表达的是对你的礼貌之意、关爱之情。这句话不仅包含心理信息，而且首先就是心理信息。这是机器通信与人际沟通在内容上的根本区别。

(2)心理。既然人际沟通的信息发送者是人，就必然受人的心理因素的影响和支配。因此研究人际沟通还必须考虑发送者的态度、动机等沟通心理方面的问题。如，他是否愿意对方分享信息?他为什么进行沟通？他是否主动沟通？等等。我们不妨设想，如果某个人一方面并不想让你知道的更多，另一方面又迫于规则与情境而必须与你沟通，那会是什么场景呢？他也许会一边作诚恳状地表示"今天我们好好谈谈"，一边却皮笑肉不笑地打着官腔，绕着"今天天气哈哈哈"之类无关痛痒的话题转来转去；也许会一边中规中矩地说"多坐一会儿"，一边却自己始终不肯落座；也许会一边握住你的手说"见到你真高兴"，一边却将目光越过你的肩头；也许会一边说"有什么意见尽管提"，一边却继续整理写字台上的文件。大约谁都遇到过这样信息发送者，谁也都做过这样的信息接收者，所以大约谁都明白这种沟通态度的原因和结果。

(3)技能。人际沟通是必须具备一定技能的，而且这些技能主要是通过学习和训练获得的。主要是：

其一，信息编码。有了信息，还要将信息转换为一种可译解的、便于传输的形式，如文字、语言、动作、图形、颜色、计算机程序、电磁信号等代码系统。例如，我们要向对方表达我们对某事的观点和立场，而观点和立场作为主观世界中的思想是不能直接传递的，于是我们就可以将思想转换为一种双方都能理解的语言文字。因为语言文字作为一种声波和形象，是可以利用其物理特性，通过空气和光来传递的。

其二，选择渠道。沟通技能的一个重要方面就是善于选择适当的沟通渠道,即善于选择相对于沟通目的、内容、条件等等而言最合理、有效的沟通形式、网络等。例如,慰问朋友当然有交流消息的成分,但更多的是交流感情,所以选择直接的口头沟通,效果就比较好,如果选择委托他人转达的间接性沟通,或通过书信问候之类的书面沟通,效果就会差得多。但如果是商业谈判,那么只是口头的君子协定就肯定不够了,必须有正式的合同文本。

(4)发送。信息的发送并不是简单地将信息传递出去,实际上发送时间、地点、频率等等对于整个沟通的完成及其效果都是有着重要影响的。例如,同样的谈话内容,如果出现在下班后,会被理解为温和的"私下规劝",如果出现上班时,则会被理解为严厉的"当众警告";如果出现在茶馆里,会被理解为非正式的"随便聊聊",如果出现在办公室里,则会被理解为严肃的"布置任务";如果只一次,会被理解为轻描淡写的"偶然提及",如果一再重复则会被理解为非常重视的"再三强调",但重复太多又会变成令人麻木的"老生常谈"。

3. 信息渠道

人际沟通的渠道不仅是指信息交流的通道,在广义上,它包括信息发送者和信息接收者之间的全部媒介环节。

(1)沟通方向。其一,垂直沟通与水平沟通。根据沟通中信息流动的方向可以将沟通区分为垂直沟通与水平沟通。所谓垂直沟通指不同管理层次之间上下级的沟通,还可进一步分为自下而上的上行沟通,如下级向上级汇报工作、反映问题等,以及自上而下的下行沟通,如上级向下级下达指令、传达文件等。所谓水平沟通指同一管理层次之间平级的沟通,如工作群体之间或工作群体内部的交流、会议等。对于组织管理而言,它们都是不可或缺的。令人遗憾的是,许多组织中往往只重视垂直沟通而不重视水平沟通,表现为部门之间或同事之间缺乏沟通机制,经常出现种种的误解与不合作,而在垂直沟通中又往往只重视下行沟通而不重视上行沟通,表现为上下级之间在沟通上的不对称,所有的上级都会不停地命令下级这样或那样，而下级的意见与建议则未必都能及时、有效地反映给上级。

其二，单向沟通与双向沟通。根据沟通中有无信息反馈可以将沟通区分单向沟通与双向沟通。信息传递方向只有一个，没有或不需要反馈的沟通属于单向沟通，如下命令、做报告、发通知等。单向沟通速度快，权威性强，发送者顾虑少，但由于缺乏反馈，往往不能及时了解接收者接受、理解和执行的情况。沟通双方相互传递信息，具有反馈渠道和反馈过程的沟通属于双向沟通，如座谈、协商、研讨等。单向沟通是沟通信息“到位”后沟通终止，双向沟通则是沟通双方“满意”后沟通终止，因此双向沟通的满意度、准确性和深度均大大高于单向沟通。从接收者的角度说，由于有了质疑、询问、建议等反馈机会，从被动接收信息变为主动参与沟通，一般会更关心沟通绩效的提高。从发送者的角度说，由于有对方质询的压力和反馈的参照，也会更关心沟通绩效的提高。但双向沟通的速度要低于单向沟通。那些需要反应敏捷、行动迅速，目标比较明确而单一，比较强调权威管理的组织，运用单向沟通会更多一些，而那些活动比较复杂，不确定因素比较多，比较重视民主管理的组织，则运用双向沟通会更多一些。

(2)沟通网络。根据沟通中信息渠道的性质可以将沟通分为正式沟通与非正式沟通。正式沟通是指循组织正式规定的信息渠道并由官方实施的沟通，如各种往来公文、传达文件、汇报工作、举行会议等等。非正式沟通是指循非正规信息渠道并自发进行的沟通，如各种非正式场合的聚会、议论、谣言、小道消息等等。

其一，正式沟通的网络。正式沟通的网络通常依托于组织的结构与管理系统。研究表明，正式沟通的网络主要有五种：链式沟通、轮式沟通、Y 式沟通、全渠道沟通以及环式沟通。

所谓链式沟通是指，每一沟通环节既是上一沟通环节的信息接收者，又是下一沟通环节的信息发送者，如此环环衔接形成一个等级式的沟通链条，如上下级之间工作信息的上传下达。

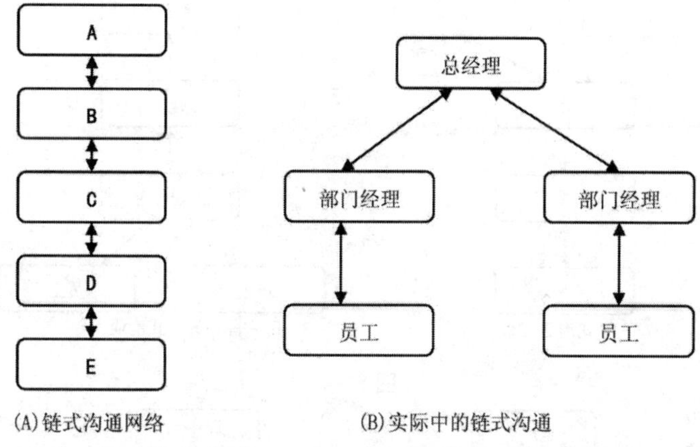

图 8－2

所谓轮式沟通是指，信息发送者作为唯一的信源和主导者，与所有信息接收者直接进行辐射式沟通，如管理者的报告会。

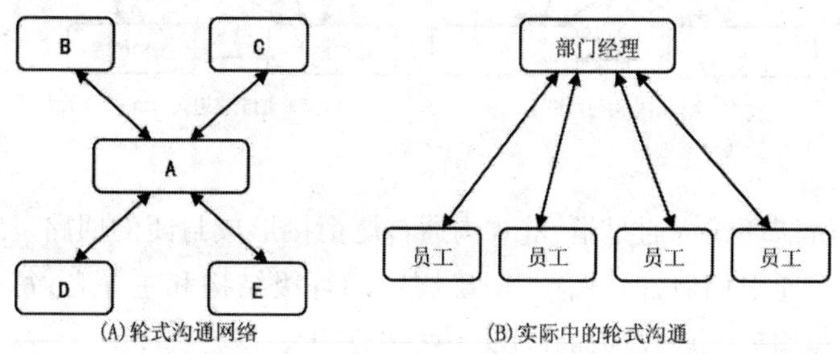

图 8－3

所谓 Y 式沟通，实际上是链式沟通与轮式沟通的一种组合形式，主要特点是出现了次生的主导者 C，在 C 之前是以 A 为主导的链式沟通，从 C 开始转换为以 C 为主导的轮式沟通。Y 式沟通是上下级沟通中最常见的形式。

所谓全渠道式沟通是指，所有沟通参与者之间都可以进行直接沟通，没有明确的等级结构和主导者，如所有参与者充分交流的座谈会。

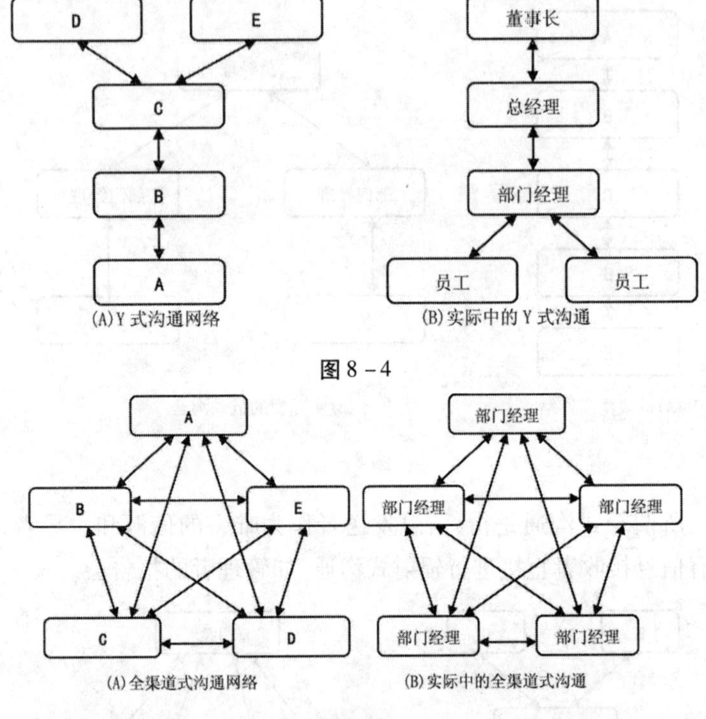

(A)Y 式沟通网络　　(B)实际中的 Y 式沟通

图 8-4

(A)全渠道式沟通网络　　(B)实际中的全渠道式沟通

图 8-5

所谓环式沟通是指,链式沟通首尾衔接形成封闭的回路。它与链式沟通很相似,但没有了明确固定的等级结构和主导者,每一环节机会均等。环式沟通在实际中很少发生。

我们可以从沟通机会的集中度、沟通的速度、沟通的准确性、沟通领导地位的形成、沟通的满意度等方面,对不同沟通网络进行比较。

所谓沟通机会的集中度是指在沟通中某些成员拥有比其他成员更多的沟通机会。

所谓沟通的速度是指信息流动、沟通完成的快慢。

所谓沟通的准确性是指沟通中信息保持完整、精确、不失真的水平。

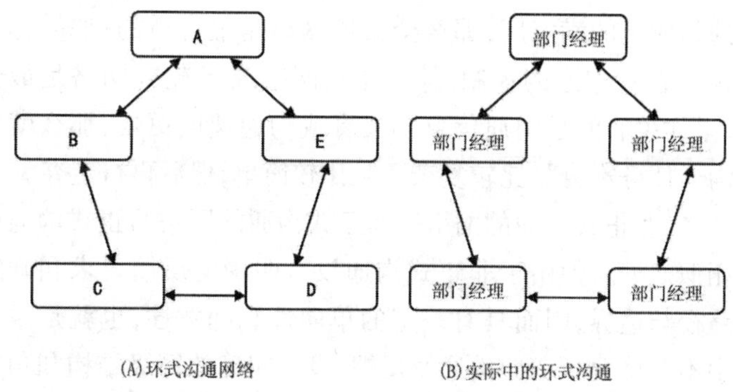

(A)环式沟通网络　　(B)实际中的环式沟通

图 8-6

所谓沟通领导地位的形成是指在沟通中某个成员以领导人的身份出现的明确性、可能性。

所谓沟通的满意度是指全体沟通参与者对沟通本身的平均满足水平。

表 8-1①

比较项目＼网络类型	轮式网络		Y 式网络	链式网络	环式网络	全渠道网络
沟通机会的集中度	很高		高	中	低	很低
沟通的速度	简单任务高	复杂任务低	中	中	低	高
沟通的准确性	简单任务高	复杂任务低	高	高	低	中
沟通领导地位的形成	很高		高	中	低	很低
沟通的满意度	低		中	中	高	很高

从表 8-1 可以看出，没有“全能”的沟通网络。每种网络的有效性取决于管理者所关注的因变量或说沟通的目的。比如，如果你

① 参见[美]黑尔里格尔、斯洛克姆、伍德曼：《组织行为学》第 528 页。

关心的是成员的满意度，那么全渠道网络是最合适的；如果你关心的是领导者对沟通的控制，那么轮式网络或Y轮式网络是最合适的；如果你关心的是沟通信息不失真或沟通速度更快，那么就要具体看沟通任务本身是比较复杂还是比较简单，然后再行定夺。

其二，非正式沟通的网络。非正式沟通的网络与正式沟通的网络有相似之处。但由于非正式沟通没有明确的反馈要求和确定的沟通路径与边界，因而具有一定的单向性和随意性，也就是说沟通网络中不明确要求双向沟通及反馈，没有明确的等级结构和角色配置。因此我们在示意图中没标出象征官方级别与角色的字母，以及表示双向沟通与反馈机制的双箭头。由于缺乏双向沟通及反馈，所以非正式沟通失真严重；由于没有明确的领导者，所以非正式沟通很容易失控；由于角色不明确，所以非正式沟通容易失真，而且追查责任很困难。

研究表明，非正式沟通主要有四种类型的沟通网络，即单线式沟通、流言式沟通、集束式沟通和偶然式沟通。

单线式沟通类似正式沟通中的链式沟通，但没有固定的角色分工，也不要求反馈。无论什么人，只要拥有信息，都可以成为信源，然后一对一地传递下去，每一个环节都可以随时对信息进行加工。

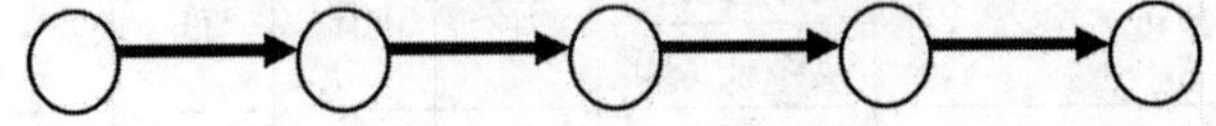

图8-7 单线式沟通网络

流言式沟通类似正式沟通中的轮式沟通，是一对多的沟通，但没有固定的角色分工和反馈要求。

集束式沟通和偶然式沟通都与正式沟通中的Y式沟通相类似，但不仅没有固定角色分工和反馈要求，而且可能出现信源的交叉重叠。特别是偶然式沟通，往往表现出更大的随意性和偶然性，所以出现了沟通中的盲点，是非正式沟通中最普遍的类型。

其三，正式沟通与非正式沟通的关系。正式沟通与非正式沟通

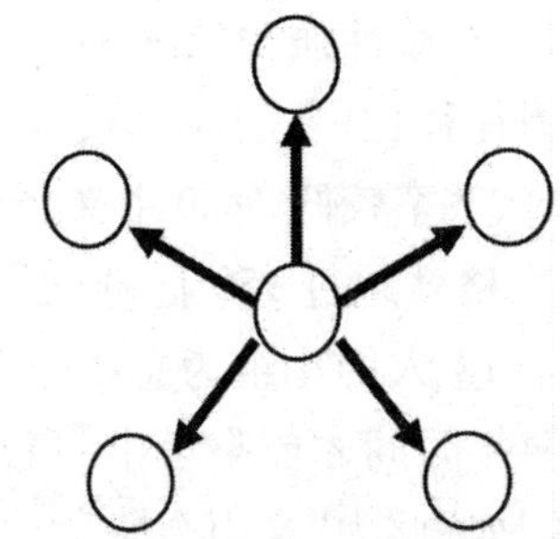

图 8－8　流言式沟通网络

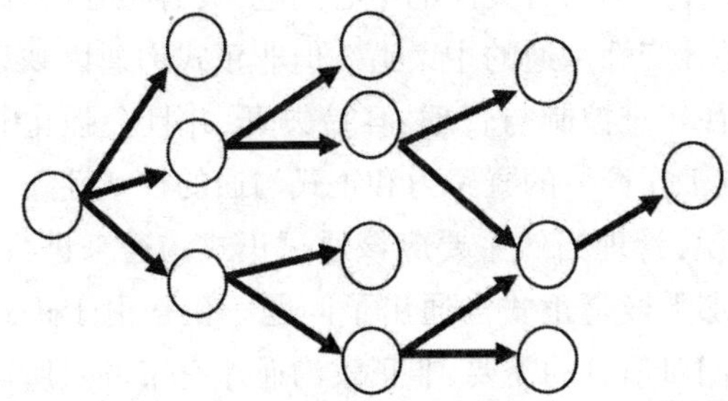

图 8－9　集束式沟通网络

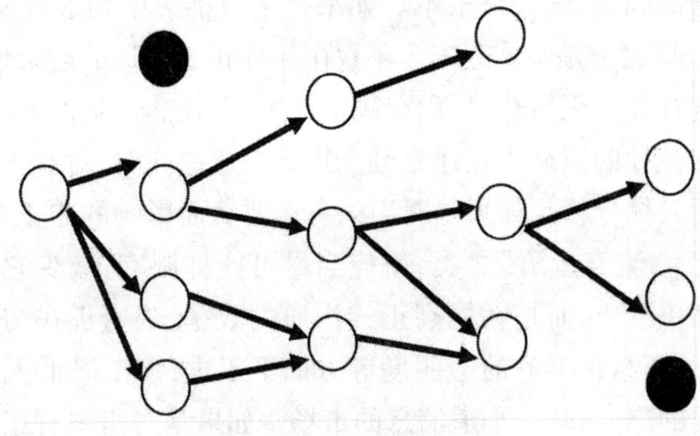

图 8－10　偶然式沟通网络

是对沟通网络特点的客观描述，并无褒贬含意。它们在管理活动中各有短长，各有所用。

正式沟通比较严肃、权威性强、容易管理与控制,毫无疑问是工作性沟通的主渠道。但往往比较僵化、刻板,并因对组织结构依赖性较强而造成速度迟缓、效率较低、官僚主义严重。据说,美国政府仅仅是每年印制各种表格就超过150亿份,更不要说各种文件了。以至于白宫专门有一个14人的小组为总统分管日常的文书工作,总统的咨询人员要花两年时间才能整理出一套文件供总统阅读和批准。① 中国人更形象地称此为“文山会海”。

非正式沟通因不拘形式,往往更直接明了、速度更快、反应更灵活,内容也往往是沟通者关注的中心问题,具有很强的针对性,满意度比较高,是社交性沟通的主渠道。但非正式沟通因缺乏责任感和约束机制往往较难控制与管理、容易失真,并且会强化非正式群体的关系,影响工作群体的凝聚力和正式沟通的权威性。

一般来说,管理当然主要应该通过正式沟通来进行,如果小道消息满天飞那无疑是正式沟通出了问题。正是由于正式沟通不能充分满足人们对信息的需要,非正式沟通才有市场。所以当非正式沟通过于发达的时候,应当把它看做正式沟通的晴雨表,首先检讨正式沟通的问题,这才是根本。如果把精力都集中到追查所谓“谣言”上面,那完全是舍本逐末。不仅由于非正式沟通的复杂性,追查谣言最终往往一无所获,反而会越描越黑,助长非正式沟通,这就是堵塞不如疏导的道理。在建立健全正式沟通的同时,对非正式沟通也要进行具体分析。如果是对组织有重要负面影响的非正式沟通,如“谣言”、“流言蜚语”之类,就应当尽可能抑制它、减少它。当然不能是简单禁止,而是在提高正式沟通的效率、疏通正式沟通的信道、增加处理组织事务的透明度等方面下工夫,以期降低人们对非正式沟通的需要,减少小道消息的市场。如果是对组织有正面影响的非正式沟通,如同事之间的感情交流等,也可以适当鼓励和提倡,

---

① 参见[加]休·J.阿诺德[美]丹尼尔·C.菲尔德曼:《组织行为学》第134页,中国人民大学出版社1990年第1版。

以弥补正式沟通的不足。因为毕竟正式沟通主要是为工作性信息的沟通而进行的,社交性信息更多地要通过非正式沟通来完成。至于那些对组织无直接影响的一般性交流,如市井间的街谈巷议等,则不必过多干涉。

背景链接　　谁喜欢"小道消息"

有研究表明,"小道消息"的发送与传播有如下特点:由组织结构中地位较高的管理层人员向地位较低的基层人员发送与传播,由处于组织中心的总部人员向处于组织边缘的派出机构人员发送与传播,由组织中与外界沟通较多的"涉外"人员向接触外界较少的内勤人员发送与传播。前者之所以成为信息发送者往往是由于他们具有信息获得与占有上的优势,并希望通过拥有与散布小道消息来体会和显示自己的优越感。后者之所以成为信息接收者往往是由于他们即使是在正式沟通中也处于"神经末梢",具有某种"信息饥渴症",因此对于他们而言,能够获得沟通本身比沟通中得到的信息是否真实可靠更为重要。

(3)沟通关系。根据沟通中信息发送者与信息接收者的关系可以将沟通分为直接沟通与间接沟通。所谓直接沟通是指信息发送者与信息接收者之间的沟通渠道中没有中间环节的直接交流,如会议、面谈。直接沟通一般比较充分、迅速、干扰少、失真小,但受组织规模、层次和其他时空条件限制较大。所谓间接沟通是指信息发送者与信息接收者之间须经沟通渠道中的中间环节的间接交流,如企业中最高管理层的指令、机关中首长的决策等往往都需要经历若干中间层次才能传导到基层。间接沟通可以在一定程度上克服直接沟通所无法回避的某些制约因素,如组织规模、层次、时空条件等等,但也有速度慢、失真大、干扰重等缺点。由于直接沟通与间接沟通利弊互参,组织管理中应该是相互结合、相互补充的,不能过分强调、倚重某一种,而忽视、轻视另一种。比如,企业初创时期往往规模小、人头熟，直接沟通会多一些，但管理者决不能因此以为沟通就是直接沟通，因为组织毕竟是要发展的，规模会扩大，业务会复杂，片面依赖直接沟通必然是沟通越来越少，等到沟通方面出现了问题才想到重视间接沟通就有些迟了。反之，大型组织、比较成熟的组织都会有发达、完善的间接沟通机制，但如果管理者因此以为沟通就是看报表、听汇报、发指示，官气越来越足，深入基层越来越少，同样难以做到沟通良好。

4. 信息接收者

人际沟通中的信息接收者当然也是人本身，但同样不是任何人都能成为信息接收者的。

(1) 接收。成为信息接收者的物理的前提条件是通过聆听、观察、阅读、接触等，实际接收到信息发送者所发送的信号，否则一切无从谈起。

(2) 心理。信息接收者不是一台只有物理功能的收音机或摄像机，而是既有物理功能，也有心理活动的人，因此接收信息不仅是一个物理过程，更是一个心理过程，必然受知觉、态度等心理因素的影响和支配。正如鲁迅所说："《红楼梦》……单是命意，就因读者的眼光而有种种：经学家看见《易》，道学家看见淫，才子看见缠绵，革命家看见排满，流言家看见宫闱秘事……"①

(3) 技能。信息接收者必须具有解码的能力，也就是必须掌握信息发送者所使用的代码系统，将从信息渠道中接收到的信号还原为可以理解的信息。我们在生活中常见到中外人士交流困难，除双方文化背景、知识结构、价值观念等等不同之外，其主要原因就是要么中国人不懂外文，要么外国人不懂中文，双方没有共同的代码系统。

信息接收者还必须具有理解的能力。解码只是将不可理解的代码还原为可以理解的信息，但"可以理解"还不是"已经理解"。

---

① 鲁迅：《集外集拾遗》。

这就好比面对一本深奥的专业书籍，虽然满篇汉字我们没有一个字不认识，但这并不表示“理解”，还有“不解”、“误解”、“曲解”等等的可能性。

(4)反应。人际沟通的终点是信息接收者的反应。信息发送者的沟通目的是否达到？沟通绩效究竟如何？等等均有赖于信息接收者的实际反应。反应的形式、强度、性质等等是非常复杂的，相对于信息发送者的沟通动机而言，可能是积极的、正面的“响应”，也可能是消极的、负面的“逆反”，还可能是缺乏反应的“无动于衷”。

(5)反馈。信息接收者的角色转换为信息发送者的角色，对原信息发送者进行信息回馈，称为“反馈”。

第二节　沟通绩效的提高

一、沟通绩效

沟通是以信息传递为内容和目的的，但令人遗憾的是，任何沟通都存在着信息内容的损耗、失真等问题，从而使沟通的目的不能完全，甚至完全不能实现。这就是沟通绩效问题。有研究表明，若以公司董事会成员掌握的信息为100，则基层员工只能得到其中的20%。那么究竟是什么因素影响了沟通绩效？怎样才能提高沟通绩效？对人际沟通机制的分析表明，**人际沟通是在信息发送者、信息渠道、信息接收者三要素之间进行的，所以影响人际沟通绩效的因素当然也来自这三个方面。**

表 8-2①

管理层次	信息接收比率
董事会	100
副总裁	63
高级主管	56
工厂主管	40
总领班	30
职工	20

二、信息发送者与沟通绩效

在人际沟通中,所谓信息发送者其实也就是“说者”。人人都有嘴巴,谁还不会说话?的确,话是人人会说,但“一样话,百样说”,是否精通说的艺术,对于沟通绩效是有很大影响的。

1. 提高认识,端正态度

从管理者的方面来说,要想提高沟通绩效,首先要提高自己对沟通的思想认识,真正站在以人为本,尊重员工信息共享的权利,满足员工信息共享的需要的高度上,来看待和处理沟通问题,把沟通既看成管理手段,也看成管理目的,而不是站在管理者的角度和立场上,把沟通仅仅看成是下命令、听汇报的工作需要,仅仅看成是管理的手段。

在提高思想认识的基础上,管理者要端正两个态度。一是端正对沟通的态度,对沟通和提高沟通绩效在管理中的地位有足够的重视,在“公开、公正、公平”的管理原则中,真正把“公开”放在首位,懂得没有“公开”,就不可能有“公正”、“公平”,而如果“公开”、“公正”、“公平”都没有的话,也就没有了科学的、现代的管理。二是端

① 王极盛:《当代管理心理学》第 283 页,红旗出版社,1986 年第 1 版。

正对员工的态度，懂得双向沟通、信息共享的道理，放平身份，怀抱诚意，尊重对方，避免居高临下，学会从对方的角度，设身处地地看待和处理沟通问题。

2. 思想重视，准备充分

当我们是普通员工时，如果有机会向领导汇报工作，事先一定会非常认真地进行准备，如果有机会向领导反映问题，事先一定会经过反复的思想斗争。可当我们成为管理者时，还会这么珍视表达的机会吗？英国前首相丘吉尔是位著名的演讲家，他的演讲不仅改变了历史，甚至还因为演讲获得了 1953 年的诺贝尔文学奖。这无论对政府首相、演讲家，还是诺贝尔文学奖本身，都是空前绝后的。瑞典文学院的安伦教授在推荐报告中说："就演讲方面的成就而言，在 20 世纪没有谁能够超过丘吉尔。"而瑞典文学院最终的颁奖理由是："由于他在描绘历史与传记方面之造诣和他那捍卫人的崇高价值的杰出演讲。"后来有人问丘吉尔的儿子，丘吉尔出口成章、妙语连珠的诀窍。丘吉尔儿子的回答是"写稿子和背稿子"。对丘吉尔儿子的这个答案还有个旁证：诺曼·麦高恩当上丘吉尔的贴身男仆不久，吃惊地发现他的主人竟在洗澡时高声地作慷慨激昂的演说。麦高恩连忙问丘吉尔"你在对我说吗？"丘吉尔答："不，谢谢，诺曼，我在对下议院的议员讲话。"如果我们的社会地位还没有达到一国首相，我们的表达水平还没有拿过诺贝尔奖，那么就让我们好好学习丘吉尔，认真对待每一次沟通，尤其是与下属的沟通吧。

3. 语言考究，逻辑严谨

人际沟通最主要的载体是语言文字，称为语言性沟通，包括以口语为载体的口头沟通和以文字为载体的书面沟通。一般来说，口头沟通感情色彩更丰富，更充分而灵活，满意度更高，而书面沟通更正式、严谨、易保存。

(1)语义。语言艺术的运用在沟通中极为重要。一方面，语言是人类最伟大的发明，它极大地拓展了人际沟通的广度和深度，另一方面，人类对语言的极大依赖，又使语言成为人际沟通最大的障碍。不要说不同语言之间的沟通极为困难,就是同一语言的沟通也是极其复杂的。单就语义这一点来说,据说英文 round 一词,仅仅五个字母的组合,却有超过 110 种含义,可以指“牛的后腿”,也可以指“圆柱形的物体”,还可以指“一群人”等等。据俄国文豪托尔斯泰的研究者统计,托尔斯泰在作品中使用过的词汇有几十万个,其中光是描述“红色”的单词就数以百计,为此还专门出版了托尔斯泰词典。至于中文,那就更是以丰富复杂而著称。为了解决语义问题,它辑录出版了世界上最早出版的词典《尔雅》,并被纳为儒家经典,而统一文字也是秦始皇最为人称道的历史功绩之一。仅以我们每个人每天都要使用的日常口语为例,我们形容某人“像猴子一样”时,可以是褒扬他的头脑像猴子一样“精明”,动作像猴子一样“灵巧”,也可以是贬斥他为人像猴子一样“多变”,做事像猴子一样“毛躁”,还可以是客观描述他的身体像猴子一样“瘦小”,性情像猴子一样“顽皮”等等。《圣经》里有这样一个故事:古时候,人们在“示拿”这个地方计划修一座高可通天的塔,以显示人们的团结和力量。这件事惊动了耶和华。耶和华说:“他们成为一样的人民,都是一样的言语,如今既做起这事来,以后他们所要做的事,就没有不成就的了。我们下去,在那里变乱他们的口音,使他们的言语彼此不通。”果然人们从此分散开来,无法继续共同造塔了。由于是耶和华变乱人们的语言,使人们无法沟通而不能团结合作,实现理想,所以那座塔所在的城就叫做“巴别”(意为“变乱”)。[①] 仅仅语义尚且如此,如果再考虑到音量、音色、音调、重音、语速、口音,以及特定的语言情境、对语言的记录与转述等,要想准确地利用语言实现沟通的确是一项高深的艺术,应当心存敬畏。

(2)逻辑。逻辑严谨在沟通中,特别是信息量大而复杂的口头沟通中是非常重要的。要做到逻辑严谨,首先是自己的思路要清楚,目的要确定。以其昏昏,使人昭昭是不可能的,信马由缰,游离

---

① 《旧约 · 创世纪》第 11 章。

主题也是不行的。其次是表达要简练,尤其是口头沟通。好的习惯是:句子不要过长,特别是复合句必须少用;层次也不能过多,递进与展开一般不要超过三个层次;篇幅更不能过大,因为成年人能够集中精力有效倾听的时间不超过20分钟,为了说清而多说往往适得其反。再次是使用必要的逻辑提示。在逻辑结构的"点"上,使用序号、重复强调、提高音量等,对于听者捕捉逻辑结构都是非常有效的。

4. 学会利用非语言手段

除语言外,在人际沟通中还可以通过哭、笑、表情、眼神、姿态、动作、距离、位置、色彩、形状等来表达思想、感情,传递信息,称为非语言性沟通。据说意大利著名悲剧演员罗西在国外参加一次宴会时被邀请当众表演,于是罗西即兴用意大利文朗诵了一大段台词,称得上声情并茂、如泣如诉。在场宾客大多唏嘘不已,有的客人还当场落下了感动的泪水,但现场唯一一位懂意大利文的客人却笑着跑出了门外。原来罗西朗诵的不过是宴会的菜单!足见非语言手段表现力的厉害。

通过自觉练习可以有效掌握和利用的非语言沟通手段主要有:

(1)"声":副语言。人的发音器官除了有具体意义的语言外,还会发出笑声、哭声、咳嗽、叹息等声音,称为副语言。作为"声"的因素,副语言本身并没有明确具体的意义,但和特定的语言与情境结合在一起时,就有了很强的表达能力。例如,一个人的"哭诉"比单纯的"陈述"要更能打动人;一个人没有任何主观倾向的生理性咳嗽如果偏巧发生在公众场合,会被理解为故意引起大家注意,要发表意见等。

(2)"情":声调、音量、表情与目光。有学者曾提出一个公式:语言的表达力=7%言辞+38%声音+55%表情。这个公式告诉我们,声调、音量、表情、目光等"情"的因素,不仅是人际沟通不可或缺的组成部分,而且是超过语言文字的主要组成部分,是口头沟通对书面沟通的主要优势所在。例如,同一段相声,读文本的效果不如听广播，听广播的效果不如看电视，看电视的效果不如感受现场表演，就是这个道理。另一个典型的例子是嘲讽，当别人以轻蔑的眼神、怪诞的语气夸赞我们时，我们会把这种夸赞理解为一种羞辱。有研究者认为，光是人面部的表情，就超过 25 万种，其表现力可想而知。

(3)“做”:姿势、动作。人的头、手、足、四肢等躯体的姿势、动作等，在京剧里与唱腔、念白等一起，列为“唱、念、做、打”四大表现手段之一。“做”也是人际沟通的重要载体，称为“肢体语言”。目前在行为科学中已有专门研究“肢体语言”的“身势学”。此类研究表明，人类有上千种姿势，人际沟通中有 30% 左右的信息是通过各种姿势、动作进行的。所以有人说“人类从里到外还是‘动作性的生物’——是一种以动作、姿势、行动来表达和沟通的灵长类动物”。[①] 特别有意思的是，当一个人刻意通过语言在掩饰自己时，动作、姿势却往往会在不经意间暴露了自己真实的内心世界。因此，当一个人的语言所表达的信息与他的动作、姿势所表达的信息发生冲突时，人们会更倾向于相信他的动作、姿势所表达的信息。这也就是人们既要“听其言”，更要“观其行”的道理。“人过分注重修辞的结果，常会忘了他的动作、姿势和表情，正在说出真正的故事。”[②]例如，某位领导一面口里说欢迎提意见，一面左手忙着接电话，右手忙着整理文件，眼神还在报纸上扫来扫去的时候，你觉得还有必要给领导提意见吗？某位领导每逢开会必说提倡“群言堂”，反对“一言堂”，可是每次会议他都把时间占得满满的，或是提过不同意见的人都被调离了、降职了，你会相信他所说还是所做的？中国人有个很生动的词“穿小鞋”，给你一双“鞋”是领导说出来的，大家都知道，说不定还让人羡慕，但“小”是领导做出来的，舒服不舒服只有穿鞋的人自己知道。

① 戴斯蒙·莫里斯:《观人术》第 1 页，华夏出版社，1988 年第 1 版。
② 同上，第 iii 页。

(4)“空间”:距离与位置。有学者发现,沟通双方的距离与相对位置等“空间”的因素,也与沟通有非常密切的关系,并由此提出了“近体学”。

其一,沟通距离。近体学根据沟通双方的距离将沟通双方的关系分为四个区:亲密区、个人区、社交区和公众区。1.5 英尺(约0.46米)以内属于亲密区,这个距离内已经可以感受到对方的呼吸,甚至有肌肤之亲,通常只有夫妻、父母、子女、密友等特别亲密的人才能进入,否则对方就会感到威胁与尴尬。1.5 英尺~4 英尺(约0.46 米~1.2 米)属于个人区,这个距离内可以清楚地观察对方表情与眼神的细微变化,一般用于比较熟悉的朋友,远过这个距离会感到疏远,近过这个距离会感到窘迫。4 英尺~12 英尺(约1.2 米~3.66 米)属于社交区,这个距离内的个人色彩与感情色彩已经很少,即使陌生人相处时也能给人以安全感,通常用于非个人沟通与一般社交,如办公、谈判、接待来访等。12 英尺(3.66 米)以上属于公众区,这个距离上已经没有特定的具体沟通对象,一般只用于一对多的沟通,如演讲、会议报告、发布会等。

其二,沟通位置。近体学根据沟通双方的相对位置,以顺时针旋转 45°角为一个单位,将沟通双方的关系从面对面到背靠背分为八个位置。① 显然,即使沟通距离相同,面对面与背靠背的意味也是不同的。

需要指出的是,近体学的上述研究的原理具有普遍意义,但具体数据则是根据美国中产阶级的生活方式来测定的,而在不同民族、不同文化中,人际沟通的空间关系肯定是有差异的。例如,美国人“我”的概念不仅包括我自己的身体,而且包括我周围“亲密区”的空间,除亲人外,其他人太接近我,我是会感到被冒犯的。而南美人的“我”仅仅是指我的心灵,所以即使初次见面的朋友,也可以有肢体接触而不会引起反感。有个笑话说,如果一个美国人和一个南

---

① 参见[美]克特·W.巴克:《社会心理学》第325页。

美人初次见面，几句寒暄过后，南美人会觉得我们已经是朋友了，应该更靠近，于是会上前一步以表示友好，但美国人却会因此而感到窘迫，于是后退一步以保持安全距离。双方如果继续谈下去，南美人会下意识地又上前一步，美国人于是只好再后退一步。结果是要不了几分钟，南美人就会把美国人逼到墙角里。另一个例子是不同文化中的性别问题，在中国，同性朋友的距离决不可用于异性，所谓“男女大防”、“授受不亲”，在伊斯兰文化中更是如此。另外一个问题是特定的情境：在拥挤的地铁车厢里，陌生人的“零距离”接触不会有道德与法律问题，当在空旷的广场上，陌生人的“零距离”接触恐怕会让人报警。

(5)辅助工具。人际沟通还可以利用一些辅助工具来提高绩效，如：实物、色彩、影像、图表、符号等。例如，在奥运会上，用形象化的符号来标志运动项目与场馆，因其可以跨越语言障碍，往往比任何文字都更高效。

三、信息渠道与沟通绩效

从信息渠道来看，要提高沟通绩效，必须注意以下几点：

1. 减少过滤

人际沟通中总会有一些中间环节，并由此造成信息在传递过程中的损耗、增益、失真等问题。这就是我们所说的“过滤”。一般来说，沟通渠道的中间环节越多，过滤对沟通绩效的影响就越重。

人际沟通中的信息渠道都是以人为依托的，而人不仅仅是一个纯粹物理学意义上的传声筒或中转站，他一定会从自己的利益和角度出发对信息进行理解、筛选、解释、添加、改造和再传递。这种自我中心是中间环节进行“过滤”的内因。

我们在实际中面对作为沟通中间环节的中层管理干部常常遇到这样的两难选择：作为上级，我们在听取中层干部汇报基层情况时，一方面希望他们不要“事无巨细”，另一方面又担心他们“报喜不报忧”。作为下级,我们在听取中层干部传达指示时,一方面希望他们不要“照本宣科”,另一方面又担心他们“贪污”、“截留”、“歪嘴和尚念经”。这种外界压力是中间环节进行“过滤”的外因。

减少过滤主要有两个办法:一是减少间接沟通,增加直接沟通,提倡干部深入基层,重视“第一手资料”。二是拓展沟通渠道,多途径获得信息,争取“兼听则明”,避免“偏听则暗”。

2. 克服干扰

人际沟通是一种社会行为,不可能在实验室那样的单纯的环境中进行,因而来自各方面的干扰也就成为降低沟通绩效的一项不可避免的因素。一般来说,环境越复杂,噪音会越高,噪音干扰所造成的失真也就越严重。所以应该非常重视选择好谈话的环境,安排好会场之类的工作。

3. 避免欠载与超载

互联网开始普及的时候,美国政府曾将推广互联网的计划称为“信息高速公路计划”。这个代号非常形象,信息渠道的确就是信息流动之路。因此公路交通中出现的问题,在信息沟通中同样存在。比如,任何道路都有合理的流量,流量过低或过高,都不能很好地满足交通的需要,信息沟通中也有欠载与超载问题。由于信息渠道的不发达,人类有史以来一直苦于信息匮乏。但互联网的出现在人类沟通的历史上造成了一场真正意义上的革命,第一次出现了信息过剩。在本书作者写下这段文字的2012年8月15日,只要在电脑上键入“沟通”两个字,Google在0.18秒内就可以提供4亿7900万条相关信息。信息渠道的发达把信息匮乏的苦恼变成了信息爆炸的苦恼。

4. 合理利用渠道

信息渠道不仅有数量多少的问题,还有特性不同的问题。所以熟悉不同渠道的特性,根据沟通的实际需要,正确选择和使用信息渠道,同样可以提高沟通绩效。例如,一般来说,正式沟通比较严谨,但也比较刻板,主要用于工作性沟通,非正式沟通比较灵活,但缺乏权威性,主要用于社交性沟通。可是,我们即将出台一项重大改革措施时,对员工有什么意见、能不能接受等心中没底,直接通过正式文件颁布往往会造成被动。这时不如先通过非正式渠道把改革的主要精神“吹吹风”、“下下毛毛雨”、“打打预防针”,看看员工的反应如何再做定夺。如果员工反应不错,只是有点小意见,那就不妨吸收员工意见,对改革措施修改后再正式颁布。如果员工反应强烈,坚决抵制,那就不妨先放一放再说,甚至可以声明,公司只是研究了这个问题,但并没有形成正式文件云云。

四、信息接收者与沟通绩效

在人际沟通中,所谓信息接收者其实也就是“听者”。比较而言,“说”是主动表达,难度似乎高一点,“听”是被动接收,难度似乎低一点。其实不然。有研究表明,一般人正常说话的速度是每分钟125字~200字,而可以听清的速度是每分钟400字以上。[①] 这意味着,人的听觉系统有1/2~2/3的听的能力是闲置的,而与此同时,人的大脑是不会闲置的,于是人们养成了不时神游于话题之外的坏的听觉习惯,从而降低了沟通绩效。换句话说,虽然人人都有耳朵,但人天然地不是好的“听者”。要想掌握听的艺术,必须经过学习。

案例分析

在一次谈话节目上,主持人问一名小朋友:“你长大后想当什么呀?”孩子天真地回答:“嗯……我要当飞机的驾驶员!”主持人接着问:“如果有一天,你的飞机正飞在太平洋上空,燃料用完了,所有的发动机都熄火了,你会怎么办?” 孩子想了想说:“我会先告诉坐在飞机上的人绑好安全带。”“然后呢?”“然后我挂上降落伞跳出去。”现场的观众哄堂大笑。主持人继续注视着这个似乎有点自作聪明

---

① 参见[美]斯蒂芬·P.罗宾斯:《组织行为学》,第302页。

的小家伙。没想到,孩子的两行热泪夺眶而出。于是主持人接着问:“你为什么要这么做?”孩子说:“我要去拿燃料!”“然后呢?”“然后我还要回来!!”现场突然静了下来,观众们有点尴尬。

问题:

作为听者,现场观众们的沟通行为有何不妥?

做一个好的听者,应注意以下几点:

1. 端正态度,心怀诚意

信息接收者对信息发送者及其发出的信息是否产生注意、是否足够信任、是否有充分沟通的诚意及努力等等都会影响沟通绩效。信任和理解可以弥补沟通中技巧与条件的不足,而怀疑和敌意则是沟通中最大的障碍和阻力。特别是当我们作为管理者听取下级意见时,尤其要注意端正态度和怀抱诚意。

2. 用心倾听,减少误解

信息接收者能否熟练掌握和运用信息发送者使用的编码系统,能否正确理解信息的意义并做出相应的反应,对于沟通绩效也有着直接的影响。我们平常所批评的“一叶障目不见泰山”、“以小人之心度君子之腹”、“盲人摸象”、“管中窥豹”、“爱屋及乌”之类主观主义与片面性的错误,多是指信息接收者一方的。

3. 讲究“听”的艺术

(1)用目光注视对方。大家不妨设身处地地想,如果我们说话时,对方“顾左右而言他”,我们会怎样想?我们还有说下去的愿望和勇气吗?所以,当我们做听者的时候,一定要养成注视说者眼睛的习惯。注视对方,一方面是给对方的沟通动机一个鼓励性信息,表示“我在听”,另一方面也是给对方的沟通内容一个反馈性信息,告诉对方我们的兴趣何在?疑惑何在?以便说者能根据沟通效果及时做出解释与调整。

(2)用动作和表情表示赞许。道理与上一点相同,通常与上一点配合使用。

(3)避免无关的动作和表情。有些有意或无意的动作与表情,如一再看表、用笔乱画、来回走动、皱起眉头等,一方面常常被理解为不耐烦、没兴趣,另一方面也确实会使听者本人分心,从而遗漏信息。

(4)及时提问。对于自己不明白或有怀疑的内容,应及时向说者提出质疑,如"你为什么这么说?""你的根据是什么?"这一方面是给对方一个"我听得很认真"的鼓励性信息,另一方面也是充分利用双向沟通,以保证减少失真。

(5)总结与复述。对说者的话及时进行总结与复述,特别是沟通内容冗长复杂、说者思想不够清楚或表达能力较差时,尤其应该及时通过"我理解你的意思是……"、"你刚才一共讲了三个问题"等等,来保证理解的准确性。

(6)不要打断对方。提问、总结、复述的时候,都要找准机会,一定要让对方把意思表达完整,不要把说者中途打断,过早进行评论。

(7)当好配角。当我们是听者的时候,我们应该懂得,信息接收者是沟通中的配角,要甘心做一个好的听众,千万不要反客为主。在与下级沟通中尤其如此。

(8)及时合理地转换角色。在实际沟通中,谁也不可能永远是说者或听者,而总是在说者与听者之间不断进行角色转换的,应该注意转换的及时、合理。不能做领导的永远是说者,做员工的永远是听者。

案例分析　　　　一句短语与 576 条生命

位于大西洋中的特内里费岛是西班牙属地。岛上的圣克鲁斯市是欧洲与非洲之间海空交通的枢纽,因而该市的国际机场相当繁忙。1977 年 3 月 27 日下午,国际标准时间 14 时 57 分,一架荷兰皇家航空公司的波音 747 飞机正在跑道上滑跑起飞。这架长 70 米、翼展近 60 米、重 350 多吨的庞然大物,在 4 台涡轮风扇发动机的强大动力推动下,发出震耳欲聋的呼啸声,在跑道上越跑越快,即将离地升空。突然,在它的前方,从与起飞跑道交叉的滑行道上斜向滑出了一架美国泛美航空公司的波音 747 飞机,一下子截住了荷兰公司飞机的去向。一切都太突然了,荷兰公司的飞机几乎没来得及采取任何措施就已经以每小时 300 公里的速度,从侧面撞到那架美国公司飞机头部上。在震天动地的巨响中,两架飞机撞得支离破碎,爆炸引起的熊熊大火将机场跑道的沥青都烧化了。

撞机现场显示,荷兰公司的飞机由于巨大冲力,在与美国公司的飞机相撞后又向前冲出了 200 米,并发生连续爆炸,机组人员和乘客全部遇难,无一生还。美国公司的飞机在相撞时没有满座,撞机后,被撞的前部机舱顶部撕开了一个巨大的裂口,一部分机组人员和乘客共 68 人从裂口处逃出机舱,先爬到离地 4 米高的机翼上,再跳到地面,得以侥幸逃生。在这次空难中,两架客机共死亡 576 人,并造成 4.25 亿美元的损失,是迄今为止世界民航史上最为惨重的一次撞机事故。保险公司则为两家航空公司及乘客付出了 2.04 亿美元的巨额赔款, 这也是迄今为止世界民航史上金额最大的一次赔款。

事故调查表明,这次事故完全是由于空中交通管制中心与飞机驾驶员之间的一次误会所导致的。当时,位于起飞跑道起点的荷兰公司的飞机和位于与起飞跑道中段相交叉的滑行跑道上的美国公司的飞机,同时向指挥塔要求起飞。指挥塔在向前面的美国公司飞机发出起飞命令后,对后面的荷兰公司飞机说“好,等一下起飞,我会再给你电话的”。指挥塔在这里使用的“等一下”的英文是 stand by。这是个多义词,既有“等一下!”的意思,飞行员可以理解为停在一边等候,也有“准备行动!”的意思,飞行员可以理解为滑入跑道准备起飞。不幸的是,指挥塔的想表达的是前一种意思,荷兰公司飞行员理解的是后一种意思。于是两架波音 747 飞机同时加速进入起飞跑道。一场本不该发生的空难悲剧发生了。

问题：

1. 你如何分析这次悲剧的原因？

2. 在了解了这次悲剧后，你对沟通问题的认识与以前相比有什么变化？

本章小结及对管理者的意义

本章集中介绍了人际沟通的一般原理和提高沟通绩效的具体方法。

对于管理者而言，良好的沟通是管理活动的基础，是管理活动的目的，也是管理活动本身。所有的管理职能，下达指令、听取汇报、统一思想、协调关系、化解冲突、提高凝聚力、科学决策等等，无一不是沟通或与沟通直接相关。所以说，沟通艺术是管理艺术最主要的组成部分之一。

本章主要概念

沟通

本章复习题

1. 什么是沟通？沟通、通信、传播有什么区别？沟通在管理中有什么作用？

2. 简要说明人际沟通的模型与要素。

3. 什么是垂直沟通？什么是水平沟通？什么是上行性沟通？什么是下行性沟通？

4. 什么是单向沟通？什么是双向沟通？

5. 什么是正式沟通？正式沟通有哪些沟通网络？这些沟通网络各有什么特点？

6. 什么是非正式沟通？非正式沟通有哪些沟通网络？管理中应如何处理非正式沟通问题？

7. 什么是直接沟通？什么是间接沟通？

8. 什么是语言性沟通？什么是非语言性沟通？什么是口头沟通？什么是书面沟通？

9. 从信息发送者方面应如何提高沟通绩效？

10. 从信息渠道方面应如何提高沟通绩效？

11. 从信息接收者方面应如何提高沟通绩效？

本章思考题

1. 结合自己的经历，从信息发送者的角度，谈谈怀抱不愿别人知道的秘密，又不得不面对别人的好奇时，你是怎样想的？怎样做的？

2. 结合自己的经历，从信息接收者的角度，谈谈你对一次领导公开讲话或领导单独谈话的看法。

3. 结合自己的见闻，谈谈对一起流言风波的感想。

本章阅读书目

1. [美]黑尔里格尔、斯洛克姆、伍德曼：《组织行为学》，第12章，中国社会科学出版社2001年第1版。

2. [美]克特·W. 巴克：《社会心理学》第9章，南开大学出版社1984年第1版。

3. 关培兰：《组织行为学》，第18章，武汉大学出版社，2001年第1版。

第九章　领导与决策

本章要点

- 领导与领导力
- 领导特质理论
- 领导行为理论
- 领导权变理论
- 领导决策方法

引　子

战国时期名将吴起以爱兵如子著称，行军打仗常常与士兵同吃同睡。一次出征途中，有个士兵长了毒疮，身为统帅的吴起竟然亲自用口为他吸吮脓血。此事在军中一时传为佳话，可是这位士兵的母亲听说这事后却大哭起来。别人问她为什么，这位母亲回答说："几年前吴起给我的丈夫也吸吮过脓血，结果是我丈夫感戴主帅之恩，从此打仗决不后退一步，不久就战死了。现在吴起又为我儿子吮脓，恐怕我儿子也活不久了啊！"有人说吴起真是了不起：两千四百多年前，中国还残存着奴隶制，吴起以统帅之尊却能为一个普通士兵吮脓，这绝不是什么人都能做到的。吴起进攻西河地区能所向披靡，连克五座城池，镇守西河地区能固若金汤，大战 76 次就全胜 64 次，这与他体恤部下，爱兵如子是分不开的。也有人说吴起虚伪：吴起在曾子门下求学时曾因母丧不奔而被逐出师门，在鲁国从政时又曾杀妻求将，当时就被人讥为"残忍薄行"，因此吴起的所谓爱兵如子并非出自仁爱，不过是一场收买人心的把戏而已，平时的爱兵如子不过是为了战场上驱之若犬羊。

你怎么看统帅吴起这个人和他的作为？

第一节　领导与领导力

一、领导

领导这一概念有两个基本含义：一是“领”，二是“导”。“领”为领袖之意，是指“人”而言，指在组织中具有最高地位、握有最大权力的角色，即通常所说的领导者、领导人、领袖等，英文用 leader 表示；“导”为导向之意，是指“事”而言，指对组织成员的引导、率领、指挥等行为，即通常所说的领导行为、领导活动、领导工作等，英文用 leadership 表示。

领导者与领导行为是不可分的：领导行为是领导者发动的，领导者是从事领导行为的。因此在管理实践中这两种含义一般是不作严格区别的。但对于领导科学而言，它们却是两个不同的研究领域：对领导者的研究主要侧重于成功的领导者应该具备哪些素质？具有什么特点的人能够成为好的领导者？等等，包括领导素质、领导能力、领导心理等方面的研究。对领导行为的研究主要侧重于领导风格有哪些类型？如何领导更容易成功？等等，包括领导作风、领导行为模型、领导决策等方面的研究。

1. 领导者

领导者指在组织中处于指挥与决策位置，承担相应责任，行使相应权力，履行相应义务的角色。

(1)领导者是组织中最特殊的角色。正确理解领导者概念的关键，是要将领导者理解为一种特定关系中的特定角色，而不是简单理解为一个特定的人，或者说某人“在其位”时是领导者，“不在其位”时就不再是领导者。组织是一个以工作目标为纽带的由许许多多角色结合而成的金字塔型的角色系统,领导者就是这个金字塔型的角色系统中处于塔尖位置上的特殊角色。一方面领导者的地位是高于一般组织成员的,否则就不成为领导者,另一方面领导者又与任何组织成员一样,仅仅是整个组织系统中的一个要素,离开了组织系统中领导与被领导这个特定的人与人的工作关系,就不存在所谓领导者。这意味着,在组织内部,领导与被领导的关系只存在于工作关系之中,在此之外领导者与其他组织成员则是人格上完全平等的人与人的关系;在组织外部,领导者只有在代表组织利益时才是领导者,在此之外领导者则是只能代表自己的普通社会成员。那种对部下,甚至对公众,时时处处都摆出一副官员面孔,唯恐别人不知道自己身份的“官”,其实恰恰最不懂得什么是“官”。

(2)领导者是组织中责任与权力最高层次的统一体。正确理解领导者概念,还必须懂得领导者是责任与权力相平衡的统一体,或者说“谋其政”时是领导者,“不谋其政”时就不是领导者。组织的每一个成员都是责任与权力的统一体,普通成员责任小,当然权力也小,领导者承担着实现组织整体目标和满足组织全体成员根本利益的重大责任,所以才被赋予制定规范、决定奖惩、控制资源、指挥决策以及获得高额报酬等重要权力。只让领导者承担责任而不肯赋予其相应权力是不公平的,“将在外,君命有所不受”就是这个道理。反之,只贪婪于领导者的权力而不肯承担或根本无力承担相应责任的领导者也不是合格的领导者,不能“只见贼娃子吃肉,不见贼娃子挨揍”。

(3)领导者是组织目标与成员利益的最集中的统一体。领导者这一角色的特殊之处还在于,领导者身上最集中、最尖锐地体现着组织目标与成员利益的矛盾。虽然你可以抽象地说,从长远来看,企业目标与员工利益在根本上是一致的,但具体到在股东分红和员工奖金之间怎么切蛋糕,在董事会的裁员要求与员工怕砸饭碗的恳求之间怎么掌握分寸,那却是非常具体的难题。要做一位既让董事会满意，又让员工拥戴，“叫好又叫座”的领导者，绝不是一件容易的事。

(4)领导者在与部下的互动关系中是优势的一方。首先，领导者与被领导者是相互依存的双向互动关系，没有此当然也就没有彼，但由于领导者特殊的优势地位，在评价一个组织的绩效时，成就的天平往往是倾向领导者一方的，所以好的领导者应该是位智者，时刻保持清醒，坚持群众史观。历史只把修建长城的功绩记录在秦始皇的名下，没有人会为长城脚下的累累白骨树碑立传。战争成就了统帅们的丰功伟绩，留给千百万士兵的顶多是个无名烈士墓。鲁迅曾经说过：“拿破仑过 Alps 山，说，‘我比 Alps 山还要高！’这何等英伟，然而不要忘记他后面跟着许多兵；倘没有兵，那只有被山那面的敌人捉住或者赶回，他的举动，言语，都离了英雄的界线，要归入疯子一类了。所以我想，在要求天才产生之前，应该先要求可以使天才生长的民众。”[①]没有被领导者的牺牲与汗水，任何天才的英明指挥也不会比小孩子做梦指挥千军万马更有意义。所以古人说“一将功成万骨枯”，这是任何领导者都不应该忘记的。

其次，领导者与被领导者是相互对立的一对矛盾，出现冲突是必然的，但由于领导者特殊的优势地位，一旦出现冲突，责任的天平往往是倾向被领导者的一边的，所以好的领导者应该是位勇者，敢于承担责任，拥有博大的胸怀。为什么人们为了转嫁责任总是找“替罪羊”而不是“替罪狼”？无非羊处在弱势地位，把责任推在它身上没有风险。其实，真正的领袖是不会这样做的。“只有糟糕的将军，没有糟糕的士兵”就是拿破仑的名言。中国封建社会有勇气下“罪己诏”的，都是明君。

2. 领导行为

领导行为指领导者的，符合领导角色规范的，指挥、引导组织及组织成员实现组织目标的行为过程。

---

① 鲁迅：《坟·未有天才之前》。

(1)领导行为是一种职务行为。虽然领导行为是领导者的行为,但并非领导者的任何行为都是领导行为。领导者的行为可以分为领导者的个人行为和领导者的职务行为两类。虽然领导者的个人行为和职务行为不可能截然分开,如两类行为有共同的主体,良好的领导个人行为是良好的领导职务行为的基础与前提等等,但二者还是有严格区别的。一般来说,只要是领导者个人所从事的行为都是领导者个人行为,而领导者的职务行为不仅是领导者所从事的行为,还必须是受领导的角色规范所约束和规定的角色行为。分清职务行为与个人行为的目的是:一方面,不要把属于职务行为的东西都归功于个人。比如,某位领导者之所以能有良好政绩,那是因为他恰巧承担了领导职务,有条件利用组织赋予领导者的职权去建功立业。如果他没有机会得到领导角色,这些功劳就可能是另外一个有幸扮演领导角色的人的。不管别人怎么看待这个问题,作为领导者本人必须时刻保持清醒的头脑,懂得"缺了谁,地球也照样转"的道理。另一方面,不要把属于个人行为的东西都归罪于角色。比如,某人作为总经理,在总经理的职权范围内,为公司谋生存、图发展,当然属于领导行为。但他以总经理的职权去谋取个人私利,就只能属于其个人行为了。那些以为当官以权谋私是天经地义,干着"吃喝嫖赌全报销"勾当的领导者迟早要为自己的个人行为"买单"。

(2)领导行为是一种互动行为。领导行为虽然是领导者发动的,但其结果并不仅仅取决于领导者个人单方面的因素,而取决于领导者、被领导者和特定情境三方面的交互作用。这可以理解为一种函数关系:

$$领导行为 = f(领导者 \times 被领导者 \times 情境)$$

战功卓著的统帅也一定能成为的纵横捭阖的总统吗?造诣深厚的科学家也一定能成为办学有方的大学校长吗?事业有成的企业家也一定能成为政绩卓著的官员吗?答案当然是否定的,因为任何领导行为都有其特定的土壤。所谓成就大业要有"天时、地利、人和”,所谓“谋事在人,成事在天”,所谓“一方水土养一方人”等等,都是一个道理。

二、领导力

领导者与领导行为这两个方面是不可分割的。**领导者实现领导行为的能力称为领导力。**领导力是实现有效领导,提高领导绩效的前提和基础。概括地说,**领导力主要由两个方面构成:一是权力,二是威信,所以领导力也可以称为领导权威。**

1. 领导权力

领导权力指由社会与组织所赋予领导者的强制性法定权力。领导权力的大小主要取决于社会文化传统的特征、组织赋予职位的高低、在组织中资历的深浅等几个因素。

(1)文化。社会的文化传统使我们对权力产生服从感。权力的基础在于权力的合法性。在人类几乎所有的文化传统中,组织成员应该服从组织领导从来都是天经地义事情。教育、历史、法律、道德等等,告诉我们的都是一个道理:作为孩子,应该服从家长,否则就是坏孩子;作为学生,应该服从老师,否则就是坏学生;作为职员,应该服从上级,否则就是坏职员;作为军人,应该服从长官,否则就是坏军人等等。无论把权力说成来自“君权神授”也好,说成来自“社会契约”也罢,都不过是在通过不同的方式论证着同一个东西,那就是权力的合法性。在我们这个有着几千年专制文化传统的民族里,尤其如此。君不见,从童蒙未开的孩子起,妈妈对他最高的褒奖就是“真乖!”最严厉的责骂就是“真不听话!”这一点听起来似乎令人不大愉快,但这是事实,是人类不仅得以生存繁衍,而且还能统治世界的前提条件之一。如果人人都只想着自己的自由意志,而不想服从任何权力,那就真如17世纪英国哲学家霍布斯所说的“人对人像狼一样”,整个社会毁灭于“一切人反对一切人的战争”。

(2)职位。领导者高高在上的职位使我们产生对权力的敬畏感。权力的核心是对资源的支配权、对部下的奖惩权。一个人在组织中的职位越高,他对资源的支配权、对部下的奖惩权就越大,他的领导力也就越大。也正是因此,古往今来才会引出那么多、那么复杂的权力斗争。无论你争取更大权力的动机是高尚的,还是卑鄙的,只要想指挥别人做点事情,就必须占据一定职位以拥有必要的权力。你是一个组长,你就能指挥你这一组的 5 人或 10 人;你是一个车间主任,你就能指挥你这一车间的 50 人或 100 人;你是一个厂长,你就可以指挥你这一厂的 500 人或 1000 人。

(3)资历。领导者深厚的资历使我们产生对权力的敬重感。权力的砝码是资历。一个人年龄越大、阅历越复杂、经验越丰富、担任过的职务越多、过去的成绩越好等等,总之资历越深,其领导力也就越大。特别是在中国这样相对保守、重视传统的国家中,资历的作用尤其突出。我们在思维习惯上就更倾向于相信"姜还是老的辣","老将出马,一个顶俩","老马识途","我吃的盐比你吃的饭多,我过的桥比你走的路多",更倾向于担心"嘴上无毛,办事不牢"、"初生牛犊不怕死"。

2. 领导威信

领导威信指领导者个人所拥有的感染性人格魅力。领导威信的高低主要取决于个人品德的高低、才能的大小、知识的多少、与部下情感的深浅等几个因素。

(1)品德。品德的高低对领导力的影响是至关重要的。中国人评价人的标准是"德才兼备",而且"德"是放在首位的。品德高尚的领导者因为是人们价值观中的"好人",会赢得人们发自内心的尊敬和爱戴。所谓"德高望重","德高"作为品德因素是原因,"望重"作为领导力因素是结果。

(2)能力。人们对能力超过自己的人会产生敬佩之心。如果一个人能力尚不如部下而要领导部下那恐怕是会困难重重的。我们说领导者要有很强的能力,并不是说领导者事事处处都比部下更强,这是不可能的,也是没有必要的。我们不过是强调:首先,领导者要重视提高自己的业务能力。领导者一定要钻研业务，做业务上的行家里手，特别是在专业性较强的领导岗位上尤其如此。否则外行领导内行既难孚众望，又难免瞎指挥，不利于提高领导力。其次，领导者最重要的能力是知人用人的能力。仅有业务能力的领导者不是好的领导者，逞匹夫之勇者最多只是好的将才，善用人者才是真正的帅才。刘邦能够打败项羽，并非比项羽更善于打仗，而是比项羽更善于用会打仗的人而已。

(3)知识。人们相信知识就是力量，因此人们对知识丰富的领导者会产生信赖感。在知识爆炸、知识经济的时代，领导者尤其应该懂得知识丰富、知识更新对于提高自身领导力的意义。

(4)情感。人们对在情感上与自己彼此接纳的领导者会产生亲切感。人不同于机器。机器是死的，所以机器对人的服从是精确的和确定的，你发出一个什么指令，机器就会有一个相应的响应。而人是活的，所以人对人的服从是受情感关系制约的。如果部下在情感上接受了某位领导者，那么他对这位领导者指令的理解和执行就往往是积极的、正面的。即使领导者的指令存在某些瑕疵，部下也会想："领导这是为我们着想"。如果部下在情感上排斥某位领导者，那么他对这位领导者指令的理解和执行就往往是消极的、负面的。即使领导者的指令没有任何问题，部下也会想："领导不知又怎么算计我们呢"。所以古人用兵讲"爱兵如子"，并不是说那时的将领真的超出了时代的局限性，懂得了平等博爱，而是战场经验让他早已明白，如果平时将领对士兵有感情投资，战时士兵必会以性命回报将领，如果平时将领对士兵如狼似虎，战时保不齐士兵就会对着将领后背放冷箭。

3. 权力与威信的关系

领导力是实现有效领导，提高领导绩效的前提和基础。所以对每个渴望成功的领导者而言，如何提高领导力都是一个非常重要的问题。从上面的分析来看，既然领导力是由外部赋予的权力和个人拥有的威信这两方面构成的，那么提高领导力的途径自然也可以分

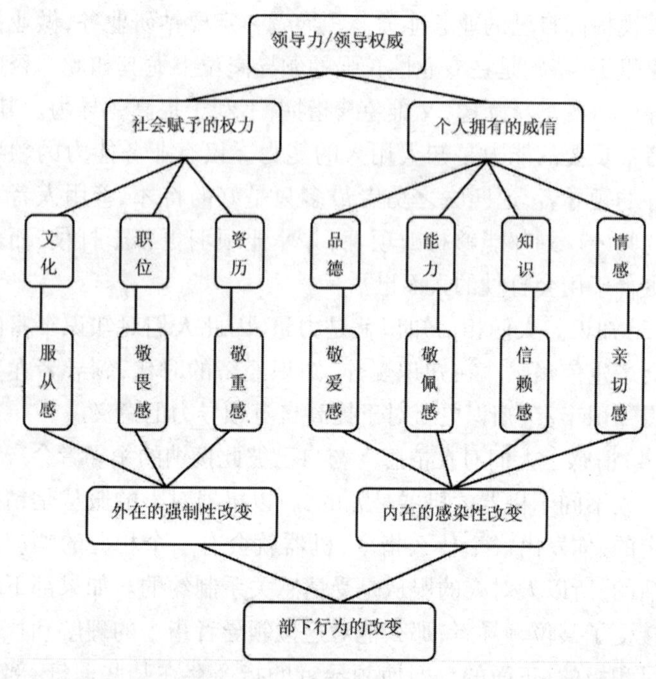

图9-1

为外部和内部两个途径。

外部途径主要是三个方面:其一是文化。领导者可以在组织文化上下工夫,通过建立集权型的组织结构、制定并严格执行周密的制度与纪律、惩处“犯规者”而重用“听话者”等等,刻意营造一种强调权力、服从、集中、统一的组织文化。其二是职务。领导者可以在职权上下工夫,通过角逐和集权提高自己在组织中的地位,掌握更多的权力,使下属必须敬畏自己。其三是资历。领导者可以在经验与业绩上下工夫,尽可能多地在不同层次、不同性质的领导岗位上锻炼自己,增长阅历与经验,积累业绩资本,赢得部下的敬重。

内部途径主要是四个方面:其一是品德。领导者要严格自律,注重修养,培养自己高尚的品德,赢得部下的敬爱。其二是能力。领导者要全面锻炼和发展自己的能力,赢得部下的敬佩。其三是知识。领导者要注意知识的拓展与更新，与时俱进，赢得部下的信赖。其四是情感。领导者要重视感情投资，待人以诚，建立和维护与部下的亲密情感，赢得部下的心灵。

内外两条途径对于提高领导力都是有效的和必须的，但比较而言，我们更强调通过内部途径来提高领导的影响力。因为一方面，毕竟外部途径有许多因素不是领导者本人所能控制的，而内部途径则完全取决于领导者自身的意愿和修养，另一方面，外部途径提高的是权力，权力是通过强制来使部下服从的，改变的只是部下的外部行为，而内部途径提高的是威信，威信是通过感染来使部下服从的，改变的不仅是部下的外部行为，还有内在的精神世界。

第二节　领导特质理论

一、领导特质理论

没有柳传志，就没有联想；没有任正非，就没有华为；没有盖茨，就没有微软；没有韦尔奇，就没有 GE 的重生；没有……这样的句子我们可以写很长很长。人们很早就从战争和政治的经验中悟出一个道理：一个优秀的领导者对一支军队、一个国家的生死存亡，是具有决定性意义的。所谓“千军易得，一将难求”。因而自古以来人们就一直在探讨，**究竟一个好的领导者与普通人或普通领导者相比，有什么特殊之处？或者说具备了哪些特殊品质的人更有希望成为好的领导者。这被称为领导特质理论。**如果我们真的能找到成功领导者的特质，我们不就可以像伯乐得到了一本相马宝典，在茫茫人海中按图索骥了吗？

1. 中国学者的观点

(1)孙子的将领观。中国历史上那些能够成就大业的帝王将相们在史书、文学作品和民间传说中历来都被描述为文武双全、德才兼备、大智大勇、十全十美者。其实多为阿谀溢美之词,不足采信。更有些帝王降生必有“祥瑞”、“异人必有异相”之类无稽之谈。比较而言,中国古代军事家孙子(约公元前535—约前470年)关于将领素质的观点更为具体而切实。孙子认为,决定战争胜负的有五个因素:“一曰道,二曰天,三曰地,四曰将,五曰法。”①作为五因素之一的将领非常重要,“知兵之将,生民之司命,国家安危之主也。”②那么合格的将领应该具备什么素质呢?孙子认为要有五项:“将者,智、信、仁、勇、严也。”③大家可以注意到,在中国传统文化对臣民的要求中一般都是将“仁爱”、“忠恕”放在首要位置的,而孙子将“智”放在首位,显然与将领的职业要求有关。

(2)荀子的君臣观。荀子作为思想家是将君的素养与臣的素养是分别论述的。荀子认为,君是一国之中至高无上的领导者,对臣民的命运有巨大的影响力,对国家的前途有根本的决定作用,所以君的素养极端重要,应具备尊礼、贵法、亲贤、爱民、纳谏及谦诚恭信等素养。荀子认为,臣是连通君与民的中间环节,臣的素养好则上能尊君,下能爱民,臣的素养差则上无补于君,下有害于民,所以臣应具备忠顺、从道、智慧、端正等方面的素养。荀子将君与臣的素养分而论之的做法,对我们今天认识企业经营对董事长和CEO的不同要求,还是有一定启发意义的。另外,荀子还认为,人性本恶,所以好的素养都不是天生的,而是后天培养出来的,“凡禹之所以为禹者,以其为仁义法正也”,只要严格要求自己,“涂之人可以为禹”。④

(3)当代中国学者的观点。我国学者孙彤将我国成功企业家的综合素质概括为七个方面:其一,政治上:较高的理论水平,自觉的法制观念。其二,思想上:强烈的市场观念,为消费者服务的意识,

---

① 《孙子·计篇》。
② 《孙子·作战篇》。
③ 《孙子·计篇》。
④ 《荀子·性恶》。

实事求是追求真理的科学态度。其三,道德上:一切以事业为重,忠于职守,清正廉洁,严于律己,平等待人。其四,知识上:现代科技知识,现代经营管理知识,广博的知识面,丰富的生活工作经验。其五,能力上:高瞻远瞩,知人善任,品牌意识,创新与应变能力,统帅全局与多谋善断的能力,组织协调和公关能力。其六,身体上:健康的身体,旺盛的精力。其七,心理上:胜不骄,败不馁,乐观,自信,事业心强,强烈的成就欲望。①

2. 外国学者的观点

(1)美国学者的观点。美国企业家协会从1975年到1979年用了五年时间研究了4000名职业经理人,归纳出成功的管理者一般具有二十种能力:工作效率高;有主动进取精神,总想不断改进工作;逻辑思维能力强;富有创造精神;有很强的判断能力;有较强的自信心;能帮助别人提高工作能力;能以自己的行为影响别人;善于用权;善于激发别人的积极性;利用谈心做工作;热情关心别人;能使别人积极而又乐观地工作;能实行集体领导;能自我克制;能自行做出决策;能客观地听取各方面的意见;对自己有正确的估价,能以他人之长补自己之短;勤俭艰苦,具有灵活性;具有技术和管理方面的知识。

美国著名管理学家彼得·德鲁克认为有效的管理者有五个共同点:其一,正确地统筹自己能够支配的有限时间,进行系统的工作。其二,注重获得工作成果,而不是工作本身。其三,把工作建立在优势上,善于发现和用人之长。其四,能分清工作的主次,把精力集中在少数主要领域。其五,能做出有效的决策,而不是花哨的战术。

(2)日本学者的观点。日本企业界要求领导者应该具备十项品德和十项能力。十项品德是:使命感、责任感、信赖感、积极性、忠诚老实、进取心、忍耐性、公平、热情、勇气。十项能力是:思维决策能

---

① 孙彤:《组织行为学》,第250页。

力、规划能力、判断能力、创造能力、洞察能力、劝说能力、对人理解的能力、解决问题的能力、培养下级的能力、调动积极性的能力。很明显,与美国人主要偏重领导者的实际能力相比,日本人基本上是东方文化传统的德才兼备的观点。①

(3)法国学者的观点。法国著名管理学家、古典管理理论的主要代表人物之一法约尔认为,所有管理者都需要以下六个方面的品质和能力:其一,身体条件:健康,精力充沛,谈吐清楚。其二,智力条件:具有理解和学习的能力,判断能力,精神饱满和有适应能力。其三,精神条件:有干劲,坚定不移,愿承担责任,主动,忠诚,刚毅,有尊严。其四,全面教育:一般地熟悉不完全属于所执行的任务的任何职能的问题。其五,特别的知识:任何职能所特有的知识,技术的职能、商业的职能、财政的职能、管理的职能,等等。其六,经验:从本职工作中获得知识。这就是把个人从工作中吸取的教训加以整理。②

3. 领导特质理论的问题

类似的研究还有很多,但结果并不理想。所以美国学者斯蒂芬·P. 罗宾斯嘲讽说是"在特质论的矿山中未能挖掘到金子"。领导特质理论主要问题是:

其一,特质不特。有很多特质应该属于人类共同的美德,无论领导者,还是被领导者,都应该拥有。将这些美德统统列入领导特质实际上降低了领导特质研究的意义。并且,我们如果将各种研究成果中提出的领导特质加起来的话,恐怕数以百计,几乎囊括了全部人类美德,成了名副其实的"完人理论"。可是毕竟人无完人,如果按照这样的标准去选拔领导者的话,世上还有够资格成为领导者的人吗?

其二,很少共识。我们如果将各种研究成果中提出的领导特质

---

① 美、日学者观点参见孙彤:《组织行为学》,第 25 – 252 页。

② 参见[美]丹尼尔·A. 雷恩:《管理思想的演变》第 237 – 238 页。

加以对比的话，会发现它们之间共性很少。例如有一份研究综述在概括了二十篇相关研究报告后，共罗列出这些报告所提出的八十项领导特质，其中在四篇研究报告以上出现过的领导特质只有五项。换句话说，能够被不少于1/5的研究者所一致认可的领导特质只有1/16，此外的绝大多数领导特质是各吹各的号，各唱各的调，有些研究成果甚至还彼此冲突。例如，有的研究成果说胆汁质的人意志更坚强，是“领袖人格”，可有的研究成果说多血质有亲和力，更容易形成团队；有的研究成果说小个子的人更有支配欲，有的研究成果说高个子的人更有个人魅力。那么我们该相信谁呢？

其三，缺乏实证。这些研究往往是从“应当如何”的角度进行概括归纳，想当然的成分太多，缺少令人信服的实验数据和实证材料。有些研究还将某些领导特质归结为某种特殊的智力或体质特征、特定血型或气质类型，甚至天才等等，具有了某种神秘主义倾向。

其四，脱离实践。这些研究成果往往听起来是蛮有道理，但在实际生活中没有多少实际意义。因为现实中更多的是，具备了那些特质的人不一定是成功的领导者，甚至根本没有机会成为领导者，而那些成就卓著的领导者又未必具备那些特质，更不必说还大量存在着同一个领导者此时此地成功，彼时彼地失败的实例。有项美国学者的研究甚至表明，在各级领导者中具备泰罗所列举的十种领导者人格特征的只有5%。

领导特质理论之所以会出现上述问题，根本上是由于领导特质理论研究的方法论造成。首先，这种研究不懂得领导行为是领导者、被领导者、特定情境等三个方面交互作用的结果，仅仅从领导者一个方面来研究成功的原因，这是不科学的、片面的、简单化的。其次，这种研究没有探讨各种特质之间的相对重要性，没有告诉我们哪项特质是最重要的，哪项特质是次重要的，哪项特质是必须具备的，哪项特质是可有可无的。再次，这种研究没有说明因果关系，比如究竟是领导者的信心导致了他的成功，还是领导者的成功培养了他的信心？

正如我们上面所说,领导特质理论的问题不是某个研究者或某项研究成果的问题,而是方法论的问题,所以理论界对这种研究渐渐失去了信心和兴趣。从20世纪三四十年代开始,人们的对领导问题的研究兴趣们逐渐转向了领导行为风格方面并成为主流,出现了一批有相当影响的成果。直到20世纪八九十年代以后,领导特质理论的研究才又出现某种复苏,不过不再是寻找"天才领袖"的特征了,而是着眼于领导者的开发与培养、领导者合理的知识结构、能力结构等。

二、领导能力结构理论

1. 不同层次领导者的能力结构

(1)技能的构成。其实,与其罗列很多领导特质,结果根本不具有可操作性,还不如把问题简化一点,现实一点。**有一种观点,把领导者必须具备的技能归结为三项:技术技能、人际技能、概念技能。**技术技能指一个人对某种事物过程或技术所掌握的知识和能力,涉及的是"事",例如制图、做账、使用计算机等。人际技能指有效地与他人共事和建立团队的能力,涉及的是"人",例如协调、配合、妥协等。概念技能指按照一定模式、目的进行思考的能力,涉及的是"思想"、"观点"、"逻辑",例如分析、判断、预测等。

(2)不同层次领导者的技能结构。这种观点的另一个要点的是认为,尽管**任何领导者都必须具备上述三种能力,但不同管理层次上的领导者对三种能力的要求是不同的。**比如说,基层的管理工作,对管理者的技术技能要求很高,但对管理者的概念技能则没有太高要求。例如,财务部经理不会做账就根本没有权威,但懂不懂决策就没什么关系了。反之,高层的管理工作对管理者的概念技能要求很高,但对管理者的技术技能则没有太高要求。例如,电脑公司的总经理必须懂得市场分析,甚至资本运作,但不一定非是个编程高手。而人际技能,则无论对哪个层次的管理者来说都是非常重要的。例如,毛泽东说过党委书记要当好“班长”。理由是,一个党委几个人、十几个人,像部队里的一个班,需要团结合作。虽然是用部队打比方,但毛泽东没有说党委书记要当好“神枪手”,因为那是技术技能,要求不高,毛泽东也没有说党委书记要当好“司令员”,因为那是概念技能,理所当然,毛泽东强调说党委书记要当好“班长”,因为这是人际技能,常常被忽略。

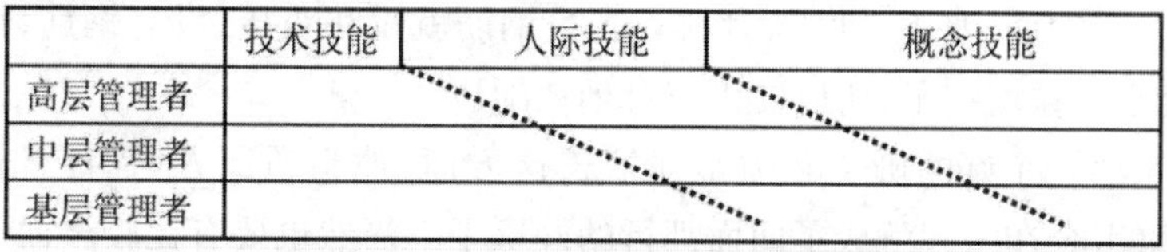

	技术技能	人际技能	概念技能
高层管理者			
中层管理者			
基层管理者			

图 9－2

与传统的领导特质理论相比,领导能力结构理论的一个显著特点是开始考虑不同领导情境对领导者的不同要求了。尽管这点并不明确,也比较简单化,但还是比领导特质理论前进了一步,并因此有了更多应用价值。“领导技能分析可以有助于解释为什么杰出的部门领导者有时无法胜任副总裁的职位,他们在高职位上可能没有结构合理的领导技能,特别是增加概念技能。”[①]由此看来,虽然拿破仑说过“不想当将军的士兵不是好士兵”,但好士兵还真不一定能成为好将军。因为当士兵最优秀的品质是勇敢,可是当了将军还只是不怕死,那就只能被讥为“匹夫之勇”了。据说,NBA 的优秀教练虽然大多出身于队员,但很少出身于主力队员,而多出身于“资深板凳队员”。这也是因为他们虽然技不出众,但更有机会多动脑筋吧?

2. 领导班子的能力结构

无论从民主政治的发展看,还是从现代企业制度看,个人独裁都会越来越多地为集体领导所取代。我们将越来越远离“英雄”,走进“制度”,远离“人治”,走进“法治”。**所以当我们讨论能力结构的时候,不仅要考虑领导者个人能力结构的合理化,还要考虑领导者**

① 参见[美]约翰·W. 纽斯特罗姆、基斯·戴维斯《组织行为学》,第 183 页。

集体能力结构的合理化。这个问题说到底就是一个互补原则：能力、知识、经验、背景，甚至年龄、性别、个性等等都强调合理互补。在这个问题上，有着从基层到中央几乎所有管理层次上长期管理经验的李瑞环同志，有两段话应该说已经把问题讲得非常透彻了。我们引在这里供大家思考。

“领导班子的配备要讲究结构合理。一个班子就像混凝土结构，有钢筋、水泥、沙子、骨料。光是钢筋就没法受压，没有钢筋，混凝土一拉就裂了，所以要讲究合理地配比。”

“一个好的班子必须是你擅长这方面，他精通那方面，各有长短，组合在一起就成了面面都行的好班子。当然也要有比较全面一点的、知识多一点的人负责全面工作，如同乐队的指挥。但这种人也不能多，有的班子之所以一个个数不软，加在一起不强，毛病就在这里。满盘象棋都是车，见面就‘兑’没法走。”①

第三节 领导行为理论

一、领导作风理论

1. 三种领导作风

在领导理论的重心从领导特质研究转向领导行为研究的过程中，著名心理学家勒温是最早开始领导行为研究的学者之一。他和同事们在 20 世纪 30 年代就提出，不同领导者有不同的领导作风，而不同领导作风对工作群体成员的工作绩效和工作满意度有不同影响。

勒温主要以权力定位为基础，将领导者的作风分为专制、民主和放任三种类型。

---

① 李瑞环：《学哲学用哲学》第 280 页，中国人民大学出版社，2005 年第 1 版。

(1)专制型领导作风。专制型作风的领导者将权力定位于领导者个人。其特点一是领导者实行高度集权,亲自决定所有的政策和活动,根据领导者个人对群体成员工作绩效的看法进行褒贬与奖惩,群体成员完全被动地进行工作。二是领导者专心于工作目标,只关心工作任务和工作效率,对群体成员不够关心。所以领导者与被领导者之间关系比较疏远,领导者对被领导者缺乏敏感性,被领导者对领导者心存戒心和敌意。在这种领导作风下,群体成员比较容易产生挫折感和消极被动的行为倾向。

(2)民主型领导作风。民主型作风的领导者将权力定位于整个工作群体。其特点一是实行集体决策,决策通常由群体成员经过讨论一致通过或根据多数原则来确定,领导者注意发挥群体成员的积极性、主动性和创造性,根据群体成员工作的实际情况进行褒贬与奖惩,群体成员有机会自己决定自己的工作分工、进程和方法。二是领导者关心并满足团体成员的需要和愿望,注重对团体成员的工作加以鼓励和协助,营造民主与平等的氛围。所以领导者与被领导者的关系比较融洽。在这种领导作风下,群体成员有较强的工作动机、参与意识和责任感,工作效率比较高。

(3)放任型领导作风。放任型作风的领导者将权力定位于群体成员个人。其特点一是领导者实行高度分权,在管理中只以旁观者的姿态出现,不对成员进行褒贬与奖惩,群体成员在无政府状态中完全独立地进行工作。二是领导者对工作和对群体成员的需要都不重视,无规章、无要求、无评估。在这种领导作风下,群体成员工作效率低,人际关系淡薄。

不过勒温认为,上述三种典型的领导作风是极端的类型,在现实中并不多见。现实中更多的是介于这三种类型之间的一些中间类型或混合类型。例如,介于专制型与民主型之间的称为多数裁定原则,介于专制型与放任型之间的称为家长制,介于民主型与放任型之间的称为充分讨论后的下级自决。

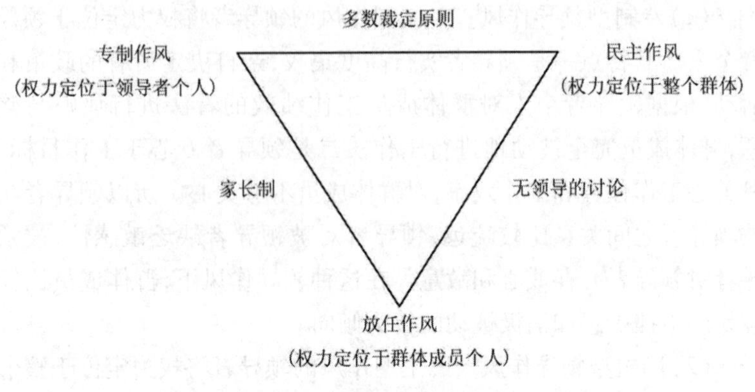

图 9－3

2. 推崇民主型领导作风

勒温对上述三种领导作风进行了实验研究。他将一些 10 余岁的男学生作为实验对象分为三个组，每组配备一名成年人作为小组的领导者，组织实验对象进行制作假面具的活动。首先，勒温对即将作为小组领导者的成年人进行了培训，让其分别学会专制的领导作风、民主的领导作风和放任的领导作风。然后，勒温对即将作为小组成员的学生在年龄、人格特征、智商、生理条件和家庭社会经济地位等方面进行了匹配，使各小组情况除领导作风以外完全一样。最后，实验中要求每名领导者各行使一种领导作风并轮流领导各组，使每一组实验对象都分别在不同领导作风之中工作过。

结果证明，被领导者的行为明显地受到领导作风的影响。从工作绩效看，在放任型的领导作风下，实验对象没有达到工作目标，产品的数量和质量都很差，工作绩效是三种领导作风中最低的，而在民主型领导作风和专制型领导作风下，实验对象都能达到工作目标。从精神状态与行为特征看，专制型领导作风下，实验对象虽然能完成工作任务，但情绪紧张，情感消极，人际关系紧张，成员间的争吵行为比民主型领导作风下多三十余倍，挑衅行为多八倍，而且在三种作风中表现得独立性最小，依赖性最大；在民主型领导作风下，实验对象不仅能完成工作任务，而且表现得比较积极、主动，显示出较高的创造精神,特别是领导者在场与否,其工作效率几乎没有变化,表现出很高的自觉性,且群体凝聚力最强,人际关系最为融洽。

基于这个结果,**勒温等研究者明确认为民主型领导作风是最佳领导作风。**

背景链接　　勒温与领导作风理论

勒温,著名心理学家,出生于普鲁士的莫吉尔诺(今属波兰)一个犹太家庭,先后在弗莱堡大学、慕尼黑大学、柏林大学学习,1914年获柏林大学哲学博士学位。1922年起任柏林大学讲师,1927年起任柏林大学教授。1932年赴美国,任访问教授。1933年,感受到德国排犹的威胁,短暂回国后旋即移居美国,在康奈尔大学任教。1935年起任爱荷华大学儿童福利研究所儿童心理学教授。1945年赴麻省理工学院建立并主持团体动力学研究中心,同时任哈佛大学和柏克莱加州大学访问教授。

除在柏林大学时期提出的动机理论以外,勒温在心理学上最著名的成就,一是30年代在爱荷华大学时期对关于民主、专制、放任等不同领导作风对儿童群体行为影响的研究,二是40年代在麻省理工学院的团体动力学研究。由于在社会实验心理学研究上的重大贡献,勒温与开创精神分析学的弗洛伊德被并称为20世纪对心理学贡献最大的两位犹太学者。勒温的主要著作有:《人格的动力理论》(1935)、《拓扑心理学原理》(1936)、《对心理学理论的贡献》(1938)、《解决社会冲突》(1948)、《社会科学中的场论》(1951)等。

3. 对领导作风理论的评价

(1)争议。勒温之后,不少学者对领导作风理论进行了理论与实验研究。多数成果不断验证和支持了勒温关于民主型领导作风是最佳领导作风的观点,但也有不少研究者提出了异议。有人认为,究竟何种领导作风最佳与被领导者有关,如独裁型性格的人可能喜欢有指挥能力的人来实行专制型领导。有人认为,究竟何种领导作风最佳与工作性质有关,如专制型领导作风可以使军队战斗力增强。还有人怀疑勒温观点的客观性,因为勒温本人原为德国犹太人,因逃避德国法西斯迫害而逃亡美国,所以其研究有明显的反法西斯主义的政治目的,而且其研究又是在具有民主传统的美国进行的,其实验对象都是在典型的民主家庭气氛中成长起来的中产阶级子女,他们自然会讨厌专制型领导等等。

(2)问题。从方法论上看,领导作风理论主要存在三个问题:一是简单化。勒温将领导的内容和区分领导类型的指标仅仅归结为权力,或者说仅仅归结为关心工作,这显然是不够的。二是片面性。勒温没有考虑到领导与被领导及领导情境之间相互作用的动态关系,只从领导影响被领导的方面研究了领导作风对工作群体的影响,而没有从被领导及领导情境影响领导的方面来研究工作群体对领导方式的要求。三是理想化。由于第二点,就决定了勒温的研究有一个默认的潜在前提,即所有的工作群体都是相同的,由此导致勒温认为世界上存在一种具有普遍适用于任何工作群体的最佳领导模式。

二、领导行为四分图理论

1. 两个维度、四种类型

(1)结构维度与关怀维度。美国俄亥俄州立大学的一批学者从1945年开始了对领导行为的系统研究。首先,研究者们收集了大量属于领导行为的因素,约有一千多条。经过研究他们发现,所有的领导行为可以归纳为两大类:一类是领导对人的重视和关心,如关心下属的需要、尊重下属的情感,听取下属的意见,重视与下属的关系、信任下属、帮助下属解决个人问题等等,研究者们称之为对人的“关怀”。一类是领导对组织与工作的重视和关心,如建立组织结构、确立管理制度,明确工作职责、制定工作计划、检查工作进度、强调工作期限等等,研究者们称之为组织“结构”。

然后,研究者们根据上述两类领导行为设计了一种问卷,问卷对“关怀”和“结构”各列出15个问题,向组织成员进行调查。要求他们根据问卷的问题,来回答自己的领导者在“关怀”和“结构”这两方面表现如何。

(2)四种领导类型。结果发现,对人的“关怀”和组织的“结构”是两个相对独立的维度。因为领导者在这两方面可能是一致的,比如对“关怀”和“结构”的关心程度都比较高或都比较低,但也可能是不一致的,比如只对“关怀”的关心程度高而对“结构”的关心程度低,或者只对“结构”的关心程度高而对“关怀”的关心程度低。由此,将“关怀”和“结构”两个维度,各自划出“高”或“低”两个分度,可以区分出四种类型的领导行为:低结构低关怀、高结构低关怀、低结构高关怀、高结构高关怀。

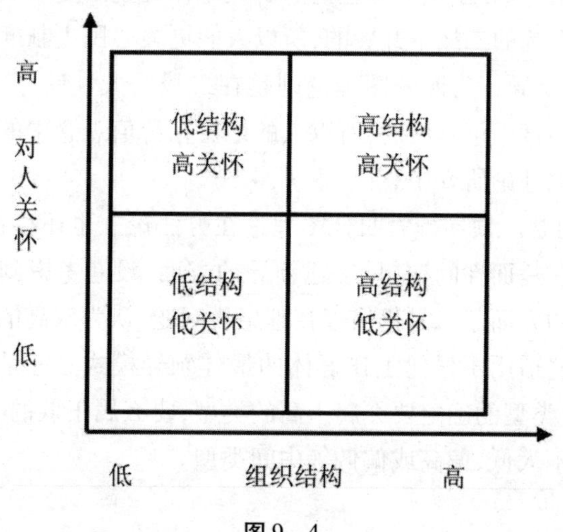

图9-4

2. 推崇高组织高关怀的领导类型

研究表明,在这四种领导行为类型中,在两个维度上都高的领导者比某一个维度低或两个维度都低的另外三种类型的领导者,更能使下属既取得高工作绩效,也达到高满意度,因而是最理想的领导类型。在俄亥俄州立大学的研究之后,密执安大学的学者也进行了类似研究,但区分为“员工导向的领导者”和“生产导向的领导者”两个维度,并认为“员工导向”更受下属欢迎,生产效率也更高。

3. 对领导行为四分图理论的评价

(1)进步。比较领导行为四分图理论和领导作风类型理论,我们会发现,领导作风类型理论研究领导类型只有一个指标,就是工作,而领导行为四分图理论除了考虑工作指标外,还考虑了关心人的指标,也就是说,领导行为研究从领导作风的单向研究进入了二维研究。同时,领导作风类型理论的工作指标就是权力的定位,而领导行为四分图理论的工作指标没有局限在权力这一点上,而是更全面地代之以对组织的关心。这两点肯定是领导行为四分图理论比领导作风类型理论更进步,更接近实际之处。这可能与时代背景有一定关系,领导作风类型理论的研究是在民主制度与法西斯专制制度直接对抗的二战中开展的,所以人们更关心民主制度的科学性与优越性,领导行为四分图理论则是在二战后人性反思、人道主义呼声高涨的背景下开展的,所以人的地位在价值观念中的上升自然也会折射到理论研究中。

(2)问题。领导行为四分图理论在方法论上也还存在问题:一是仍然存在片面性问题,只考虑领导的方面,没有考虑到被领导和领导情境的方面。二是仍然存在理想化问题,认为双高的领导类型是一种普遍适用于任何工作群体的最佳领导模式。三是简单化问题,对领导类型的确定要么属于高的类型,要么属于低的类型,没有不太高也不太低、偏高或偏低等中间类型。

三、管理方格论

1. 两个维度、八十一种类型

(1)关心生产的维度和关心人的维度。美国德克萨斯大学的布莱克(Robert R. Blake 1918—2004)和穆顿(Jane S. Monton)在俄亥俄州立大学和密执安大学研究的基础上于1964年提出了管理方格论。他们的变化主要是两点：

其一，将俄亥俄州立大学的“结构”维度和密执安大学的“生产导向的领导者”维度综合为“关心生产”的维度，将俄亥俄州立大学的“关怀”维度和密执安大学的“员工导向的领导者”维度综合为“关心人”的维度。

其二，在两个维度上划分出从关心程度最低的1到关心程度最高的9这样九个分度或说九种程度，并由此形成八十一种领导类型。

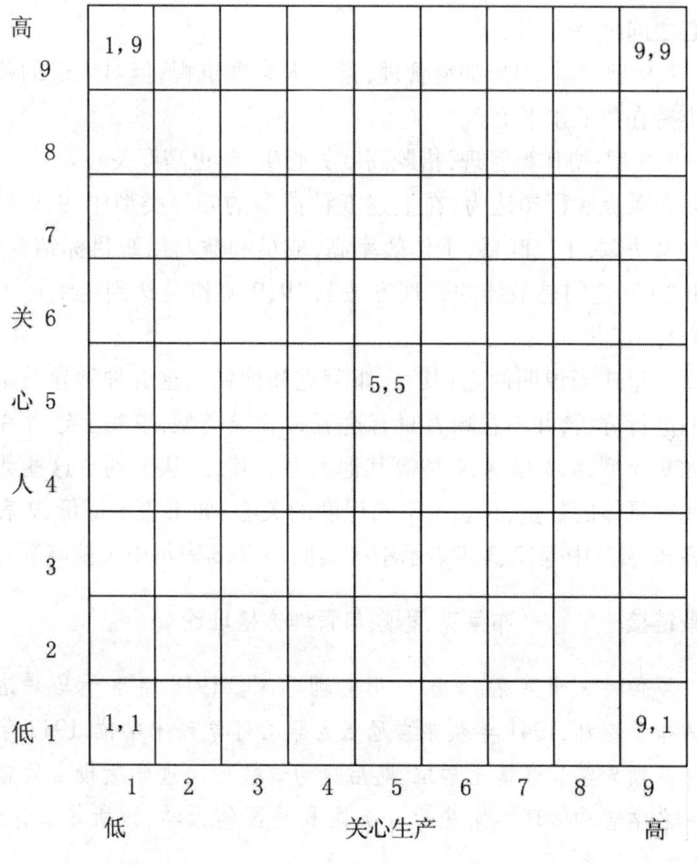

图9－5

(2)推崇最高程度关心生产的和最高程度关心人的9,9型领导类型。在上述八十一种领导类型中,布莱克和穆顿选出五种最有代表性的领导类型来说明自己的观点。

1,1 型:贫乏型管理,指对人和对生产的关心程度都维持在最低水平上。

9,1 型:任务型管理,指对生产高度重视,但对人的关心程度很低。

5,5 型:中庸型管理,指在完成必需的生产任务和对人的适度关心之间维持适当平衡。

1,9 型:乡村俱乐部型管理,指对人高度重视,但对生产的关心仅维持在最低水平上。

9,9 型:协作型管理,指既高度关心生产,也高度关心人。

布莱克和穆顿认为,在上述五种典型的领导类型中,9,9 型人际关系协调,士气旺盛,工作效率高,成员利益与组织目标结合好,因此"9,9 定向是最佳的管理方法","9,9 协作是达到组织优秀的中心环节"①。

这里应当说明两点:其一,布莱克和穆顿以这五种领导类型为典型进行分析,并不意味着只有这五种领导类型,事实上还存在着诸如 9,5 型、8,3 型、4,4 型等其他类型。其二,从 1 到 9 这些数字不代表具体的数量,只表示不同程度的关心,如 1 表示最低,9 表示最高,5 表示中等,2、3、4 表示中等偏低,6、7、8 表示中等偏高等等。

背景链接　　布莱克、穆顿与管理方格理论

罗伯特·布莱克,美国应用心理学家。1918 年生于马萨诸塞州的布鲁克林,1941 年获弗吉尼亚大学心理学硕士学位,1947 年获德克萨斯大学哲学博士学位,随后成为该校的心理学教授。他曾作为一名学者和心理学家先后在英国和美国的大学、诊所等工作过。

---

① [美]R. R. 布莱克、J. S. 穆顿:《新管理方格》第 155、167 页,中国社会科学出版社,1986 年第 1 版。

他创办过公司，担任过公司总裁，为许多大学、政府机构及财富五百强企业担任过顾问，指导过企业的管理工作。2004年逝于德克萨斯州奥斯汀。

简·穆顿是布莱克在德克萨斯大学的同事，1957年获德克萨斯大学心理学博士，毕业不久即在该校任心理学副教授，从事组织与管理领域的行为科学应用研究。

在管理学界，布莱克和穆顿的知名度主要来自他们关于领导类型的研究—管理方格理论。1964年，他们出版了《管理方格》一书，书中提出，在企业领导工作中往往出现一些极端的方式，或者以生产为中心而对人漠不关心，或者以人为中心而对生产得过且过，或者以X理论为依据而片面强调依靠监督，或者以Y理论为依据而过分强调相信人。管理中应该避免这种非此即彼、过于极端的绝对化倾向。实际上在对生产关心的领导方式和对人关心的领导方式之间，还可以有使二者在不同程度上互相结合的多种领导方式。为了更形象地说明这个问题，他们绘制了一张纵轴和横轴各9等分的方格图，其中纵轴表示企业领导者对人的关心，横轴表示企业领导者对生产的关心，第1格表示关心程度最低，第9格表示关心程度最高，由此全图共形成81个小方格，代表了“对生产的关心”和“对人的关心”这两个基本因素以不同比例结合的多种领导方式，并认为对生产和人都高度关心的类型是最佳领导类型。这本书得到了学术界的广泛重视和企业界的高度欢迎，出版后十多年间仅在美国就销出近百万册。此后他们致力于自己理论的完善、推广和应用，陆续出版了《新管理方格》、《秘书方格》、《教育行政方格》等，并应用于其管理咨询工作。

3. 对管理方格论的评价

(1)进步。管理方格论比领导行为四分图理论有两点明显进步：

一是丰富性。管理方格论不再如领导行为四分图理论那样，在领导类型上搞非高即低、非好即坏的两分法，而具体细致地区分了从低到高的九种程度，应该说不仅是实现了从定性研究到定量研究的巨大进步，而且也确实更符合领导者的实际情况。

二是实用性。管理方格论不是单纯划分领导类型的纯理论研究，而是一个有很强可操作性的评价与培训工具。布莱克和穆顿根据所收集的资料，对每一种领导类型在面对诸如“自由选择”、“积极参与”、“相互信任”、“开放的沟通”、“目标和目的”、“冲突的解决办法”、“个人责任”、“评论”、“工作活动”之类问题时的不同表现都给出了详尽具体的描述。例如，关于“个人责任”，各种领导类型表现分别为：贫乏型领导（1,1 型）是“部属想承担多大责任悉听尊便”；乡村俱乐部型领导（1,9 型）是“让部属自由承担责任”；中庸型领导（5,5 型）是“指望部属能接受现状并在维持现状下通情达理地工作”；任务型领导（9,1 型）是“部属的责任由管理者承担”；协作型领导（9,9 型）是“各人对自己的行动负责以及分担班组活动责任”。[①] 这样每个人都可以根据这些描述来自我分析确定或由他人分析确定自己属于哪一种类型，从而找出自己的领导类型与理想的 9,9 型领导之间的差距，以明确自己应如何向 9,9 型领导努力。布莱克和穆顿甚至设计并试验了一项培训管理人员的计划，使管理人员能联系实际学习 9,9 型管理。

正是由于上述两点，管理方格论比领导行为四分图理论在经理阶层和管理学界有更大的影响。1964 年《管理方格》一书出版后长期畅销，到 1978 年以《新管理方格》为名修订再版之前，印数已近百万册。

（2）问题。管理方格论有两个问题没有解决：一是仍然没有考虑被领导者及领导情境的方面，有片面性问题。二是仍然认为双高的领导类型是一种普遍适用于任何工作群体的最佳领导模式，有理想化问题。不过要指出的是，布莱克和穆顿并不认为追求最佳领导模式是错

---

① 同上，第 162 页。

误的。反之,他们明确批评“所谓情境决定行为或权变理论。它的根子是实用主义:怎么行怎么来”,还引用一些调查数据来论证“如果用9,9 型方法去经营事业,十之八九能取得事业成功”。①

第四节　领导权变理论

一、领导行为连续带理论

1. 领导行为连续带

美国学者坦南鲍姆(Robert Tannenbaum 1915—2003)和施密特(Warren H. Schmidt)是较早对领导作风理论推崇“民主作风”、领导行为四分图理论推崇“高组织高关心”等追求“最佳领导风格”的观点发出不同声音的学者。他们在研究中发现,领导者们常常无法确定什么是最佳决策,也不知道究竟应该由自己来直接决策,还是授权部下来决策。有鉴于此,他们将领导作风类型理论和领导行为四分图理论结合起来,于 1958 年提出了领导行为连续带理论。

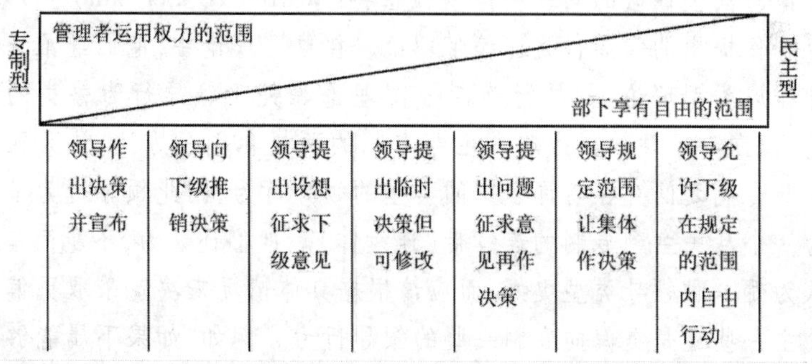

图 9 – 6

领导行为连续带理论将领导行为分为专制型和民主型两种类

① 同上,第 155、166 页。

型。专制型领导强调对工作的领导,并用权力去影响下级。民主型领导注重人员的领导,给下级在工作上以相当的自由。一名管理者在实际工作中运用职权的程度越高,就越接近专制型领导,运用职权的程度越低,就越接近民主型领导,如此就出现了一个由专制型领导到民主型领导的连续带,即在典型的专制型领导和典型的民主型领导之间存在着许多过渡类型的领导行为方式。

2. 不存在最佳领导类型

坦南鲍姆和施密特认为,这些领导行为方式本身无所谓优劣,而且领导方式不应该是一种固定的模式,领导者应该善于根据具体情况从连续带中选择一种合适的领导类型。

背景链接　坦南鲍姆、施密特与领导行为连续带理论

罗伯特·坦南鲍姆美国著名管理学家,芝加哥大学毕业并获博士学位,就职于加州大学洛杉矶分校,担任工商管理学院人才系统开发教授并从事"人事制度的发展"研究,为美国及国际上许多大企业开展过顾问及咨询工作。坦南鲍姆在管理理论上的主要声誉来自他与同校任教的同事沃伦·施密特(Warren H. Schmidt)于1958年合作提出的领导行为连续带理论。在这一理论中,他们继承了领导作风类型理论、领导行为四分图理论等关于领导行为分类的思想,但摒弃了领导行为非民主即专制的两极化划分方法,认为在民主与专制之间存在着许多中间类型的领导行为,因此领导行为呈现为一个从民主到专制的连续带(连续体)。他们还认为,不能简单地认为哪一种领导类型更好,而应该根据具体情况来决定采取更偏向民主一些还是更偏向专制一些的领导行为。例如,如果下属能够理解工作的任务和目标,也有能力完成任务和实现目标,并有这样的愿望和要求,领导者就应该给下属更多自由,即更倾向民主的管理,如果下属达不到上述条件,领导者就应该更多运用自己的权力,即更倾向专制的管理。这种思想是管理理论中最早的权变思想之一。他们二人合著的《如何选择领导模式》是阐述这一思想的管理学名

著。此外,他在敏感性训练、组织发展等方面的研究也卓有成效。

3. 对领导行为连续带理论的评价

(1)进步。领导行为连续带理论认为领导方式不是一种固定的模式,而要根据不同情况采取不同方式,这实际上是从领导者与被领导者的互动关系中来看待领导方式,并且已经有了根据实际情况权衡利弊灵活应变的思想,实际上具备了后来所称"权变理论"的雏形,是领导行为研究中一个很大的进步。

(2)问题。领导行为连续带理论没有具体说明领导者与被领导者的匹配关系以及如何权变,因而在权变问题上还只具备启发意义,可操作性不足。

二、菲德勒模型

1. LPC 与两种领导类型

20 世纪 60 年代起陆续出现了多种权变理论。其中提出较早且影响较大的是美国心理学家菲德勒(Fred E. Fiedler, 1922—)于 1962 年提出的"有效领导者的权变模型",也称为"菲德勒模型"。这种模型将领导者素质研究和领导行为研究机结合起来,首先用领导者素质研究中的心理测验方法来确定领导类型,然后再将领导类型与领导情境联系起来研究领导绩效。菲德勒认为,领导绩效如何,与领导类型、领导情境以及二者之间的匹配关系有关。

(1)LPC 问卷。菲德勒认为领导类型是影响领导绩效的因素之一,因此应该首先确定一个领导者的领导风格类型。他为此设计了一种"最难共事者问卷"(least preferred coworker questionnaire),简称 LPC 问卷。问卷上列出了 16 项对人格的评价。每一项都用一对积极性评价与消极性评价互逆的形容词来表示,如"快乐—不快乐"、"友善—不友善"等等。每对形容词之间分为 8 个等级,积极性评价分数高,消极性评价分数低。

(2)领导类型测验。测验开始:首先,让被测者回忆一下自己共事过的所有同事,从中找出一位“最难共事者”。他不一定是被测者最讨厌的人,但必须是被测者感到在工作中最难合作共处的人。然后,让被测者在问卷上每对形容词之间的8个等级中选一个自己认为描述那个同事人格的最合适的等级。例如,那个同事非常令人快乐选8,次之选7,而那个同事非常令人不快乐选1,次之选2等等,依此类推,逐项选定。最后,将各项得分相加即为该被测者(注意:不是那位最难共事者,而是回答LPC问卷的被测者本人)的LPC分数。

(3)确定领导类型。LPC分数≥64分属于高LPC分数,≤57分属于低LPC分数,58~63分属于中等LPC分数。如果一个人LPC分数比较高,说明他即使是对工作上最难共事的人也可以在人格上给予积极的评价,显示出这个人比较重视人际关系,为人处世以人际关系为中心,称为“关系导向”的领导类型。如果一个人LPC分数比较低,说明他对工作上难以共事的人,在人格评价上也随之低,显示出这个人比较关心工作,为人处世以工作为中心,称为“工作导向”的领导类型。实验表明,约84%的人LPC分数≥64分属于高LPC分数或≤57分属于低LPC分数,也就是说可以明确认定其属于关系导向的类型还是工作导向的类型,但有约16%的人LPC分数处于58~63分之间,属于中等LPC分数,也就是说难以明确认定其属于关系导向的类型还是工作导向的类型。下面的讨论主要是针对可以明确认定其领导风格的84%的管理者。

表9-1①

1	快乐	8 7 6 5 4 3 2 1	不快乐
2	友善	8 7 6 5 4 3 2 1	不友善
3	拒绝	1 2 3 4 5 6 7 8	接纳

① 注:LPC量表的项目数量、内容及分数高低的数量界限不同著作中有一定出入。这里的资料取自[美]斯蒂芬·P.罗宾斯:《组织行为学》第349、600-601页及程正方:《现代管理心理学》第373页。

（续表）

4	有益	8 7 6 5 4 3 2 1	无益
5	不热情	1 2 3 4 5 6 7 8	热情
6	紧张	1 2 3 4 5 6 7 8	轻松
7	疏远	1 2 3 4 5 6 7 8	亲密
8	冷漠	1 2 3 4 5 6 7 8	热心
9	合作	8 7 6 5 4 3 2 1	不合作
10	助人	8 7 6 5 4 3 2 1	敌意
11	无聊	1 2 3 4 5 6 7 8	有趣
12	好争	1 2 3 4 5 6 7 8	融洽
13	自信	8 7 6 5 4 3 2 1	犹豫
14	高效	8 7 6 5 4 3 2 1	低效
15	郁闷	1 2 3 4 5 6 7 8	开朗
16	开放	8 7 6 5 4 3 2 1	防备

2. 八种领导情境

菲德勒认为，影响领导绩效的因素除领导风格外，还有其所处的情境。影响领导绩效的情境因素或说权变因素有三个：一是领导者与被领导者的关系是好还是差（如下属对领导者是否尊重、信任和乐于服从等），二是工作结构是明确还是不明确（如工作目标是否明确、工作责任是否清楚等），三是领导者拥有的权力是强还是弱（如领导者拥有多少权力、上级是否支持等）。由于这三个情境因素可以各有两种选择，它们之间就可以组合出八种情境类型。在这三个情境因素中，如果领导者与被领导者关系很好，工作结构也明确，领导者的权力也很强，即属于情境 1，这是对领导者非常有利的情境。反之，在这三个情境因素中，如果领导者与被领导者关系很差，工作结构不明确，领导者的权力很弱，即属于情境 8，这是一种对领导者非常不利的情境。在情境 1 和情境 8 之间，情境 2 与情境 3 属于比较有利的情境，情境 7 属于比较不利的情境，情境 4、情境 5、情境 6 属于中等程度的情境。

表 9－2

情境	1	2	3	4	5	6	7	8
领导者与被领导者的关系	好	好	好	好	差	差	差	差
工作结构	明确	明确	不明确	不明确	明确	明确	不明确	不明确
领导者的权力	强	弱	强	弱	强	弱	强	弱

3. 领导类型与领导情境的匹配关系

菲德勒认为，决定领导绩效的不是单一的领导类型或领导情境，而是二者间的匹配。他研究了 1200 多个工作群体中领导绩效的实际情况。这些群体不仅包括了全部八种领导情境，而且每种情境中都包括了关系导向（高 LPC 分数）和工作导向（低 LPC 分数）的不同领导类型。结论是：工作导向的领导者（低 LPC 分数者）在有利的情境中（如情境 1、情境 2、情境 2）和不利的情境中（如情境 7、情境 8）工作绩效更高，关系导向的领导者在（高 LPC 分数者）在中等的情境中（如情境 4、情境 5、情境 6）工作绩效更高。

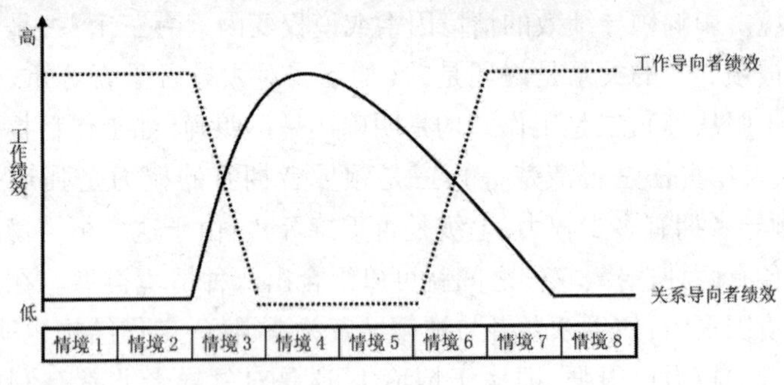

图 9－7

4. 匹配与权变

菲德勒认为，一个人的领导类型（LPC 分数）是人的心理特征，因而是终生稳定不变的。因此要通过领导类型和领导情境之间的匹配来提高领导绩效只有两条途径:一是通过调换领导者以适应领导情境。二是通过改变领导情境以适应领导者。例如,某班组干群关系紧张、工作目标不明确、班组长有职无权等等,属于非常不利的情境8,那么就应该为该班组调配一位工作导向(即LPC分数较低)的班组长。如果不愿或不能调配班组长,那就需要改变那个班组的情境,如班组长要注意改善干群关系、建立健全规章制度,上级也应该给班组长更多的授权等等,至少改善其中一至二项,以尽可能向中等情境4、情境5、情境6靠拢。

背景链接　　　　　　菲德勒与权变理论

弗雷德·菲德勒,美国当代著名心理学和管理专家,权变理论创始人。早年就读于芝加哥大学,获博士学位,毕业后留校任教。1951年移居伊利诺伊州,担任伊利诺伊大学心理学教授和群体效能研究实验室主任。1969年前往华盛顿,任华盛顿大学心理学与管理学教授,兼任荷兰阿姆斯特丹大学和比利时卢万大学客座教授。自1951年起,他从管理心理学和实证环境分析两方面研究领导学,于1962年提出了“权变领导理论”,从而开创了领导学理论的一个新阶段。在菲德勒开始领导学研究的那个时代,人们普遍相信世界上存在着最佳的领导者或领导风格,因此应该致力于找到具备最佳领导者素质的人或通过培训使领导者形成最佳领导风格。而菲德勒认为,这种做法从来没有成功过。相反,改变领导者所处的环境要比改变领导者的个性特征或领导风格容易得多。他坚信,每一位领导者都有自己的个性与领导风格,而同一位领导在这样的环境中不成功,却可能在那样的环境中成功,因此应该放弃寻找最佳领导者或培养最佳领导风格,转而根据环境特点和领导者个性及领导风格之间的匹配关系去选择二者的组合,权衡利弊,灵活应变。这种权变思想使以往盛行的领导形态学研究转向了领导动态学研究的新方向,对此后领导学和管理学的发展产生了重要影响,菲德勒也因此被西方管理学界公认为“权变管理的创始人”。

5. 对菲德勒模型的评价

(1)进步。首先,菲德勒模型明确而具体地研究了领导情境及其作用。这比任何将领导的成功片面、孤立地归结为领导者个人而忽视领导情境的理论都高明得多,是一个重大的进步。其次,菲德勒模型不再追求最佳领导类型。它不再像领导特质理论那样强调必须是什么样的人才能成为成功的领导者,也不再像领导行为理论那样强调人必须怎样行事才能成为成功的领导者,而是强调无论什么领导者,也无论什么工作群体,只要二者相互匹配,都能获得成功。再次,菲德勒模型有很强的可操作性。它既注重理论分析,也有大量的实验支持,而且便于实际操作,这比以往领导行为理论中片面依赖理论分析和理论模型更有实际价值和说服力。

(2)问题。但菲德勒模型在实际运用中也存在一些问题。其一是 LPC 的普适性的问题。在 LPC 测验中,大约有 16% 左右的人 LPC 分数居中,难于确定其领导类型,一般只好由被测对象自己认定,这在一定程度上影响了这一模型的普适性。其二是 LPC 的客观性问题。菲德勒模型完全将领导类型归结为心理因素,这已需商榷,还认为终生不变,就更可存疑。实际应用中发现,有些人的 LPC 分数是不稳定的,还有些人确实可以调整和改变自己的领导风格。其三是领导情境的评估比较模糊。比如,领导与被领导的关系怎样算好?到什么程度就是不好?与此相关,改变情境时也存在类似问题。

三、途径—目标理论

1. 四种领导行为类型

加拿大多伦多大学教授豪斯(Robert J. House 1936—)于 1971 年提出的**途径—目标理论是当今最受关注的领导权变理论之一。这个理论认为,领导者的工作就是帮助下属达到目标,并提供必要的指导和支持以确保他们的目标与群体及组织的整体目标相一致。**

途径—目标理论像领导行为四分图理论一样，将领导者根据行为特征分为四种类型：

第一种是指导型领导。这种领导告诉下属组织交给他们的工作任务是什么，告诉他们完成工作任务的时间安排，并给下属以完成工作任务的具体指导。

第二种是支持型领导。这种领导对下属十分友善，关心下属的个人需求。

第三种是参与型领导。这种领导与下属共同协商，在决策时充分考虑下属的建议。

第四种是成就导向型领导。这种领导设置挑战性目标，并期望下属实现自己的最佳水平。

这种对领导类型的划分主要考虑的是领导更关心工作还是个人，下属是否参与决策等，因而与领导行为四分图理论的俄亥俄模型非常类似。这种理论认为领导者的领导行为类型是灵活的，同一位领导者在不同情境下可能表现出不同领导风格，这与菲德勒模型认为领导风格是唯一的和不变的有很大不同。

2. 两类领导情境

途径—目标理论将领导情境或说权变因素归结为两类：

一类是下属权变因素，指下属个人的因素，包括控制点（相信自己可以掌握命运称为内控型，依赖他人称为外控型）、经验（完成任务所需知识与经验的丰富程度）、感知到的能力（认识能力）。

一类是环境权变因素，指下属控制范围以外的因素，包括任务结构（任务的清晰程度、困难程度、压力大小等）、正式权力系统（领导集权的程度、下属参与决策的水平等）、工作群体（人际关系、合作水平等）。

3. 匹配与假设

途径—目标理论认为，不同类型的领导行为最终效果如何，与两类情境因素有关：环境因素决定了应该怎样调整领导行为，下属因素决定了下属如何看待和评价领导与环境。由此，可以推断出一

些关于领导效果的假设:

(1)指导型领导的效果。指导型领导在任务不清晰的环境中对下属有积极帮助。因为这种领导可以告诉下属工作任务是什么,要求是什么,并给下属以完成工作任务的具体指导。这样就弥补和改善了不清晰的环境,从而提高了下属完成任务的期望值,起到了激励作用。最终达到的领导效果是既提高领导率领下属完成工作任务的绩效,又提高了下属对领导的满意度。可是指导型领导在任务清晰的环境中对下属没有积极帮助。因为这时领导的指导变成多余的、碍手碍脚的东西,反而破坏了环境,降低了下属完成任务的期望值,伤害了下属的积极性。最终达到的领导效果是既不能很好地领导大家完成任务,又引起下属对领导不满。

(2)支持型领导的效果。支持型领导在任务压力大、危险、枯燥等环境下对下属有积极帮助。因为这种领导对下属十分友善,关心下属的个人需求,从而减轻了环境压力,缓和了下属的紧张心理,激发了下属的信心和勇气,提高了下属完成任务的期望值,起到了激励作用。最终达到的领导效果是既提高领导率领下属完成工作任务的绩效,又提高了下属对领导的满意度。可是支持型领导在工作相对轻松、舒适等环境中对下属没有积极帮助。因为这时领导的过多的嘘寒问暖反而让人感到虚伪、絮叨、婆婆妈妈,降低领导威信。

(3)参与型领导的效果。参与型领导在任务高度复杂的环境下对下属有积极帮助。因为这种领导可以与下属共同协商完成任务的办法,充分考虑下属的建议,从而使下属产生信任感、责任感、参与意识、主动意识,提高了下属成就一番事业的期望值,起到了激励作用。可是参与型领导在任务比较简单、明确的环境下不仅对下属没有积极帮助,反而让人感到领导优柔寡断,没有主见,把简单问题复杂化,结果自然是工作绩效和对领导的满意度都不高。

(4)成就导向型领导的效果。成就导向型领导对自信、能力强、有很强成就意识的下属而言是一种受欢迎的领导类型。因为这种领导希望并创造条件使下属能不断挑战自我、实现超越。但如果下属缺乏自信,依赖性较强,缺乏成功的能力和经验,那么这种领导对下属而言可能就是一场噩梦。

途径—目标理论的领导类型和权变因素很多,依次排列组合,我们还可以推断出更多关于领导效果的假设,在此不一一赘述。

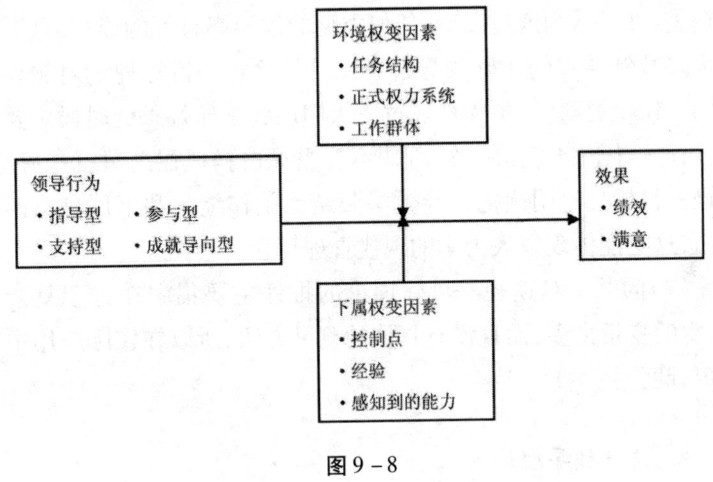

图9-8

背景链接　　豪斯和途径—目标理论

豪斯,底特律大学理学学士、工商管理硕士,俄亥俄州立大学哲学博士,先后执教于美国的纽约市立大学、密歇根大学、俄亥俄州立大学,最后落脚于加拿大的多伦多大学。他曾出任麦肯锡管理学研究基金会的执行理事,还兼任美国管理科学院研究员和美国心理学会特别会员,是《管理科学院评论》、《加拿大行为科学》、《组织行为学教学杂志》等刊物的编委。豪斯在企业管理和学术研究刊物上发表过数十篇论文,出版了五部著作。1971 年他在《行政科学季刊》上发表了《有关领导效率的目标—途径理论》,1974 年他与人合作发表了《关于领导方式的目标—途径理论》,这两篇文章提出了途径—目标理论,在管理学界产生了很大影响。1976 年他与人合作出版了《管理过程及组织行为》一书,被许多院校采用作为教科书。

4. 对途径—目标理论的评价

(1)进步。与菲德勒模型相比较,途径—目标理论首先是更加灵活,也更加符合实际。它不再认为领导风格是人的心理特征,终生不变,而是把领导风格看做是管理方法与模式,可以根据情境进行调整,并且认为通过权变,任何类型的领导都有可能成功,这更接近大多数领导者的实际领导过程。另外途径—目标理论对领导效果的认识也更科学、更人性。过去人们谈到领导效果的时候主要是看该种领导下的工作绩效,所谓不管黑猫白猫抓住老鼠就是好猫,途径—目标理论明确把领导效果归结为工作绩效和下属满意两个方面,这更能体现以人为本的现代管理理念。

(2)问题。对途径—目标理论的批评主要集中在过于复杂上面,它的变量太多,而且没有具体的测量方法,所以在实际应用中有一定难度。

四、情境领导理论

1. 四种领导行为类型

情境领导理论,也称领导生命周期理论,1969 年由赫塞(P. Hersey 1919—)、布兰查德(K. Blanchard 1939—)等创立,并在后来不断得到补充发展,是在全球企业界得到广泛流传的一种领导权变理论。

这一理论继承领导行为四分图理论,根据领导者对工作任务和人际关系的不同重视程度,将领导者分为四种类型:

象限 S1 是指令型领导,即高任务—低关系的类型。领导者定义角色,命令下属干什么、怎么干、何时何地干,强调任务方面的指导性行为。

象限 S2 是说服型领导,即高任务—高关系的类型。领导者同时为下属提供任务方面的指导性行为与关系方面的支持性行为。

象限 S3 是参与型领导,即低任务—高关系的类型。领导者与下属共同决策,领导者的主要角色是为下属提供便利条件与沟通,强调关系方面的支持性行为。

象限 S4 是授权型领导,即低任务—低关系的类型。领导者仅提供极少的指导行为与支持行为。

2. 下属的四种成熟度

情境领导理论的权变因素主要是下属的成熟度。下属的成熟度主要体现在下属是否愿意完成工作任务和是否有能力完成工作任务两方面。根据这两方面的不同组合,可以将下属的成熟度分为四个阶段:

R1 是下属成熟度最低的阶段,既无能力完成工作任务,也不愿意完成工作任务。

R2 是下属是成熟度偏低的阶段,虽无能力完成工作任务,但是愿意完成工作任务。

R3 是下属成熟度偏高的阶段,虽有能力完成工作任务,但却不愿意完成工作任务。

R4 是下属成熟度最高的阶段,既有能力完成工作任务,也愿意完成工作任务。

3. 匹配与领导行为曲线

情境领导理论认为,领导者究竟采取什么类型的领导风格,应考虑与下属的成熟度相匹配,随着下属成熟度的提高,不断做出相应的调整。

如果下属是成熟度最低的的 R1 型,也就是下属既无能力完成工作任务,也不情愿完成工作任务,领导者就可以采取象限 S1 的领导模式,即对下属在工作上给予明确而具体的指导,而太多的温情脉脉是无济于事的。

如果下属是不太成熟的 R2 型,也就是虽无能力完成工作任务,但还愿意完成工作任务,领导者就可以采取象限 S2 的领导模式,即不仅要通过加强指导等高任务行为来弥补下属能力的不足,还要通过更多交流等高关系行为让下属在心理上体会到领导对他的意图

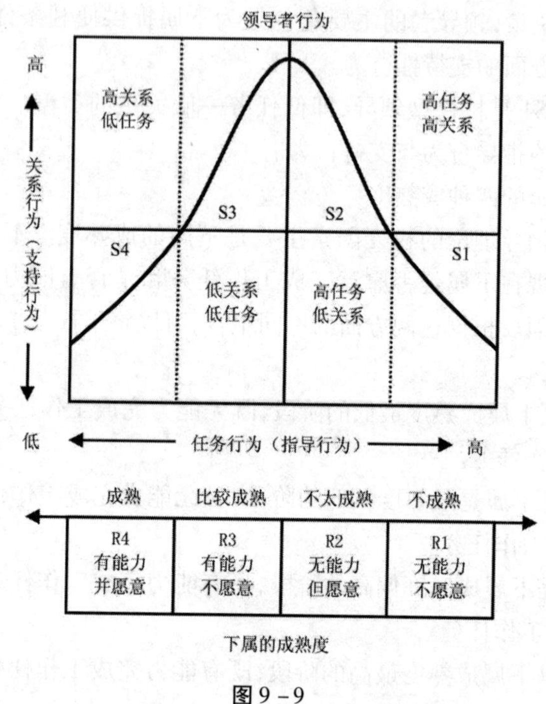

图 9 - 9

和要求。

如果下属是比较成熟的 R3 型,也就是虽有能力完成工作任务,但却不愿意完成工作任务,领导者就可以采取象限 S3 的领导模式,即多运用支持性、参与性等高关系行为,激励下属的积极性和主动性。

如果下属是成熟的 R4 型,也就是既有能力完成工作任务,也愿意完成工作任务,领导者就可以采取象限 S4 的领导模式,既可以减少关系行为,也可以减少任务行为。

背景链接　　　　赫塞、布兰查德与情境领导理论

保罗·赫塞博士,领导力理论大师、组织行为学专家、"情境领导"理论的创立者之一。1969 年出版《组织行为学》一书,书中阐述

的情境领导理论受到工商界、学术界的热烈关注，目前已被翻译成14种语言，出到第8版，全球总销量突破100万册。1975年创建美国领导力研究中心(CLS)并任主席。他热衷于通过演讲和培训来推广自己的理论，据说全世界已有125个国家的1000多万经理人接受过情境领导理论的培训并运用管理实践。

肯尼斯·布兰查德(Kenneth Blanchard，1939年—)博士，美国马萨诸塞州阿姆赫斯特大学的领导学和组织行为学教授。他是著名的商业领袖，管理大师，情景领导理论的创始人之一。作为一位成功的企业顾问，他曾荣获国际管理顾问麦克·菲利奖，他于1979年创立的肯·布兰查德公司(KEN BLANCHARD)，曾帮助国际上许多公司进入全球500强。作为一位著名的国际畅销书作家，他与斯宾赛·约翰逊合著的《一分钟经理人》曾高居《纽约时报》和《商业周刊》畅销书排行榜，被译为超过25种语言，在全世界销售了上百万册。

4. 对情境领导理论的评价

(1)进步。情境领导理论不是仅仅僵化地将领导者及其行为划分为若干类型，而是将领导者的行为与下属的成长都看做是一个有生命力的动态过程，称之为领导生命周期理论的确有一定道理。同时这也更符合人们的实际经验，所以这一理论成为最受广大实际管理者推崇的领导理论之一，并常常被用于管理干部培训计划。美洲银行(Bank American)、卡特彼勒公司(Carterpilar)、美孚石油公司(Mobil)、通用电器(IBM)、施乐公司(Xerox)及美国军队系统，都采用了这一理论。

(2)问题。情境领导理论的有效性受到理论研究者的质疑。他们中有的人认为只有部分研究成果能够支持这一理论，有的人则认为还没有证据支持这一理论。

第五节 领导与决策

决策及其类型

1. 决策

所谓决策就是在多种可能性中进行最优化选择，以决定努力使其中哪一种可能性成为现实。因此简单地说，决策就是选择，决策必须有选择。如果只有一种可能性或者根本没有可能性，我们就无可选择也不必选择，也就无所谓决策。

并不是只有领导者才进行决策，事实上任何个人都要进行决策。因为每个人的一生都会不断面临各种选择，早晨醒来是立即起床还是再躺一会儿？起床后是先洗漱还是先整理床铺？洗漱后是边看报纸边吃早餐还是边听广播边吃早餐？在这个意义上，人们常说人生就是选择，也可以说人生就是决策。并不是只有管理层才进行决策，事实上任何群体都要进行决策。因为一个群体总要有一个群体意志，那么以哪个人的意志或以哪些人的意志作为群体意志？在这个意义上，我们也可以说管理就是决策。但是，毕竟决策是领导行为最具有决定意义的内容和领导者最根本的职能，所以人们才会把组织的最高管理层称为"决策层"和"决策者"。所以我们这里讨论的主要是领导决策。

决策在组织生存与发展中具有决定性意义。中国有一则古老的寓言故事叫"田忌赛马"，说的是田忌在赛马中听从了孙膑的计策，用自己的头等马与对手的二等马比赛，用自己的二等马与对手的三等马比赛，用自己的三等马与对手的头等马比赛，结果以二胜一负的总成绩战胜了实力强于自己的对手。中国还有则古老的寓言故事叫"南辕北辙"，说的是一位驭手驾着马车声称要到南方的楚国去，可他实际上却在赶着车向北方跑。别人提醒他方向搞错了。

他却自恃有最能跑的骏马、足够的路费和高超的驾车技术而不肯纠正错误。在这两则故事中，其他条件都没有变化，仅仅是决策的关系就有了一成一毁两种结果。尤其耐人寻味的是，田忌赛马中，田忌的条件本来不如对手，可是由于决策正确竟然战胜了对手，而南辕北辙中，驭手的条件本来很优越，但因为决策错误，那些优越的条件反而使错误更加深重。中国古人用何等生动的方式说明了决策的重要意义啊！

决策是领导者最重要的职责之一。有研究表明，企业主要负责人直接用于决策的时间占其全部工作时间的26%以上，若再加上35%的信息处理时间，则直接和间接用于决策的时间占其全部工作时间的61%以上。还有研究表明，越是高级的领导者越是要通过决策环节来行使权力。

表9－3①

职级＼权力	影响力	自主权	最后选择
上层	67%	85%	80%
中层	51%	39%	40%
下层	21%	20%	41%

2. 决策的类型

根据不同的指标可以对决策进行不同的分类。

(1)战略决策与战术决策。关于整体发展、长远目标、未来方向等的重大决策可以称为战略决策。如一个人的人生道路、职业选择，一个企业的经营方向、发展战略，一个机关的工作作风、用人标准等等。关于特定阶段、局部问题、具体事件等当前的、具体的决策

① 参见吴谅谅、胡潇潇、涂成林：《现代管理心理学纲要》第424页，湖南人民出版社1987年，第1版。

可以称为战术决策。如一个人某次出行时交通工具的选择,一个企业对某种滞销商品的促销方式,一个机关的某次干部选拔等等。当然战略决策与战术决策的区分是相对的,比如销售方式对于一个企业而言,有时可能仅仅是关于某种商品促销方法的战术决策,有时则可能是关系企业经营方式定位的战略决策。同时,战略决策与战术决策也是不能截然分开的,比如某个学生选修某门课程的战术选择可能取决于对自己事业生涯和人生目标的战略决策等等。

(2)确定型决策、不确定型决策和风险决策。确定型决策是指备选方案的数量是确定的,方案的后果及其制约因素也是确定的,决策的过程就是在若干方案及其后果间进行比较、权衡并最后决定弃取。如一项工程有 A、B 两个施工方案,若按 A 方案可以保证质量优良率≥95%,得到因工程优质的奖励,但会超过预定工期十天,并受到延误工期的处罚;若按 B 方案可以比预定工期提前五天,从而得到提前交工的奖励,但只能保证质量优良率≥85%,因而会受到工程质量低于合同标准的处罚。这就要求施工者综合考虑方方面面的因素进行决策。不确定型决策是指在不能充分把握影响决策后果的因素数量及其影响力,不能准确预测后果情况下的决策。如某企业在决定是否推出一种新产品时,可以测算市场需求以及在各种不同价格、产量情况下的效益等等。但却难以预测市场上什么时候会出现多少竞争对手和竞争产品,更难以预测会不会出现以及出现何种程度的信任危机、金融危机、突发事件、自然灾害等等。平常我们所说“谋事在人,成事在天”、“人算不如天算”讲的就是这种情况。不确定型决策虽然不能准确预测后果,但有时可以大致预测出某种后果出现的几率,则这种不确定型决策又称为风险决策。如我们去应聘时发现招聘单位只招三个人,应聘却有六个人,我们会知道只有 50% 的机会,这时决定是否应聘就是风险决策。平常我们所说做某事有“几分把握”、“几成胜算”,讲的就是这种情况。

(3)个人决策和群体决策。顾名思义,**决策主体是某个人即个人决策,也称独裁决策,决策主体是某个群体即群体决策,也称民主**

决策。例如,总经理独自决定解聘某个人属于个人决策,而董事会投票决定某项投资属于群体决策。我们下面主要讨论个人决策和群体决策的方法。

二、个人决策方法

个人决策就是个人独裁。但即使是个人决策也不能感情用事,也必须讲究科学的决策方法。我们这里介绍一下最优化决策模型。最优化决策模型一般应包括六个步骤:

1. 搞清决策的必要性

决策是对存在问题的一种认知和反应,是由于事件目前的状态与我们所期望的状态之间存在着差距,使我们不满,所以我们不得不改弦更张,考虑有没有更好的方案。要特别提醒大家注意的是,问题不仅仅是某种客观存在,更主要的是客观存在与主观愿望之间的、足以引起我们不满的差距。

例如,同是销售额下降2%,对于A公司来讲问题很严重,因为该公司一向业绩平稳或稳中有升;对于B公司来讲可能不是问题而是成绩,因为他们缩小销售额下降幅度的努力已经见效;对于C公司来讲可能不仅不是问题而且大喜过望,因为他们本来只想让销售额下降幅度控制在4%左右。A公司有重新决策的必要性,因为现实与期望有差距,说明过去的决策有问题;B公司没有重新决策的必要性,因为现实与期望正相吻合,说明过去的决策是正确的;C公司也没有重新决策的必要性,因为现实与期望虽有差距,但却是人们愿意见到的正值,说明过去的决策不仅是正确的,而且是超出预期的。在这种情况下,A公司进行决策,可能更好,也可能更糟,而B公司和C公司进行决策就很可能是瞎折腾了。所以决策是否成功首先取决于我们对问题,也就是决策必要性的认识是否正确。

2. 确定决策的标准

一旦搞清楚确实有决策的必要了，也就是说必须进行选择了，那就要确定决策的标准，也就是确定决策是时都考虑哪些因素、根据什么指标来进行选择。

比如，如果我们是上面所说的 A 公司，必须采取措施扩大销售额，那么我们要考虑我们根据什么标准来确定必须采取这个措施而否定那个措施？于是我们就要逐一罗列出与扩大销售额有关的标准，如成本、利润、市场份额、企业声誉等等。

3. 对决策标准进行权重

所谓权重就是对决策标准的重要性进行评估和排序。

比如说我们是个新建企业，迅速扩张最重要，那么提高市场份额就特别重要，为此我们宁肯成本高一些；而我们如果是一个传统高档名牌的生产厂家，确保名牌形象就特别重要，那么我们就会将企业声誉放在首位。

权重的具体做法有两种：一种是简单排序法，即有几项标准，就将最高值定为几分，然后按重要性逐级递降得出每项标准的分数。比如我们共列出成本、利润、市场份额、企业声誉 4 项标准，而作为传统高档名牌的生产厂家，我们认为企业声誉最重要，就把企业声誉列为 4 分，如果利润次之，利润就是 3 分，成本再次之，成本就是 2 分，市场份额最后，市场份额就是 1 分。另一种是相对比重法，可以这样进行：在列出的所有标准中找出最重要一项确定为基准分数，其余标准则根据其相对于基准的比重，配比出不同的相对分数。如企业声誉的重要性列为 10 分，利润的重要性相当于企业声誉的 80% 则列为 8 分，成本的重要性相当于企业声誉的 70% 则列为 7 分，市场份额的重要性仅相当于企业声誉的 20% 则列为 2 分。这两种权重方法的区别我们可以从下面表格的对比中看出来。

表 9－4

标准	简单排序法	相对比重法
企业声誉	4	10
利润	3	8
成本	2	7
市场份额	1	2

4. 开发备选方案

这一步就是开发并排列出能够解决问题的所有可能方案。

如解决前述 A 公司销售额下降问题的方案有：a. 加强广告宣传；b. 大幅降价；c. 有奖销售等 3 个方案。

5. 评估备选方案

这一步就是根据第 2 步确定下来的标准和第 3 步确定下来的权重关系，对第 4 步提出的各备选方案进行冷静客观的评估。

比如，我们根据相对比重法对 a. 加强广告宣传的方案是这样进行评估的：加强广告宣传对提高企业声誉可以达到完全令人满意的效果，所以权重表中为 10 分，评估中为满分所以也是 10 分。加强广告宣传对增加利润和降低成本作用不大，因为宣传活动本身的成本很高，所以虽然权重表中这两项分别为 8 分和 7 分，但评估中仅得到约 1/4 左右的分数，各 2 分；至于提高市场份额，宣传肯定会起到不小作用，但不会有 b. 大幅降价和 c. 有奖销售那样的效果，因为毕竟准备购买高档名牌产品的人群不是低收入者，他们更关心品味和品质，不会对低价或小实惠感兴趣，这样在权重表中为 2 分的市场份额估计能得到一半分，即 1 分。将加强广告宣传方案的四项得分相加即为这一方案的总分。依此类推，我们可以将三种方案都进行评估打分。

表9－5

标准＼方案	相对比重法权重分数	a. 广告宣传	b. 大幅降价	c. 有奖销售
企业声誉	10	10	2	4
利润	8	2	4	4
成本	7	2	4	4
市场份额	2	1	2	2
总分	27	15	12	14

6. 选择最佳方案

最优化决策模型的最后步骤是选择，即从各种方案中选出综合得分最高的方案。

在我们上面的例子中 a. 加强广告宣传四项得分共 15 分，是三个方案中最高的，因而成为最佳方案。注意所谓“最佳方案”不是完美无缺的方案，也不一定是每一项都比其他方案高，而是综合考虑所有决策标准后具有整体比较优势的方案。如前述例子中，其实在四项标准中有三项得分都低于其他方案，但唯一高于其他方案的一项恰恰是权重中相对比重最高的一项，并且是得了满分。

在这里特别需要指出的是，最优化决策模型并不是万能的。因为要完成最优化决策还需要一系列假设作为前提：决策者是冷静而理性的，决策者有明确的目标，决策者掌握并深入了解所有的备选方案，决策者有准确而足够的信息和客观的态度以进行准确的权重和评估，决策者立场和态度稳定等等。如果上述任何一条不具备，决策都难以最优化。所以现实中的决策除最优化模型外，还有偏爱模型、满意模型、直觉模型等其他决策模型。

三、群体决策方法

群体决策也就是民主决策,是越来越成为主流的决策方式。

1. 群体决策的主要优点

(1)投入更完全的知识与更多的信息。每个人知识结构不同,信息来源不同,通过多个个体的综合,可以在决策中投入更多的知识和信息,从而减少个体决策中因知识结构不合理、信息掌握不充分而造成的偏颇。所谓"三个臭皮匠,合成一个诸葛亮"就是这个道理。

(2)增加观点的多样性。随着决策人数的增加,观点的多样性也在增加,异质性使不同观点、办法、方案间有了交锋、冲突的机会,从而可以克服各自立场、观点的片面性,甚至激发新的灵感。所谓"兼听则明,偏听则暗"就是这个道理。

(3)提高决策的可接受性。群体决策实际上是提高了将来要执行决策的人对决策过程的参与性。事实表明,由于参与了决策过程,掌握了更多决策信息,人们不仅自己更倾向于接受决策,还会鼓励别人接受决策。

(4)增加了决策的合法性。随着民主意识、参与意识的觉醒以及与此相应的法律法规、规章制度的建立健全,个人的独断专行会越来越失去其制度依据,从程序上被人们所拒绝和否定。

2. 群体决策的主要缺点

(1)速度慢。群体决策依赖于群体沟通,而沟通就需要时间,群体规模越大、沟通越充分,越能体现群体决策的优势,但也越能暴露出群体决策时间长、速度慢、效率低的缺点。

(2)从众压力。进行群体决策的本意在很大程度上是因为群体决策中能够有异质观点、不同方案间的冲突,但许多人为了避免孤立往往屈从于群体压力,表现出"随大流"、"随风倒"的从众行为。

(3)少数人控制。群体中往往会有一些地位特殊或爱出风头的人,来控制和影响群体决策的方向。特别是这个人如果偏偏是低水平或恶意操纵的人,那么情况就会很复杂或很糟糕。

(4)责任不清。群体决策中应当是群体成员对决策后果共同承担责任,但最后结果往往是决策正确时大家争抢功劳,决策失误时无人承担责任。另外群体决策因风险分担,往往会表现出更大的创造性和冒险性,所谓“天塌下来大家顶着”。

那么群体决策和个体决策究竟孰优孰劣呢?应该说各有利弊,谁也不是万能的,谁也不能完全取代谁。一般说,群体决策比个体决策更准确,较少大的和明显的错误;群体决策比个体决策更富于创造性;群体决策比个体决策可接受性更高;群体决策比个体决策速度更慢,效率更低;群体决策比个体决策更容易推诿扯皮。总之,究竟采取群体决策或个体决策并无一定之规,而要视情境而定。比如说,军队在战场上打仗,就必须多用个体决策而少用群体决策,才能适应瞬息万变的战场形势,而企业里关系所有人切身利益的重大改革,则应更多使用群体决策,以便尽可能全面地反映各方面的利益,并提高改革方案的可接受性,从而减少改革阻力。

3. 群体决策的方法

群体思维是指群体形成某种整体性、一致性的观点,而对少数人的、异端的、不受欢迎的观点不能客观对待。例如,我们经常会看到,开会讨论时,让大家畅所欲言,给大家发表意见的机会,但大家谁也不说真心话,都在那里随声附和,最后一致通过,可散会后私下议论时,你也不满意,我也不满意。这意味着,我们付出了群体决策的代价,如速度慢、成本高等等,但并没有得到群体决策的益处,如集中集体智慧、增加观点多样性、提高方案可接受性等等。

群体思维的原因很复杂,但从众肯定是最重要的原因。因此人们设计了脑力激荡法、名义群体法、德尔斐法、电子会议法等多种群体决策的方法,来抑制群体思维现象,以兴群体决策之利,除群体决策之弊。

(1)互动群体法。互动群体法即平常所说的面对面的群体讨论。这种方法的优点是简便,但最大的缺点是面对面的压力会导致从众,容易出现群体思维,使群体决策流于表面形式。

(2)脑力激荡法。脑力激荡法是通过限制评论和相互激发,来刺激创新灵感的群体讨论方法。具体做法是:第一阶段是提案阶段。所有参加讨论的人坐在一起,人数不宜过多,一般几个人至十几个人,首先由群体领导将要讨论的问题向大家交代清楚,然后在给定的时间内大家畅所欲言,自由联想,相互激发,想出尽可能多的解决方案。规则是:作为发言者,要充分活跃思维,没有任何顾忌,方案不必完善、不用论证;作为听众,无论别人的方案多么稀奇古怪,都不得进行评论;作为领导者,必须鼓励发言,禁止评论,并安排专门人员客观记录所有方案。第二阶段是评论阶段。提案阶段的发言完全结束后,开始对记录在案的所有方案进行分析、评论,并形成最终意见。脑力激荡法的关键,一是鼓励异端,二是延迟评论。这两点有效地排除了发言者的顾虑,再加上互相激发灵感,所以在创新思维上是非常有效的。据日本的一项调查,在特别重视创造力的364家日本公司中,脑力激荡法排在创新思维训练和寻求创意的方法中排在首位,有87.1%的公司经常运用这种方法来激发员工创造力。

背景链接　　　　　　脑力激荡与精神错乱

据说脑力激荡(Brainstorming)本来的涵义是指精神病人思维错乱的状态。1938年由美国的奥斯朋(Osborn)博士发明了一种在短时间内对解决某个问题提出大量创新构想的方法,并命名为脑力激荡法。大约是取精神病人发作时不顾及社会禁忌,无视他人存在,不在乎思维逻辑,随心所欲之意。脑力激荡法本来有个体和群体两种形式,但在决策中一般都是指群体形式。

(3)名义群体法。名义群体法是通过对群体成员的沟通进行一定限制来减少从众,收个人决策和群体决策之利,避个人决策和群体决策之弊的决策方法。具体做法是:第一步,准备讨论。群体成员坐在一起准备讨论,但在集体讨论前,要先独立地将自己的观点写下来。第二步,陈述观点。每个成员按顺序一个接一个地轮流说明自己的观点,但每一轮只说明一个观点,直到所有人讲完所有观点并统统记录下来。第三步,讨论观点。群体开始充分讨论每个的观点,允许别人评论,也容许本人解释。第四步,比较排序。每个群体成员独立对每个观点进行打分排序,优者在前,劣者在后。最终将每个人排序的结果汇总,排序最靠前、选择最集中的那个观点就是群体决策的结果。名义群体法的特点是将个人决策和群体决策结合起来,开头的提出观点和结尾的形成结论是独立思考的个人决策,避免了从众的影响,保证了观点的多样性,中间的讨论环节是集体讨论,发挥了集体智慧、相互激发、旁观者清等群体决策的优势。所以这个群体是个不完全的群体,故称“名义群体”。脑力激荡在创新上确有实效,但难于形成统一决策,而名义群体则不存在这个问题。

(4)德尔斐法。德尔斐法与名义群体法类似,但比名义群体法限制更严格,自始至终根本不让群体成员见面。具体做法是:第一步,制作问卷。先明确要解决的问题,把问题制作成要求群体成员通过独立填写个人看法来提出解决方案的问卷。第二步,首次填写问卷。发放问卷,群体成员匿名并独立完成问卷的填写。第三步,首次整理问卷。将回收的问卷进行首次整理,形成首轮结果。第四步,二次填写问卷。将首轮整理出的结果发给每位群体成员,群体成员看完整理结果后,第二次填写问卷。第五步,二次整理问卷。后面两步可重复进行,直到找出大家都满意的方案。德尔斐法在避免从众和群体思维方面比名义群体法更有效,而且可以不集中开会,更适用于地理位置分散的群体,但比名义群体法更复杂、更费时间。

(5)电子会议法。将名义群体法与电脑技术结合起来就成为电子会议法。具体做法是:在会议室中准备一个大屏幕,并为每个人准备一台电脑。会议组织者首先将问题投影在大屏幕上；然后群体成员将自己的观点和选择输入电脑，并匿名显示在大屏幕上；最后是讨论和表决环节。这样做的效果与名义群体法类似，但利用电子技术，解决了速度慢、效率低的问题。

表 9－6 比较了上述种群体决策方法的利弊，可供实际工作中在决定采用何种决策方法时参考。①

表 9－6

决策方法 效果标准	互动群体法	脑力激荡法	名义群体法	德尔斐法	电子会议法
企业声誉	10	10	2	4	
观点的数量	低	中等	高	高	高
观点的质量	低	中等	高	高	高
社会压力	高	低	中等	低	低
财务成本	低	低	低	低	高
决策速度	中等	中等	中等	低	高
任务导向	低	高	高	高	高
潜在的人际冲突	高	低	中等	低	低
成就感	从高到低	高	高	中等	高
对决策成果的承诺	高	不适用	中等	低	中等
群体凝聚力	高	高	中等	低	低

案例分析　　ET 公司的故事

1. 冬天来了

T 先生的最近的心情不太好，因为社会上、IT 界、网络上关于由他任董事长兼 CEO 的著名网络公司 ET 公司的各种谣言简直是满

① ［美］斯蒂芬·P. 罗宾斯：《组织行为学》第 255 页。

天飞。又是什么ET公司要裁员50%,又是什么ET公司高层内讧,又是什么ET公司的钱烧完了、快倒闭了等等,简直是一派胡言。幸亏ET公司引进的是国际风险投资,而且尚未上市,如果是国内投资,又是上市公司,那这些谣言非把公司整垮不可。没办法,逼得一向做事低调,不愿与媒体打交道的T先生也不得不又是开新闻发布会,又是发表公开谈话来辟谣。

谣言当然是胡说,可是说实话,ET公司最近日子也确实不好过。虽然ET公司在上海的总部依然是一幅繁忙的景象,但士气的低落却是难掩的事实,同许多网络企业一样,收缩的痛苦正在考验着ET的意志。虽然不是谣言所传的裁员50%,但近期确实是要裁员57人,占目前公司220名员工的26%。而在去年12月份的另一次裁员中,一次就裁减了126名员工,占到了当时公司员工总数的20%。那些零星裁员还不在其中。虽然不是谣言所传的公司高层内讧,自己也还是CEO,但最初与自己一起回国创业的七位公司高层中确实已走了五人。虽然不是谣言所传的钱已经烧完,但确实是出多进少,预计的盈利项目至今一个也不见回报。虽然不是谣言所传的公司濒临倒闭,但公司确实是在大幅"缩水",去年已经关闭了深圳办事处,今年又在收缩广州分公司。

2. 曾经的春天

"创业的激情很让人怀念",无论已经离开还是继续坚守的ET创业者都这样说。回想起一年来,ET公司从风光无限到挫折重重的大起大落,T先生真是感慨万端。

T先生本人是位有着诱人光环的"海龟派"。他出身于江苏农村的一个农民家庭,靠着自己的勤奋和聪明,先是考入复旦大学的激光物理系,后又留学美国,拿到了哈佛商学院的MBA,曾受聘于世界一流的"企业诊所"麦肯锡投资咨询公司,做过国际顶级时装公司Zegna公司的总裁助理。1999年在全球兴起的互联网热潮中,T先生辞了职,凭借自己的商业智慧,加上对国外资本市场的熟悉,归国创业,成了所谓"海龟派"的典型代表。

T 先生为 ET 公司搭建了一个超一流的高层班子。参与创业的 7 位公司高层全部是来自美国的 MBA,其中五人毕业于哈佛大学商学院,2 人毕业于芝加哥大学商学院。哈佛五人中还有两位是美国人。如此阵容,令人咋舌,曾被称为“梦幻团队”而名噪一时。

T 先生为 ET 公司聚拢了一个堪称豪华的高级人才群。员工中有一半来自清华、北大、复旦、交大、科大等国内名校,不少人毕业于哈佛、芝加哥、麻省理工、普林斯顿等世界名校,还有许多人在进入 ET 公司前有过麦肯锡、普华永道、博雅、安利、雅芳等著名跨国公司的工作经历。

T 先生为 ET 公司打造了一个庞大而诱人的商业计划。早在国内的许多网络商还热衷于提供接入服务(ISP)时,ET 公司就认为,仅仅是做一个网上城市指南是没有前途的,必须将网上与网下结合起来,做网络内容提供商(ICP)。为此,他们决心打造 ET 自己的品牌。这个品牌可以提供极广泛的服务:ET 的时装、ET 的酒吧、ET 的媒体、ET 的自行车、ET 的牛奶等等,几乎是包罗万象,一网打尽。ET 的目标是要为一个特定的群体——中产阶级,即受过良好的教育,有较高的收入,同时又是追求高尚生活情趣的一群,创造一种所谓“明黄一族”的优雅的生活方式,让他们的志趣、生活方式、消费取向等等,都可以在 ET 的平台上得到满足。T 先生将明黄色定为这个商业梦想的标志色:“看到红色,人们会想到可口可乐;看到山德士上校,人们会想起肯德基。我希望几年之后,只要看到明黄色,大家就会想起我们——ET。”有一篇文章曾这样形容:当 ET 足球队的球迷们从睡梦中醒来,挤出 ET 牌的牙膏,用 ET 牌的牙刷刷完牙,倒上一杯 ET 牌的牛奶,走上 ET 网站,先看今天的 ET 新闻,再到 ET 本地指南中为晚上的聚会订好 ET 晚餐,然后穿上 ET 牌的牛仔服,蹬上 ET 牌的旅游鞋,骑着 ET 牌的自行车匆匆上路,那是怎样一幅让人心动的图画! T 先生坦言:“我们想通过互联网,创建 21 世纪最大的生活品牌,是 Internet 给予了 ET 机会。”

T 先生为 ET 公司争取到了天文数字的风险投资。T 先生的

“梦幻团队”和同样富于梦幻色彩的商业计划得到海外风险投资者的高度认可,仅仅是做出了投资计划,一期资金 400 万美元就很快到位,网站刚刚建立起来,二期资金 4300 万美元就接踵而至。投资商的背景也让人极为羡慕,一个是曾经成功投资美国 Hotmail 的 Draper Fisher Jurvetson 基金,另外一个更是在资本市场上因投资 Ciena 而创造惊人神话的 Sevin Rosen。如此雄厚的资金使得国内众多为钱发愁的网络公司望洋兴叹。

3. 自我反思

无与伦比的团队,诱人的商业计划,雄厚的资金,没有理由不使 ET 人乃至整个 IT 界深信 ET 公司成功的可能。但可能毕竟不是现实,当梦中的激情被现实的困境所取代时,ET 公司以及整个 IT 界都在反思,问题究竟出在什么地方?

ET 人自己的反思主要集中在两点:一是市场,二是环境。

关于市场。曾是 ET 公司 COO 的 C 先生认为市场变化实在是太快了,“当融到第一笔资金的时候,我们做了一些网下业务的尝试,准备使企业顺利向网上网下业务结合的商业模式过渡。我们认为这些钱够用好长一段时间,起码能够用到下一个发展阶段了。但世事变化之快,出人意料。”T 先生也说:“当时没有想到,事态和市场的发展来得更快!一方面是整个互联网的急剧发烧,根据我们当时的估计,到 2001 年中国能够有 1000 万的网民就算不错的了,结果却是井喷,网民数量和网络企业数量都呈爆炸式增长,市场竞争的激烈让我们已经有些措手不及,后来又加上 Nasdaq 的风云突变”。的确,从 1999 年 11 月公司成立到 2000 年 4 月 Nasdaq 寒流掠过,ET 只有几个月的发展时间,它不可能在这么短的时间内来实现自己原本需要更长一些时间来完成的愿望。

关于环境。T 先生起初认为,最大的障碍是来自僵化的官僚阶层的承认和审批,是他们耽搁了宝贵的时间。但当 ET 公司开始运作的时候,T 先生发现好的管理者比有效率的官僚更加缺乏。现在面对“只会作秀,不会经商”、“只会烧钱,不会挣钱”的一片指责之声,T先生显得无可奈何,“在美国只要你自己能够把事情做好,就可以不在乎别人说什么。但在中国,事情就没那么简单。并且,在美国社会中,对于创业者总是充满了支持和宽容,对于失败者也会充满崇敬之情。但国内则截然相反”。说到这里T先生有点自嘲地笑笑说:“这也是哈佛学不到的。”

4. 外界分析

一位哈佛教授认为ET是中国发展最快同时也是问题最多的一个互联网企业。他对T先生说:“在中国做企业最大的一些困难,一年中都让你们遇到了。具体来讲,一是融资问题;二是Nasdaq起落的影响;三是社会上对海外归来人员创业的看法;四是和传媒关系的微妙处理,中国的PR处理和美国的PR处理完全不同;五是人事方面,中国的互联网商业环境中,人员普遍太年轻化、缺乏专业精神;六在于市场推广;第七是发展太快”。

国内IT界人士的分析,除了关于品牌宣传、资金运用、业态定位、发展速度等方面的问题外,主要集中人的问题上。

关于T先生本人。大家认为,首先是T先生的知识结构与经验有问题。虽然T先生身上有不少炫目的光环,但对于ET公司这样企图包罗万象的企业,显然他的知识结构与经验还明显的不足。其次是T先生与社会的关系有问题。在业界,ET公司是一个很“另类”的网络企业。比如,ET很少参加热闹的互联网企业大会之类的活动。因为,他们认为自己不是一般的互联网企业。T先生也很少像别的IT企业CEO那样频频曝光于媒体,热心于公益事业,融入中国社会。这些都使外界对“海龟派”高傲自大的嘲讽不绝于耳,对于ET风波的揣测也就五花八门。再次是T先生的统帅能力有问题。从ET运作过程来看,ET始终无法形成一个集权中心。七位美国名校的MBA以及众多的名校高才生,无疑是一笔宝贵的人力资源。但要使这些人力资源发挥其应有的效益就必须形成合力,而要形成合力又有赖于管理层目标的一致和能力结构、性格特征、行为方式等方面的一致或有益互补才行,同时也更离不开一位有强大人格魅力的掌舵人。显然T先生与另外几位有着相似经历和经验的人之间无法形成这种关系。他们之间太相似了,没有差异,没有互补,没有层次,没有核心,只有均质化、同质化的朋友和同学。这在企业高速发展时期一般没有问题,但在企业进入低速发展或遇到困境时,矛盾必然彰显并激化,从而导致领导层内部决策冲突或决策无法贯彻。ET"梦幻团队"的解体,不能不说与T先生本人有直接关系。

关于公司的高层。大家认为,从管理层来看,5位哈佛大学毕业生和2位芝加哥大学的MBA的确是高层次的管理人才组合,理论上应该可以将ET管理好。但一方面,互联网是新生事物,互联网企业的运作规律并没有真切地展示出来,对此的认识需要一个过程。这在一定程度上抵消了MBA们的价值;另一方面,MBA教育重实际轻理论的教学模式本身就使得这种教育所提供的知识失去了一定的普适性,而且教学案例更多是发达国家的案例,从这些案例中抽象出的观点、形成的感悟,更不具有普适性。当然,如果自觉把这种外国教育提供的新的思维方式、新的认识角度,同中国的具体实际结合起来,还是很有可能成功的。但事实是,从国内前一阵对"海龟"与"土鳖"的争论上可以看出,这种结合是不成功的,试图在这方面作出努力的海归人士也如凤毛麟角。他们往往习惯于以美国经验来认识中国问题,以硅谷模式来克隆出中国的互联网企业,他们相信投进去的钱会像在美国那样甚至比在美国更容易成功。

关于公司的员工。大家认为,首先,ET创造"明黄一族"生活方式计划的前提是,ET必须有自己的品牌,而在培养或导入与ET相符的品牌时,ET遇到了采购、生产、运输,仓储等等很具体的传统商业资源和经验问题,而这却是ET公司那些刚刚走出校门的高材生们所缺乏和不擅长的。从ET后来开始从安利、雅芳这样的传统企业中引进传统营销人才来看,ET自己也认识到了这点。但由于人才的问题,ET的许多计划已被长期搁置,错失了许多良机,从而使这个理想主义企业的理想遭遇了挫折。其次,由于ET的战线拉得很长，想做的事情也很多，人员短期之内急剧膨胀，从最初包括 T 先生在内的两个人（而且其中一人当时还主要在美国处理技术问题），半年多的时间就剧增到 240 多人。在“进人关”上没有很好把握，价值观也难以在短期内整合，再加上业务长期停滞、经营不见起色必然导致士气低迷、内部分化。在需要激情的互联网年代，这些显得尤为致命。

5. 怎样过冬

网络经济当然不会就此收场，ET 公司也正等待时机，蓄势待发。在新一轮的发展中，T 先生和他的 ET 公司应该注意什么呢？

问题：

1. 为什么条件如此优越的 ET 领导层在创造成功模式、抵御危机、挽救颓势上几乎没有发挥什么特别的作用？从领导层来看，目前困境的症结究竟何在？

2. 此事对你有何启发？

本章小结及对管理者的意义

本章在介绍了有关领导与领导力的基础知识后，比较具体地介绍了领导特质理论、领导行为理论、领导权变理论等领导理论，并简要介绍了决策的一般常识与方法。

领导是管理最重要的职能之一，决策是领导最重要的内容之一。因此有关领导与决策的理论与方法是组织行为学中管理者最应该给予足够关注的领域之一。

本章主要概念

领导者　　领导行为　　领导力　　决策　　个人决策　　群体决策

本章复习题

1. 领导这一概念包括哪些含义？什么是领导者？领导者有什

么特点？什么是领导行为？领导行为有什么特点？

2. 什么是领导力？领导力是由哪些方面构成的？领导权力与领导威信的关系是怎样的？

3. 你认为领导者应该具备哪些素质？为什么？

4. 你怎样看待领导者的能力结构？领导班子的能力结构？

5. 简要说明领导作风理论的内容。

6. 简要说明领导四分图理论的内容。

7. 简要说明管理方格论的内容。

8. 简要说明领导行为连续带理论的内容。

9. 简要说明菲德勒模型的内容。

10. 简要说明途径—目标理论的内容。

11. 简要说明情境领导理论的内容。

12. 什么是决策？决策有哪些类型？

13. 什么是个人决策？个人决策有哪些步骤？

14. 什么是群体决策？群体决策有哪些方法？

本章思考题

1. 为什么没有常胜将军？

2. 你能用身边的实例来说明个人决策与群体决策的利弊吗？

本章阅读书目

1. [美]斯蒂芬·P. 罗宾斯:《组织行为学》,第4、8、11章,中国人民大学出版社,1997年第1版。

2. 邹宜民:《组织行为学》,第12章,南京大学出版社,2004年第1版。

3. 张德:《组织行为学》,第5章,清华大学出版社,2000年第1版。

第十章　组织结构设计与工作设计

本章要点

- 组织结构设计
- 组织工作设计

引　子

某市电子显示设备厂是一家生产显示器的专业厂家。虽然是个只有几百人的小厂,但由于产品质量不错,在国内市场上还小有名气。一家日本公司看中了该厂的条件,有意与该厂合资,于是邀请该厂厂长到日本考察。虽然最后合资没有谈成,但厂长却从日本取来了办企业的"真经"。他发现日本的公司里各车间、科室等都称"部"、"中心",车间、科室的负责人都称"部长"、"总监",即使普通的科员也都有"经理"、"助理"的头衔。相比之下,自己的企业真是太"老土"了。于是他将车间改称"制造部",车间主任改称"制造部长",销售科改称"市场部",科员改称"市场部经理"等等。据说他还想将厂子改称"株式会社",但最后没有改成。有人说是工商局不批,因为没有这种企业类别,也有人说是没来得及,因为厂子已经……

厂长出于学习国外先进管理的动机,引进了在国外管理实践中被证明有效的组织结构,为什么没有成功?企业的组织结构对组织的生存与发展意味着什么?

第一节　组织结构设计

一、组织结构及其要素

组织结构指组织中相对稳定和规范的工作关系模式。通俗地说，组织结构解决的是工作中“人与人的关系”问题。我们常常会听到某某处从某某局里面剥离出去并组建为某某公司，或某某厂改制为某某企业集团之类的消息。这其中当然有隶属关系、名称、职能等等的改变，但更为实质的是组织结构的改变。组织结构对于组织而言是至关重要的，它是组织中人际关系的依托、信息沟通的渠道、实现目标的基础。具体地说，**组织结构主要涉及工作职位专门化、工作职能部门化、管理层次、管理幅度、决策系统、指挥系统、规范化水平等七个方面**的问题：

1．工作职位专门化与工作职能部门化

(1)工作职位专门化。工作职位专门化也简称为工作专门化或专门化，是指组织中将一个完整而复杂的工作任务分解为若干简单的操作单元，每一单元由一个人独立完成。试想，一个人有能力独立造出一辆汽车吗？如果要让一个人掌握造出一辆汽车的全部技能，我们需要多长的时间来训练他呢？如果我们训练他掌握了制造汽车的全部技能，他又得需要多长时间才能造出一辆汽车呢？如果他这样造出了汽车还能有人买得起吗？如果没有人买得起，世界上还有汽车产业吗？20 世纪初，美国企业家亨利·福特(Henry Ford 1863—1947)是这样解决这个问题的：首先将复杂的汽车生产过程分解为一个个尽可能简单的动作单元，然后将这些动作单元分配给每一位员工，每一位员工只做一种简单而不断重复的工作，最后所有这些简单的工作前后衔接构成一条汽车生产的流水线，完成整部汽车的生产。

工作职位专门化的优点是:其一,降低了员工的培训成本。由于只需不断重复极简单的工作,所以不必付出很高的代价就可以很快训练出完全满足生产需要的熟练工人。其二,降低了产品中的人力成本。员工的工资与其掌握的技能是成正比的,专门化使工厂可以大量使用工资较低的熟练工人而不是工资较高的技术工人,从而拓展了人力资源供给,有效降低了技术工人短缺和高工资对企业发展的制约。其三,提高了工作效率。由于工人反复进行同一种工作,熟能生巧,可以在提高产品数量的同时提高产品质量,从而大幅度提高工作效率。福特在利用这种方法使汽车进入寻常百姓家的同时,自己也积累了巨额财富,成为富甲天下的汽车大王。福特的成功使工作职位专门化成为现代工业化大生产的标准模式,在大半个世纪里风行于工业化国家,甚至工业以外的各个领域,如医院、学校、军队等等,也普遍采用了工作职位专门化。

工作职位专门化的缺点主要是完全从工作需要出发,缺乏人性考虑。所谓物极必反,正当高层管理者将工作职位专门化等同于流水线,将流水线等同于现代化大生产,将工作职位专门化当成降低成本和提高效率的法宝的时候,来自基层的质疑与抵制也在增加。一线普通员工抱怨过分简单、重复的工作十分单调枯燥,很容易使人厌烦、疲劳。基层管理人员抱怨人们正在失去对工作本身的热爱,完全把工作当成挣钱的手段,并因此而导致士气低落,积极性下降,缺勤率及流动率上升。

有研究表明,工作职位专门化的程度与工作效率之间不是简单的正相关关系。事实是,适度的专门化可以明显提高工作效率,但过度的专门化反而会降低工作效率,也就是说,随着专门化的提高,工作效率的变化类似一条先升而后降的抛物线。

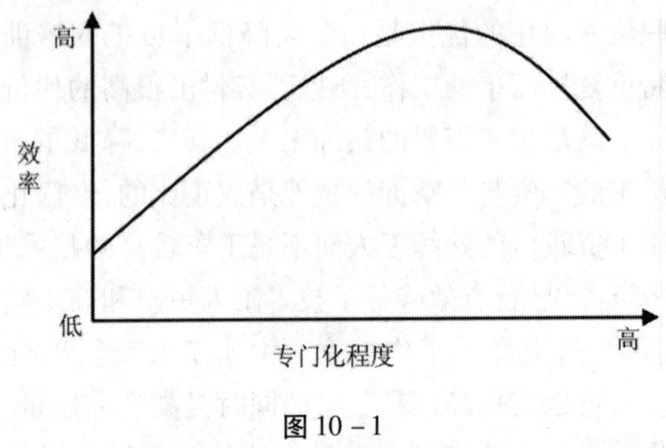

图 10－1

背景链接　　　　　福特、流水线与"T 型"车

亨利·福特(Henry Ford 1863—1947)是最早将细致的工作分工与零部件的互换性结合为汽车生产流水线,并从中获益的企业家。利用流水线,福特首先得到了高效率,他成功地使"T 型"车的年产量达到 125 万辆,最快时甚至曾做到平均每 10 秒钟就有一辆汽车开下流水线。利用流水线,福特还降低了成本,"T 型"车的售价从 1910 年的 950 美元降到 1924 年的 290 美元,15 年降价 70%。靠着高效率和低成本,福特创造了汽车产业。1914 年汽车业工人日工资平均 2.4 美元的时候,福特公司工人的最低日工资就已经达到 5 美元,就是说,福特公司的工人用两个月的工资就可以买一辆"T 型"车。最终,福特的流水线生产了 1500 万辆"T 型"车,创下单一车型产销量至今仍未打破的世界纪录。汽车从欧洲富人的奢侈品,经过流水线驶入了每一个美国家庭,美国从此被称为"汽车轮子上的国家",福特家族则成为了富甲天下的汽车大王,而福特本人则被称为"给世界装上汽车轮子的人"、"20 世纪最伟大的企业家"。

(2)工作职能部门化。实现了工作职位专门化后,还需要根据各工作职位的特点,如功能、产品、区域等,将员工进行组合,使若干职位集中为一个部门,以便对工作职位进行管理和工作职位之间相互协调与配合,这就是工作职能部门化或简称部门化。

部门的划分主要是根据工作职位的特点来进行的，当然也必须综合考虑组织本身的特点、工作任务的特点、人力资源的特点、环境的特点等等。在实践中，部门的划分主要有四种形式：

一是按岗位职能划分，如某网络公司将员工按工作岗位的职能分为研发部、人事部、财务部等部门。按职能划分部门的优点是部门内职责与技术特点一致，有利于培养专才，而且由于部门本身职权不完整，有利于实现高层的集中控制与管理，缺点是高层责任与负担沉重，员工技能与眼界狭窄，不利于从基层培养通才和高级管理人员，部门之间协调任务也比较繁重，不太灵活。

二是按产品服务划分，如某木材厂将工人按产品类型分为家具车间、地板车间、胶合板车间等部门。按产品划分部门的优点是各部门相对独立，灵活而应变能力强，部门间协调的负担比较轻，有利于从基层培养通才和高级管理人员，缺点是因部门权力过大且相对完整而容易导致失控，不利于资源共享，胜任部门管理的通才往往供应不足。

三是按市场区域划分，如某贸易公司将员工按业务地域分为华北分公司、华东分公司、华南分公司等部门，或某公关公司按公众特征分为政府关系部、企业关系部、媒体关系部等。按区域划分部门的优点是更贴近市场与客户的需要，有利于建立良好的市场关系与客户关系，有利于培养通才，比较灵活，缺点是容易对部门失控，不利于集中管理和资源共享。

四是混合划分，如某汽车公司管理层按职能分为财务部、人事部等，生产部门按产品分为轿车厂、卡车厂等，销售及售后服务部门按地域分为华北分公司、华南分公司等等。混合划分部门的优点是可以兼收专业化和灵活之利，更适合复杂管理和部门实际，缺点是部门之间的公平和协调比较困难，容易资源浪费。

(3)工作职位专门化与工作职能部门化的关系。工作职位专门化的特点是“分”，通过“分”来解决提高效率和降低成本的问题。工作职位专门化的特点是“合”，通过“合”来解决提高集中管理和相互配合的问题。二者之间是正相关的关系,一般来说,工作职位专门化程度越高即分工越细,则工作职能部门化程度也越高即部门越多,反之亦然。依靠工作职位专门化与工作职能部门化,组织在理论上可以完成任何复杂的管理和任何规模的管理。

2. 管理层次与管理幅度

(1)管理层次。管理层次指组织中从最高决策层到最低操作层之间等级的数量。道理上讲,管理层次可以是无限的,而且更多的管理层次可以帮助我们驾驭更大规模的组织,但管理层次过多也必然会带来一些指挥与沟通方面的官僚病,如管理成本增加、管理队伍庞大、信息失真、沟通困难、适应性与反应速度下降等等。

(2)管理幅度。管理幅度亦称控制跨度,指组织中每一个上级主管可以有效地直接管理和控制的下属的数量。管理幅度通常表现为一个工作群体的人数。从经验上来说,我们见到的工作群体,例如企业的一个组、机关的一个科、军队的一个班等等,绝大多数是几个人到十几个人不等。实际上远在没有管理科学的古代,罗马军团和秦朝军队最小的作战单位也是五至十人。从理论上来说,管理人员的时间与能力不可能是无限的,因此管理幅度也不可能过宽。古典管理理论的主要代表人物之一英国人厄威克曾提出过一个计算管理者需要协调下级关系数量的公式,根据这个公式我们发现,当管理幅度呈算术级增长时,管理者所需要协调的下级关系是呈几何级增长的。举例说,当管理幅度为二人时,需要协调的下级关系是六个,当管理幅度为十二人时,需要协调的下级关系是两万多个。我们姑且不论公式本身是否科学,但管理幅度不可能太大的道理还是可以理解的。

研究表明,管理幅度与管理者所处的层级有关。厄威克认为,高级管理人员所处理的关系比较复杂,理想的下级人数是 4 人,而最低层次的管理人员所处理的关系比较简单,可以管理 8 ~ 12 人。古典管理理论的另一个主要代表人物法国人法约尔也认为,最低层的工头可以管理 15 个工人,而以上各级均为 1∶4,最多不要超过

1:6。事实上也的确差不多,一个麦当劳的店长可以直接管理20～30人,但一个公司的总经理所直接领导的副总经理就很少超过十人了。

研究表明,管理幅度与组织规模的大小没有太直接的关系。美国管理协会做过一项调查,在100家大公司中,直接向总裁汇报工作的高级管理人员的人数是1～24人不等,平均为9人,而在41家小公司中,平均为8人。

背景链接　　　　　厄威克与组织管理八原则

林德尔·福恩斯·厄威克(Lyndall Fownes Urwick,1891—1983)英国著名管理学家,古典管理理论在欧洲的主要代表人物之一。早年在英国牛津大学接受教育。在两次世界大战期间都曾出色地在英国皇家军队中服役,并得到中校军衔。厄威克有丰富的管理经验,1920—1928年间是朗特里公司的组织甘特图表的秘书,1928—1933年间担任设在日内瓦的国际管理协会的首任会长,并且是伦敦的厄威克和奥尔管理咨询合伙有限公司的董事长,直到退休。厄威克一生中的著述颇多,有《管理的要素》、《明日的管理》、《组织的科学原则》、《组织中的委员会》、《管理备要》等。其中使他在管理学史上获得世界声誉的是他与古利克合编的《管理科学论文集》。该书系统地整理了以泰罗、法约尔和韦伯等人为代表的古典管理理论,在管理文献中竖立起一个十分重要的里程碑。

1933年,厄威克发表了《明日的管理》一书,其中首次提出了所谓"组织的纯理论"这一概念。在1938年发表的《组织的科学原则》一书中,厄威克又将这一概念概括为可以应用于所有组织的八条原则:(1)目标原则,即所有的组织都应确定出一个明确的目标;(2)相符原则,即有权必须有责,权责必须相符;(3)职责原则,即上级对所属下级的工作的职责是绝对的;(4)等级系列原则;(5)控制幅度原则,他认为,任何一个经理人员,其直接下属不应超过6人,这是因为他所必须监督的不只是每一个直接的下属人员,而且还包括各下属之间关系的协调;(6)专业化原则,即要求组织中每一个人均应尽可能地行使单一的职能;(7)协调原则,即在工作中使下属人员发生横向联系,在一个共同首长的名义下行事;(8)明确性原则,即使各种职责都有明确的界限,每一职位的职、权、责,以及与别的职位的相互关系,均应以书面的形式确定下来,并传达给所有的成员。

背景链接　　法约尔与组织管理十四原则

亨利·法约尔(Henri Fayol 1841—1925),法国著名管理学家,古典管理理论在欧洲的主要代表人物之一。1841 出生于一个法国资产阶级家庭。1860 年毕业于圣艾蒂安国立矿业学校,进入科芒特里—富香博公司。1860 年—1886 年在这家采煤和铸铁联营公司任采矿工程师。由于其管理才能得到了人们的承认,25 岁时就被任命为科芒特里煤矿的管理人员,31 岁时被提升为一组煤矿的管理者。1888 年,该公司由于煤矿资源枯竭,财政状况极为困难,法约尔临危授命,成为公司总经理。1918 年,当 77 岁的法约尔从工作了一生的公司退休时,这个一度濒临破产的企业,财政状况已极为稳定。今天,这家公司仍然是法国最大的采矿与冶金联合公司克勒佐瓦公司的一部分。

除冶金和地质技术方面外,法约尔最重大贡献是在管理理论方面。早在 1900 年,法约尔就在国际采矿与冶金大会上宣读了关于管理方面的论文,系统地提出了自己"行政管理理论"。1908 年,他在为矿业协会成立 25 周年而撰写的论文中,提出了著名的行政管理理论的十四项原则:1. 分工;2. 权力;3. 纪律;4. 统一指挥;5. 统一指导;6. 个人利益服从整体利益;7. 报酬;8. 集权;9. 等级链;10. 秩序;11. 平等;12. 人员保持稳定;13. 主动性;14. 团结精神。法约尔提出的职能和等级系列的关系是以最基层的一个工头管理十五名工人和以上各级管理人员均为四比一的比例为基础的。他主张在整个组织中保持比较小的管理幅度,一名管理人员,除最基层的工头外,不管其权力大小,所管理的下属都不应该超过六人。

(3)管理幅度与管理层次的关系。管理幅度是组织内的横向关系,管理层次是组织内的纵向关系,二者是密切相关的。对于同一个组织而言,如果组织规模是一定的,管理幅度与管理层次是密切相关的反比关系,即管理幅度越宽则管理层次越少,组织结构趋于扁平,反之管理幅度越窄则管理层次越多,组织结构趋于高耸。如图 10－2 所示,若一个组织管理幅度为 8,则需要 5 个管理层次,共 585 名管理人员(1～4 层),实现对 4096 名基层操作人员的管理;若这个组织管理幅度缩小 1 倍为 4,则需要 7 个管理层次,1365 名管理人员(1～6 层)才能实现对 4096 名基层操作人员的管理;若这个组织管理幅度扩大 1 倍为 16,则只需要 4 个管理层次,仅 273 名管理人员(1～3 层)便能实现对 4096 名基层操作人员的管理。假设该组织管理人员的平均年薪为 4 万元,则三种管理幅度的工薪成本分别为,管理幅度 4 人为 5460 万元、管理幅度 8 人为 2340 万元、管理幅度 16 人为 1092 万元。人员数量、工薪成本的差距可达五倍,其他如沟通成本、协调关系成本等还未计入。

管理幅度与管理层次的关系不仅是物质层面的关系,还与组织的管理哲学有关。因为管理幅度宽的扁平结构更倾向于分权管理,管理幅度窄的高耸结构更倾向于集权管理。虽然宽管理幅度的扁平式组织结构有可能减弱管理者对下属的控制与指导,但与窄管理幅度的高耸式组织结构相比确有很多优点。主要是:降低了管理人员在组织中的比重,从而降低了管理成本;减少了管理层次,从而提高垂直沟通的效率;减少了管理人员对下属的约束,从而有利于发挥下属的积极性和创造性等等。由于上述优点,宽管理幅度的扁平式组织结构从 20 世纪 60 年代以来已成为组织结构改革方面的一种普遍趋势。如美国的通用电气公司目前管理幅度已达 10～12 人,是该公司 20 世纪 80 年代初期的 2 倍。在其他一些大公司中,20 人甚至 30 人的管理幅度也并不鲜见。

管理幅度与管理层次不仅取决于管理者的意愿,还与任务的特点、员工及管理人员的素质、社会文化及管理技术等有直接相关。

例如，由于任务明确而稳定，管理天主教会这样一个庞大的组织，两千年来一直只有教皇、主教、神父、教徒四个层次，可以说是高度扁平化的。又如，依靠计算机及网络技术，加拿大银行可以同时直接管理分布于全国的几百个分行。

管理层次 \ 管理幅度	4	8	16
1	1	1	1
2	4	8	16
3	16	64	256
4	64	512	4096
5	256	4096	
6	1024		
7	4096		
管理层人数	1365	585	273
总人数	5461	4681	4369

图 10－2

3. 决策系统与指挥系统

(1)决策系统。任何组织都要进行决策，因而都要有决策系统，类似人的大脑。决策系统的核心就是集权与分权的关系。有的组织中，决策系统重心较高，高层管理者制定所有的决策，低层管理者以及基层组织成员只是执行高层管理者的指示，称为集权式管理。也有的组织中，决策系统重心较低，低层管理者甚至基层组织成员都可以参与决策或自主决策，高层管理者采取比较放任的态度，称为分权式管理。

集权管理的优点是反应快、效率高，缺点一是对高级管理者过于依赖，不利于发挥集体智慧的优势，不利于下属的成长，二是不利于发挥下属的积极性和主动性。分权管理的优点是低层管理者以及基层组织成员由于有了更多的参与机会而焕发出更多的积极性和主动性，能集中更多组织成员的智慧与经验，缺点是容易失控，内部协调的负担比较重。

集权的特点是“一”，利用集中权力来提高效率，分权的特点是“多”，利用分散权力来调动下属参与。集权与分权是一对永远不可能完全解决的矛盾，封建社会几千年来的各种政治、经济、社会改革，从管理模式上来看，其实都是在集权与分权之间摇来摆去找平衡。集权多一点的时候，成功了，大家就赞“千古一帝”；失败了，大家就贬“独夫民贼”。分权多一点的时候，成功了，大家就赞“开明君主”；失败了，大家就贬“懦弱无能”。但总的来说，现代社会是越来越倾向于分权管理的。在具体的管理实践中，西方常常用临时性、可收回的授权来解决集权与分权的矛盾，而在我国则大多采取基层民主、高层集中，前期民主、后期集中的民主集中制的形式来解决集权与分权的矛盾。

(2)指挥系统。无论集权式组织结构，还是分权式组织结构，都必须有一条自上而下贯通的、畅通高效的命令链，即指挥系统。类似人的神经系统，指挥系统的作用是，对上保证每一个上级都政令畅通，直达组织的每一个成员，对下保证每一个下属都有一个唯一的上级，避免政出多门、一仆二主。

指挥系统的特点是“通”，所谓政通人和。指挥系统不能有梗塞、盲点、交叉重叠，否则就会像人发生神经错乱一样，组织也会发生瘫痪、混乱、内耗，一切无从谈起。

(3)决策系统与指挥系统的关系。决策系统与指挥系统的关系类似人的大脑与神经系统的关系，决策系统是神经中枢，直接决定着决策的水平，指挥系统是神经网络，支配行动器官，直接决定着决策的贯彻和实现。没有好的决策系统，组织就像一个弱智的巨人，指挥系统越强大就越具有破坏性。没有好的指挥系统，组织就像一个瘫痪的病人，再好的决策也不能有效贯彻，出现执行力方面的问题。

4. 规范化水平

规范化是指组织中工作的标准化、制度化、程序化程度。在规范化水平高的组织中，组织成员的工作内容、工作范围、工作的质量与数量标准、工作时间、工作方法与手段、工作关系等等都是明文规定的，成员没有，管理者也不希望成员有上述方面的自主权。管理者追求同样的成员以同样的方式进行工作并得到同样的工作结果。在这种组织中通常会有严谨而明确的工作责任制度，严格的督促、检查及奖惩制度，详尽的操作方法说明书等等。我们平常所说“管理比较严、比较细、比较规范”的组织，如麦当劳公司，就属于规范化程度高的组织。在麦当劳公司厚厚的员工手册约束下，每只汉堡包的重量、大小、发酵时间与烘烤时间、肉饼老嫩等等都有极其严格的规定，从而保证了在全世界成千上万的麦当劳店中我们吃到的都是质量、味道完全相同的汉堡包。与此相反，在规范化程度较低的组织中，一般制度比较粗放而灵活，成员自己相机处理问题的权限比较宽。我们平常所说“比较宽松、比较自由”的组织就属于规范化程度低的组织。如同样是餐饮业，在中国传统的饭店中，同样是红烧肉，不仅湖南厨师与山东厨师的烹调方法、味道不同，即便同是山东厨师，烹调方法、味道也不同，甚至同一位山东厨师这一次与那一次的烹调方法、味道也不会完全相同。

规范化可能是管理模式、管理风格、管理哲学的问题，例如你要是按照麦当劳的办法来管理中国的名厨肯定是不行的，但也可能是管理水平问题，例如快餐连锁经营不过是烤个面包、炸个薯条，但全世界真做得成功的不过就那么几家而已。懂得了规范化的含义后，我们就应该明白“一张组织结构图不等于一个公司”①的道理：挂在公司主页上的组织结构、压在办公室主任办公桌玻璃板下面的组织结构不一定是组织实际运行的现实的组织结构。要真正了解一个组织的结构，除了专门化、部门化、管理层次、管理幅度、决策系统、指挥系统等有形的硬件外，还必须了解规范化水平这个无形的因素，否则就真的成了纸上谈兵。

---

① 托马斯·彼得斯、小罗伯特·沃特曼：《寻求优势—美国最成功公司的经验》第6页，中国财政经济出版社1985年第1版。

二、组织结构的基本类型

比较常见的组织结构主要有以下几种类型:

1. 直线式结构

直线式结构亦称简单结构,是一种只有垂直的指挥系统,而决策完全由最高管理者独立承担的单线式结构,属于典型的集权式结构。

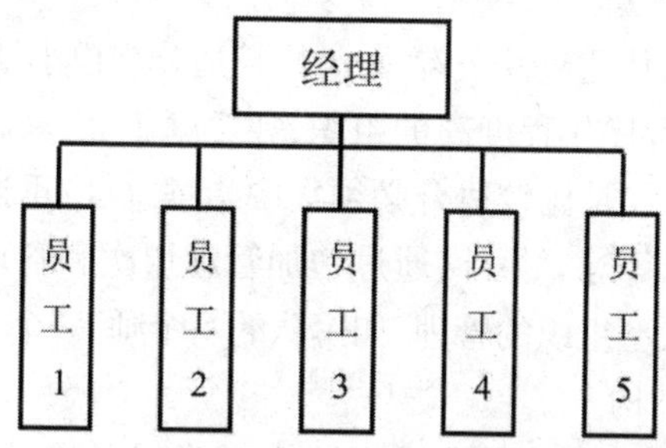

(A)小型组织的直线式结构

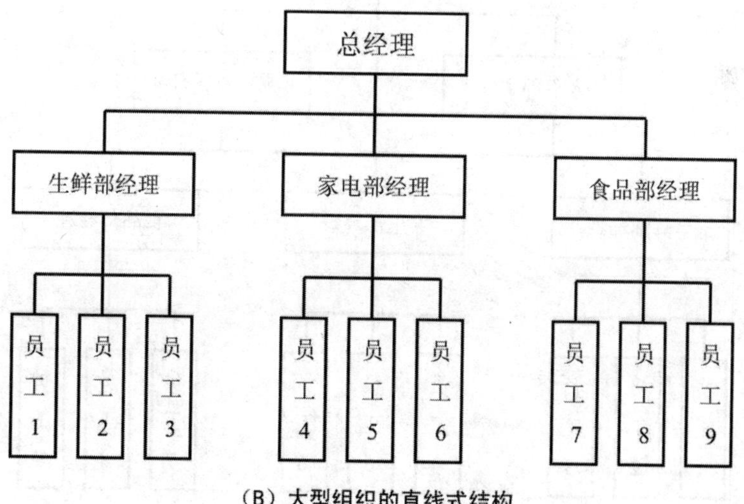

(B)大型组织的直线式结构

图10-3

直线式结构的优点是由于高度集权，所以组织结构简单、职责清楚、机动灵活、反应灵敏、效率高。

直线式结构的主要缺点，其一是由于高度集权，因而组织工作绩效对管理者个人的心理素质、能力、业务水平及精力、体力等的依赖性强，不利于发挥下属主动性和积极性，自主意识与创造意识比较差；其二是由于员工、部门只对上负责，相互之间缺乏横向沟通机制，合作意识比较差。

直线式结构从适应性上看，一是比较适合规模小、层次少、业务单一而稳定、工作程序化程度高的组织，如家庭企业、家族企业、小型商店、连锁店等等；二是比较适合必须集中指挥、反应迅速的组织，如军队、消防、足球队等等。另外，通过增加管理层次和管理幅度，直线式结构也可用于大型组织的管理，如军队的一个师、一个军等等。

2. 职能式结构

职能式结构是为克服直线式结构对管理者的过分依赖而设计

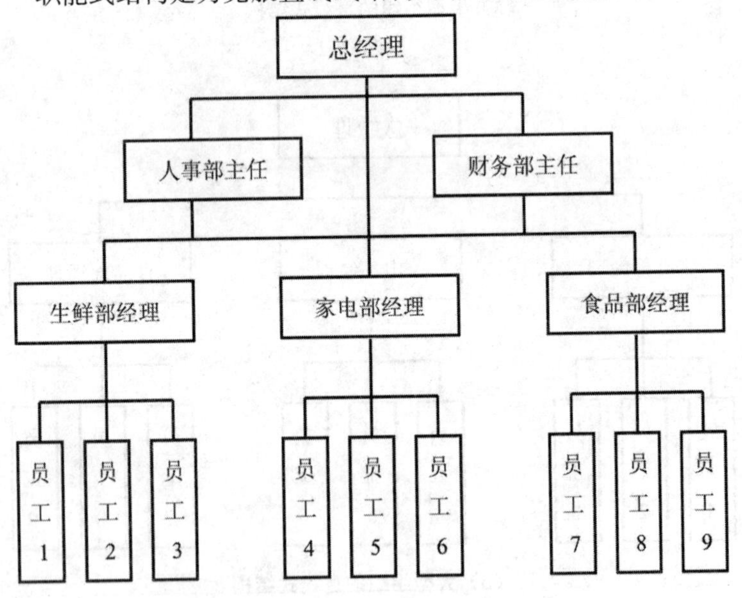

图 10-4 职能式结构

的。其特点是在直线式结构的纵向指挥系统之上增加一个横向的职能系统，分担最高管理者的部分管理职能，称为职能部门，形成一种既有垂直关系，又有水平关系，多重领导的复线式结构，属于典型的分权式结构。

职能式结构的优点是专业化水平高，职能部门既有职，又有权，利于发挥职能部门专家的工作积极性。

职能式结构的主要缺点一是多头管理，政出多门，由于“上面千条线，下面一根针”，常常令下属不知所从；二是职能部门由于权限交叉重叠，往往有利时争权夺利，有事时推诿扯皮。

职能式结构从适应性上看，比较适合业务复杂、管理负荷比较沉重的组织。这种结构在企业中不多见，但政府机构对社会及企业的管理体制与此相近。

3. 线职综合式结构

线职综合式结构是为了兴直线式结构与职能式结构之利，除直线式结构与职能式结构之弊，而将直线式结构与职能式结构综合起来形成的一种结构。从形式上看，线职综合式结构与职能式结构非

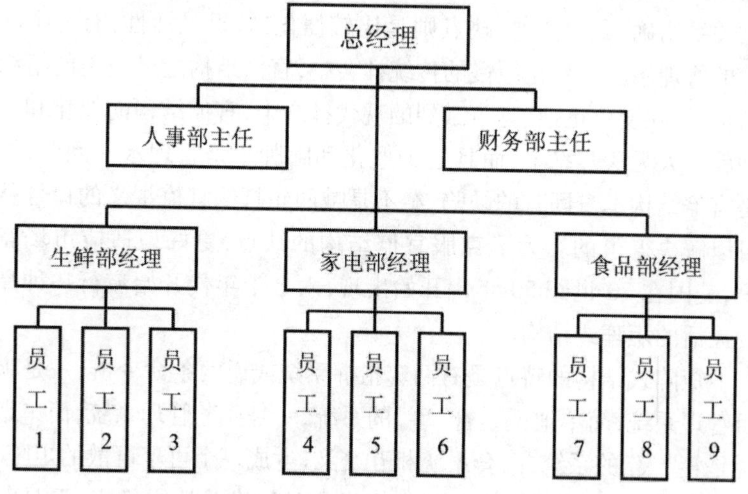

图10－5　线职综合式结构

常相似,只是切断了职能部门下达指令的渠道。但实质上这是将横向的决策系统和纵向的指挥系统分开,收回职能部门的对下的指挥权,将其变为纯粹的对上参谋机构,从而割除了职能式结构的复线管理,恢复了直线式结构的单线管理。

线职综合式结构的优点是相对完善:既有直线式结构权力集中的优点,又有职能式结构职能分担的优点,既避免了直线式结构最高管理者负荷过重的缺点,又避免了职能式结构多头管理的缺点。

线职综合式结构的缺点主要是管理机构庞大,用人较多,因而缺乏灵活性。

线职综合式结构的特点决定了它更适用于业务比较复杂而稳定的大型组织。20 世纪五六十年代,许多国际著名的大公司,如IBM、GE、大众汽车、松下、皇家壳牌等都采用了这种结构。直到目前,我国企业、事业单位也大多采用这种结构。

4. 矩阵式结构

上述各种结构的共同之处在于比较强调组织内部关系的规范化以及上级对下级的集中统一控制,因而也被称为官僚结构。优点是关系明确、职责清楚,缺点则是比较僵化,缺乏灵活性,有一个臃肿的管理层。在变化缓慢的传统社会中,官僚结构是最完美的组织结构,但在变化迅速、竞争激烈的现代社会中,官僚结构的僵化和臃肿就让人无法容忍了,而且这种僵化和臃肿不是管理水平问题,而是官僚结构本身固有的缺陷,绝不是喊两句打倒官僚主义的口号就可以解决得了的。为了克服官僚结构的缺点,更好地适应市场竞争,美国在 20 世纪 50 年代开始出现,六七十年代开始流行一种高度灵活的矩阵式结构。

矩阵式结构的特点是有两套指挥系统或说两条命令链,一是项目管理系统,简单地说是管“事”的系统,一是业务管理系统,简单地说是管“人”的系统,两套系统相互交叉,生成一个可聚可散的矩阵。举例说,某建筑公司的业务不像银行、商场、机关那样稳定,而是时轻时重、时忙时闲的,那就可以打破僵化的固定结构,将人员分成两

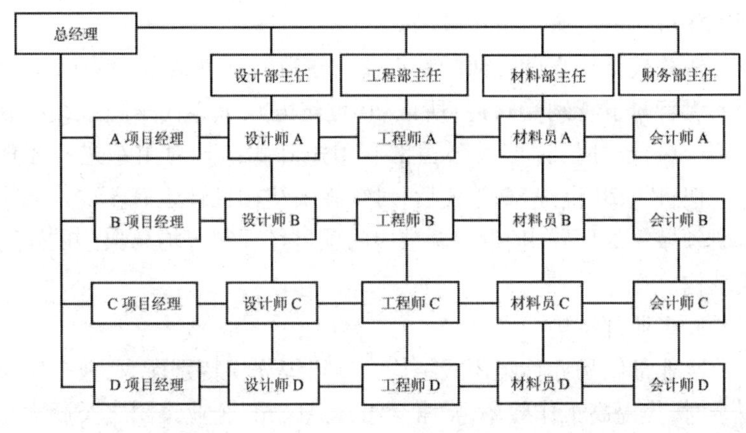

图10－6　矩阵式结构

套,一套是业务专才,可以根据其业务专长划入相关职能部门(或业务部门),如工程师进入工程部、会计师进入会计部等,一套是项目通才,根据能力与需要划入相关项目部门(或任务部门),如项目经理部A、项目经理部B等。首先,总经理给项目经理下达承揽工程的指令,项目经理承揽到工程后根据工程需要向总经理提出组建项目经理部的用人计划。然后,总经理根据核准后的用人计划,向业务主任下达人才调配指令,业务专家进入项目经理部,投入工作状态。最后,工程完成,业务专家回到业务部门,返回平时状态,项目经理部解散。

矩阵式结构的优点一个是反应灵活,每个项目组都可以根据实际需要来灵活确定和调整人员的组成,完全是因事找人,杜绝了人浮于事、因人设事之类官场病。另一个优点就是在整个组织范围内实现业务部门专家的人力资源共享,避免了部门人才垄断和浪费。

矩阵式结构的缺点一是结构比较复杂,特别是双重领导的机制使组织成员职责模糊,那些比较喜欢规范化的组织成员会感到不知尊重哪方面的领导更重要,并由此感到压力的增加,管理者的权威也因此而下降。另一个缺点是这种临时性结构难以形成归属感,因而工作群体的凝聚力也比较弱。

矩阵式结构高度灵活的特点使它在当今竞争激烈、市场变化迅速的大背景下特别受欢迎,所以20世纪五六十年代矩阵式结构在美国曾风行一时,许多大公司都利用矩阵式结构对组织进行了改造。但进入20世纪80年代后,对矩阵式结构批评也有不少。我国科研领域中的课题组、生产领域中的项目经理制等均属典型的矩阵式结构。

5. 事业部结构

事业部结构亦称集团式结构。当组织规模特别庞大,业务特别复杂时,为提高工作效率,常常会组建总公司、企业集团之类超大型组织结构,下辖若干子公司或事业部之类二级、三级机构。

事业部结构主要有两个特点:一是总部与事业部两级结构。部分管理职能保留在最高管理层,实行集权管理,称为总部,部分管理职能分解到基层,实行分权管理,称为事业部。二是各事业部内部根据各自需要可以灵活采取各种结构。如某企业集团下属有各自独立发展、互不隶属、自负盈亏的研究院、家电部、电脑部等事业部。研究院因业务灵活多变采取了矩阵式结构,而家电部与电脑部则采

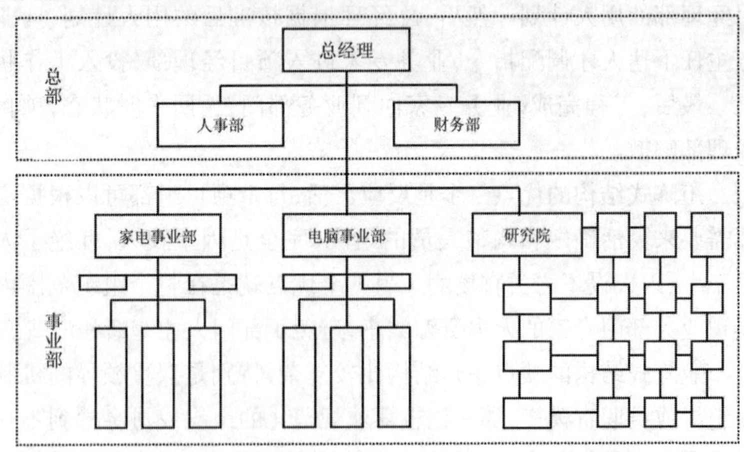

图10-7 事业部式结构

取了利于集中控制的线职综合式结构等等。事业部结构的出现主要是为了适应超大规模企业集团和多元化经营的需要。因为,企业规模太大了以后,如果继续沿用官僚结构,必然出现命令链过长,指挥失灵的问题;企业多元化经营以后,也不可能找到一种适用于所有业务领域的组织结构。

6. 团队结构

团队结构的特点是在管理者对团队实行放权,在团队内部打破部门界限与职位界限,鼓励团队成员的自主管理、自主决策和相互合作。有些小型组织可以完全采取团队结构,而在某些大型组织中,则常在一定层次、一定范围内采取团队结构,作为对整个官僚结构的补充。

7. 虚拟结构

虚拟结构通常有两种所指:一种虚拟结构是指组织的工作能力、管理范围等超出了组织的现实边界。在"贴牌生产"、"授权经营"这类情况下,那些获准"贴牌生产"的生产企业,如以 OEM 方式生产某著名品牌电脑的厂家,或那些获准"授权经营"的商业企业,如某些彩照扩印连锁店,均属授权组织的虚拟部分。虚拟部分本身与拥有知识产权的授权组织间并无隶属关系,而是独立的企业,但其生产经营已纳入授权组织的管理。这时就可以将授权组织的整个管理体系称为虚拟组织结构。另一种虚拟结构则是在电脑网络上实现的。如某网站可以通过链接建立起一个虚拟的医院等等。

三、组织结构的设计与选择

从上述分析来看,**每一种组织结构都有自己的适用范围,也有自己的局限性,并不存在什么最佳的、普适的组织结构,管理实践中应该根据组织的实际情况来选择和设计最适合自己的组织结构。具体地说,要特别注意组织成员的特征、组织发展战略、组织规模、组织技术特征和组织外部环境等因素。**

1.组织成员的特征

组织成员本身的个性、习惯、能力、素质等特征与组织结构有重要关系。一般来讲,那些喜欢确定性和秩序、依赖性或指挥欲较强的组织成员更适应集权式组织结构,在分权式组织结构中他们会感到压力和无所适从,而那些喜欢创造性、自主意识强的组织成员则更适应分权式组织结构,在集权式组织结构中他们会感到压抑、约束,工作满意度低。

2.组织发展战略

组织结构不是我们所追求的终极目标,它不过是管理者为达到组织目标所使用的手段,而组织目标又是被组织总体发展战略所决定的,因此组织结构必须服从组织发展战略。大致上可以将组织发展战略分为创新战略、成本最小化战略和模仿战略三种类型。

采取创新战略的组织崇尚创新,追求领导潮流,力图通过创造领先科技和开拓新的市场来实现组织发展。SONY、英特尔、3M、苹果等高新技术企业均属此种发展战略。这种组织适合采取职位专门化程度比较低、规范化程度比较低、结构比较松散、管理相对宽松的分权式组织结构,以便为组织成员留下更多的创新空间。

采取成本最小化战略的组织通常是通过提高效率、降低成本、扩大市场份额、薄利多销来实现组织发展。可口可乐、麦当劳及大部分低技术含量的普通日用品制造商均属此种发展战略。这种组织适合采取职位专门化程度比较高、规范化程度比较高、控制严密、管理严格的集权式组织结构,以便集中统一的控制与管理。

采取模仿战略的组织试图将上述两种发展战略的优点结合起来,它希望靠新技术、新市场赚钱,但又不愿意承担太大风险,往往要在新技术、新市场的潜力已被证实,前景已经明朗时迅速跟进、大量投资,通过将成本最小化战略运用于新技术、新市场,从那些虽进入市场更早,但成本高、市场份额小的创新战略组织手中争夺市场。模仿战略并不是一个贬义词,IBM、松下这样的大公司都深谙此道。这种组织在将上述两种战略相结合的同时,也应注意将上述两种组织结构结合起来。如对生产活动控制从严,对跟踪创新活动控制从宽等等。

3. 组织规模

组织规模对组织结构也有重要影响。不难想象,对于拥有几十万员工、业务机构遍布全国甚至海外的中石油、中石化这样的超大型组织绝不可能将所有员工装进一间办公室并由一个人来管理,它必然采取专门化程度高、部门化程度高、规范化程度高的组织结构。而一家刚刚创业、只有 5 个人的小电脑公司恐怕每个人都要拳打脚踢、无所不做,决不能说我是公司财务经理,所以我不能参加出货,其专门化程度、部门化程度、规范化程度都会比较低。

4. 组织技术特征

组织技术特征是指组织将资源转化为产品的手段,如一汽集团是靠将钢铁变为汽车赚钱,人民日报是将消息变为报纸赚钱。一般来说如果采用常规性技术,即比较成熟、稳定、通行的技术,则适合专门化程度、部门化程度、规范化程度比较高的集权式组织结构,而采用非常规性技术,即手段灵活、标准化程度低的技术,则适合专门化程度、部门化程度、规范化程度比较低的分权式组织结构。

5. 组织外部环境

组织所面临的外部环境,如供应商、顾客、竞争对手、政府管理机构、公众等也会对组织结构有一定影响。如果环境相对稳定,如有稳定的供应商和顾客,没有出现新的竞争对手,政府政策比较稳定,则适合相对稳定的组织结构。如果环境不确定、不稳定,如没有稳定的供应商,顾客群体和口味经常变化,经常出现新的竞争对手,政府政策不断调整且缺乏连续性,则适合能够灵活应变的组织结构。

案例分析　　　　　庞大的小公司

派克兰帝公司(PacLantic Co., Ltd.)是美国与台湾投资者于 1994 年成立的专业儿童服饰及用品公司。PacLantic 是 Pacific(太平洋）与Atlantic（大西洋）的合音，反映的是派克兰帝公司创业伊始的远大志向。

今天，派克兰帝公司已经成为中国儿童服饰界的一颗闪亮的新星。由国际设计师领衔的主线产品“派克兰帝”以国际化、都市化、时尚化的风格，赢得了市场和业界的高度认知，在北京、上海等国内各大城市风行销售，是近年来成长最快的童装品牌之一。据国内权威市场调查机构公布，作为中国童装行业中的“绩优股”，“派克兰帝”童装自上市至今，每年保持60%的增长速度，自2000年来已多次名列全国市场占有率前三名，并在北京市场已创造连续多年市场占有率排名第一的神话。

然而，令人意想不到的是，如此一个庞大的航母级企业，竟然一直蜗居在北京南三环一座狭小的公寓楼里，员工仅百余人，而且作为服装企业，公司没有一台缝纫机，没有一个缝纫工人，公司全部业务都在网上运行，公司员工主要是电子商务人员，公司最大投入是电子商务网络。特别是前几年“网络经济”的泡沫破裂，喧嚣一时的网络新贵们纷纷哀叹网络经济的冬天的时候，低调的派克兰帝却在网络上风生水起，大展宏图。

派克兰帝的副总裁L先生认为，“派克兰帝”的成功不是偶然的。自创业伊始，公司即采用国际化运作模式，摒弃国内童装企业劳动密集型的做法，发挥智力资源优势，自主开发出拥有完全知识产权的大型信息系统，把现代网络理念贯穿于财务管理、产品设计、生产和市场营销等所有环节，形成行业内领先的“智力信息密集型”营运模式。通过信息化管理，实现最大效率。多年来，“派克兰帝”在信息部门和设计部门一直保持着高投入，以增强自己的产品开发力量。

在生产经营方面，公司采用国际通行的做法——贴牌加工，而不是自己建厂生产，这样做更有利于企业的品牌经营，保证产品质量和企业的综合竞争力。尽管是虚拟经营，但“派克兰帝”在企业和市场运作中仍然非常注重诚信和规范经营，按规则办事，符合国际惯例,这也是企业健康发展的根本。

2001 年,派克兰帝公司与美国 C. A. N. 公司合作,引进美国时尚婴童品牌 BabyMe 与清新休闲儿童品牌 Coffee Beans,产品一投入市场即获热烈反响。2002 年,派克兰帝再度与世界卡通大师 Jim Davis 及他旗下的 Paws 公司握手合作,将世界最著名的卡通漫画形象 Garfield(加菲猫)引进中国大陆的婴儿服装及用品、童装、童鞋领域。同时,派克兰帝与海外投资者合作的 LawLandee Footwear (派克兰帝童鞋)项目也已全面启动。

"Little fish, big ocean... 自信的小鱼,缤纷的大海……",这正是派克兰帝自躬、自信、永远追求的企业文化内涵的生动写照。

问题:

派克兰帝"小"在何处?"大"在何处?这种大与小的好处何在?

第二节　组织工作设计

一、工作设计的内涵

1. 工作设计及其内容

所谓工作设计就是指为了有效地实现组织目标,而对不同工作岗位的工作内容、职责、关系等所作的规范与安排。通俗地说,工作设计解决的是工作中"人与事的关系"问题。工作设计实际上也就是企业里的分工设岗,如制定岗位责任制、调配人员、设计工作流程等。具体说,**工作设计必须解决工作内容、工作职责、工作关系、工作结果、工作反馈等五方面的问题。**

(1)工作内容。即"干什么",包括工作的内容、性质、难度、复杂性等确定工作内容与性质方面的问题。

(2)工作职责。即"如何干",包括工作的责任、权限、方法、信息沟通、协作要求等确定工作要求与方法方面的问题。

(3)工作关系。即“与谁干”,包括受谁指挥、与谁配合、指挥谁等确定工作中发生的人与人的关系方面的问题。

(4)工作结果。即“什么样”,指对工作成果要求,既包括组织对工作绩效的要求,如工作的数量、质量、效率等方面的指标,也包括组织成员对工作的满意程度,如出勤率、流动率等方面的指标。

(5)工作反馈。即“又如何”,指工作结果对下一步工作的影响,既包括本人工作结果对本人下一步各工作的影响,也包括本人工作结果对他人下一步工作的影响。

2. 工作设计的目的和意义

(1)建立合理高效的工作系统。好的工作设计可以明确每一工作岗位的工作内容、职责、关系、要求,具备对工作结果的考核体系及反馈体系。这是建立合理高效的工作系统的首要工作和基本要求。

(2)为充分发挥组织成员的积极性、主动性、创造性提供条件。好的工作设计可以通过给人以自主权、责任感、成就感、新鲜感,提供建立良好人际关系的条件等来提高组织成员对组织、对工作的满意程度,从而更积极、主动地开展创造性工作。

二、工作设计的方法

工作设计的方法大体上可以划分三大类,即传统方法、现代方法和个性化方法。

传统工作设计方法即我们前面曾提到过的工作职位专门化。工作职位专门化方法是19世纪末到20世纪初由科学管理理论的创始人泰罗所开创的,以完全从工作需要出发为指导理念的工作设计方法。这种方法至今虽已有一个多世纪了,但仍然是最基本和基础的工作设计方法,可以说没有什么组织能够在工作设计中不采用这种方法的。

现代工作设计方法指20世纪40年代起作为对传统工作设计方法的补充和修正，而陆续出现的一些以尊重人、爱护人的人本主义为特征的工作设计方法，如工作岗位轮换制、工作范围扩大化、工作内容丰富化等等。

个性化工作设计方法指20世纪60年代以来基于女权主义、个性化潮流、计算机及网络技术的发展等而出现的一些以更多反映员工个人需要为特征的工作设计方法，如弹性工作时间制、工作分担制、家庭办公等等。

1. 工作职位专门化

工作职位专门化即通过工作特性研究，如动作分析、时间分析等，将复杂的工作分解为许多单一化、标准化、专业化的操作单元和操作程序，并对员工进行专门的培训，再辅以相应的激励措施，以保证工作的高效率。工业流水线是工作专业化最典型、最极端的代表。

工作职位专门化优点是最大限度地提高了工作效率，最大限度地降低了对人的依赖并从而最大限度地降低了培训成本，并由于可以大量使用低培训成本的廉价劳动力从而也可以最大限度地降低工资成本。管理者通过控制机器运转的节奏就可以直接控制生产的数量和质量，并保证生产的均衡和正常秩序。

工作职位专门化的缺点主要是只考虑工作特性而缺乏对人的关心，并因此而造成员工对工作的满意程度较低，如对单调重复的工作感到厌烦、情绪低落、怠工、缺勤、流失率高等等，在一定程度上抵消了高效率带来的好处。在欧洲，高中毕业后愿意到工厂流水线上工作的年轻人不足5%，有些企业，包括工作职位专门化最发达的汽车制造业，如沃尔沃，已经放弃传统的流水线。在日本，年轻人几乎没有人愿意走上流水线，他们宁肯接受花店、酒吧等低工资的临时性工作，也不愿意像上一代人那样进入声名显赫的大公司。

2. 工作岗位轮换制

工作岗位轮换制是当员工已开始厌倦自己的工作时，在不改变工作流程和工作岗位的情况下,让员工在性质类似、要求相近的不同岗位之间相互轮换,并以此减少使员工对长期从事单一工作的厌烦与不满。如,在汽车生产线上,要装车轮的工人改为装风挡玻璃,装风挡玻璃的工人改为装车门,装车门的工人改为装车轮等等。实行工作轮换的前提是工作职位专门化程度较高。因为只有在工作职位专门化程度较高的前提下,员工才愿意一再接受陌生的工作,同时也不至于使组织增加额外的培训成本。

工作岗位轮换制的优点是简便易行,不必改变工作流程,不必调整工作设备,只要管理者和员工双方都有意愿就可以进行,并且确实行之有效。美国的匹兹堡一家数据公司两年内对 20% 的员工进行了岗位轮换,结果是员工的年流动率从 25% 下降到不足 7%。美国西部航空公司平均为一名员工提供大约 16 个轮换岗位。

工作岗位轮换制的缺点是毕竟属于权宜之计,有点类似"朝三暮四"的把戏,并未从根本上解决工作单调重复等问题,员工的不满很快会再次出现。

3. 工作范围扩大化

工作范围扩大化是从横向在同一水平上使员工的工作范围前延后展,也就是使前后相邻工序之间相互交叉、重叠。如,在汽车生产线上,装风挡玻璃的工人可以参与前一工序装车轮的部分工作,也可以参与后一工序装车门的部分工作等等。沃尔沃汽车就是用这种方法将传统的一人一岗的流水线改造为他们称为"苜蓿叶"形的组合工作区。

工作范围扩大化的优点是在一定程度上增加了工人掌握技术的种类,对改变因工作过于专门化带来的单调感有一定帮助,会得到员工的支持,培训成本也比较低。

工作范围扩大化的缺点是但仍属权宜之计,虽然可以提高工作的多样性,但对提高工作的挑战性、丰富工作的意义等作用不大。

4. 工作内容丰富化

工作内容丰富化是从纵向深化员工对工作的参与程度,也就是员工不仅仅停留在被动的操作层次，还可以深度参与工作内容的调整，工作质量与数量标准的制定和控制，工作计划的决策与考核等等。如国内保险公司对部分资深绩优的保险代理人进行了证券、金融、财务、法律等方面的培训，使他们从保险代理人成为理财顾问，从而在工作内容上从简单的保险推销丰富为理财咨询，不仅可以为客户提供更优质的服务，自己也迈上事业生涯的新台阶。单是这一点就有效遏制了高端人才的流失，而公司付出的仅仅是一点培训成本，并且很快从员工提高的业绩中得到了回报。

工作内容丰富化的优点是使员工实实在在地提高了参与程度，使员工可以通过完成一件较为完整的工作来体会到挑战性、成就感，可以有效地提高员工满意度，激发员工的士气和热情，降低缺勤率和流失率。

工作内容丰富化的缺点主要是成本相对较高，对员工素质要求也较高。

5. 刚性压缩工作时间

刚性压缩工作时间一百多年来一直是世界性潮流。美国工人的周工作时间 1890 年是 60 小时，1910 年是 55 小时，1920 年是 50 小时。目前欧洲相当一部分国家的周工作时间是 35 小时左右，有的已降至 32 小时。我国的周工作时间从 48 小时已压缩至 40 小时。

刚性压缩工作时间的优点是降低劳动强度，提高劳动效率，改善生活质量，增加就业机会。

刚性压缩工作时间的缺点是有可能降低工资，并且由于需要法律依据，很难由单个企业自主实施。

6. 弹性工作时间制

弹性工作时间制亦称灵活工作时间制是指公司不再要求全体员工必须按照统一的时间表上下班，而是让员工在一定范围内可以根据自己的需要来灵活安排工作时间。20 世纪 60 年代以来，女权主义流行，女人结婚后继续工作及生育后重新工作渐成风气，女性已占美国劳动力的43%。但对事业女性而言,孩子、家务与工作之间确有矛盾,于是弹性工作时间制开始出现。弹性工作时间有两个关键词:单位时间与核心时间。单位时间是指一个弹性时间的计量周期。例如,公司要求员工在每个工作日的上午8时至下午6时之间必须工作满8小时。这里的单位时间就是日。又如,公司要求员工在每个工作周的周一至周五必须工作满40小时。这里的单位时间就是周。虽然也有以年,甚至终生为单位时间的,但以日和周为单位时间是最普遍的选择。核心时间是在一个弹性时间的计量周期内规定的非弹性时间。例如,公司规定一天工作8小时,其中上午10时至4时的6小时是核心时间,核心时间内要求全体员工必须在场,而另外2小时可以员工根据自己需要来自行安排。需要早上送孩子上学的妈妈可以上午10时上班,下午6时下班,而需要晚上接孩子回家的妈妈则可以上午8时上班,下午4时下班。

弹性工作时间制的优点首先是提高了员工的满意度,缓和了工作需要与个人生活的矛盾。同时,弹性工作时间制对组织也有很大好处。如减少了加班费的支出,几乎杜绝了借口各种客观原因造成的迟到与早退,保证了员工在工作时间的最佳精神状态,甚至还缓解了社会上的交通压力。正是由于上述优点,弹性工作时间制在西方发达国家受到普遍认可。据美国的一项调查,在接受调查的1000家大公司中,73%采取了弹性工作时间制。其中一家大型保险公司的2万8千名行政人员中有90%以上实行了弹性工作时间制。

弹性工作时间制的缺点也是显而易见的。首先,它必须以延长营业时间为前提。同时,它要求各位员工的工作必须有相对独立性。因此弹性工作时间制不可能适用于所有的组织,即使是在可以实行弹性工作时间制的组织中,它也不可能适用于所有的职位。

背景链接　　欧洲的弹性工作时间制

在欧洲,德国是弹性工作时间制较普及的国家之一。据2000年一项对德国工商大会成员企业进行的调查表明,相当多的企业对待工作时间越来越灵活。在接受调查的企业中已有60%的企业使用一种或多种形式的弹性工作时间。其中最受欢迎的是以周或年为单位的弹性工作时间。在接受调查的企业中有29%的企业引入了周弹性工作时间,28%的企业引入了年弹性工作时间,只有1%的企业引入了终生工作时间账户。调查表明,弹性工作时间虽然自20世纪60年代就已经出现,但真正被普遍接受却是近年来的事情,因为在实行弹性工作时间制的企业中有65%是从1997年后才开始实行这项制度的。

调查表明,企业实行弹性工作时间制的主要原因是竞争压力加大和劳资合同开放,主要目的是降低成本、提高工作满意度和工作热情。在实行弹性工作时间制的企业中有60%的企业是为了避免昂贵的加班费,有28%的企业通过实行弹性工作时间制避免了雇佣新的工作人员,有1/3的企业和48%的服务业企业是为了提高员工的工作满意度和工作热情。

调查也表明,实行弹性工作时间制是需要一定前提条件的。一是要延长企业运营时间,如有38%的企业是在延长了生产时间或营业时间后才得以实行弹性工作时间制的。二是更适合规模较大的企业,如实行年弹性工作时间的绝大多数是员工超过1000人的大型企业。三是并非适合所有企业,如建筑业中很少有实行这项制度的。

调查还表明,弹性工作时间制并不总是成功的。有37%的企业在接受了弹性工作时间制后又放弃了它。放弃的原因,在工业企业中主要是与传统的轮班制无法协调,在贸易和服务业企业中主要是客流量难以预计而使时间计划无法安排,在小企业中则主要是因为员工数量太少而无回旋余地。

7. 工作分担制

工作分担制与弹性工作时间制产生于同一背景下,但出现得更晚一些。它是允许两个人分担同一个职位,共享同一份工资。如,两个母亲都有学龄前孩子要照顾，难以胜任全日工作，于是选择一人上午工作，另一人下午工作，或一人每周一、三、五工作，另一人每周二、四、六工作。

工作分担制的优点是，从员工讲，既能照顾孩子，又能不完全脱离社会和失去工作，当然会有较高的满意度；从公司讲，以一份工资、一个职位得到了两个人的智慧和经验，也许比用同样的代价雇用一个新手来代替回家照顾孩子的熟练员工要好得多，并且也为组织树立了良好的社会形象。著名的施乐公司(XEROX)就接受了这种制度。

工作分担制的缺点是无论对工作岗位，还是对员工，都有明显的局限性。

8. 家庭办公制

家庭办公是近年来才出现的以互联网技术为基础的工作方式。简单地说，就是让员工留在家里，通过与公司总部联网的电脑来处理公务。

这种方式的优点是，员工节约了到公司上下班的交通费用和时间，省去了正式工作场合的繁琐礼节和对上级的毕恭毕敬，可以穿着睡衣边照顾孩子边工作，可以一天去10次洗手间而不必顾忌别人的脸色；公司节省了办公室租金、办公家具和办公用品支出、加班费支出，杜绝了迟到、早退、缺勤，不必在协调人际关系上花费太多的精力等等。因而这种方式迅速被社会接受。美国在家办公的人数早在1997年时就已经超过600万，占当时劳动力的5.3%。中国近年来也开始出现了专门为家庭办公而开发的“SOHO”(Small Office Home Office)房地产项目。

9. 大办公室制

大办公室制是将一个部门的员工与该部门的管理人员统统集中在一间办公室中办公。这种制度并不是一种新出现的东西，实行这种制度的初衷也主要是为了部门管理人员更直接地监督下属，但它同时也确有减少官僚主义，提高工作效率的作用，因此目前在组织管理中仍然受到普遍欢迎。一个部门几十名员工集中在一间数百甚至上千平方米的大办公室中，每名员工仅以屏风隔出相对独立的工作空间，已经是一种非常流行的作法了。

一百年前中国人大都在田里种地，头脑中根本没有公司员工、办公室、车间之类概念。五十年前，中国人头脑中公司员工的形象是卓别林在电影《摩登时代》中塑造的那个手拿扳手坐在流水线旁像机器一样拼命拧紧螺母，最后自己也变成机器的工人。今天，中国人头脑中公司员工的形象是坐在装着玻璃幕墙的写字楼里敲计算机键盘的白领。不难想象，再过五十年，也许只要十年或二十年，公司员工的形象必定与今天大不相同。与此联系，我们在组织管理中切不可只知其然，不知其所以然地盲目追时髦、赶潮流。任何管理都必须从本企业实际出发，决不可舍本逐末。

案例分析　　　　　　怎样给员工排班

1. 商场

某商场每周七天营业，员工每周五天上班，两天轮流休息。过去由商场来安排员工每周两天的休息日，可是不论商场怎么费尽心思来安排，员工总是不满意。他们要么抱怨商场安排不通人情，倒班没规律，要么抱怨商场安排不够公平，总安排自己在双休日上班，总之是商场的排班让自己连和家人团聚的时间都没法安排。后来商场改为由员工自行安排每周两天的休息日，可是又出现大多数员工都愿意把自己的两天休息日都安排在双休日的情况。作为商场，双休日本来是客流量最大的时段，理应安排更多人手才对，现在反而变成了人手最少的时段，员工是满意了，商场和顾客可是不满意了。总之，现有的排班方式是合理的不合情，合情的不合理，员工满意了则商场不满意，商场满意了则员工不满意。你能不能设计一种排班方法，既合情，又合理，既让员工满意，又让商场满意？

2. 博物馆

某博物馆每天上午 9:00 ~ 下午 5:00 开放，其中上午 10:00 ~

下午4:00是参观客流高峰时段。虽然开馆时间刚好是8小时，但每天开馆前需要1小时的准备时间，闭馆后需要一小时的整理时间，所以博物馆一直是要求馆员们早8:00上班，晚6:00下班。可是这样工作时间长达十小时，对此馆员们一直意见很大。博物馆很为难，如果不分班，馆员工作时间太长，违反劳动法，如果分班，十个小时又不够分两班。你能不能设计一种排班方法，既能满足开馆前一小时准备，闭馆后一小时整理的工作需要，又能满足馆员每天八小时工作的合理要求，还能适应参观客流不均衡的客观情况？

3. 大学

某大学一向不要求教师坐班。教师们都是有课时到校上课，无课时在家办公。但近年来学校不断接到学生的投诉，说是除上课时间外见不到教师，得不到教师的指导，因此学校开始要求教师坐班。考虑到教师还要上课，学校只要求教师每天上午半天坐班。校方认为这已经很宽松了，可没想到还是遭到了强烈的反对。教师抱怨说，我们没有办法保证教学质量。因为我们上课时间是没有规律的，恰巧遇到我晚上有课，上午还要坐班，那么下午的时间怎么安排？如果下午回家，那晚上再跑来上课，岂不劳民伤财？如果下午不回家，那么我在办公室坐了一整天，晚上还要上课，体力上、精力上谁受得了？学生抱怨说，见不到教师的问题没得到解决。教师上课时间是没有规律的，我们按照学校规定的上午教师坐班时间到办公室还是经常见不到教师，据说是刚好教师上午有课。如果碰巧某教师一周有两三个上午有课，那所谓教师上午坐班的制度岂非形同虚设？教务处抱怨说，我们现在没有办法安排教师上课了。原来上午、下午、晚上三个时段，我们安排教师哪个时段上课，教师就哪个时段上课。现在，觉悟高的教师要求这三个时段中只有下午能安排课，因为上午按制度要坐班，没有时间上课，晚上已坐班一整天，没有体力上课，觉悟低的教师则要求这三个时段中只有上午能安排课，因为反正上午不上课也得到校坐班，还不如索性用坐班时间来上课，等于请公假不坐班。你能不能设计一种坐班制度，让学生、教师、教务处都满意？

问题：

1. 上述问题在组织行为学中属于哪个领域的问题？用什么方法可以解决上述问题？

2. 请仔细分析上述问题各自的限制条件，为它们各设计一套尽可能完善的解决方案。

本章小结及对管理者的意义

本章具体地介绍了组织结构的概念、要素、基本类型及其特点与适用性、具体介绍了工作设计的概念、内容、目的和意义以及具体方法。

管理的基本职责与方法就是"理顺关系"，而所谓"理顺关系"，一是理顺"工作中人与人的关系"，这就是组织结构设计，二是一是理顺"工作中人与事的关系"，这就是组织工作设计。

本章主要概念

组织结构　　工作设计

本章复习题

1. 什么是组织结构？组织结构主要包括哪些要素？

2. 常见的组织结构有哪些？各自的优点、缺点、适用性如何？

3. 什么是工作设计？工作设计的内容与意义是什么？工作设计有哪些具体的方法？

本章思考题

1. 你能任意选取你周围的三个组织进行组织结构的分析和定性吗？

2. 你见过哪些工作设计方法？

本章阅读书目

1. [美]斯蒂芬·P. 罗宾斯:《组织行为学》,第14、15章,中国人民大学出版社,1997年第1版。

2. [加] 休·J. 阿诺德、[美]丹尼尔·C. 菲尔德曼《组织行为学》,第9、10、13章,中国人民大学出版社,1990年第1版。

3. 关培兰:《组织行为学》,第25章,武汉大学出版社,2001年第1版。

第十一章　组织文化的理论与实践

本章要点

- 组织文化的理论
- 组织文化的实践

引　子

两块质地、大小几乎一样的石头，一块丢在深山老林里面，千百年来任凭风吹雨淋，无人问津，另一块却被请到历史博物馆的华丽展厅里面，下面托着深色丝绒做衬的漂亮支架，上面罩着高大华丽的玻璃展柜，左边连着一组防盗的装置，右面打来一束柔和的灯光，后面是长长的文字说明，前面放着“请勿靠近”的牌子，进门还要花50元钱买票……这两块石头有什么区别吗？有，它们包含着不同信息。山里的石头是“自然”，即自然而然，上面保留的是自然界一场火山喷发的痕迹。博物馆里的石头是“文物”，即文化之物，上面保留的是远古时代人类的目的、智慧、能力、经验等等的痕迹，被确认为古人类的劳动工具——石斧。

现在你知道什么是“文化”了吗？

第一节　组织文化的理论

一、文化

1. 文化的实质

最简单地说，文化就是人化。

中文里，“文”与“化”在古时原是两个词，“文”指花纹、纹理，“化”指改变、变化。“文化”合用，指文治、教化。古代统治者治理国家有一文一武两个办法，文的办法是用道德礼教、意识形态来教化人民，称为“文治”，属于软的一手，武的办法是用严刑峻法、暴力镇压来强制人民，称为“武功”，属于硬的一手。统治者一般会先用软的一手，软的一手解决不了问题，就用硬的一手。所以汉代刘向说“凡武之兴，为不服也，文化不改，然后加诛”。[①] 两相比较，古人认为文治比武功更重要，因为暴力强制只解决外部行为的问题，文治教化才解决内心世界的问题。明代的王阳明在总结镇压农民起义经验时就说过：“破山中贼易，破心中贼难。”[②]

西文里，文化一词来自拉丁文 Cultura，本义为耕种、种植、居住等，后引申出教育、教养、礼貌、情操、风尚等意义。这些引申意义与中文的“文治教化”很接近，所以近代日本人翻译西方著作时就将其译成了“文化”。

今天，文化一词最基本的含义无论在东西方都是一样的，就是人化，或说人的意识的外化。凡是人造的东西，无论是人利用自然改造的，还是人完全自己创造的，都是文化。例如我们前面提到的那两块石头，第一块没有被人类加工过，完全是本来面貌，所以是

---

① 刘向：《说苑》。

② 王阳明：《与杨仕德薛尚谦书》。

“自然”,而第二块被人类改造过,上面有人的目的、智慧、能力、经验等人类意识的烙印,已经不是纯粹的自然了,而是被“人化”了,所以是“文物”,即有文化之物。说到这里我们可以给文化一个定义了,**文化就是人类在意识支配下认识世界和改造世界的活动及其成就。**广义上,文化包括人类认识和改造世界的全部活动和全部成就,既包括被称为精神文化的精神活动和精神成就,也包括被称为物质文化的物质活动和物质成就。狭义上,文化专指人类认识和改造世界的精神活动和精神成就,即精神文化。在更狭窄的意义上,文化还可特指人类认识和改造世界的精神成就,而不包括创造这些精神成就的精神活动。

2. 文化的结构

文化大体上可以分为文化意识、文化创造、文化成就三个层次。

(1)文化的表达层——文化成就。我们平常直接接触到、感受到的是文化的表达层,称为文化成就。例如我们欣赏的音乐,遵循的法律,居住的房屋等,都不是自然的赐予,而是人类的创造,因此都属于人类的文化成就。文化是一种生活方式,是被创造出来供人们享用的产品,没有音乐则人类的生活是单调枯燥的,没有法律则人类的生活是混乱无序的,没有房屋则人类的生活是寒冷危险的。远古的时候,文化成就的数量稀少,品种单调,水平低下,因而古代人类的生活质量很低。随着人类的进步,文化成就也越来越充裕、丰富、发达,因而今天人类不仅能繁衍如此众多的人口,还能保证生活质量越来越高。动物没有文化成就,所以它们所能享用的都是自然本身。

(2)文化的形成层——文化创造。文化成就是被人类创造出来的,所以文化表达层下面是文化的形成层,即创造文化成就的人类活动,或说人类行为。音乐是人谱写的,法律是人制定的,房屋是人建造的,所以不仅作为文化成就的音乐、法律、房屋是文化,就连谱写音乐、制定法律、建造房屋的人类活动,无论你称之为生产也好,劳动也好,行为也好,也都是文化。人与动物的区别就在于能不能进行文化创造,或说能不能劳动。文化的表达层我们是可以直接接触到、感受到的,而文化的形成层我们通常是不容易直接接触到、感受到的,就好比我们只能看到艺术家的"台上一分钟",我们看不到艺术家的"台下十年功"。

(3)文化的核心层——文化意识。文化创造是在人类意识支配下进行的,所以文化形成层下面是文化的核心层,即文化意识。为什么动物的活动只是适应自然的动物行为,而人的活动则是改造自然的文化创造呢?因为支配动物活动的是动物的本能,而支配人类活动的是人类的意识。蜜蜂生来就会往蜂巢里贮蜜,但它没有意识,并不理解贮蜜的意义,只是出于物种的本能而往蜂巢里贮蜜的,即使蜂巢是漏的,它也仍然不停地往里面贮蜜。而人在进行文化创造的活动时,为什么创造、创造什么、怎么创造等都是有意识的、自觉的。人为悦耳而谱写音乐,为秩序而制定法律,为温暖而建造房屋等等。所以文化意识虽然是最"虚"的东西,是我们无法直接接触到、感受到的东西,但却是文化最深层、最本质、最核心的东西。

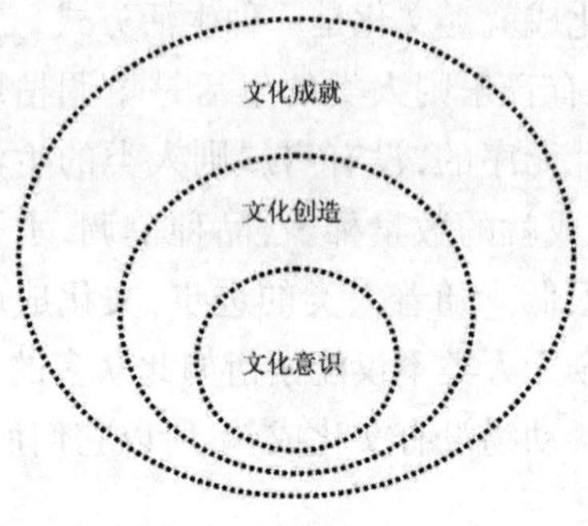

图 11 - 1

文化的这种结构大体可以如示意图 11 - 1。当然这三个层次的界限不是绝对的、截然的。例如现今流行的所谓"行为艺术"就是将艺术创造过程作为艺术产品直接呈现给欣赏者的。所以示意图中我们用虚线来表示各层次的关系。

3. 文化的形态

文化大体上可以分为物质文化、制度文化、精神文化、行为文化四种形态。

(1)物质文化。凡被创造为物质形态,创造目的主要是满足人类物质需要的文化都属于物质文化。例如建筑、器物、食物、服饰等。

(2)制度文化。凡被创造为规范形态,创造目的主要是满足人类关系需要的文化都属于制度文化。例如法律、道德、纪律、制度等。

(3)精神文化。凡被创造为观念形态,创造目的主要是满足人类精神需要的文化都属于精神文化。例如理想、信念、艺术、哲学等。

(4)行为文化。凡创造文化成就的活动形态,活动目的是实现人类意识的文化都属于行为文化。例如物质生产、艺术创作、科学研究等。

文化的结构与文化的形态是密切相关的。核心层的文化意识主要表现为精神文化形态,形成层的文化创造主要表现为行为文化形态,表达层的文化成就可以表现为物质文化、制度文化、精神文化三种形态。

当然文化形态的上述区分也是相对,某一种具体的文化现象究竟属于什么形态也要具体分析。例如道德作为道德原则是精神文化,作为道德规范是制度文化,作为道德实践是行为文化,因此不好抽象地说道德就是什么形态。

4. 文化的功能

文化的功能从最一般的意义上说就是工具。文化是人类认识世界和改造世界的成就,但文化一旦形成,就会反过来成为人类进一步认识世界和改造世界的工具。**作为认识世界和改造世界的工具,文化主要有传递信息、启蒙教化、优化促进、划界分类等四个方面的社会功能。**

(1)文化的信息功能。文化具有传递信息的功能,包括空间上的横向传播和时间上的纵向传承。一种文化,只要是在某个方面具有相对的优越性,就可以向周围传递,向后世传递。因此文化可以突破个体的时空局限而获得生命,成为某种有机的东西。动物只有生物的遗传基因,因而它的进化是非常缓慢的,三百万年前的猴子靠吃野果生存,三百万年后的猴子还是靠吃野果生存。人类除了生物的遗传基因,更有文化的遗传基因,每一代人都可以站在前人肩膀上,把前人千辛万苦创造的文化作为自己的起点,因而人的进化是非常快的,三百万年前的人类与猴子一样靠吃野果生存,三百万年后的人类已经吃红烧肉了。

(2)文化的教化功能。文化具有启蒙教化的功能。文化是人创造的,然而被人创造的,并已经外化为知识体系的文化,通过被动的教育和主动的学习,又可以反过来创造人,重新内化为人的品格、能力、知识等等。很多人认为学校的教育与学习只是获得生存的本领,所以只愿意学习将来能够赚钱的技巧与技术,这是不对的,至少是不全面的。比如数学的学习,我们从小学到大学至少要学习十几年,但真正走上社会我们有几个人是靠数学谋生的?对于绝大多数人而言,恐怕有小学四则运算的数学水平就足够谋生了。那么我们为什么还要学习数学?原来我们学习的不仅仅是计算能力,更是人类经过几百万年进化所发展出来的逻辑思维的方法、定量认识的习惯、分析的能力和综合的能力、思考的严谨和速度、对理性的信念等等。简言之,我们通过学习浓缩着几百万年来人类智慧精华的数学,摆脱了蒙昧,聪明了起来。换言之,学校教育所学习的是广义的文化,职业教育所学习的是具体的技术,二者的区别在学习的内容和目的,并不在于大学教育是四年,高职教育是两年。

(3)文化的优化功能。文化具有优化促进的功能。文化被创造出来的时候,既有精华,也有糟粕。但文化是活的,是不断进化的,在物竞天择优胜劣汰的过程中,那些没有生命力的或丧失了生命力的文化糟粕必然被淘汰,而那些具有生命力的文化精华必然被更多人所接受而发扬光大。因此,文化必然是一种进步的东西,它可以通过改善人的生存方式、活动方式、思维方式等等,推动社会经济、政治、精神生活以及文化本身的发展与进步。这也是人们推崇文化、热爱文化、赞美文化的根本原因。

(4)文化的划界功能。文化具有划分心理边界的功能。古语云,物以类聚,人以群分。人类分群,有地理边界如南方人或北方人,有生理边界如黑种人或黄种人,还有财富的、政治的、国籍的边界等等,然而最重要、最根本的还是文化的边界,即文化上的认同或排异。例如一些美籍华人的第二代、第三代子弟,虽然在生理上仍是地道的华人血统,然而在文化上则已是地道的美国人,因为他们有美国人的价值观念、思维方式,秉承的是美国人的文化传统,这就是所谓"香蕉人"说法的由来,即皮肤虽然还是中国人的黄色,但内心已经是美国人的白色了。甲午战争后日本人苦心经营台湾五十年,要求台湾人的国籍、语言、文字、姓名都要改为日本的,然而到了1945年8月15日,所有这一切徒劳得就像轻飘飘的枯叶一样,统统一风吹。只要舞一舞狮子,穿一穿长衫,中华文化就轻而易举地排挤掉了靠飞机大炮支撑的日本文化而复归为社会的主流。为什么?因为日本统治的五十年说起来有两代人的时间,貌似不算短了,但比起五千年的中华文化,它只能算是无根的浮萍。

二、组织文化

1. 组织文化的实质

(1)作为社会现象的组织文化。既然人造的东西都可以称为文化,那么组织也是一种文化。因为组织并不是某种纯粹自然的东西,而是人造的东西,是人们为了达到某种共同的特定目标而结成的一种人际关系系统。人类从个体的角度来说是一个比较弱小的物种,为了能更有力地认识世界和改造世界,人类很早就结成了部落、氏族等组织,后来又有了国家、军队、政党、企业、学校等越来越发达的组织。从这个意义上说,作为社会现象的组织文化是一种与人类共始终的古老现象。

(2)作为管理理论的组织文化。虽然作为社会现象的组织文化古已有之,但作为新型管理理论的组织文化,则是很年轻的事物。它始于20世纪70年代末至80年代初,至今不过二三十年而已。古典管理理论从诞生到20世纪70年代末期,已经近一个世纪了。一方面,经过近一个世纪的发展,传统管理理论的理论与方法已经非常精致完善,没有多少潜力可以挖掘了,那么能不能在传统管理理论资源之外再找到什么新的管理理论资源,来替代或补充传统管理理论的不足?另一方面,经过近一个世纪的发展,管理实践也有了巨大的变化,许多曾经行之有效的管理工具与方法,在当今已经不那么管用,不那么够用了,那么能不能在传统管理工具与方法之外再找到什么新的管理工具与方法,来替代或补充传统管理工具与方法的不足?例如,作为古典管理理论的代表,泰罗的管理通俗地说就是"胡萝卜加大棒",所谓"胡萝卜"就是更多的物质报酬,所谓"大棒"就是更严格的管理制度。可是今天,从物质报酬上说早已不是多几个美分就能让工人玩命的泰罗时代,工资往低说再低也不敢低过法定最低工资,往高说有人已经给雇员开出成百万上千万美元的年薪,你的"胡萝卜"还能高到哪里去?从管理制度上说,就算普通又简单的考勤环节,都有人已经连"指纹识别"、"虹膜识别"这样的高科技都用上了,你的"大棒"还能再严到哪里去?再说,如今是知识经济、知本时代,对脑力劳动光靠硬性制度的外在约束而没有内心世界的心悦诚服是解决不了问题的。所以20世纪70年代末至80年代初,一批管理学家从管理实践中概括出了一种被称为"组织文化"的新型管理理论与方法。从这个意义上说,组织文化实质上是特指相对于传统管理理论与方法而言的,以软性管理为特征,以精神管理为对象,以自我管理为目的的新型管理理论与方法。

2. 组织文化的结构、形态与内容

(1)作为社会现象的组织文化的结构与形态。**如果把组织文化**

看做是一种社会文化现象,那么它与整个社会文化是完全一样的,如图 11－2 所示,也区分为文化意识、文化创造、文化成就三个层次,表现为精神文化、行为文化、制度文化、物质文化四种形态。这些层次、形态之间相互作用、相互影响、互为因果,所以我们用双箭头表示它们的关系。

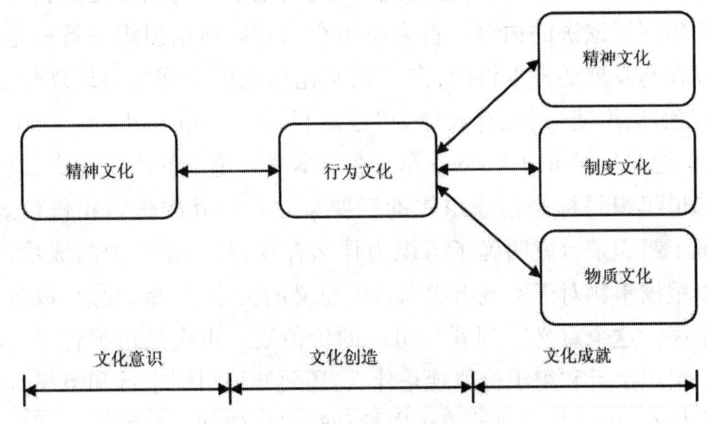

图 11－2　作为社会现象的组织文化

例如,解放军是一个组织,建军八十多年来它已经成为一种组织文化现象:最深层的文化意识就是为人民服务的建军宗旨;在建军宗旨支配下的文化创造就是解放军一不怕苦、二不怕死的作风和保卫祖国、建设祖国的行为;这种行为创造出的文化成就,有做人民子弟兵、为人民利益不怕赴汤蹈火的精神风貌即精神文化,有三大纪律八项注意那样的行为规范即制度文化,有历次反抗侵略、统一祖国的战争和抢险救灾、修路架桥的建设那样的物质成就即物质文化。尽管在解放军的军营文化形成时,还没有组织文化这种理论,但作为一种社会现象它早经存在。

(2)作为管理理论的组织文化的结构、形态与内容。**作为管理理论的组织文化与作为社会现象的组织文化,在结构与形态上基本相同,也区分为文化意识、文化创造、文化成就三个层次,表现为精**

神文化、行为文化、制度文化、物质文化四种形态，但在内容上更自觉，有更明确的目的性、针对性和系统性，因而更完整，更具体，可操作性更强。

其一，**作为组织文化核心的文化意识层次在组织文化理论中一般称为组织的精神文化，包括组织宗旨、组织价值观和组织哲学这样三项逐层递进的内容。**首先是组织宗旨。所谓组织宗旨就是组织存在与发展的根本目的，在组织文化理论中也称为组织理想、组织信念、组织使命，也有人称为“最高目标 ”(superordinate Goals)、“共同愿景”(shared Vision)等。重温本书导论中的组织定义，就可以知道组织目标是构成组织的三要素之一。其次是组织价值观。明确了组织宗旨就明确了组织为什么存在，什么是组织的成功，就可以根据事物对于实现组织宗旨的意义的大小、轻重、缓急、取舍进行排序。这个意义序列就是组织的价值观。再次是组织哲学。明确了组织宗旨和组织价值观是什么，还要知道组织宗旨和组织价值观为什么，也就是说要给组织宗旨和组织价值观一个能够自圆其说并说服组织成员的理论解释，这就是组织哲学。

其二，**作为组织文化形成层的文化创造层次在组织文化理论中一般称为组织的行为文化，包括组织战略、组织作风和组织行为这样三项逐层递进的内容。**首先是组织战略。组织战略是如何实现组织宗旨的长远规划，规定着实现组织宗旨的大方向、大过程和大步骤。其次是组织作风。组织作风即组织的行为模式、习惯、方法，规定着如何实现组织宗旨的行为方式。再次是组织行为。组织行为即组织实现组织宗旨的各种工作、生产、研究、开发、创造等具体活动过程。

其三，**作为组织文化最终成果的文化成就层次是组织文化的表达层，有精神文化、制度文化、物质文化三种表现形式。**组织的精神文化成就主要表现为组织成员的精神风貌、工作态度、企业形象、企业信誉等。组织的制度文化成就主要表现为组织的各种规章制度、纪律等显规则如和各种常规、惯例等潜规则。组织的物质文化成就主要表现为对内创造的工作环境和工作条件，对外创造的产品与服务等。

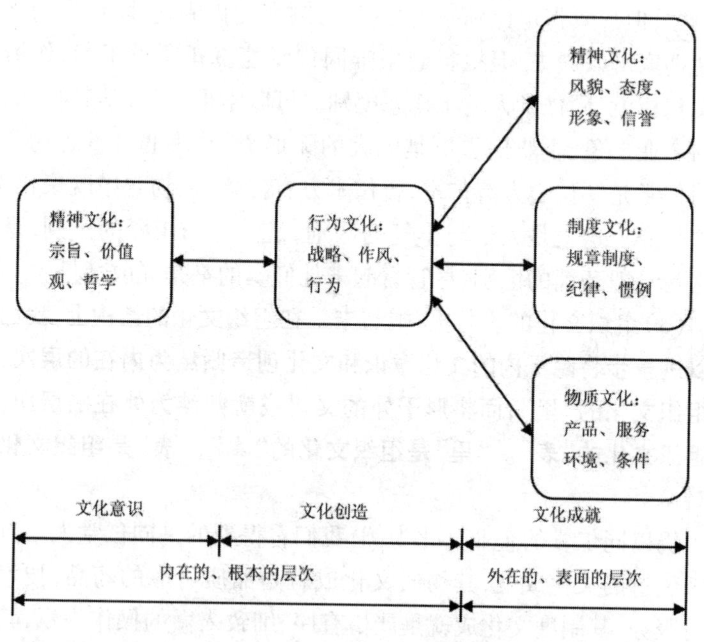

图 11－3　作为管理科学的组织文化

以同仁堂的企业文化为例，同仁堂企业宗旨（同仁堂人自己称为"企业精神"）是"同修仁德，济世养生"。这就是说，同仁堂人所共同奋斗的是怀仁心、行仁术的高尚事业，所以药品在同仁堂不仅是能赚钱的商品，更重要的是奉献给民生的仁爱之心。在这样的宗旨之下，同仁堂所倡导和信奉的价值观，必然是药品的质量与疗效重于药品的利润。怎么才能让同仁堂人接受并信奉这样的企业宗旨与价值观呢？同仁堂的缔造者留下了"修合无人见，存心有天知"的古训，把天理与良心作为同仁堂企业宗旨与价值观至高无上的哲学基础。在这样的企业精神支配下，三百多年来同仁堂人培养出了"炮制虽繁必不敢省人工，品位虽贵必不敢减物力"的工作作风或说行为方式。这就是同仁堂企业文化中的行为文化。凭着这样的行为方式,作为物质文化成就,同仁堂制成的药,药方药名可能跟别家一样,但疗效肯定比别家更好;作为制度文化成就,同仁堂的规章制度别家可以搬去,但执行起来唯同仁堂能真正一丝不苟;作为精神文化成就,同仁堂人的工作态度别家可以学形,但难学其神,同仁堂的企业形象、企业信誉更是巨大的无形资产,决非一日之功。所以同仁堂是怀仁心方有仁术,行仁术方有仁物,仁物之中既聚仁术,更含仁心。这就是大气与小气的区别,是大师与工匠的区别,是同仁堂与一般药铺的区别,尽管看起来他们卖的都是丸散膏丹。

(3)组织文化的表与里、本与末。**在组织文化的结构上,我们还可以进一步将隐于内的文化意识和文化创造归结为内在的层次,称为组织文化的"里",而将形于外的文化成就归结为外在的层次,称为组织文化的"表"。"里"是组织文化的"本","表"是组织文化的"末"。**

仍以同仁堂的企业文化为例,我们看得到的是同仁堂人三百多年来创造的文化成就,其物质文化成就是品质可靠的药品、技术高超的服务,其制度文化成就是严格有序、细致入微的操作规章,其精神文化成就是认真严谨的工作态度、负责热情的精神风貌、声名远播的企业信誉,这只是外在的"表"和"末";我们看不到的是同仁堂"同修仁德,济世养生"的企业宗旨,"修合无人见,存心有天知"的企业哲学,"炮制虽繁必不敢省人工,品位虽贵必不敢减物力"的行为方式,这才是造就同仁堂文化成就内在的"里"和"本"。

我们之所以将组织文化区分为内在的和外在的两个层次,并强调内在的层次是"里"和"本",主要是反对组织文化研究与建设中"本""末"倒置,甚至有"表"无"里"的错误倾向,即只注重做表面文章,忽视练"内功"的形式主义。我们把"里"作为组织文化的根本,依据是:

其一,组织文化理论产生的背景表明,提出并强调价值观、宗旨、作风等软性因素在管理中的作用是组织文化理论的初衷。组织文化理论源自企业文化理论。20 世纪 70 年代，美国及整个西方的经济都陷入衰退，唯独日本经济一枝独秀。这刺激了一批美国学者对美日经济进行了对比研究，发现在经济发展的几乎所有条件上日本都不如美国优越，因此日本经济能搞得比美国更好，唯一的原因是日本的管理比美国更先进。进一步研究表明，日本企业的管理的确与美国有所不同，他们更重视一些似乎属于"文化"方面的软性因素，例如价值观、信念、道德、作风、忠诚、敬业等等。于是学者们认为这是一种利用文化来进行管理或说把文化作为管理手段的先进管理理念，是日本企业能打败其他国家企业的秘密武器，进而呼吁美国企业放下架子，向日本企业学习企业文化。可见，组织文化理论之所以产生，就是因为它关注以往管理理论所没有关注的软性因素。如果将组织文化的软性因素与硬性因素相提并论，甚至认为建设组织文化就是搞搞看得见、摸得着的表面文章，那就完全错误了，违背了组织文化研究的初衷。

其二，经典的组织文化理论的具体内容表明，组织文化理论与传统管理理论的区别就在于是否懂得价值观、宗旨、作风等软性因素在管理中的决定性地位和作用。在被公认为企业文化理论经典著作之一的《日本的管理艺术》一书中，作者提出，管理包括七个要素：策略（strategy）、结构（structure）、制度（systems）、人员（staff）、作风（style）、技巧（skills）、最高目标（superordinate Goals）也就是价值观。为了方便记忆，作者特意用了七个以 S 为词头的词汇，并称为"7S"。这七个 S 包括三个"硬性 S"策略、结构、制度和四个"软性 S"人员、作风、技巧、价值观，并结成一个以价值观为核心的有机的"7S 管理分子"。他们发现，"所有杰出的公司都能够牢牢掌握住策略、结构和制度，但是比较不成功的公司完全依赖此三者，而最优秀的公司对四个'软性'的因素也有很深刻的认识。因此，最优秀的公司在考虑他们的目标和达成目标的方法时，除了采用利润和效率等经济标准之外，还要考虑到'人的价值观'"。他们认为，对于管理的因素，美国人"往往只从传统的美国文化和管理角度去观察它们,而把‘软性’的因素当成空洞的泡沫,却不知道‘泡沫’具有整个太平洋的威力”。[①] 可见,经典的组织文化理论也意在强调传统硬性管理手段以外的软性因素。

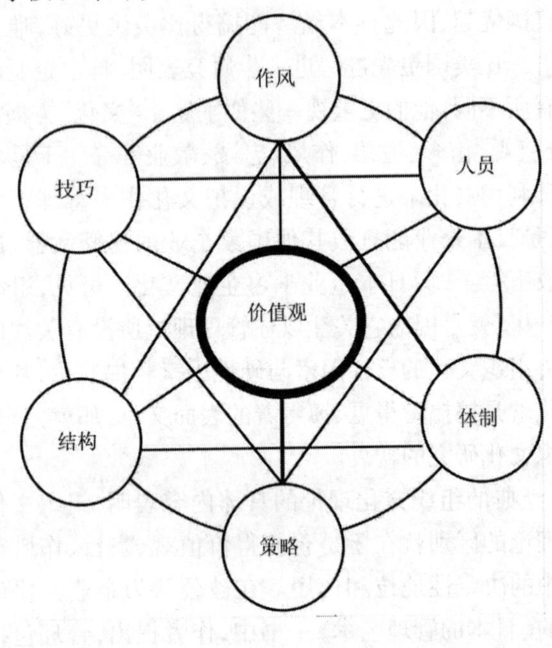

图 11-4

背景链接　　企业文化理论与企业文化学派的由来

组织文化的研究始于企业文化的研究。20 世纪 70 年代末到 80 年代初,“企业文化”作为一种全新的管理观念和管理理论而异军突起,引起世人的瞩目,至今不衰。三十多年来,无论是在文化传统与价值观念迥异的东方与西方,还是在经济发达程度与管理水平悬殊的美日与中国,“企业文化”都一直是管理界人士,甚至整个社会的热门话题。20 世纪一向被人们称作“管理的世纪”。如果说这

① [美] 安东尼·艾索思、里查·巴斯克:《日本的管理艺术》第 200-201 页,广西民族出版社,1984 年第 1 版。

个管理的世纪是以泰罗的科学管理理论为发端的，那么企业文化理论则是这个管理的世纪最醒目的句号。

那么管理界的哥伦布们是怎样发现企业文化这块新大陆的呢？企业文化理论的勃兴，源于20世纪70年代末至80年代初美国一些企业管理专家对传统企业管理理论的怀疑和挑战。

自20世纪初美国管理专家泰罗提出科学管理理论直至20世纪的六七十年代，管理理论就一直是美国企业家和管理学家们独领风骚的一统天下。而美国长期作为世界头号经济强国的特殊地位又为美国管理理论的毋庸置疑作了最为有力的佐证。于是，美国管理成了科学管理的同义词，美国的MBA成了含金量最高而令各国学子最为神往的管理学位，美国教授和企业的名字充斥着各种管理学教科书，美国成了名副其实的“现代管理理论输出国”。但进入20世纪70年代以后，特别是1973—1975年世界性经济危机爆发以后，美国经济陷入了持续的衰退而又复苏乏力。天文数字般的财政赤字、大幅度的美元贬值、能源危机、通货膨胀、失业剧增等等一个接一个的重拳，把这个发达国家的龙头大哥打得喘不过气来。

与此同时，日本经济却在创造着持续高速增长的奇迹。它以几乎无自然资源可言，面积仅相当于美国五十分之一的国土，养活着相当于美国二分之一的人口，创造了占世界第三位的国民生产总值(1980年)，并且按当时趋势计算，到2000年将取代美国而高踞世界首位(事实上并没有达到)。二次大战以来，日本的投资率和国民生产总值增长率是美国的二倍，生产率的增长是美国的四倍。日本一个又一个地在那些先进工业国的传统优势产业领域攻城略地——取代英国的摩托车制造业，挤压德国和美国的汽车产业，威胁德国和瑞士的光学仪器、精密仪器、钟表、照相机等生意，争夺美国在钢铁、造船、化工和电子产品上的优势。它甚至揣着大把钞票去收购美国物质文明的重要象征——西尔斯大厦，染指美国精神文化的制造基地——好莱坞。当欧美国家饱受20世纪70年代中东石油危机困扰而导致普遍的劳动生产率降低和严重通货膨胀时，因石油完全依赖进口而理应更为困难的日本却抗住了石油危机的压力,不仅一枝独秀地维持了极低的通货膨胀率,劳动生产率还有所提高,从而因祸得福地使自己在世界贸易中比以往有了更强的竞争力。

起初,一向自信的美国人照例把本国企业在国际市场上的节节失利归因于企业的某些外部因素,如美国本土过高的工资及过于严格的工作安全规定与环境保护条例,进口原材料和能源价格持续上涨,国际上日益抬头的贸易保护主义等等,导致了企业生产成本增加,竞争力减弱。但明眼的美国人指出,当时日本人的工资已略高于美国人,日本在工作安全和环境保护方面已成为世界上少数几个最严格的国家之一,日本自然资源的匮乏使其石油和原材料完全依赖进口,日本狭小的国土使其房地产奇贵、交通拥挤等等。总之,在经济发展的几乎所有外部条件上,日本都比美国要差,但这些并没有影响日本在竞争能力上超过美国。于是他们不得不承认,"日本能出人头地的主要原因是他们的管理技巧","日本人比我们更懂得怎样管理企业",并明确提出了"以日本为镜"、"向日本学习"等口号。为了在竞争中取胜,继续保持自己头号世界强国的地位,美国人表现出了以往少有的虚心态度,管理专家们前往日本开展研究,向自己曾经的学生学习,企业家们将日本企业引进美国,按日本方式管理企业。企业文化研究代表作《日本的管理艺术》一书的作者在回答"我们还肯虚心求教吗?"时,打了个极为形象的比方:一位日本企业家去拜访禅师,讨论禅与管理的关系。双方行过礼后,禅师为客人斟茶。客人的茶杯已经满了,可是禅师还继续倒茶,茶杯里的茶水自然溢了出来。企业家很惊讶,提醒禅师茶杯已经满了,不能再倒茶了。禅师说:"茶杯已经满了就不能再倒茶了。而你自己的想法像这茶杯一样满,如果你不先把茶杯倒空,我怎么能引你见禅呢?"作者认为,既然要向日本学习,就必须清除各种"理所当然"、"备受推崇"之类的偏见,"倒空杯子"。

然而,美国人毕竟不乏成熟的管理专家和企业家。所谓"倒空杯子”只表明了他们愿意放下架子，虚心求教的态度，并不意味着他们会不顾美日两国在社会背景、文化传统、价值观念乃至思维方式与语言习惯等方面的巨大差异而全盘接受日本的管理模式，也不意味着他们会否定本国几代企业家和管理专家积累的宝贵经验与理论成果而从零做起。他们只是力图在已知且熟习的传统管理工具之外寻找能够拯救美国企业的新式武器。

于是，自20世纪70年代末开始，美国的部分管理专家不约而同地采取了比较研究的方法，即选择一批成就卓著的典型美日企业进行对比研究。颇为耐人寻味的是，这些不同专家的研究却取得了基本一致的共识：无论美国的，还是日本的，只要是成功企业，都非常重视管理过程中某些软性的要素，如确立共同的和明确的价值观念、追求亲密的和相互信任的人际关系、培养寻求卓越的强烈使命感与责任感、鼓励实验与创新、倡导主动参与、重视领导深入基层并与员工进行思想及感情的交流等等。只是由于文化传统等因素的影响，一般来说，日本的企业在这方面比美国企业更自觉、更普遍。当然，这不是说，成功的企业会无视那些硬性要素，如制定正确的经营战略、运用各种数学模型进行科学的市场预测、建立健全并严格执行各种规章制度、进行精细的财务分析、努力降低成本、注重规模效益、强调市场占有率等等。事实上，真正的成功企业在诸如此类的硬性要素方面都是出类拔萃的。关键在于这些企业没有像许多美国企业通常所做的那样，过分片面地局限于这些硬性要素，而是在经营战略与价值观念、刚性的制度管理与柔性的人际关系、使用员工与帮助员工成长、追求企业利润与承担社会责任、理性与情感、物质与精神等等要素之间，总之，在那些以往看来无法兼容的硬性要素与软性要素之间，找到了一种协调的机制或均衡的方法。这种机制与方法就是“企业文化”。

企业文化的观念代表了一种全新的视角和全新的管理哲学，为“对于如何管理组织的观点和信念仍然和五十年前大致相同”的美国管理学界吹入了一股清新之风，也为渴望新式武器的美国企业界带来了希望之光。因而一经提出，立即得到了广泛的响应，并随之出现了一个崭新的管理学派——企业文化学派。一时间，企业文化理论可以说是诸家蜂起、众说纷纭。在1981—1982年的短短两年里，美国管理学界就接连推出了《Z理论》、《日本的管理艺术》、《追求卓越》、《公司文化》等四部专门探讨企业文化的力作，被誉为代表这股管理新潮的"企业文化四重奏"。

《Z理论——美国企业界怎样迎接日本的挑战》出版于1981年，是这四部著作中问世最早的一部。作者威廉·大内(William Ouchi)是日裔美籍管理学家、加州大学洛杉矶分校教授，曾获斯坦福大学企业管理硕士、芝加哥大学企业管理博士。他从1973年起就开始研究日本企业的管理，是此类研究开始最早、时间最长的专家之一。他把典型的日本企业称为"J(Japan)型组织"，典型的美国企业称为"A(America)型组织"，对二者进行对比研究，发现这两种组织在管理方式上有很多不同。例如：在雇佣制度上，"J型组织"往往采取终身雇佣制，"A型组织"往往采取短期雇佣制；在决策机制上，"J型组织"往往采取民主决策、集体负责，"A型组织"往往采取独裁决策、个人负责等等。一般说来，"J型组织"的管理效率要优于"A型组织"。例如，由于采取了终身雇佣制，"J型组织"的员工比采取短期雇佣制的"A型组织"的员工对企业更忠诚；由于采取了民主决策，"J型组织"的员工比"A型组织"的员工对工作更主动等等。他还发现，有些著名的美国成功企业，如IBM(国际商用机器)、P&G(宝洁)、Kodak(柯达)等，在经营管理上并不是典型的"A型组织"，而是由于到日本创办企业或引进日本企业等原因，在传统美式管理基础上，又吸收了某些日式管理的优点，成为结合二者优点的"Z型组织"。例如：在雇佣制度上，"Z型组织"采取相对稳定的雇佣制度；在决策机制上，"Z型组织"既接受群体决策，又坚持个人负责等等。威廉·大内认为，"Z型组织"既符合美国文化传统，保留了美式管理的优点，又持开放的态度，吸收了日式管理的长处，既不是僵化地固守美式管理，也不是简单地照搬日式管理，是一种理想的管理模式,美国企业应该努力实现从“A 型组织”向“Z 型组织”的转化。这就是所谓“Z 理论”。正是在“Z 理论”这部书里,威廉·大内最早明确提出并界定了“企业文化”的概念,认为日本企业成功的秘诀在于其独特的企业文化,而企业文化由企业的传统及风气等构成,其实质是企业的价值观。企业和企业文化不是孤立的,而是一定社会文化的产物,同时又可以对社会文化产生巨大的影响。

《日本的管理艺术》也出版于 1981 年,是这四部著作中对企业文化的结构与实质揭示最为清晰、严谨和形象的一部。该书作者之一理查德·帕斯卡尔(Richard Pascale)是美国管理学家,长期执教于斯坦福大学商学院,而且有丰富的政府官员和企业管理的实际经验,被誉为“全球五十位管理大师之一”、“影响世界进程的 100 位思想领袖之一”。该书另一位作者安东尼·艾索思(Anthony Athos)也是美国管理学家,哈佛大学教授。他们在研究日本企业管理时,受传统的管理要素论的影响,也尝试从成功企业的管理实践中归纳出若干基本的管理要素。但不同的是,在他们归纳出的七个管理要素中,除了传统管理理论一向重视的策略(strategy)、结构(structure)、制度(systems)等三个硬性要素外,还包括人员(staff)、作风(style)、技巧(skills)、最高目标(superordinate Goals)也就是企业价值观等传统管理理论所忽视的四个软性要素。他们进一步认为,这七个要素不是无序或并列的关系,也不是简单的先后排序关系,而是结成一个以最高目标为核心,相互支撑、相互作用的有机整体。这为了方便记忆,他们特意选用了七个以 S 为词头的词汇,这就是后来得到广泛传播的所谓“七 S 管理分子”。

《追求卓越——美国最成功公司的经验》出版于 1982 年,是这四部著作中影响最大的一部。该书在问世后,仅在美国,第一年之内就销出了一百多万册,并荣登当年全美畅销书榜首,三年内共销出六百多万册。该书还被译为世界上几乎所有主要文字。1983 年 7 月该书日文版在日本发行,初版五万册两天内告馨,六个星期内售出 35 万册。1985 年 1 月,该书在中国内地的第一个中文译本出现,半年内两次印刷五万余册。此后的二十多年里,该书在中国内地又出现过多个中文译本,一直畅销不衰。随着该书的畅销,对该书的各种好评也如潮水般涌来,某大学校长说它是“里程碑式的管理学著作”,某著名企业家说它是“一本了不起的书”,甚至有人奉其为“工商管理圣经”。在全世界各类管理院校和培训中心的课堂上,在各种管理学的学术会议上,不提到这本书及其思想几乎是不可能的。这本书书名中所用的英语“卓越”一词(Excellence)成了“出色经营”、“杰出管理”的代名词,特指该书及其基本内容,甚至被作为专有名词而收入词典,引用时第一个字母须大写。随着该书的热销,该书的两位作者也成了红极一时的学术明星。作者之一托马斯·彼得斯(Thomas J. Peters)曾获康奈尔大学土木工程学士及硕士,斯坦福大学工商管理硕士和博士,因此书而成为企业文化理论的开创者和主要代表之一,在美国管理学界获得了极高的声誉,甚至被称为“商界教皇”、“管理领袖中的领袖”。另一位作者小罗伯特·H. 沃特曼(Robert H. Waterman),曾获科罗拉多州矿业大学工程学学士、斯坦福大学企业管理硕士,此前虽长期供职麦肯锡管理咨询公司,但声名平平,也因此书而成为美国著名管理学家和斯坦福大学企业管理学院兼职教授。成名后,他们的一套附录像带的培训教材可以卖到 2 万美元,一次演讲可以收费 2 万美元,他们也因此而迅速成为百万富翁。当然,他们的名声根本上还是来自他们出色的研究成就。从 1979 年开始,他们严格筛选出经营最成功的 43 家美国公司进行深入的调查研究,最后将这些公司的成功之道归结为八项管理原则:(1)贵在行动;(2)靠近顾客;(3)自主和企业家精神;(4)通过发挥人的因素来提高生产率;(5)领导身体力行,以价值观为动力;(6)不离本行,扬长避短;(7)组织结构简单,公司总部精干;(8)宽严相济,张弛结合。不难发现,这八项原则基本上都是与人有关的因素。这使两位作者“强烈地感到,优秀公司之所以优秀,是因为他们具有一系列独特的文化特质,这使得他们与其他公司大不相同”,因此他们认为“经理人员的根本任务是发现、归纳、丰富本组织的价值准则,并充分发挥它的作用。"①

《公司文化——公司生存中的礼仪与仪式》出版于1982年,是这四部著作中对企业文化的阐述最明确、系统和可操作性最强的一部。作者哈佛大学教授特伦斯·迪尔(Terrence E. Deal)和麦肯锡管理咨询公司顾问艾伦·肯尼迪(Allan A. Kennedy),不仅在长期研究中积累了丰富的资料,还集中在六个月时间里对80家公司进行深入调查,从而发现,任何一个成功企业的背后,必然有一套强有力的企业文化,这是其竞争成功的关键。企业文化是由企业环境、企业价值观、英雄人物、日常典礼仪式及文化网络等五项要素构成的系统。其中,企业价值观构成了企业文化的核心,其他要素则是对企业价值观的表现、强化与象征。他们还指出,人是管理中最为宝贵的资源,管理人最有效的方式就是通过文化的象征和暗示作用,用企业价值观所提供的行为准则和规范,引导人的行为朝着有利于实现企业目标的方向发展。

特别耐人寻味的是,进入20世纪90年代后,美国经济挟新经济之威持续强劲增长,日本经济却长期低迷,复苏缓慢而乏力时,人们不仅没有批评企业文化理论,反而继续从文化的角度来分析其中的原因。

3. 组织文化的功能

组织文化真的有那么神奇吗?它在组织管理中到底能起什么作用呢?凡事都有两面性,**组织文化的功能包括组织划界、组织认同、行为准则、控制手段等积极的功能和保守倾向与排外倾向等消极的功能。**

(1)组织文化的积极功能。其一,对外组织划界。组织文化对外可以起到组织心理边界的作用,使不同的组织之间相互区别、保

---

① 托马斯·彼得斯、小罗伯特·沃特曼:《寻求优势—美国最成功公司的经验》第16-17页,中国财政经济出版社1985年第1版。

持自我。当今的世界是一个开放的世界,不同组织间的接触、交流、融合等等必然越来越丰富而深刻。在这种情况下,一个组织,特别是一些实力、规模上相对弱势的组织,如何才能保持自我,不要迷失,根本就在于这个组织有没有强有力的文化,再单纯倚靠高墙深院、厚门大锁是没有用的。以电影市场为例,世界上电影市场最开放的国家是美国,但看外国电影最少的也是美国,法国人用了很多强制的办法限制美国电影的进口,但法国电影还是弱不禁风,日见式微。所以,在一个卫星电视、互联网、全球通手机、喷气客机已经成为普通人生活方式的时代,每一个组织管理者都必须有文化的自觉、文化的自我救赎。

其二,对内组织认同。组织文化对内可以使组织成员感到组织不是一个生硬的机构,而是一个活的有机体,在组织中除了经济利益、物质活动以外,还有自己认可和遵循的价值观念,有自己的感情寄托,有自己的事业和未来,从而可以使人产生归属意识,用文化的纽带使组织凝聚为一个整体,增强组织的稳定性。在充分发育的市场经济条件下,封建时代的人身依附与个人效忠不起作用了,计划经济时代的员工单位所有制与档案、户籍管理失效了,猎头公司开出的薪酬永远会比你付得起的薪酬更高,那么你还能靠什么来凝聚员工呢?只有文化上的认同。就好比犹太民族,在上千年的时间里,他们连国土都没有,但这个弱小的民族却没有消亡,靠的就是对犹太文化的认同。

其三,下属的行为准则。由于组织文化的存在,组织成员不再是单个的个人,而是信守共同价值观念的整体,人们不再只注重个人利益,还要考虑组织的整体利益,不再只注重作为独立的个人"我想怎么做",更要考虑作为组织的成员"我该怎么做"。中国人过去把这种自我约束称为"良心",并认为良心是某种先天的东西。其实这种自我约束就是一种作为组织成员的文化上的自觉。就好比一个在国内很随便的人,出了国门会约束自己的言行,因为他有"我是中国人,别给中国人丢脸"的自觉。其实出了国门,别说组织上的监督没有了，甚至连个熟人都没有，谁能管你呢？自己管自己而已。这也就是儒家学说所倡导的“慎独”。

其四，上级的控制手段。就像道德，在个人是自我修养，在社会是管理手段。组织文化对个人而言是文化意识，对于组织管理者而言就是一种软性的控制机制。在社会生活中，有法律约束的地方，人们依法办事，法律约束不到的地方，人们凭良心、道德感和价值观办事。对于组织管理而言，制度化的硬性管理只能控制人的外部行为，而且真正巨细无遗的制度实际上是不存在的，组织文化的软性管理则可以通过对组织成员内心世界的控制，达到一种自觉、自愿、主动的境界。

（2）组织文化的消极功能。其一，纵向的保守倾向。这是下属行为准则与上级控制手段的消极面。组织文化是一种传统，一种植根于组织成员内心世界的行为方式。它的形成是需要时间的，而一旦形成要想再改变它也是非常困难的。按照传统办事被认为的天经地义的、正常的，违背传统或改变传统会被理解为背叛的、反常的。当组织生存环境相对稳定、组织本身也健康发展时，这种传统作为维持现状的力量具有积极意义。但当组织生存环境发生了重大变化或组织绩效严重下降，必须通过变革与创新来提高组织的适应性与生存能力时，人们会发现，组织文化是一种惰性的、保守的力量，而且组织文化越是一种强势文化，“解冻”、“创新”、“挑战传统”等等就越是困难。

其二，横向的排外倾向。这是对外组织划界与对内组织认同的消极面。组织文化是具有排异倾向的，任何人要被组织所认可和接纳，就必须顺应和接受这个组织的固有文化，否则就会被视为“异类”，就要承受来自全体成员的巨大压力，直到或融入或退出为止。当组织需要共同奋斗、加强团结时，这种作用可以使整个组织“万众一心”，但当组织因缺乏生机和活力，必须从外部引入异质文化时，人们就会体验到排外倾向的消极作用。许多从资产、技术、市场等方面看起来非常理想的企业并购终于流产，或虽然资本并购成功却始终貌合神离、同床异梦,原因往往就在于此。

4. 建设组织文化的意义

(1)跨越式赶上世界先进管理水平。首先要承认,在管理方面,整体看来我们与世界先进水平确实有相当差距。例如,曾经有一段时间,我们上至中央,下至企业,都在推崇并推广一种被称为"满负荷工作法"的管理,其实也就是泰罗制而已。这种在西方早已成为管理ABC,甚至已经开始被质疑的管理理念,在我们这里居然还有那么多的管理者不知道,居然还在提高劳动效率方面起了那么大作用,我们管理的实际水平可想而知。在这种情况下,如果我们还沿着西方管理理论的百年发展史亦步亦趋地追赶,只能越赶差距越大,根本无法满足我国经济社会跨越式发展的需要。因此直接接触最先进的管理理论,跨越式赶上世界先进管理水平,应该是引进、推广组织文化理论最重要的意义。

(2)弥补我国硬性管理手段的先天不足。我国与发达国家先进企业搞组织文化建设的出发点是不同的。他们是因为传统硬性管理手段已经极其精致,潜力挖尽,希望在传统硬性管理手段之外再找到什么灵丹妙药。我们恰恰是在传统硬性管理手段不足,又要与发达国家先进企业同场竞技的情况下,希望利用软性管理来弥补硬性管理手段的先天不足。这好比同是给士兵做思想政治工作,美国人是在给了士兵最优厚的待遇,最先进的武器,士兵还是士气不振之后,于是总统亲自驾战斗机降落航母,给士兵打气,而我们恰恰是因为必须以小米加步枪的落后装备,打败装备精良政府军和侵略者,于是平时特别重视培养一不怕苦二不怕死的顽强作风,战时特别重视指挥员振臂一呼"共产党员跟我来"的先锋带头作用。

(3)整合我国思想政治工作的经验、传统、机构和人员资源。西方人过去在企业里是没有专门机构与人员搞组织文化建设的,思想工作一般是由社会上的心理医生和神职人员来做,所以日本企业聘请心理医生,建出气室的时候,很多人是感到很新奇的。而在我国的企业中,特别是在国有企业中,负责思想政治工作的专职机构与人员可称叠床架屋,做职工思想政治的经验与传统更是源远流长。我们完全可以通过组织文化建设,一方面解决多头管理之间资源整合,形成合力的问题,另一方面解决思想政治工作与经营管理两张皮,相互脱节,甚至相互掣肘的问题。

(4)发掘、利用我国传统文化的宝贵财富。我国是个历史悠久的文明古国,不仅有积淀深厚的传统文化,而且有内圣外王,重视德治,强调修养的社会管理理念和经验。所以若讲法制传统、民主意识等等,中国人不是最有资历的,但若说起组织文化建设来,相信我们应该是最有发言权的。

第二节　组织文化的实践

一、现行组织文化的诊断

进行组织文化建设,首先都必须如实地认识和了解当前实际运行的组织文化,并对其利弊得失做出符合实际的分析与诊断,然后才谈得到对症下药,拟定出符合实际的、有针对性的、个性化的建设方案。组织文化诊断的方法主要是行为识别和结构分析。

1. 从实际行为中识别组织文化

组织文化建设在我国已经相当普及了,只要是在管理上还比较规范的组织,一般都在组织文化上下过一番工夫。你到一个单位去了解它的组织文化建设,单位负责人会向你滔滔不绝地介绍一番本单位组织文化建设的光辉情况,办公室主任会送你一套图文并茂的组织文化手册并附有一张制作精美的光盘,点击单位的主页你会看到专门的组织文化栏目,走进办公地点你会看到大门口矗立着组织精神的金字招牌,墙壁上悬挂着组织作风的大字标语。但这真的是他们实际运行的组织文化吗？事实证明,大部分这种所谓的组织文化都是专门做给别人看的表面文章,如果仅凭这些来诊断组织文化,必定会误诊。这就好比我们了解一个人,他说自己是什么人并不重要,重要的是他内心是什么人。可人的内心世界是看不到的,于是我们就要看这个人如何为人处世。因为行为是内心支配的,为人处世的方式就是这个人内心世界的外化与表现。这就是为什么既要听其言,更要观其行。而且言与行如果不一致,那么我们只可信其行而不可信其言。看一个人是这样,考察一个组织也是这样。我们不是拒绝看那些写成大幅标语、刻成金字招牌、提炼成广告韵语的漂亮话,而是更注重一个组织怎么对待顾客、怎么处理售后服务、怎么对待员工、订立什么制度且如何执行这些制度等等。

2. 从理论分析中识别组织文化

我们已经有了关于组织文化的结构、层次、形态等理论知识,这些理论应该成为我们在组织文化诊断中对现行组织文化进行分析的工具。具体说,在组织文化的理论分析中特别要注意以下问题:

(1)结构是否存在缺陷。结构不完整、本末倒置等是组织文化一大常见病。例如,有的太"虚",即只有组织精神、组织哲学等空洞的口号,缺少行为、作风等组织文化的实现环节,结果组织文化就成了飘在空中的玄学,在实际管理活动中起不了作用。又如,有的太"实",即只重视甚至只有制度、规范、环境、标语等表面文章,轻视甚至根本没有宗旨、价值观、哲学等思想内涵,结果组织文化就成了给人家看的花架子,成了没有文化含量的文化。

(2)内容是否具有一致性。缺乏系统思考、内容抵触冲突、自相矛盾是组织文化的又一大常见病。例如,有的在组织精神里唱着开拓、进取、创新的高调,但规章制度又处处表现出墨守成规、因循守旧、歧视异端。又如,有的在组织精神里大讲质量第一、精益求精,但在实际管理中却往往是得过且过、下不为例。

二、慎重提炼组织的精神文化

在如实地认识和了解当前实际运行的组织文化的基础上就要

拟订组织文化建设的具体方案了。而拟订组织文化建设方案的第一步,也是至为关键的一步,就是要概括、提炼出组织宗旨、组织价值观、组织哲学等组织文化核心层面的精神文化。

1. 组织的精神文化要反映实际,不能只反映现行政策和长官意志

对组织精神文化的提炼概括首先要反映组织历史的和当前的实际,这是组织文化获得生命力的关键。例如,周恩来总理曾将"全聚德"三个字的含义解释为"全而无缺,聚而不散,仁德至上"。"全而无缺"反映了全聚德在产品与服务上的经营特色和对尽善尽美的追求;"聚而不散"反映了全聚德海纳百川的用人方针与企业凝聚力和对宾客的美好祝愿;"仁德至上"反映了全聚德坚持真诚服务、仁德为本,摒弃唯利是图的企业价值观。周恩来总理生前几十次在全聚德宴请宾客,对全聚德实在是太熟悉、太了解了,同时他又有高瞻远瞩的战略眼光和高超的概括和表达能力,所以才能用区区十二个字就精准传神地概括了全聚德从清同治三年(1864 年)创业一百多年来的兢兢业业的经营实践与历经六代传人而不改初衷的不懈追求。经过 30 多年的时间考验,20 世纪 90 年代组建全聚德集团时,周恩来总理的概括立即一字不改地为全聚德人所心悦诚服的接受。为什么周恩来总理的概括能有这样强大生命力?因为他的概括来自实际,反映本质,让全聚德人感到表达了自己的心声。为什么很多所谓"企业精神"只能贴在墙上,印在纸上,在组织成员中毫无号召力与影响力?因为它与生活无关,与员工无关,是少数人关在房间里生编硬造出来的,只反映政府当前的政策和组织本届领导人的长官意志。

2. 组织的精神文化要体现组织特色,不能只体现流行观念和绝对真理

没有个性的东西就是没有价值的东西。好比所有的老虎都是黄色的,唯有一只老虎是白色的,那这只白虎就是无价之宝。所以对组织精神文化的提炼概括必须反映组织的特色,否则就会像落在

茫茫大海中的一滴水,毫无价值。例如,在同仁堂“同修仁德,济世养生”的企业精神中,“同修仁德”反映了同仁堂的企业特色,它既有“全体同仁”同心同德,共创仁爱事业的含义,又有对客人“一视同仁”,无分贵贱,童叟无欺的含义,也有感谢客人照顾生意,与客人共同成就爱心善事的含义,还隐含着“同仁堂”的字号,而“济世养生”则体现了同仁堂作为医药行业的行业特色和行业追求,旧时行医称为“悬壶济世”,今人也能理解“济世”就是服务社会大众,“养生”就是致力健康事业。这样的企业精神别人偷不走,学不会,因为它只姓同仁堂,而且无论你把放在哪里,它也会在芸芸众生中鹤立鸡群,令人眼前一亮。但令人遗憾的是,这种有个性的组织文化太少了,大量的是只体现社会流行观念的文化垃圾或堆砌几句空洞苍白的绝对真理的平庸之作,千人一面,令人生厌。有人做过统计,在我国被用来概括企业精神的字眼中,很有一些是时髦的高频字,如“创新”或“进取”有 79% 的企业在用,“团结”有 53% 的企业在用,“求实”有 53% 的企业在用,“严谨”有 44% 的企业在用,“文明”有 26% 的企业在用。[①] 结果是无论你来到哪个单位,门口一律是斗大的金字招牌:开拓、进取、求实、创新,根本分不清它是管活人的医院,还是管死人的火葬场。

3. 组织的精神文化要相对稳定,不能朝令夕改

组织的精神文化就是组织的信仰、信念,就是组织的宗教,必须保持相对稳定,才能真正沉淀为组织的传统,生根于成员的内心,成为组织及其成员的世界观与价值观。因此,在概括组织的精神文化时一定要十分慎重,要经得起历史的考验,不能像组织的具体政策和策略那样随时调整。例如,日本的经营之神松下幸之助(1894—1989)1918 年正式创业,经过十几年的艰苦奋斗,直到 1932 年参观了一次宗教活动后,才终于明白“松下电器的真正使命,就是生产再

---

① 参见石秀印、张潘仕:《企业文化与领导手册》第 209 页,光明日报出版社 1990 年第 1 版。

生产,使物质变成无限多,使人们能够买得到便宜的东西,过上舒适的生活。……把这个世界变成一个物质丰富的乐土”[①],这也就是松下所谓“产业报国”的精神。松下幸之助因此将这一年称为“知命第一年”。就像一个年轻人经过东拼西杀终于明白了自己人生的意义和追求一样,松下电器从此虽历经经济萧条、二次大战、日本战败、战后饥饿、经济起飞、松下幸之助退休及去世等等风雨沧桑,产业报国的企业使命始终不渝。大家都了解,我们很多年轻人浮躁是因为信仰缺失、目迷五色、六神无主。其实我们很多企业短期行为、投机心理、“其兴也勃焉,其亡也忽焉”,同样是由于没有稳定的信仰、信念所致。

4. 组织的精神文化要简明直白,不能冗长玄虚

组织文化是要用于组织的实际管理的,不是用来搞学术研究的,所以对组织宗旨、组织价值观、组织哲学等的概括和表达必须简明直白,让每一个普通组织成员都能准确理解,牢牢记住。诺基亚的“科技以人为本”,不必任何解释,就把一个高科技企业决心以科技服务人类的企业宗旨表达的没有任何歧义。IBM 的“IBM 就是服务”干脆利落,企业的特色与追求令人过目不忘。可是我们很多企业把这些东西搞得很复杂,很玄虚,别说普通员工,恐怕连企业领导不看着企业文化手册都复述不清楚企业文化的内容。想想看,这样的文化能活下来吗?能在组织成员心中生根成长吗?能在实践中起作用吗?

三、特别重视组织文化的实现环节

不少管理者在实际管理中搞了一段组织文化以后就对组织文化没有热情和兴趣了,认为组织文化没有用。其实,组织文化究竟有没有用关键取决于你是不是用。就是说,搞组织文化建设要特别

---

① 江新:《松下幸之助创业之道》第 301 页,北京燕山出版社 1997 年第 1 版。

注意观念形态向现实形态转化,也就是要高度重视和具体落实文化创造环节的工作。我国一些学者将这个环节形象地称为组织文化的"落地"。要让组织文化真正落地生根,成为有组织有生命活力的组成部分,至少需要抓好三个方面:

1. 要有一个科学合理的发展战略

松下公司"知命第一年"的时候,员工不过一千余人,销售额不过一千三百万元,以这微薄的力量要完成在世界上彻底消灭贫穷的企业使命简直是遥不可及。但松下幸之助不是一个空想家,而是一个脚踏实地的实干家。他为这个使命制定了二百五十年的长远战略规划。他把二百五十年分为十个阶段,每个阶段二十五年,刚好是一代人工作的时间。再把每个阶段的二十五年分为三期,第一期十年是建设时代,第二期十年是活动时代,第三期五年是贡献时代。一代人干二十五年完成一个阶段后,由下一代人再完成下一个阶段。"依此类推,直到第十个阶段。换句话说,二百五十年以后,要把这个世界变成一个物质丰富的乐土"。①

2. 要有一套严谨有效的工作作风

同仁堂有"同修仁德,济世养生"企业精神,但企业精神不是药,治不了病。要真正实现"同修仁德,济世养生"的追求,还必须生产出能实实在在治病的药品。所以同仁堂还有"炮制虽繁必不敢省人工,品位虽贵必不敢减物力"的工作作风或说行为方式。通过这个环节,观念的生产力才变成了现实的生产力,对好药的追求才变成了真正的好药,这就是所谓精神变物质。

3. 要有一步一个脚印的苦干实干

讲"高科技",讲"以人为本",在一般企业可能是时髦而已,但在诺基亚,"科技以人为本"更是具体的行为。例如,别的企业设计手机请的是工程师,追求的是技术的先进性,而诺基亚设计手机不仅请工程师,还请艺术家,并吸取用户反馈,结果诺基亚手机不仅质

---

① 江新:《松下幸之助创业之道》第 301 页。

量好，而且手感舒适，软件人性化，易操作。正是靠了“科技以人为本”的企业文化，技术并不是最先进的诺基亚手机却曾长期在世界几乎所有手机市场上都遥遥领先于对手。你还能说组织文化没有用吗？

四、保证组织文化的内在一致性

健全的人格应该具有内在的一致性，否则不是精神分裂的病态人格，就是心口不一的伪君子。搞组织文化建设也必须保证保证组织文化系统内部和组织文化实践各个环节、方面的内在一致性。

1. 组织文化系统的一致性

所谓组织文化系统的一致性就是文化意识、文化创造、文化成就等各个层次之间，精神文化、行为文化、制度文化、物质文化等各种形态之间，要保持内在的协调和一致。例如，松下电器在文化意识层次，企业使命是创造更丰富、更便宜的产品来造福人类，位列其七大价值观之首的是产业报国；在文化创造层次，二百五十年的长远战略规划着眼于建设物质丰富的乐土，具体的技术研发与市场开发采取跟踪与引进策略，不求最先进，但求大批量、低价格；在文化成就层次，松下的物质产品不一定是最好的，但一定是好卖的，松下的管理制度是非常人性化的，即使遭遇危机也不轻易解雇员工，松下的精神控制是非常严格的，员工每天都要高唱公司歌曲，背诵公司精神。整个松下企业文化就像一个思想成熟的长者，深思熟虑，处处贯通。

2. 组织文化理论与组织管理实践的一致性

在实现组织文化传递的诸环节中，管理导向应该是中心环节。为此在管理实践中应该做到上下一致，前后一贯，左右协调，软硬互补。

所谓上下一致就是说组织管理的各个层次中，管理理念必须是一致的，尤其是中层、基层的管理理念与高层的管理理念必须一致。

当组织达到一定规模后,高层管理者不可能事必躬亲,其管理理念必须通过中层、基层的管理来得到贯彻和实现。如果中层、基层的管理者各行其是,就会出现“肠梗阻”。所以选择好并有效监督一支认同组织文化的干部队伍是非常重要的。

所谓前后一贯就是说组织管理的各个阶段、时期必须保证核心价值观的稳定。不能朝三暮四,二三其德,使组织成员无所适从。特别是组织的高层管理者进行调整时,组织文化也必定会有相应的调整甚至转型。这时就尤其应当慎重,尽量避免因人事调整引起过分的文化震荡。

所谓左右协调就是说组织管理的各个部门应当相互协调,不能各吹各的号,各唱各的调。这不是说各部门不容许出现亚文化,而是强调主文化必须处于强势地位。如果在组织文化强调质量第一的时候,虽然质检部门坚持质量第一,但财务部门借口压低成本而对低质产品网开一面,市场部门借口市场竞争而热衷于低质低价,那么必然是谁坚持质量第一,谁得罪一线员工,质量第一的原则会自动地土崩瓦解。

所谓软硬互补就是说组织的制度管理与文化管理应该相互补充、互为倚助。如果一方面是天天宣传质量第一,另一方面却只有数量第一的制度,没有质量第一的制度,数量第一是硬指标,质量第一是软指标,那么质量第一的价值观念就始终是形式主义的口号而已。

五、选择好组织文化的载体

所谓选择组织文化的载体,就是为组织的宗旨、使命、价值、精神等等“虚”的东西,寻找一个具体的、可感知的形式与依托,让它更好地走入每个组织成员的工作与心灵。

1. 标语、口号

所谓标语、口号,就是用一些短语、词组、单词等高度概括的形式来表达组织文化的宗旨、目标、信念、使命等。标语、口号的优点是通俗、简明、易上口、易记忆、易传播。正是因此,它在我们这个国民教育水平普遍偏低的国度里极为普及。例如,当年中国共产党人号召土地革命的时候,不是给农民讲推翻封建土地制度的理论根据和伟大意义,而是提出了一个让每个无地少地的农民都会热血沸腾,每个地主富豪都会心惊胆战的口号:“打土豪,分田地。”这不仅比抽象的土地革命理论更容易让农民接受,而且比历史上文人提出的“耕者有其田”、“平均地权”之类口号更有号召力。

2. 典礼、仪式、礼仪、歌曲

典就是制度,礼就是仪式,所谓典礼就是制度化的仪式。用某种规则化、程式化的东西来表达情感,规范行为、界定关系,是人类的一项古老传统,在中国儒家的社会管理思想中尤其发达。今天我们升国旗、奏国歌、入党宣誓、唱公司歌曲等都属此类。松下公司是日本最早有公司歌曲的企业之一。每天早晨,全公司八万七千多人会排着整齐的队伍高唱公司歌曲,背诵公司七大精神。不理解的人往往讥讽这有些像宗教,殊不知松下幸之助正是从宗教中悟出了管理之道。用松下员工自己的话说,“我们每天早上一起唱着公司歌曲就感觉到我们整个公司是一个整体。”

3. 标识体系、物质象征

基督教的十字架,让人在想到耶稣受难的时候,也忏悔自己。哥特式教堂高高的尖顶会把人的思想引向天堂,使人不由自主地庄严肃穆起来。军队的军衔肩章规范着人际关系,军旗、帽徽上的五星提示着党指挥枪的建军原则。凡此种种,不一而足。

4. 典范、榜样、模范群体、企业英雄。

组织文化不仅可以由事物来象征,还可以由人物来代表。大庆的企业精神就是王铁人的精神。王府井百货大楼的企业精神就是张秉贵的精神。当企业精神之魂附于企业英雄之体时,企业文化就真正成了活生生的、可感知的东西了。

5. 创业故事、企业传奇、奋斗史、荣誉史

真正看得懂史书《三国志》的人并不多,绝大多数人是通过读三

国小说、看三国戏曲、听三国评书来认识曹操和孙权，接受中国传统的忠义文化的。熟悉海尔集团企业精神的人并不多，但通过"张瑞敏砸冰箱"的故事，了解了海尔质量观念的人可不少。这对我们也应该有所启发。

6. 内部传媒

文化是信息，必须借媒体方能传播。拜技术进步所赐，现在可资利用的媒体资源既方便，又廉价。举凡闭路电视、局域网、公司网站、内部刊物、电子邮件、博克等等，都是效率很高，而且为员工所乐于接受的传播媒体。

7. 教育培训

文化不是本能，需要灌输。在松下公司，员工必须接受两种培训，一是技术培训，二是文化培训。在文化培训中，每位员工每两个月一次要就企业价值观及其与社会的关系谈十分钟的感想。通过反复灌输，不熟悉的变熟悉了，熟悉的成为习惯了，习惯的成为自然了。而自然而然，这正是组织文化追求的最高境界。

8. 制度体系

各种规章、制度、纪律、准则、职业道德等等不仅应该只是管"事"的，也应该是体现"文化"的。在 3M 公司、惠普公司都有"实验室实验材料库开放制度"，它们是公司鼓励创新的组织文化最具体的体现。

六、全方位、全天候、持之以恒

组织文化的建设必须坚持全方位、全天候、持之以恒，决不能企图朝发夕至、立竿见影。一方面，这是因为文化离不开传统，甚至可以说文化本身就是传统，没有传统就没有文化。松下公司的"七大精神"自二战前提出至今已七十余年。全聚德的文化积淀从 1864 年创业至今已六代相传一百四十多年。同仁堂的历史更超过了三百年。这不是说新创业的企业就不要搞组织文化建设了，而是提示我们,如果不肯在持久努力上下工夫,企图搞几次宣传教育,喊几句口号就要它起到什么作用,这只是幻想。另一方面,也是因为我们所面对的不是灵魂如一张白纸的小孩子,而是世界观、人生观、价值观均已定型的,能够理性思维、有独立主见的成年人。要想让这样的人改变内心世界,真正自觉接受一种价值观念,绝非易事。总之,精神生产有不同于物质生产的规律。几百万元广告费花出去,企业的知名度立刻就会高起来,这之间的响应速度和相关关系可以用数学来计算。而组织文化建设却不能急功近利,只能是功到自然成。

案例分析　　惠普公司是怎样"尊重个人价值"的

惠普公司有一项非常重要的企业精神"尊重个人价值",也就是在其他企业经常能听到的"以人为本"。不过与其他企业不同的是,在大多数企业里,你只能"听"到"以人为本",而在惠普,你更能"感觉"到"以人为本"。惠普的做法是:

1. 企业宗旨

公司宗旨明确写明:"组织成就乃系每位同仁个人共同努力之结果"。

2. 企业管理

(1)管理。公司实行走动式管理。主管们不是坐在办公室里看报表或听汇报,而是不拘形式、时间、地点,以"巡视现场"、"喝咖啡"等方式实现上下左右的直接、及时、充分的沟通。绝大多数问题在刚刚出现时就以这种在其他企业看来"非正规的方式"解决了。

(2)关系。公司任何人之间交往都不拘礼仪,不分级别身份,不冠头衔,直呼其名。

3. 公司制度

(1)考勤。公司没有打卡机,不搞集体考勤,实行弹性工作时间,员工有充分的自由按自己认为最有利于完成工作的时间和方式,来达到公司规定的目标。

(2)雇佣。公司实行终身雇佣制,即使是在经济衰退时期也不解聘任何员工,而是采取包括总经理在内,全员减薪 20%,减工作量 20% 的办法,与员工一起共渡难关。

(3)实验室。公司实验室实行“开放实验室备用品库”的管理制度和政策,全天开门。工程师们为了搞研究,一切实验用品可以随时任意从库中取出并拿回家个人使用。

上述这种似乎没有管理的管理,使员工表现出无穷的干劲和忘我的热情,他们以公司的成就为骄傲和自豪。

问题:

1. 你怎么看待惠普的做法?

2. 你所在的单位倡导“以人为本”吗?他们是如何做的?

本章小结及对管理者的意义

本章介绍了组织文化的实质、形态、结构、功能以及建设组织文化的意义等组织文化建设的一般理论问题,探讨了组织文化的问题诊断、精神提炼、实现环节、一致性、载体以及全方位、全天候、持之以恒的一般要求等组织文化建设的具体实践问题

组织文化理论是管理理论的前沿,对于管理者而言,认识了组织文化理论,就是站在了管理理论的前沿。

本章主要概念

文化　　组织文化

本章复习题

1. 什么是文化?文化的结构是怎样的?文化有哪些形态?文化有哪些功能?

2. 组织文化的实质是什么?组织文化的结构是怎样的?

3. 组织文化的核心层是什么?有哪些具体内容?

4. 组织文化的形成层是什么?有哪些具体内容?

5. 组织文化的表达层是什么？有哪些具体内容？

6. 组织文化的积极功能和消极功能分别有哪些？

7. 我国开展组织文化建设的意义是什么？

8. 建设组织文化应该做好哪些方面的工作？

本章思考题

1. 作为社会现象的组织文化与作为管理科学的组织文化有什么相同与不同？

2. 你怎样理解组织文化的“里”与“表”、“本”与“末”以及它们的关系？

本章阅读书目

1. [美]斯蒂芬·P. 罗宾斯:《组织行为学》,第17章,中国人民大学出版社,1997年第1版。

2. 石伟:《组织文化》,第1、2、4章, 复旦大学出版社,2004年第1版。

3. 王成荣:《企业文化大视野》,第1、5章,人民出版社,2004年第1版。

第十二章　组织发展、组织变革与创建学习型组织

本章要点

- 组织发展及其技术
- 组织变革及其模式
- 创建学习型组织

引　子

一家美国公司和一家日本公司各自组队在密西西比河上进行赛艇比赛。结果日本队领先一英里而获胜，美国队因失利而士气低落。美国公司的管理层决心找到失利的原因，成立了一个由各部门经理组成的专门工作小组。工作小组经过深入研究后认为失利与组织结构有关，日本队是八个人划船而一个人掌舵，美国队是一个人划船而八个人掌舵。他们建议聘请专门的管理咨询公司进一步研究。在花费了相当的时间和费用后，咨询公司提出了报告，不仅证实了工作小组的判断，而且提出应该明确具体的管理职责。公司管理层接受了工作小组的建议和咨询公司的报告。调整后的赛艇队设四名总掌舵经理、三名地区掌舵经理和一名普通掌舵经理，并为划船的人设计了一套包括物质激励和精神激励的激励系统。然而美国队又输了，日本队领先二英里。公司管理层终于认识到是公司战略有问题，于是决定，赛艇队为降低成本而解散，划船人因能力太差而解聘，原计划用于激励划船人的奖金一部分发给工作小组作为对其研究建议的奖励，另一部分支付给咨询公司作为对其咨询报

告的奖励，卖掉赛艇并收回第二艘赛艇的研发及购置投资，改投橄榄球队。公司的股价开始回升。

组织的发展、变革及建设学习型组织都是着眼于组织的“变”，想想看，组织为什么要“变”？如何“变”？

第一节　组织发展

一、组织发展及其价值观

当达尔文的生物进化论被介绍到中国来的时候，它被概括为“物竞天择，适者生存”。其实这不仅是生物进化的原则，也是人类及其社会组织的生存与发展原则。当今的世界是一个变化越来越迅速，越来越深刻的世界，任何生存与发展于其中的组织与个人如果不能通过主动的自我完善与更新来适应这种变化，就必然要被淘汰。本章所讲的组织发展、组织变革以及创建学习型组织，正是从不同的角度来研究和解决这一问题的。

所谓组织发展，就其在组织行为学中的意义而言，是对一系列通过增进组织成员的成长来提高组织成员满意度和组织有效性的技术的总称。事实上，关于组织发展一向并无明确定义，其内涵、界限及具体内容也颇多歧见，但无论具体观点如何，组织发展的下述人本主义观念基础都是相同的：

1. 尊重个人

组织发展理论认为，作为组织成员的个人都是有责任感的、明智的、理性的、关心他人的、关注组织成长的、有事业心的、渴望成长和成功的、有尊严的、应当受到尊重的。

2. 相互信任

组织应当是健康的和有效的，组织中的气氛应当是互信、互助、真诚、开放的，组织中的人际关系应当是和谐的、令人愉快的。

3. 倡导民主

组织发展不关注权力等级、权威、控制、操纵、强制，而强调人在工作、发展、人格、智慧等方面的权利上是平等的。

4. 正视问题

不应该回避问题，不应该掩饰问题，而应该正视问题，将发现问题和解决问题作为组织发展的途径。

5. 推动参与

提高透明度，实现信息共享，提高组织成员的主动性，为组织成员创造更多的参与改革和决策的机会。

二、组织发展的技术

组织发展的常用技术主要有敏感性训练、拓展训练、调查反馈、过程咨询、团队建设等。

1. 敏感性训练

敏感性训练亦称交友小组、训练小组（T 小组）、实验室训练等，是一种通过开展小组内成员间的互动来改变他们行为的技术。我们在实际工作中常常会发现，有不少人只会做事，不会为人，就是说有的人工作能力、技术都不错，但是不善于与人打交道，结果遭遇很多尴尬和困窘，降低了满意度，最终也降低了工作绩效。这时就可以用敏感性训练给他们以帮助。

敏感性训练的方法是，首先，组建一种由若干组织成员组成的专门用于训练的无结构小组，小组内不设专门的领导，形成一种完全平等、自由开放的小环境。然后，小组成员在小组中充分表达自己的观点、信仰、态度、价值观念，讨论对自己、他人、自己与他人关系等等的认识。小组中有专业的组织发展顾问来引导训练，但他并不是领导，不去告诉组员学什么、怎么学，只是为小组成员创造更充分表达与讨论的机会。

敏感性训练的目的是，使每个参与训练的人都能更清醒而明确地认识自己、自己的行为以及他人如何看待自己，学会表达，学会说服，学会倾听，学会交流，学会设身处地从他人的角度考虑问题，学会在人际交往中更加坦诚，更能容忍不同意见和行为，学会处理人际冲突。

敏感性训练的好处是，那些不能正确认识自己的人，如过分自负或自卑的人，可以更现实地认识自己；那些不善交流的人，如过分内向、孤僻的人，可以学会表达和交际；群体内的人际关系更丰富融洽，凝聚力更强，恶性冲突更少，相互关心和了解更多；个人能更好地融入群体之中等等。

2. 拓展训练

拓展训练亦称外展训练，是通过开展经过预先设计的小组活动来改变成员行为的技术。拓展训练起源于二战期间英国的海员海上生存能力训练。由于这种训练不仅练习了生存技巧，也锻炼了身体和意志，所以战争结束后，许多人认为这种训练仍然可以保留。于是拓展训练的独特创意和训练方式逐渐被推广开来，训练对象由最初的海员扩大到军人、学生、工商业人员等各类群体，训练目标也由单纯的体能、生存训练扩展到心理训练、人格训练、管理训练等。比较常见的拓展训练项目主要有室内互动游戏，如瞎子背瘸子、手语沟通等；室外器材训练，如断桥、背摔、天梯等；野外生存训练，如行军、野炊、露营、攀岩等。

拓展训练的活动一般具有如下特征：

其一，针对性与目的性。拓展训练的活动都是经过专门设计的，训练内容一般都有很强的针对性，因此组织者可以根据培训目的与实际需要选择相关项目。例如。例如针对新员工的基本素质训练、社会适应性训练，针对老员工的团队意识训练、潜能释放训练，针对管理干部的领导能力训练、沟通能力训练等。

其二，群体性与互动性。拓展训练的活动多为小组活动，突出群体成员之间的互动，对团队意识、合作能力、沟通能力、领导能力等等的培养，是其他任何学习与培训形式所无法代替的。

其三,体验性与趣味性。拓展训练以有一定刺激强度和趣味性的活动为主要形式,受训者成为活动的主体,参与性很强,而且没有空洞枯燥的说教,受训者的通过亲身体验和内心感悟来接受新观念,开发潜能,完全不同于被动的书本学习和课堂学习,所以特别受到年轻人的欢迎。

3. 调查反馈

调查反馈是一种评估组织成员的态度,识别并克服组织成员之间认知差异的技术。我们在实际工作中常常会发现,大家对工作有意见,但没有表达的机会和渠道,或者表达了也不起作用,还有时根本就是相互的误解影响了大家的工作关系和人际关系。这类情况就可以由管理者主动开展调查反馈来实现充分的沟通和问题的解决。

调查反馈一般是在一个工作部门内进行的,通常由部门管理者担任调查主持者,由部门成员作为调查参与者。调查可分三步进行:

第一步是填写调查问卷。问卷的内容主要是了解组织成员对组织决策、组织沟通、部门间的合作,对组织、工作、同事、直接上级主管的认识、理解和满意度等等。当然这一步工作也可以通过谈话等其他方式来进行。组织中的全体成员都可以参加调查,但最主要的是本部门的组织成员,包括部门的管理者和他的直接下属。在这一步中,调查主持者应该讲清调查对解决问题的意义,使调查参与者能放下包袱,认真、如实、充分地表达自己的观点。

第二步是讨论和确定问题。调查主持者对问卷中的信息进行统计、分类,再返还给调查参与者,组织大家通过充分讨论来确定问题、澄清问题。在这一步中,调查主持者应该鼓励调查参与者充分发表意见和建议,并特别强调针对存在的问题和对问题的不同观点进行讨论,不要发展为人身攻击,即所谓“对事不对人”。

第三步是解决问题。对讨论确定的问题提出对策与方法,做出解决问题的承诺并实际解决问题。在这一步中,调查主持者应该引导调查参与者关注可行性、关注责任人、关注最终结果。不能是“不说白不说,说了也白说”。

4. 过程咨询

过程咨询是一种借助咨询顾问亲自参与工作过程来发现问题、理解问题、确定解决问题方法的技术。我们在实际工作中常常会发现,有时管理者已经感觉到工作绩效还可以改进和提高,可又不知道影响绩效改进和提高的问题究竟出在哪里,用什么方法才能解决这些问题。这时就可以从部门外或组织外聘请顾问来进行过程咨询。

这种咨询不是针对不能让人满意工作绩效和工作结果的,而是针对不完善、有缺陷的工作过程的。具体说就是,首先让顾问参与实际的工作过程,然后由顾问在与管理者共同工作的过程中,帮助管理者去认识、分析其在管理中必须处理的关系和事情,最后由管理者自己解决问题。注意,顾问在这个过程中并不是去代替管理者解决具体问题,而只是向管理者指出问题所在和解决问题的关键。形象地说,顾问的身份不是解决问题的医生,而是指出问题所在和提供解决问题方法的教练,最后将球踢进球门的是运动员而不是教练员。之所以进行这种咨询,一是由于往往“当局者迷,旁观者清”,二是在共同工作过程中,管理者也向咨询顾问学会了发现问题、分析问题和解决问题的方法,所谓“授之以鱼,不如授之以渔”。

5. 团队建设

组织中的工作都是由存在着一定的人际关系的群体(如科室、车间、班组等)来完成的。但不同性质的工作任务对于人际关系的依赖程度是不一样的。比如说,一支足球队在运动会上的成绩完全依赖于全体队员的通力合作,再好的球星也不能一个人包打天下,而一支田径队在运动会上的成绩虽然也有赖于全体队员的共同努力,但更多的是依赖于全体队员成绩的机械相加,而不是他们的有机配合。我们将那种人际关系对工作任务的完成具有决定意义的群体称为团队,把自觉依靠集体力量完成工作任务的协作意识称为团队精神,把培养团队精神,增强协作能力的组织发展技术称为团队建设。

团队建设一般采取讨论会的形式来进行。讨论会有三种类型:

第一种是团队诊断会,即针对团队的当前的工作情况,组织团队全体成员、上级代表、有关专家顾问共同参加团队讨论会,与会者公开发表看法,评论工作绩效,分析存在的问题,最后共同制定改进措施。

第二种是团队建设会,即针对团队中某个成员工作或人际关系方面出现的问题,请专家顾问先进行调查研究,然后在团队讨论会上将自己得到的有关信息反馈给本人,最后在团队讨论的基础上,运用自己的专业知识进行分析并引导本人解决问题。

第三种是角色作用分析会,即针对团队成员因职责不清、角色不明等原因而担心增加额外工作负担、产生人际矛盾、影响工作绩效等等情况,组织全体团队成员公开讨论,明确职责,认清角色,减轻思想负担,从而提高工作绩效,优化人际关系。

总的来讲,各种形式的团队建设都能起到发现问题、确定关键、找到措施、提高绩效的作用。更重要的是,可以使团队成员及整个团队提高解决问题的能力,沟通与协调的能力和合作共事的能力。

案例分析　　他们为什么在成功的时刻离开?

英特尔公司从创立初期起就决意要发展为跨国企业。公司1968年成立,1969年时公司员工才一百多人,1972年时营业额才900万美元,但1973年起就开始在马来西亚设厂,而后是以色列、爱尔兰等等。至20世纪90年代中期,分布在世界各地的英特尔子公司已有三十余处。因此英特尔简直就像一个小型的联合国,聚集着大批来自世界各地、操着不同口音、有着不同文化背景的员工。这就带来了一个极为重要的问题,如何帮助他们顺利融如入英特尔。

促使公司重视这个问题的是1982年一次大规模人才外流事件。那次外流的技术人员中,中国人占了相当比例。人才是高科技公司的血液,无论是技术创新,还是经营管理,都离不开人才的推动。特别是头脑聪明,埋头苦干的华裔工程师,更是英特尔不可或缺的中坚力量。其实英特尔向来对员工是坚持人人平等、一视同仁的,不会存在种族歧视或文化偏见的问题。而且这时正是新产品80286设计完成的时候,公司上下欢欣鼓舞,这些人为什么却选择了默默离开呢?是不是外界的诱惑太多了?是不是有成就、渴望发展的人更容易被诱惑?似乎是,又似乎不是。于是公司决定让也是华裔的几位管理人员研究其中的症结所在。

他们分头访问了许多仍然在职和已经离职的华裔工程师以了解真相。有些被访者说:"英特尔开放、直接、甚至允许冲突和对立的企业文化与含蓄、以和为贵的传统中国文化大不相同,因此很难适应。"也有些被访者说:"我们受到英语能力的限制,结果卖力工作却未获得应有的承认。"看来不是工作的问题,也不是待遇的问题,而是与人打交道的问题难住了中国人。于是公司决定举办一个小型研讨会,来探讨这个问题和解决这个问题的办法。

1983年春天,第一次研讨会在一家中国餐馆试办。为了达到充分互动,会议规模不大,大约有二三十人,而且邀请了三位华裔管理人员现身说法,和与会者一起探讨沟通问题及事业生涯的规划。尽管与会者都做了充分准备,但开始的二十分钟里大家都在观望,气氛比较沉闷。可是一旦进入对公司的适应性这个大家共同关心而且有切身体会的话题时,气氛立即活跃起来。"喔,原来你也这样,我以为只有我是……"长期压抑的心情顿时得以释放。三位现身说法的华裔管理人员都是第一次公开自己的成长经验。他们的经验成了管理教学中的"案例",引起了现场的热烈讨论。到晚餐的时候,大家已经剥去了职业面具,像老朋友一样闲话家常,甚至互开玩笑。与会者也提出了不少好的建议。如希望公司举办一些训练课程,来帮助大家提高英语表达与写作技巧,希望与成功融入公司文化的人士保持交流,甚至想请他们做自己的"英特尔生涯导师"等等。公司将这些建议集中起来,成立了英特尔"多重文化整合委员会”,并在定期的聚会中举办各种交流活动。

1983 年秋天,在普通美国人准备传统的圣诞庆祝活动时,英特尔公司决定举办盛大活动庆祝中国新年的来临。1984 年 2 月,英特尔的第一次中国新年晚会成功举办。近百名英特尔员工自费出席了这项盛会。其中包括葛洛夫、摩尔、维达斯、庾有澄等公司创始人及高层人士。

以后,英特尔又将类似活动从让华裔员工适应公司扩展到让公司管理人员了解华裔员工,从针对华裔员工扩展到针对日本人、以色列人等等。现在,英特尔的规模已经是 1982 年的几十倍,员工种族与文化背景也更加复杂,但类似 1982 年那样的大规模人才外流现象却再也没有发生。

问题:

1. 华裔员工选择离开英特尔的根本原因是什么?

2. 英特尔是怎样帮助这些华裔员工的?

3. 英特尔为什么要帮助这些华裔员工克服并非公司责任的个人困难?

第二节　组织变革

一、组织变革及其动力与阻力

1. 组织变革及其目的

所谓组织变革,简单地说,就是组织根据环境的变化,自觉进行的有计划的自我改革与调整。举凡平常我们所谈到的组织结构的调整、新技术与新方法的引进、改变环境的努力、人员的培训等等都属于组织变革的内容。

组织变革的目标主要有两个,一是提高组织适应性,二是改变成员行为。

(1)提高组织的适应性。当今世界的变化越来越迅速,越来越深刻,甚至已经呈现出某种跳跃式的发展特征。如果说物竞天择,适者生存的道理在150年前是只有少数科学家才懂得的前沿科学理论,在50年前是需要进行科普的高深科学理论,那么在今天它已经是每个人,特别是每个组织管理者都必须懂得的第一生存原理,要么变革,要么死亡,没有第三种可能。

(2)改变组织成员的行为。组织是组织成员构成的,组织变革成败的关键在于组织成员是否合作以及如何合作,所以任何组织变革计划都离不开对组织成员行为的关注和改变,最终也无不是为了并体现为组织成员行为的改变。没有组织成员行为的改变,任何组织变革都是毫无意义的。

2. 组织变革的动力

(1)组织环境的变化。组织的环境包括社会环境与任务环境。社会环境是指组织存在与发展于其中的宏观社会背景与条件,如世界经济与政治形势的变化、国内经济体制与政治体制变革、政府机构变革及政策调整、社会风尚与价值观念的变化等等。任务环境是指组织实现自身目标过程的微观环境,如竞争对手的变化、市场的变化、利率与汇率的调整、环保条例的修改等等。组织是生存和发展于一定环境之中的,环境的变化必然推动组织的变革。例如,20世纪70年代末以来,世界政治局势逐步走向缓和,建立在世界大战可以避免,和平与发展成为当今世界两大主题的国际形势新判断基础上,我国一举裁减军队员额100万。由此带来的是,军工产品订单锐减,军工企业普遍开工不足。一向吃惯了"皇粮"的军工企业必须面向市场,军品与民品并举。于是引发了转变思想观念、调整组织结构、调配技术力量、开发军转民项目、转化适用技术等等一系列组织变革。如果没有世界形势的变化及我国政府对世界形势的新判断,怎么能想象一向贵为"天之骄子"的航天企业会设立什么市场部呢?

(2)组织目标与价值观念的变化。组织变革的动力不仅来自组织外部,也来自组织内部。其中组织目标与价值观念的变化又是内部动力中最主要和最根本的动力。从价值观念来说,组织从原来的计划导向转变为市场导向,从向国家计划负责转变为向消费者负责,从重产品的数量与质量到重产品的适销对路等等,都必然会导致组织变革。从组织目标来说,业务发展,经营方向调整,资产重组、经营多元化等等,也必然会导致组织变革。比如,首都钢铁公司因临近大都市,作为主营业务的钢铁生产发展受到限制,于是开始调整业务结构,进军金融、房地产及电子高科技领域。但是如果不进行企业改制、兼并,引进专业人才,建立新生产基地等等组织变革,它难道用炼钢炉生产半导体晶片,让冶金工程师去改行当建筑工程师吗?

(3)技术的变化。技术的变化也组织变革重要的内部动力之一。比如,上海的梅林正广和公司本来是一家以食品为主营业务的传统公司,一向经营业绩不错,但当网络技术迅速进入商业领域时,它就必须以网络技术为依托,重新整合资源,开拓电子商务。如果它能适应并跟上技术的进步,它就既有传统商业企业所没有的新型资源,又有刚刚进入商业领域的网络新贵们所没有的传统资源,成为所谓"鼠标 + 水泥"的新型企业,从而获得前所未有的生机和活力,否则这个传统名牌企业就必将为新经济所淘汰。而一旦涉足电子商务,就绝不仅仅是买几台服务器的问题,而是整个经营模式、经营理念的根本变化。

(4)员工的变化。随着社会的进步和组织本身的发展,文化水平更高并且拥有专门技能的"新新人类"在不断增加。他们更渴望成功,有更张扬的个性与独立人格,有更丰富复杂的内心世界,组织传统的薪酬政策能让他们满意吗?传统的成长阶梯与上下级关系他们能容忍吗?组织对他们有足够的凝聚力吗?

(5)管理理论与方法的变化。组织管理的理论与方法的变化也是组织变革的动力之一,像以人为本、组织文化、学习型组织等新型管理理论的普及和应用,当然也会推动组织变革。无法想象,如果没有以人为本的管理思想，专门搞计算机芯片的高科技企业英特尔公司里面怎么会有一个“多重文化整合委员会”，怎么会给华裔员工过中国年、办英语学习班。

3. 组织变革的阻力

（1）组织文化的惯性。组织文化本身就是一种传统和维持传统的保守力量。组织中的各种规章制度、工作程序、工作职责说明、培训、绩效评估与奖惩办法、以往的成就与荣誉、企业英雄等等无不是强化现有组织文化的保守的力量。所以任何变革都不是某一个局部的改变，而是向整个组织文化传统挑战，会被理解为背叛、异想天开、旁门左道等等。

（2）保护既得利益。现有的权力分配、专业技术与知识的掌握、信息占有、角色地位、奖惩及薪酬制度、晋升及其他资源占有等等，都构成了一种利益格局，都会有既得利益者。对既得利益的保护是人的本能，当然也是任何组织变革的阻力。例如，引进自动化设备必然会引起技术工人对自身既有地位、既得利益的焦虑。

（3）不公平感。组织变革实际上是一种资源和利益的再分配，而这种再分配不可能是绝对均衡和同步推进的。换言之，令所有人都叫好的十全十美、绝对公平的变革方案是不可能有的，那么自然不平则鸣。例如，在薪酬制度上打破平均主义大锅饭，能干的人当然会击节叫好，可滥竽充数的人则必然坚决反对。

（4）不安全感。组织变革的后果是动态的、不确定的，很容易引起人们的忧虑，触发安全需要的觉醒。例如，“你说改成竞争上岗以后，工资待遇会提高，可我还能上岗吗？”“我已经干到58岁了，本来再有两年就可以安全退休了，现在要改革退休制度，我还能老有所养吗？”

（5）误解。对组织变革的目的、措施、结果等等的认识模糊乃至认识错误，也是组织变革的阻力之一。例如，“什么公平竞争，明明是专门为难我”，“改革还不就是当官儿的想法儿治当兵的”，“现在这样不是挺好吗，改革纯粹是没事找事”等等。

这里要特别说明的是，不要简单化地认为，组织变革的动力就是好的，组织变革的阻力就是不好的。实际上，在组织的不同发展阶段，变革的动力与阻力具有不同的意义。比如说，如果完全没有阻力，组织行为会变得没有任何稳定性，变革也会充满混乱和随意性。正是因为有了对变革方案的批评和指责，组织变革才会非常慎重，才会促进组织变革方案的尽可能完善。所以从某种意义上讲，组织变革的阻力也可以有一定积极意义。

4. 推动组织变革

在组织运行中，既有组织变革的动力，也有组织变革的阻力，动力与阻力之间经过长时间的调整与磨合，会建立一种力的平衡，维持组织的稳定。这时要推动组织变革，就必须有针对性地排除某些阻力，增加某些动力，从而打破原有平衡，使动力处于优势地位，起主导作用。一旦组织变革达到某种阶段性目标，又可以通过增加某些阻力，减少某些动力，再次建立起动力与阻力之间的新的平衡。

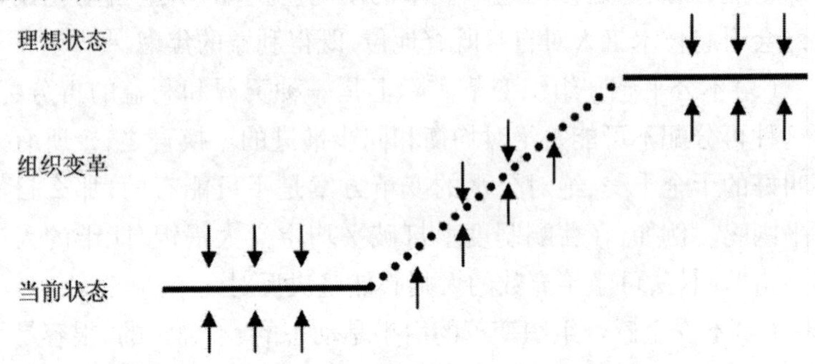

图 12－1

克服阻力，增加动力，推动组织变革的方法主要有：

(1)加强教育与沟通。首先就是要加强宣传教育，进行充分的思想沟通，将组织变革的动机、方法、结果等如实、明确地公开给组织变革将波及的人员，让他们了解到真实的情况。特别是对变革的后果，应该尽可能提高透明度。无论近期的，还是远期的后果，无论好的，还是不好的后果，都应该让组织成员了解真相。越是怕产生误会而不敢讲清全部真相，遮遮掩掩、吞吞吐吐、欲说还休，就越容易让别人以为你有重大隐瞒，也就越容易引起别人的猜测和联想，最终谣言流行、真假莫辨，再好的方案也难免流产。

（2）提高参与度。克服组织变革阻力的一个好办法就是提高相关人员的参与度。一则如果制定方案时各方面利益都有了自己的代言人，就可以确实保证尽可能的公正与公平。二则由于减少了神秘感也就减少了无根据的猜测。三则毕竟"自己孩子自己爱"，站在事情外边当评论家，专门给别人挑毛病是很容易的，站在事情里面当变革者，就会有更多的理解和辩护。

（3）谈判与妥协。组织变革的方案，特别是重大的、全局性变革方案，不能一厢情愿、仓促行事，必须广泛听取各方面的意见、建议，甚至漫骂、攻击，设身处地地多从几个角度考虑问题，通过反复的谈判、协商，求得一个支持者尽可能多、阻力尽可能小的方案。谈判就是妥协，以策略性妥协换取更多的支持有时是必要的。

（4）把握好变革的力度。变革的力度要合适，要注意组织成员的实际承受能力和心理承受能力。能大踏步跃进、一步到位当然好，但"大跃进"导致进两步退一步甚至进一步退两步，"休克疗法"搞到一蹶不振，那就不如小步快走的渐进式变革效果更好。

（5）强制。万全之策是不可能的。对不同意见也要进行分析，对确实合情合理又确实能做到的当然可以适当妥协，对虽然合情合理但目前确实难以做到的要讲清楚不能妥协的道理，对只合情不合理的不当要求或既不合情又不合理的无理取闹则必须有一定的强制措施。

二、组织变革的模式

组织变革的模式主要有系统的模式、过程的模式、程序的模式。

1. 组织变革的系统模式

斯坦福大学教授莱维特把组织理解为由任务、技术、结构、成员

(本书调整为组织成员、组织结构、组织目标及实现目标的技术手段、组织环境)等四个变量构成的一个相对平衡的系统,类似一个四条边相互制约的平行四边形。其中任何一个变量的改变都必然打破原有的平衡,使组织的运行出现新的问题,所以其他三个方面也必须随后进行相应的变革,才能重新建立起新的平衡,最终整个组织也就得到了彻底的变革。

组织变革究竟首先从哪个变量入手,并无一定之规。这需要从组织面临的环境及组织本身的实际出发,具体情况具体分析。例如,企业的兼并与重组一般是从调整组织结构入手的,然后必然是设备及技术路线调整、管理干部与技术人员调整、组织与环境关系调整等方面组织变革的跟进及调试、磨合。又如,加入 WTO 实质上是企业外部的生存环境变化了,但随之而来的必然是企业内部诸因素的变革等等。

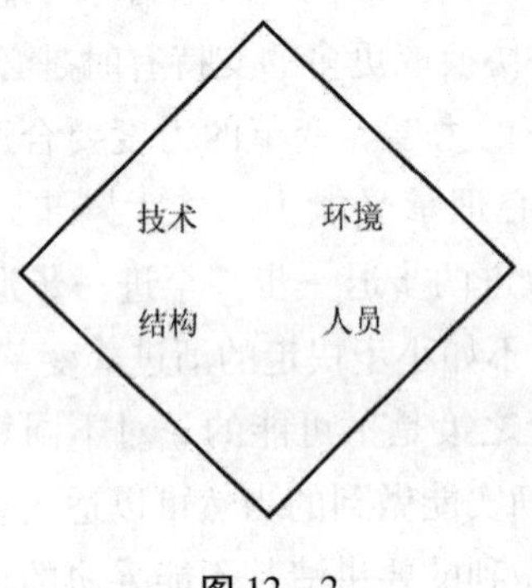

图 12－2

2. 组织变革的过程模式

组织变革意味着否定与重建,因此不可能是一蹴而就的,必然要经历一个过程。勒温将这一过程理解为解冻—变革—再冻结等三个阶段构成的周期性过程。

所谓解冻就是变革前的心理准备和思想发动阶段。变革首先要刺激人们的变革动机,发动和鼓励人们解放思想,否定传统,挑战传统,决心改变现状,打破原有的平衡。

所谓变革就是变革中的尝试和创新阶段。在旧的东西被怀疑和否定的同时,就要推出新的措施、新的方法,实际进行变革,完成新观念向新行为的转化。

所谓再冻结就是变革后的巩固和强化阶段。变革的成就一旦成形并为大家接纳,就要将它稳定下来,固定下来,成为新的传统,建立并巩固新的平衡,从而完成一个组织变革周期。

图 12－3

3. 组织变革的程序模式

卡斯特(F. E. Kast)为组织变革设计了一个由(1)回顾与反省;(2)觉察问题;(3)分析问题;(4)提出解决问题的方案;(5)实行变革;(6)反馈等六个环节构成的,可以反复循环的变革程序,也可供管理者所参考借鉴。

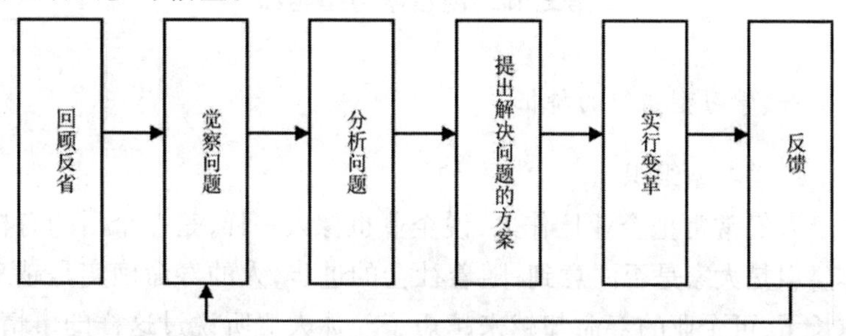

图 12－4

案例分析　　　　　　AT&T 的分拆

AT&T(美国电报电话)曾长期是行业的合法垄断者。这种垄断地位养成了 AT&T 很多坏毛病:开发产品和技术只追求先进而不计成本,产品更新周期长达 10 年,类似政府机构那样封闭安全的晋升体系,典型的集权管理等等。而且无论公众怎么不满,公司的改进仍然四平八稳。

在强大的社会呼声和政府干预下,1984 年 AT&T 被迫解体。由此推动了 AT&T 的一系列深刻变革:发展战略上实现了多元化经营,推行了全球化战略;经营战术上裁减了数万冗员,重组了 20 个相对独立的部门,新建了 6 个跨部门的团队,从公司外部招聘了一批职业经理人为部门经理等等。

今天的 AT&T,产品更新周期缩短为数月,利润率大幅度提高,员工日益意识到产品更新、行动迅速、市场机遇等等对企业生存的重要性,公众评价上升。

问题:

1. AT&T 的变革主要利用了哪种方法?

2. AT&T 的变革对我们有什么启发?

第三节　创建学习型组织

一、学习型组织的特征

1. 学习型组织

人们常常把企业比作人,说企业也像人一样,是一个活的有机体。但是大家是否注意到,随着社会的进步,人的寿命确实是越来越长了,可企业的寿命却越来越短了。你大概听说过这样的事情,顾客千挑万选买了空调、冰箱、汽车,一两年后去维修,却被告知厂家已经"退市",当初公主一般昂贵漂亮的商品现在成了没娘的"孤儿"。与此相映成趣,民间还有"中关村一大怪,公司门脸换得快"之类的顺口溜。其实这既不是中国的特产,也不是我们的错觉,而是无处不在的事实。有数据表明,1970 年进入美国《幸福》杂志"全球 500 强"的企业,十年后有 30% 已经销声匿迹。还有数据表明,目前企业的平均生命周期只有 25 ~ 30 年。而且特别让人注意的是,有些新兴公司如王安电脑,虽然年轻,却如匆匆过客,未老先衰,有些百年老店如杜邦公司,反而不断焕发青春,活力十足,有些名气如雷贯耳、实力雄厚的大企业如安然公司,虽然财大气粗,却一朝覆亡,有些行内的弱小企业、后生晚辈如华为集团,反而生机勃勃,耐力顽强。

究竟是什么东西决定着企业的生命周期呢?市场学家认为,顾客是上帝,只有实行顾客满意战略(CS 战略),才能赢得市场。知识经济倡导者认为,只有不断创新,提高产品与服务的科技含量,才能具有真正的市场竞争力。战略管理专家认为,关键在于企业发展战略有没有核心竞争力的支撑。组织文化理论认为,真正的核心竞争力是企业文化的软实力。而学习型组织理论则认为,企业的命运取决于企业的学习能力。

上述观点表面看起来分歧很大,其实分析起来就会发现,它们之间存在着深刻的内在联系,并且有明显的递进关系。

首先,最表层的当然是市场导向。因为企业的利润在顾客的钱袋里,顾客不满意就不掏钱,顾客不掏钱企业就没有利润,企业没有利润当然必死无疑,一切无从谈起。

其次,市场导向的背后是由科技创新支撑的。在一个充分竞争的市场上,顾客究竟会选择什么样的商品和服务呢?当然是最能提升自己生活品质的,而唯有不断创新的科学技术才能满足顾客不断提升生活品质的需求。

再次,科技创新的关键是核心竞争力。在一个科技如此发达的时代,科技早已"旧时王谢堂前燕,飞入寻常百姓家",唯人无我有,人有我优的独门绝技才能被称为"高科技",才能构成企业的核心竞争力。

然后,核心竞争力的实质是组织文化。核心竞争力中越是科技含量高,就越依赖掌握科学技术的人,所谓"知本经济"说到底是"人本经济",因而一切竞争说到底是人的竞争,是文化的竞争。

最终,组织文化的生命力是学习能力。文化不是自然,而是人创造的,唯有通过学习才能为人所掌握。所以组织的竞争力说到底是学习力的竞争,组织生命周期短是因为出现了“学习智障”,而延长组织生命周期最根本的就是把组织建设为**学习型组织,即不仅为适应和生存而学习,而且善于进行开创性学习,并通过学习使组织成员与组织得到共同的进步与发展,活出生命的意义与价值的组织。**

总之,**学习型组织的理论是将终身教育与终身学习的思想、建立学习化社会的理论与以人为本、追求创新、追求卓越的现代管理理念相结合的,基于学习的新型管理理论。**

2. 学习型组织的特征

其一,学习型组织就是通过不断学习实现不断创新、不断进步的组织。在学习型组织中,大家能够通过不断的共同学习,得以突破自己的能力上限,创造真心向往的结果,培养全新、前瞻而开阔的思想方式,全力实现共同的抱负,与组织共同进步。

其二,学习型组织是一个促使人们不断发现自己目前处境的问题所在以及如何改变的地方。

其三,学习型组织是个人、团队、组织相互作用的共同体,是结构分权并扁平,注重成员的幸福与成长,设法使每个成员全心投入,并有能力不断学习的组织。

其四,学习型组织是比对手学习得更快的组织。

其五,学习型组织的真谛是活出生命的意义。它不满足于仅仅为适应与生存而学习,而是必须与开创性的学习结合起来,让大家在组织内活出生命的意义。

二、学习型组织的“五项修炼”

创建学习型组织是通过开展自我超越、改善心智模式、建立共同愿景、团队学习、系统思考等“五项修炼”而实现的。

1. 自我超越

自我超越指个人成长的学习修炼,是学习型组织的精神基础。

学习型组织首先强调向自我挑战,实现自我超越,实现内心最想实现的愿望。实现自我超越,首先要有不断向上的精神境界,也就是有事业心,有理想,有追求;其次要把雇佣型的工作观变为创造型的工作观,也就是把为他人工作看做是发展自身的能力,创造生活,而不是仅仅换取工资;再次是向极限挑战,也就是勇于向自己的头脑,向公认的常规,向生命的极限不断发出挑战。

2. 改善心智模式

改善心智模式指改善人以往的思想方法、思维定势。人的心智模式一旦形成,一是根深蒂固,不容易改变,二是自我感觉良好,不愿意改变,三是人无完人,确实都需要改变。改善心智模式首先是要学会把镜子面向自己,不断反省自己,不要自以为是,总把责任推给别人;其次要学会有效的表达,使别人能正确理解自己;再次要学会开放心灵,能够接纳别人的想法。

3. 建立共同愿景

建立共同愿景指使整个组织形成共同的愿望和远景。共同愿景可以使组织内所有人的所有学习聚焦于一点,为一切学习提供不竭的能量,这对建立学习型组织至关重要,可以说没有共同愿景就没有学习型组织。共同愿景包括共同的目标、价值观、使命等要素,可以分为组织愿景、团队愿景、个人愿景等层次。其中,团队愿景是组织愿景的支撑,不重视团队愿景,组织愿景也无法实现;个人愿景汇聚为组织愿景,没有个人愿景,个人没有创造力,团队也没有创造力,共同愿景也无从实现。

4. 团队学习

团队学习是指发展团队成员整体搭配与实现共同目标能力的过程。团队学习是建立在发展"共同愿景"和"自我超越"之上的。团队是学习的最佳单位,通过团队成员之间开展互相学习,取长补短,不仅可以使团队整体绩效得到提升,而且可以使团队成员成长得更快。但是要使团体的智商优于个人的智商,必须克服因自我防卫心理而出现的智障。实现团队学习的关键是团队内部的深度会谈,即在无拘无束的探索中自由交流自己心中的看法,交流经验教训,反思、探询、相互支持和启发,最终得到超过个人认识的团队认识。

5. 系统思考

系统思考是指学会从系统的高度看待组织及其一切活动。组织是一个系统,组织每一个细小的活动都会彼此影响并影响到整个组织,而且这种影响往往要很长时间才能完全展现出来。因此,身为系统中的一个小部分,置身其中而要看清整体是非常困难的,这就必须经过学习。系统思考将各项修炼整合为一个理论与实务的系统。没有系统思考,就无法领会各项修炼之间如何互动。系统思考可以强化其他每一项修炼,并不断提醒我们:整体大于部分之和。在五项修炼之中,改善心智模式与团队学习是基础,自我超越与建立共同愿景是向上的张力,系统思考则是核心

背景链接　　　　彼得·圣吉与《第五项修炼》

彼得·圣吉(Peter M. Senge 1947—),"学习型组织理论"的最有影响的创始人之一,美国麻省理工学院斯隆管理学院资深教授,该学院组织学习中心主持人、波士顿创新顾问公司创办人,世界"组织学习学会"的创始人与主席,享誉全球的新一代管理大师。

彼得·圣吉 1947 年出生于芝加哥,1970 年获斯坦福大学航空及太空工程学士学位。进入麻省理工学院读研究生时,被导师佛睿斯特(Jay Forrester)教授的管理新观念所吸引。1978 年获得博士学位后,他和麻省理工学院的一群工作伙伴及企业界人士,组成了"组织学习与变革"研究团队,长期致力于学习型组织理论的研究和推广。

1965 年,佛睿斯特发表了论文《企业的新设计》,是学习型组织理论的基础。1990 年,彼得·圣吉出版了系统阐述学习型组织理论的专著《第五项修炼—学习型组织的艺术与实务》,标志着学习型组织理论的正式诞生。该书出版后,广受欢迎,曾连续三年荣登全

美最畅销书排行榜榜首，并很快被译成二三十种文字风行全世界。1992 年，该书荣获世界企业学会（World Business Academy）最高荣誉的开拓者奖（Pathfinder Award）。1997 年，该书被《哈佛商业评论》评为过去二十年来最有影响的五本管理书籍之一，他本人也被称为继彼德·德鲁克之后，最具影响力的管理大师。彼得·圣吉对东方文化怀有浓厚兴趣，曾拜中国禅宗大师南怀瑾（1918—2012年）先生为师研修中国传统文化，至今仍然每天坚持两小时的冥想打坐。也许正是因此他对"修炼"一词有了特殊的感悟，所以他将"学习"称之为"修炼"，将自己的著作命名为《第五项修炼》（英文原名为 *The Fifth Discipline*）。Discipline 一词源于拉丁文，译做"修炼"在意境上极为贴切，是彼得·圣吉自己十分满意的神来之笔。1990年《第五项修炼》出版后，彼得·圣吉又于 1994 年与别人合作出版了《第五项修炼·实践篇——创建学习型组织的战略和方法》，1999年与别人合作出版了《变革之舞——学习型组织持续发展面临的挑战》，把自己的注意力更多地延伸到实践的层面。

三、创建学习型组织的意义

1. 符合时代发展的历史潮流

学习型组织的理论实际上是经济全球化和知识经济这样不可逆转的历史潮流在管理理念上的反映，或者说正是它反映了这样的历史潮流，才具有如此广泛而持久的魅力。

2. 满足中国社会发展的现实需要

学习型组织的理论与中国社会正在经历着的一系列复杂而深刻的转折与改革，如发展社会主义市场经济、转变经济增长方式、建设学习型社会、实施科教兴国与人才强国战略、建设学习型社会等等非常合拍。

3. 顺应管理变革的趋势

组织文化理论虽然强调了人本、能动性、软实力等等，但由于重视传统而趋于保守。相形之下,学习型组织的理论更强调创新与应变,因而更能顺应当代管理变革的趋势。

4. 促进社会、组织、个人的和谐和可持续发展

学习型组织的理论强调社会、组织、个人的和谐和可持续发展,这无论与中国的传统文化,还是当前政策都是吻合的。

案例分析　　　　国际邮电局的“人力价值工程”

某市国际邮电局自1997年开始在全局范围内推行了一项以将开展企业教育与强化企业管理、转变经营观念、开发人力资源有机结合为主要内容和特征的系统工程——“人力价值工程”。

1. 为什么要搞“人力价值工程”?

该局推出“人力价值工程”的主要目的是为了解决企业业务和市场环境飞速发展而员工素质相对滞后之间日益尖锐的矛盾。

企业业务和市场环境飞速发展主要表现在:

(1)改革开放以来国际邮电业务飞速发展。国际邮电局是与共和国同龄的老局。组建初期只是一个有十几名员工和一栋两层小楼的邮电所。随着国家的发展,特别是随着改革开放以来我国现代化建设的发展与国际交流的迅速增加,国际邮电局已经成长为承担本市及周边十几个省市与世界一百多个国家、地区间国际邮电业务,有17个职能科室、8个生产单位、664名员工,年处理信函15亿件、包裹100万件,年邮电业务收入1.1亿元、劳动生产率人均15万元的全功能专业二级局。

(2)邮电行业进入市场经济,业务市场正在形成全方位改革开放格局。邮电系统长期以来实行的是准军事化管理和国家全行业垄断,是典型的计划经济体制。在改革开放的形势使快递公司、货运公司大量出现而分割市场,科学技术的进步使电信、网络通信迅速普及而争夺市场,人民生活水平的稳步提高使生活用品等传统邮件业务大幅减少而萎缩市场等等的大背景下,邮电部门经营、管理、发展都明显滞后于其他较早进入市场经济的行业。

(3)1999 年第 22 届万国邮联大会将在北京召开。这是一次有 130 多个国家和地区的高级政府官员参加的高规格国际盛会,也是我国 20 世纪主办的最后一次大型国际会议。这次被称为邮电行业奥林匹克的盛会将是对我国邮电行业,特别国际邮电业务处理能力的整体实力与综合业务水平的实战考验。

面对挑战,国际邮电局在设施、设备等硬件方面还有很多不能适应,但根本上还是软件的不适应,是人才的不适应,是员工素质的不适应。主要表现在:

(1)人的观念的不适应。邮电行业过去在经营管理上是典型的计划经济体制,在劳动人事制度上是典型的铁饭碗。员工对市场经济认识不充分,进取意识不足,没有危机感,一些人缺乏敬业爱岗精神。

(2)人的文化素质的不适应。由于十年动乱中进人不严、退休接班等历史原因,部分员工文化素质较差,有 11.9% 的员工文化程度还在初中以下。作为涉外企业,员工外语水平还不能满足业务要求,有些员工甚至连英语的 26 个字母还认不全,至于现在业务中用得较多的日、韩、阿拉伯等小语种方面的人才更是缺乏。

(3)人对新技术的不适应。目前邮电行业作为信息产业正经历着从传统的手工操作向大量运用以计算机技术为基础和标志的高新技术的飞跃。不少员工对键盘、光笔、条形码、触摸屏等新装备还不能适应。有的员工在业务中还不能完全用计算机操作,个别人甚至用计算机还不如手工操作速度快。

(4)人对新业务的不适应。为适应市场竞争,邮电行业近年来陆续增加了储蓄、快递、广告、邮购、礼仪服务、商务信函、企业及个人的个性化明信片等新型业务,从而对员工知识结构也有了新的要求。

局领导认为,任何管理都离不开人,人是一切的基础。人的观念不转变,素质不提高,一切都无从谈起。而企业要解决人才问题无非两个渠道:一是从外部引进,增加数量,二是在内部开发,提高素质。过去几十年来国际邮电局随业务发展而产生的人才需求主要是通过前一渠道解决的。但由于邮电行业存在着行业政策性亏损,国家要求邮电行业用工要零增长,1998 年起还要负增长,实现减人增效,再加上邮电企业因收入稳定,人员普遍愿进不愿出,外部引进、增加数量的渠道已基本上行不通了。因此必须通过企业教育开发和提高企业内部现有员工潜能,提高人才素质来满足企业的人才需求。

2. 为什么不能沿用传统的企业培训解决问题?

企业内部的人力资源开发主要靠企业教育,但传统的以职工培训为主要手段的企业教育存在着不少问题,无法满足企业的现实需求。这些问题主要是:

(1)缺乏企业参与。过去的职工培训基本上是上级主管部门出内容、出要求,企业则是奉命办学。由于没有企业的深度参与,上级针对全行业的一般要求不一定适合国际邮电局的实际。由于内容设计不科学,不能反映企业的实际需要和特点,学了用不上,企业和员工常常将接受培训当做"要我学"的任务,抱着反感、抵触、消极的态度,从而使企业教育流于形式。甚至出现了基层管理部门去组织某些文化水平高的青年职工专门应付培训的情况,成为所谓"培训专业户"。结果是该学没学,不该学的总学,投入很大,效益不高,名声很糟,浪费不少。

(2)缺乏激励机制。企业教育是"软指标",与企业的人事管理、分配制度这些"硬指标"脱节,谁都可以忽视,没有比较效益,学得好与不好最后都是"60 分万岁",发证上岗,因而培训中普遍存在着不投入、走过场等"混"的现象。

(3)缺乏科学的考核方法和量化的考核指标,可操作性差。企业教育不同于经营管理,往往是一般号召多,具体措施少,缺乏科学的考核方法和量化的考核指标,弹性大,可操作性差。

3. 为什么要用"人力价值工程"取代传统的企业培训?

局领导认为,要想从根本上改变这一状况,必须首先从根本上改变对企业教育的传统认识,从人力资源开发、人力资本增值的角

度来重新定义企业教育。所谓“人力价值工程”正是建立在这样一种认识基础上的。其基本含义与目的是:

(1)建立人力资本的价值尺度。在市场经济条件下,任何事物都应该有价值尺度。企业的物质资本是有价值尺度的,企业经营者对它的管理必须进行成本核算,并负有保值增值的责任,企业的人力资本也应当是有价值尺度的,也必须进行成本核算,实现保值增值。企业付给员工的报酬应当根据员工本身作为人力资本的价值来计算,只有一个工作绩效的标准是不够的,必须建立一套动态的、量化的、全面反映人力资本价值的综合衡量尺度。

(2)开发人力资源。邮电企业不仅是劳动密集型企业,从发展来看,更是知识密集型企业,因此对邮电企业来说,有形的设备、设施当然是资源,无形的信息、邮电业务网络也是资源,而能够操作设备和设施,运用信息与网络的人力更是资源。在当前国有企业还不能实现人员完全的自由流动,邮电行业用人必须零增长或负增长的情况下,企业的人力资源必须依靠自我培养、内部开发,重视员工素质的提高、潜能的发挥,激发其通过主动学习,自我提高来实现自我价值保值增值的热情。

(3)建立激励机制。要使员工感到企业教育内容上有用处,制度上有压力,精神上有鼓励,物质上有利益,彻底打破邮电员工没有危机感,不怕丢饭碗的心态,就必须从管理到使用、从要求到制度、从精神到物质等各方面一律向学习成绩好的一流员工倾斜,树立“今天不学习,明天就下岗”的意识。

4.“人力价值工程”有什么具体措施?

在上述认识基础上,国际邮电局采取了一系列具体措施:

(1)广泛宣传动员。局里明确地将“人力价值工程”作为全局年度工作重点,要求人人皆知,全员参与。通过职代会、职工大会号召全体干部职工要为全面提高自己的综合素质而刻苦学习,不断充实自己,人人争当业务技术能手,个个树立主人翁意识,不仅为企业发展而工作,还要为企业发展而学习。

(2)建立领导机构。“人力价值工程”领导机构共分三个层次:局设“人力价值工程领导小组”,局长、书记任组长,副局长、副书记、总工程师、工会主席任副组长,组员包括教育培训、劳动人事及各职能部门、业务部门的负责人。领导小组下设“办公室”作为常务办事机构,劳资科负责日常工作,教培中心负责具体业务。办公室下设“专业小组”,由业务部门负责人按业务内容分为6个专业小组具体负责本专业的培训、指导、考评工作。

(3)分专业实施培训。培训内容主要是本岗位业务、业务外语和电脑操作;原则是先定岗、再培训、后考试,干什么、学什么、考什么;目的是使各岗位员工学有所用,迅速提高业务知识水平、专业技能和处理问题的能力。

(4)考评定级。考评共分笔试、实际操作和工作表现三部分,各为100分。由领导小组根据笔试成绩、实际操作的工作能力和技术水平、工作表现对全员进行综合的评审和定级。271分以上为一类员工(即平均分达到90分以上);241~270分为两类员工(即平均分80~90分);180~240分为三类员工(即平均分60~80分);180分以下(即平均分低于60分)为四类员工。

(5)培训、考评、分配三结合。一类员工为优秀员工,二类员工为合格员工,三类员工为试用员工,四类员工为待岗员工。各类员工系数不同,并体现在奖金、效益工资、晋升、职称、住房、上岗、下岗、转岗等关系职工利益的所有方面。各个类别实行动态管理,不搞终身制,有重大贡献可以随时升级,出重大问题可随时降级直至下岗。

(6)滚动推行。“人力价值工程”自1997年以来每年一个轮次,滚动推行,长期坚持。目的不仅在于使制度本身逐步得到完善,而且在于塑造一种热爱学习,知识也有价值,凭知识挣钱的新型企业文化。

5.“人力价值工程”实际效果如何?

国际邮电局几年来连续几年滚动推行“人力价值工程”取得了

很好的实际效果。主要是:

(1)预期目的基本达到。一是员工业务能力与水平、工作主动性与责任感、敬业精神、职业道德等确有提高,差错率与不文明行为等明显减少。特别是一些过去长期解决不了的老大难单位、老大难职工有了明显进步,有的还一跃而成先进。二是员工学习的积极性、主动性大大提高。由于考评内容用得上,考评结果看得见,学习好对工作、对个人都有实实在在的好处,特别是上至局领导,下至普通职工,试卷面前人人平等,因而员工学习热情非常高。不仅对局里组织学习活动完全占用业余时间没有怨言,而且自己在时间、精力上也舍得投入,甚至班车上聊天的话题也成了复习问答,真正实现了从“要我学”向“我要学”的转变。

(2)考评结果合理。第一次考评结果是一类员工占19.7%,二类员工占59.6%,三类员工占10.5%,四类员工占0.5%,呈典型正态分布。说明考试内容、结构、方法的设计是科学合理的。特别是由于考评程序公开、标准量化,因而成绩基本上能客观公正地反映本人实际情况,对此,所有参加考评的员工,包括被评定为四类员工的人,都心服口服,没有一个闹事的。

(3)各方面反映良好。“人力价值工程”推行几年来,不仅本局干部职工交口称赞,上级主管部门、兄弟单位以及研究企业教育的专家学者也有较高评价,新闻媒体还进行过报道。

6.“人力价值工程”的成功有什么意义?

实践证明,国际邮电局的“人力价值工程”作为现代企业教育制度的一种探索,是基本成功的。它的成功启示我们:

(1)观念更新是开展现代企业教育的根本基础。“人力价值工程”之所以能够提出并取得成功,根本上是由于国际邮电局的领导对企业教育有了全新的认识,这就是人力是资源,是资本。与我们大多数人不同的是,他们不是喊些空洞的口号,而是实实在在地从企业资源、企业资本的角度来认识人,从而真正将企业教育作为整个企业的一项根本性管理制度。

(2)决策层及实权部门的直接参与和具体领导是开展现代企业教育的必要前提。“人力价值工程”之所以成功很重要一个原因在于国际邮电局的决策层及实权部门的直接参与。这种参与不仅仅是宏观的、战略的,而且是从创意、决策、指挥到具体操作的全方位深度参与。这对提高权威、克服障碍、开展工作起了决定性的作用。

(3)从实际出发,设计量化的、刚性的、科学合理的操作体系是开展现代企业教育的重要保证。这个体系一是要量化,有较强的客观性和可操作性;二是要有权威性和刚性,标准与规则面前人人平等,将标准与规则的合理性问题考虑在制定标准与规则之前,体现在标准与规则之中,不能在标准与规则实行中再搞太多的弹性与变通;三是要科学合理,使员工能各展所长,公开、公正、公平。

(4)学习结果与员工工作需要和物质利益直接挂钩是开展现代企业教育的动力之源。从“要我学”到“我要学”是一个巨大飞跃,完成这个飞跃的动力在于学了有用处即符合工作需要,学了有好处即能带来个人利益,这比任何空洞的动员报告更有力量。

7.“人力价值工程”还有什么不足之处?

“人力价值工程”目前也还有一些不能尽如人意的地方。主要是:

(1)考核内容问题。将笔试、实际操作和工作表现三个方面结合起来进行考评使新老职工能各展所长,比只考书面知识要公平合理得多,但是要全面衡量一个职工的价值仅这三个方面是否充分,体现职工价值的各个方面是否都能合理量化等等都还值得探讨。

(2)考核标准问题。员工之间基础极不平衡,同一个标准对一些人太低,没有激励作用,对另一些人又太高,容易伤害积极性。特别是一些年龄偏大的老黄牛型业务骨干,因笔试成绩总上不去而难于评上一类员工,不够公平。

(3)干部考核问题。对干部的评定标准还不够全面,领导能力、水平这些评价干部的主要指标如何在考评中反映出来还存在一定问题。特别是实际中出现的二类、三类科长要管一类职工等情况有时是很令人很尴尬的。

(4)体制制约问题。受宏观体制的限制,邮电系统目前人员还不能完全自由进出,有些素质极差的人是根本无法通过培训彻底改变的,而制度规定内部下岗最多只能6个月,然后即使不合格也能再上岗,总之是“奖”易“惩”难,“升”易“降”难,“留”易“走”难。

问题:

1. 请你对国际邮电局“人力价值工程”的实质、目的、方法、程序等进行一个全面的评述。

2. 你认为“人力价值工程”与“创建学习型组织”关系如何?

本章小结及对管理者的意义

本章具体地介绍了组织发展的及其技术,组织变革及其模式以及创建学习型组织的相关问题。

组织不仅要生存,而且要发展,管理不仅要治病,而且要强身,管理理论不仅要雪中送炭,而且要锦上添花。为了更好,为了明天,为了可持续发展,这就是本章的意义。

本章主要概念

组织发展　　组织变革　　学习型组织

本章复习题

1. 什么是组织发展?组织发展主要有哪些技术?
2. 什么是组织变革?组织变革主要有哪些方法?
3. 什么是学习型组织?“五项修炼”是什么?

本章思考题

1. 组织发展与组织变革有何同异?
2. 组织学习和学习型组织有何同异?

本章阅读书目

1.［美］斯蒂芬·P. 罗宾斯:《组织行为学》,第 18 章,中国人民大学出版社,1997 年第 1 版。

2. 关培兰:《组织行为学》,第 26、29 章,武汉大学出版社,2001 年第 1 版。

3. 杨树雨:《中国特色学习型企业创建实务》,第 2 章,中国工人出版社,2007 年第 1 版。

参考书目

1. [美]斯蒂芬·P. 罗宾斯:《组织行为学》(第七版)中国人民大学出版社 Prentice Hall 出版公司 1997 年第 1 版。

2. [美]史蒂芬·P. 罗宾斯:《组织行为学精要》机械工业出版社 2000 年第 1 版。

3. [美]黑尔里格尔、斯洛克姆、伍德曼:《组织行为学》中国社会科学出版社 2001 年第 1 版。

4. [美]德博拉夫·安科拉、托马斯·科钦安、毛润·斯科利、约翰·范马南、D. 伊利安诺·韦斯特尼:《组织行为与过程》东北财经大学出版社、汤姆森国际出版集团 2000 年第 1 版。

5. [美]约翰·W. 纽斯特罗姆、基斯·戴维斯:《组织行为学》经济科学出版社 2000 年第 1 版。

6. [英]S. 泰森、T. 杰克逊:《组织行为学》中信出版社、西蒙舒斯特国际出版公司 1997 年第 1 版。

7. [加]休·J. 阿诺德、[美]丹尼尔·C. 菲尔德曼:《组织行为学》中国人民大学出版社 1990 年第 1 版。

8. 孙彤:《组织行为学》高等教育出版社 2000 年第 1 版。

9. 孙彤、许玉林:《组织行为管理学》红旗出版社 1993 年第 1 版。

10. 孙彤:《组织行为学教程》高等教育出版社 1990 年第 1 版。

11. 李剑锋:《组织行为管理》中国人民大学出版社 2000 年第 1 版。

12. 李剑锋:《政府组织行为学》中国人民大学出版社 2005 年第 1 版。

13. 关培兰:《组织行为学》武汉大学出版社 2001 年第 1 版。

14. 王国元:《组织行为与组织管理》中国统计出版社 2001 年第 1 版。

15. 邹宜民:《组织行为学》南京大学出版社 2004 年第 1 版。

16. 杨光、齐胜欣、刘永生:《组织行为学》北京工业大学出版社 2000 年第 1 版。

17. 张德:《组织行为学》清华大学出版社 2000 年第 1 版。

18. 孙成志:《组织行为学》东北财经大学出版社 1999 年第 1 版。

19. 于显洋、林克雷、李路路:《组织行为学》北京工业大学出版社 1994 年第 1 版。

20. 周菲:《组织行为咨询与诊断》中国经济出版社 2003 年第 1 版。

21. 李建设:《组织管理学》浙江教育出版社 1987 年第 1 版。

22. 李英时:《组织学》科学普及出版社 1988 年第 1 版。

23. 程正方:《现代管理心理学》北京师范大学出版社 2004 年第 3 版。

24. 张新胜、朱立言、汤泽林、王国元、宋立成:《现代管理中的心理与行为》北京经济学院出版社 1988 年第 1 版。

25. [美]爱德加 · 薛恩:《组织心理学》经济管理出版社 1987 年第 1 版。

26. (台)陈照明:《实用管理心理学》厦门大学出版社 2002 年第 1 版。

27. 任宝崇:《组织管理心理学》华夏出版社 1987 年第 1 版。

28. [美]哈罗德 · J. 利维特:《管理心理学》中国人民大学出版社 1987 年第 1 版。

29. 苏东水:《管理心理学》复旦大学出版社 1987 年第 1 版。

30. 徐联仓、凌文辁:《组织管理心理学》科学出版社 1988 年第 1 版。

31. 徐联仓、卢盛忠:《管理心理学》科学出版社 1986 年第 1 版。

32. 孙汝亭、宋书文:《管理心理学》广西人民出版社 1987 年第 1 版。

33. [苏] л. д. 库德里亚绍娃:《管理活动心理学》社会科学文献出版社 1988 年第 1 版。

34. 吴谅谅、胡潇、涂成林:《现代管理心理学纲要》湖南人民出版社 1987 年第 1 版。

35. 程学超、张承芬:《现代管理心理学》山东人民出版社 1986 年第 1 版。

36. 王极盛:《当代管理心理学》红旗出版社 1986 年第 1 版。

37. 赵中天:《企业管理心理学》科学技术文献出版社 1986 年第 1 版。

38. 秦志华:《人力资源管理》中国人民大学出版社 2000 年第 1 版。

39. 陆国泰:《人力资源管理》高等教育出版社 2000 年第 1 版。

40. [美] 丹尼尔 · 雷恩:《管理思想的演变》中国社会科学出版社 1986 年第 1 版。

41. [美]亨利 · 西斯克:《工业管理与组织》中国社会科学出版社 1985 年第 1 版。

42.《哈佛管理论文集》中国社会科学出版社 1985 年第 1 版。

43. [美]亨利 · 艾伯斯:《现代管理原理》商务印书馆 1980 年第 1 版。

44. [美]R. R. 布莱克、J. S. 穆顿:《新管理方格》中国社会科学出版社 1986 年第 1 版。

45. [美] 戴维 · R. 汉普顿:《当代管理学》新华出版社 1986 年第 1 版。

46. 王国元:《人际沟通》中央广播电视大学出版社 2010 年 12 月第 1 版。

47. [美]彼得 · F. 德鲁克:《管理——任务、责任、实践》中国社会科学出版社1987年第1版。

48.[英]W.大卫·里斯、克里斯丁·波特:《管理者培训手册》(第五版)机械工业出版社2003年第1版。

49.俞浪复:《麦当劳店铺管理手法》辽宁科学技术出版社2002年第1版。

50.冯成略:《红色管理——向中国共产党学管理》中共党史出版社2006年第1版。

51.[美]托马斯·彼得斯、罗伯特·沃特曼:《追求卓越》中央编译出版社2003年第1版。

52.[美]威廉·大内:《Z理论——美国企业怎样迎接日本的挑战》中国社会科学出版社1984年第1版。

53.[美]巴斯克、艾索思:《日本的管理艺术》广西民族出版社1984年第1版。

54.[丹麦]杰斯帕·昆德:《公司精神》云南大学出版社、皮尔森教育出版集团2002年第2版。

55.[美]约翰·科特、詹姆斯·赫斯克特:《企业文化与经营业绩》华夏出版社、西蒙舒斯特国际出版公司1997年第1版。

56.华锐:《新世纪中国企业文化》企业管理出版社2000年第1版。

57.王成荣:《企业文化大视野》人民出版社2004年第1版。

58.王成荣:《企业文化学教程》中国人民大学出版社2003年第1版。

59.刘光明:《企业文化》经济管理出版社2001年第2版。

60.罗长海:《企业文化学》(修订版)中国人民大学出版社1999年第2版。

61.石伟:《组织文化》复旦大学出版社2004年第1版。

62.[美]迈克尔·茨威尔:《创造基于能力的企业文化》华夏出版社2002年第1版。

63.[美]鲁思·本尼迪克特:《菊花与刀——日本文化的诸模

式》九州出版社 2005 年第 1 版。

64. 张岱年、方克立:《中国文化概论》(修订版)北京师范大学出版社 2004 年第 2 版。

65. 田广林:《中国传统文化概论》高等教育出版社 1999 年第 1 版。

66. 梁漱溟:《东西文化及其哲学》商务印书馆 1987 年第 1 版。

67. 朱立言、王国元、张践、汤泽林:《哲学与当代文化》中国人民大学出版社 1998 年第 1 版。

68. 郑杭生:《社会学概论新编》中国人民大学出版社 1987 年第 1 版。

69. [美] 理查德·格里格、菲利普·津巴多:《心理学与生活》(第十六版)人民邮电出版社 2003 年第 1 版。

70. 曹日昌:《普通心理学》人民教育出版社 1964 年第 2 版。

71. 郝葆源、张厚粲、陈舒永:《实验心理学》北京大学出版社 1983 年第 1 版。

72. [美]戴维·迈尔斯:《社会心理学》(第八版)人民邮电出版社 2006 年第 1 版。

73. [美]克特·W. 巴克:《社会心理学》南开大学出版社 1986 年第 1 版。

74. [苏]в. г. 卡扎科夫:《社会心理学应用问题》中国社会科学出版社 1988 年第 1 版。

75. 杨清:《现代西方心理学主要派别》辽宁人民出版社 1986 年第 2 版。

76. [美]加德纳·墨菲、约瑟夫·柯瓦齐:《近代心理学历史导引》商务印书馆 1980 年第 1 版。

77. 周晓虹:《现代社会心理学史》中国人民大学出版社 1993 年第 1 版。

后　记

书稿终于付梓,少不了要写上几句话。

本书的写作延宕日久,前后大约有六七年之久了,最终能与读者见面,要衷心感谢关心此书的写作和出版的朋友们,感谢华夏出版社。

我从事组织行为学的教学与科研,算来也有二十多年了,这本书实际上是在我此前出版的《现代管理中的心理与行为》、《组织行为与组织管理》等书的基础上完成,因此也应该感谢与我合作过的同事、学生以及我的读者。

写作本书,我参考了大量同行及前辈学者的研究成果。其中直接引用者一般做了脚注,有所参考者凡原作在我手边的也尽量列入书后的参考书目。但本书写作断断续续,时间较长,挂一漏万是在所难免的,特别是一些来自报刊和网络的东西,更是难以逐一注明。在此一并深表歉意并致郑重谢忱。

王国元
2007 年 3 月初稿
2011 年 8 月二稿
2012 年 10 月三稿
于北京西郊